KB252308

세계사 신문 3

프랑스혁명에서 현대까지

세계사신문 편찬위원회 지음

사□계절

이 책을 만든 사람들

기획
(주)사계절출판사
강응천 ▌〈문명 속으로 뛰어든 그리스신들〉 저자
김성환 ▌역사평론가 · 〈역사신문〉 편집자

집필
강응천 ▌〈문명 속으로 뛰어든 그리스신들〉 저자
김성환 ▌역사평론가 · 〈교실밖 세계사 여행〉 저자
김진아 ▌전 〈사회평론 길〉 기자
최광렬 ▌자유기고가

제작
삽화 · 만화 ▌이은홍(시사만화가)
편집   ▌1과 3/4
교정   ▌이성옥
사진 자료   ▌이은홍
컷도안   ▌윤지현
지도   ▌전병호
표지   ▌홍수진
진행   ▌조영준 · 박찬수

감수
김봉철 ▌아주대학교 사학과 교수
김세호 ▌한남대학교 역사교육과 교수

〈세계사신문〉 전3권

우리나라의 한 실내 놀이동산에 가면 '프렌치 레볼루션'이란 이름의 롤러코스터를 볼 수 있다. 롤러코스터는 어느 곳에서 타도 아찔하고 오싹하지만, 실내에서 달리는 '프렌치 레볼루션'은 천장과 사방의 벽이 굉음을 반사하는 가운데 광란의 질주를 벌이므로 타는 사람의 혼을 쏙 빼놓는다.

〈세계사신문〉 3권은 바로 이 '프렌치 레볼루션', 곧 프랑스 혁명에서 시작한다. 천년을 넘게 이어오던 유럽의 정치체제를 뒤집어엎고, 사회·경제·문화 등 인간생활의 모든 면을 완전히 바꾸어놓은 프랑스 혁명은 과연 롤러코스터를 쏙 빼닮았다.

아니, 현대세계의 입구인 20세기 중반까지를 다루는 〈세계사신문〉 3권은 전체가 거대한 롤러코스터이다. 이 롤러코스터 〈세계사신문 No.3〉호는 근·현대 세계가 그대로 살아 있는 듯한, 박진감 넘치는 시뮬레이션 장치를 통과하면서 비할 데 없는 짜릿함과 속도감을 제공한다. 그러나 긴장을 풀어서는 안 된다. 자칫 심각한 어지럼증과 구토 증세가 엄습할 수도 있으니까.

〈세계사신문 No.3〉호는 크게 3단계의 경로를 거치도록 설계되었다. 첫 단계의 주제는 프랑스 혁명에 이은 유럽문명의 화려한 개화, 둘째 단계는 유럽의 팽창과 이에 맞서는 각 민족의 해방투쟁, 셋째 단계는 이 모든 것이 한데 어울려 대폭발을 일으키는 세계대전이다.

"끼긱낑" 하고 깎아지른 듯한 궤도를 오르면 열차는 숨 돌릴 틈도 없이 프랑스 혁명의 세계로 돌진한다. 포연에 휩싸인 바스티유 성벽을 지날 때면 여러분은 비명을 지를 것이고 단두대에서 떨어져 내리는 루이 16세의 목을 보고는 고개를 돌릴 것이다. 나폴레옹의 장엄한 행진에 뒤이어 등장하는 유럽 근대문화의 화려한 축제는 사람들의 마음을 촉촉하게 어루만져줄 것이다. 베토벤의 음악이 거기 있고 앵그르의 그림이 거기 있으며 하이네의 시도 낭랑하게 울려퍼진다.

그러나 이 평화로운 정경도 잠깐, 서행하던 폭주 열차는 다시 요란한 뒤집기와 널뛰기를 재개한다. 제2단계에 들어선 것이다. 안에서 고운 자태를 뽐내던 유럽인들이 바깥 세계를 향해 맹렬한 함포사격을 퍼붓고 있다. 5대양 6대주 어느 곳도 유럽인의 총칼과 군화가 미치지 않는 곳이 없고 그러한 침략에 저항의 몸부림을 치지 않는 곳이 없다. 이 단계에 이르면 이전의 역사에서는 볼 수 없었던 장관이 연출된다. 즉 수십만 수백만의 이름 없는 대중이 물결치며 민족해방과 민중해방을 외치는 모습은 살풍경한 시대를 통과하는 여러분에게 한 방울

감동의 눈물을 선사할 것이다.

그것이 끝은 아니다. 작열하는 섬광과 백열 속을 열차가 부서져버릴 듯한 속도로 질주하는 절정의 마지막 단계가 남아 있다. 세계 전체를 포성과 총성으로 뒤덮는 무시무시한 전쟁들이 여러분을 기다리고 있다. 제국주의 국가들은 식민지를 하나라도 더 차지하기 위해 자기들끼리 싸우고, 식민지 민중은 여기서 벗어나려고 싸우고, 새로 태어난 노동자 국가는 체제를 지키기 위해 싸운다. 이 혼돈과 이 공포가 새로운 세상을 낳기 위한 산고의 과정이기를! 기도하는 당신 앞에 거대한 버섯구름이 피어오르면서 전쟁은 끝나고 새로운 세계질서를 논의하는 지도자들의 모습이 클로즈업되면 〈세계사신문 NO.3〉호는 여정을 마친다. 이 마지막 순간에 한 가지만 곰곰이 생각해보기를 권고한다. "그 이후 과연 세계는 더 나아졌는가?"

〈세계사신문〉은 이번 3권으로 완간된다. 최선을 다했지만 편집진에게나 독자들에게나 아쉬움이 많이 남는다. 이 아쉬움을 조금이나마 달래기 위해 우리는 특별부록을 준비했다.

지난 천년의 세계사에서 가장 중요한 인물은 누구이며 가장 큰 사건은 무엇인가? 〈세계사신문〉은 이 흥미로운 질문을 전국의 남녀 1200명에게 던졌다. 외국인의 시각에서 외국인들을 대상으로 한 이 같은 조사는 많이 있어왔지만, 우리 스스로에게 물어본 것은 이번이 처음이다. 또한 권위있는 조사기관에 의뢰해 신뢰성을 높였으며 전문연구자들의 분석을 함께 실어 독자들의 이해를 도왔다. 이번 조사는 늘 남의 눈을 통해 접하던 세계사를 우리 눈으로 조명해보고자 한 〈세계사신문〉의 취지에 발맞춘 것으로, 새 천년을 앞두고 '세계 속의 한국인'의 좌표를 살필 수 있는 좋은 기회를 제공할 것이다.

끝으로 〈세계사신문〉 3권의 감수를 맡아주신 김봉철(아주대 사학과) 교수님과 김세호(한남대 역사교육과) 교수님, 부록의 해설을 맡아주신 최갑수(서울대 서양사학과) 교수님과 김호동(서울대 동양사학과) 교수님, 그리고 기획부터 출판까지 함께한 사계절출판사 임직원 외 많은 분께 감사의 말을 전한다.

1999년 8월
세계사신문 편찬위원회

1

〈세계사신문〉은 3권으로 구성됩니다.

1권은 '농업혁명'에서부터 '십자군전쟁'까지, 2권은 '몽골제국의 탄생'에서 '미국독립'까지, 3권은 '프랑스 혁명'에서 '현대'까지를 다루고 있습니다. 각 권은 40호로 이루어지며, 각호는 중요한 사건을 중심으로 몇 년에서 몇백 년까지를 포괄합니다.

〈세계사신문〉은 무조건 많은 사건을 싣기보다는 과감히 생략할 것은 생략하는 반면 그 시대를 현실감 있게 볼 수 있도록 다양한 기사와 독특한 장치들을 마련해 놓고 있습니다.

2

〈세계사신문〉각호는 4면으로 이루어져 있습니다. 1, 2권과 달리 3권에서는 2, 3면을 서양과 동양으로 구분치 않고 2면은 정치, 경제면, 3면은 사회면으로 구분했습니다. 또 1, 2권에서의 4단 만화 대신 만평 '동서고금'이 2면 또는 3면에 들어갑니다.

1면 종합면

당시의 시대상을 보여주는 핵심적인 사건을 역사적 중요도에 따라 크기를 달리해 보도기사 형식으로 다룹니다.

2면 정치·경제면

동서양의 중요 정치적 사건, 경제상황 변화 등의 배경과 역사적 맥락을 해설하거나 기타 기사로 보충합니다.

3면 사회면

동서양을 넘어 당대를 대표하는 사회상이나 당시 사람들의 일상을 애정어린 눈길로 근접촬영하듯 묘사합니다.

4면 문화면

그 시대 사상, 문화의 흐름을 폭넓게 다룹니다. 신화, 철학, 종교 외에 문학, 음악, 미술 등 예술이 망라됩니다.

3

〈세계사신문〉은 다음과 같은 독특한 구성들이 재미와 이해를 더해줍니다.

3권 11호 1834—1837

[영국식민지 노예해방]

세계사신문

1834년: 헌종 즉위, 순원황후 김씨 수렴청정
창덕궁 대조전·희정당 복구
1837년: 김대건, 마카오 신학교에 유학

영국, 식민지 75만 흑인 노예해방 선언

"세상이 조금은 인간다워졌다"

노예해방 첫 신호탄…프랑스·스페인 등에도 파급효과 기대

(1834년 8월 1일 영국) 영국 식민지의 흑인 노예들에게, 그리고 세계의 모든 노예들에게 오늘은 특별한 날이다. 상품으로, 생산도구로 전락했던 흑인들이 인간으로서의 삶을 되찾게 됐으며, 옛날 로마 시대 이후 사라졌다 지난 15세기에 부활한 노예제가 다시 종언을 고하는 첫 신호탄을 올린 것이다.

영국정부는 오늘 노예해방을 선언했다. 수상 찰스 그레이는 "서인도 제도를 비롯, 모든 영국 식민지에서 노예제를 폐지하고 총 75만에 달하는 노예를 해방한다"고 발표했다. 그레이는 그러나 "해방일은 신분적으로는 완전 자유이지만 노동력 부족을 막기 위해 이전 노예주와 계약을 체결, 그 밑에서 앞으로 5년여 동안 일을 계속해야 한다"고 덧붙였다. 영국정부는 노예를 해방시키면서 노예 소유주들에게 총 2천만 파운드 가량의 배상금을 지급할 예정이다.

영국정부의 노예해방은 지난해 의회를 통과한 '노예해방령'에 따른 조치로, 두 가지 흐름의 합작품으로 평가되고 있다.

하나는 10여 년 전부터 전개돼온 노예제 폐지 운동이다. 계몽사상의 영향을 받은 윌리엄 윌버포스, 토머스 벅스턴 등 인도주의자들이 "인간은 존엄하고 평등하다"며 투쟁을 벌여온 것이다. 다른 하나는 2년 전의 선거법 개정 이후 지주를 대신한 의회의 다수석을 차지한 산업가들의 이해관계다. 노예를 해방시켜야 이들을 농장의 노예가 아닌 공장의 노동자로 활용할 수 있다는 이야기다.

영국이 노예해방을 선언한 이후 프랑스, 스페인 등도 자국 식민지의 노예를 해방시킬 조짐을 보이고 있다. 그러나 미국의 경우 노예해방은 요원한 일로 보인다. 남부에서 대규모 면화농장을 경영하는 수많은 지주들의 격렬한 반발이 예상되기 때문이다.

멕시코 "텍사스는 우리 땅"

미국계 이민 급증에 제동 이어 알라모 요새 무력진압

(1836년 3월 멕시코) 멕시코 샌안토니오 주 알라모 요새에서 미국계 반란군 187명이 벌이던 농성이 지난 6일 한 시간여의 전투끝에 완전히 진압됐다.

필리핀 '손짓'

"무역항구 전폭 개방 세계를 상대로 무역"

(1834년 필리핀) 스페인 식민지 필리핀이 개항을 선언했다.

스페인의 필리핀 총독부는 "앞으로 세계 각국을 상대하는 무역항이 되기

잠입르포 ■ 러다이터들의 투쟁현장을 가다

"기계파괴는 생존권 투쟁이다"

요즘 영국 최대의 뉴스는 단연 '러다이트 운동'이다. 최근 면공업의 중심지로 떠오른 맨체스터에서 특히 심하다. 기자는 무장훈련까지 받는다는 이들 모임에 잠입, 기계파괴의 현장을 취재했다.

○…6월 4일 전설의 영웅 로빈 훗이 활약했다는 요크서 남부 셔우드숲. 기자는 이곳에 러다이트 본부가 있다는 정보를 입수, 피측 노동자로 가장해 접근했다. 경비가 삼엄, 수비대원에게 붙잡혔으나 까다로운 질문을 무사히 넘겨 잠입에 성공했다.

○…6월 6일 무장훈련 모습은 보이지 않고 사람들의 토의 모임이 자주 눈에 띈다. 네드 러드에 대해 물어보았으나 "알려 하지 말라"는 대답뿐이었다.

○…6월 7일 아침 명령이 내려졌다. "오늘 밤 맨체스터의 허리허리공장(가칭)을 습격한다." 사람들은 몇몇씩 조를 편성, 아침부터 서둘러 맨체스터로 향했다. 나와 같은 조가 된 사람들은 "열화 살배기 딸이 기계 청소를 하다 목숨을 잃고 말았다"고 또씨, "기계도입 이후 임금이 반으로 삭감돼 생활비 문제로 마누라와 자주 싸웠다"는 총씨 등이었다.

○…6월 8일 돌트기 직전 인원점검을 했다. 모두 무사했다. 서로 얼싸안고 환성을 올린 뒤 현장 조직원들은 집으로, 우리는 셔우드숲으로 퇴각했다. 셔우드숲을 떠나면서 기자는 가슴이 답답했다. '기계파괴 자체는 문제다' 싶으면서도 그들의 생존을 위한 투쟁을 반대할 이유를 찾을 수 없어서다.

시작했다. 서둘러야 했다. "방 땅" 소리에 언제 공장측 사람들이 몰려왔지 모를 일이었다.

○…6월 7일 밤 맨체스터 우리는 공장의 현장 조직원들과 합류, 복면을 한 뒤 담을 넘었다. 조장은 "다른 사람과 맞닥뜨려도 해치지는 말라"고 엄명했다. 어두운 공장 안의 거대한 기계는 괴기스러웠다. 마침내 우리는 가방 속 해머를 꺼내 기계를 부수기

인터뷰 ■ 이집트 개혁의 선봉 무하마드 알리

"나폴레옹 원정이 독립열망 촉발… 국가체제 등 유럽식으로 개편"

이집트에 불고 있는 개혁열풍의 중심에 있는 총독 무하마드 알리. 그 개혁이 이집트의 독립을 지향하고 있다는 점에서 300년간 지속돼온 오스만투르크의 지배를 청산하는 아랍 민족주의의 시발점으로 인식되고 있다.

─그런데 어떻게 당신을 중심으로 뭉치게 된 겁니까?
"나폴레옹이 이집트를 원정한 것이 계기였죠. 이집트민중들은 프랑스로부터 혁명사상을 배웠어요. 그래서 우리도 구체제인 맘루크와 외세인 오스

"아이고~ 내 가여운 기계!"

세계사에 거대한 '문화역류'

(1871년 동아시아) 역사상 중국이 야만권정짜처럼 서쪽 '오랑캐'에게 침략당한 적은 많았다. 오랑캐에게 배움의 사절을 보낸 적은 없었다. 인도로 간 담승(曇僧)들이 있었지만 그것은 불교에 국한됐고, 또 인도는 중국을 침략한 오랑캐도 아니었다.

따라서 서구 각국으로 가는 중국 유학생 물결은 이전전례보다 큰 역사적 의미가 있다. 양무운동가는 서양기술을 습득, 중화의 기본을 다진다는 '중체서용(中體西用)'론에 입각, 인재들을 영국·프랑스 등에 파견하고 있다.

일본도 이 대열에서 예외가 아니다. 최근 이와쿠라 참의(參議)를 전권대사로 하는 미국 시찰단에는 50명의 유학생이 포함됐다. 이들은 정부가 발탁고 나서서 선발한 각 분야의 인재들로, 그 가운데는 8세의 천재 소녀 쓰다 우메코(津田梅子)도 포함돼 있어 눈길을 끌었다. 쓰다는 요코하마에서 열린 환송식에서 "미국의 여성교육을 돌아보고 일본여성들을 개화의 주체로 길러내기 위한 여성 고등교육기관을 만드는 게 꿈"이라고 당찬 포부를 밝힌 것으로 알려져 놀라움을 자아내고 있다.

인재송·나침반 등 중국의 선진기술을 받아들인 서유럽에서 르네상스가 일어난 지 400년, 바야흐로 세계사의 흐름을 크게 바꿀 '문화역류'가 일어나고 있는 것이다.

▶참조기사 19호 1면

휴지통 ■ 역사를 움직이는 손, 엠스 전보 조작사건

○…1870년 7월 13일, 신문을 펴든 프랑스국민의 표정이 굳어졌다. 자국 대사가 프로이센의 빌헬름 1세를 만

양국 전쟁으로까지 비화됐다.
○…하지만 이는 비스마르크의 교묘한 여론조작 전술이었음이 밝혀져

이를 부드럽게 거절했고, 프랑스 대사는 정중한 태도로 물러났다. 빌헬름 1세는 이 회담내용을 비스마르크

시켜줄 것이었다. 프랑스를 자극하는 데 특별한 노력이 필요치 않았다. 그는 엠스의 전보내용을 프랑스인들이

[우측 주석]

지금 한반도에선
같은 시기에 한반도에서 일어난 일들을 제시함으로써 세계사 속에서 한국사의 위치를 보여줍니다.

토론·인터뷰·대담
주요 인물들을 직접 만나 이야기를 나누면서 그의 사상이나 중대한 사건의 사회적 배경 등을 알아봅니다.

광고
주요 사건이나 새로운 사상, 새로 나온 책 등을 짧은 문구의 광고형식을 통해 재미있게 소개합니다.

휴지통
당시에 있었던 여러 감칠맛 나는 사건들을 짧은 논평과 함께 소개, 그 시대의 일면을 보여줍니다.

"예술아, 너 어디에 있었느냐"

다비드, 부르주아지 예술관 탈피 '교화·선동예술' 진두지휘

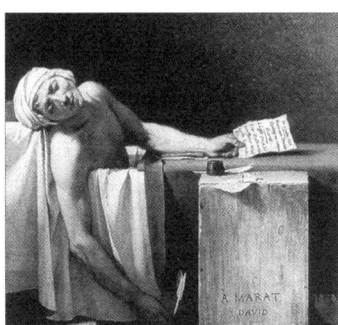

(1803년 프랑스) 욕조에 들어앉아 무슨 서류연가 사인을 하던 그 자세로 고개를 늘어뜨린 남자. 그의 가슴에는 피가 흐르고 있다. 프랑스 대혁명의 지도자 중 한 명인 마라가 반혁명파의 손에 의해 암살된 장면을 그린 자크 루이 다비드의 1793년작 〈마라의 죽음〉(사진)이다.

이 그림은 실제 현장에 충실하면서도 마라를 혁명의 순교자로서 웅장하게 표현한 것으로 화제를 모았다. 다비드는 고대 그리스와 로마의 조각이 가지고 있는 근육과 힘줄, 아름다운 외모의 느낌을 최대한 살리면서도 다른 세부묘사를 과감히 생략해 단순함을 강조했다. 다비드와 같이 고전주의적인 화풍을 구사하면서도, 장식성을 배제하고 직선적인 선과 명암을 강조해 엄격한 화풍을 구사하는 요즘의 화풍을 신고전주의라 부르고 있다.

본래 고전주의란 르네상스 시대에 인간의 재발견이라는 모토 아래 고대 그리스와 로마의 양식을 되살리려 했던 경향을 가리키는 말이다. 그런데 이것이 요즘 다시 각광받는 것은 한동안 유행하던 장식적인 로코코 미술

이 혁명 프랑스에서 귀족적인 것으로 반대되고 있기 때문이다. 그 때문에 신고전주의 예술품 중에는 혁명과 관계된 내용을 다루는 것이 많다.

특히 다비드는 "예술은 혁명을 위해 무엇을 해야 하는가"를 신고전주의의 화두로 내세운 인물이다. 덕분에

'붓을 든 로베스피에르' 또는 '상퀼로트의 라파엘로'로 불리는 다비드는 "예술은 소일거리나 부유한 계급의 특권이 아니라 사람들을 교화시키고 그 행동을 고무시키는 모범이 되어야 한다"고 자신의 예술관을 피력한 바 있다.

알고 계십니까?
쿠데타(coup d' etat)

쿠데타는 프랑스어로 '무력으로 치다'는 뜻의 쿠(coup)와 나라를 뜻하는 에타(etat)가 합쳐진 말로, 지배계급내의 일부 세력이 무력 등 비합법적인 수단으로 정권을 탈취하는 기습적인 정치활동을 말한다. 1799년 11월 9일 나폴레옹 보나파르트가 쿠데타를 통해 의회를 습격한 것이 그 전형이다. 쿠데타가 혁명과 다른 점은 민중의 지지를 필요로 하지 않는다는 것이다.

볼타, 전기원리 발견

(1800년 이탈리아) 이탈리아의 물리학자 아나스타시오 볼타가 인위적으로 전기를 만들 수 있는 신기한 물건을 만들어냈다. '전기의 연못(電池)'으로 이름붙여진 이 물건은 화학반응(?)을 이용해 전류를 만드는 것으로, 앞으로 전기현상 연구뿐 아니라 산업계에 크게 공헌하리라는 것이다. 볼타는 이미 전기를 찾아내는 검전기(檢電器), 전기를 모아두는 축전기 등을 발명한 바 있다.

절동학파 거두 장학성 타계

(1801년 중국) 고증학의 연구방식을 역사에 적용하는 절동학파의 거두 장학성이 숨을 거뒀다.

장학성은 청나라 초기 황종희의 연구방식을 발전시켜, 문헌의 실증적인 비교 검토를 통해 역사적 실체를 밝히는 데 일생을 바쳤다. 특히 그는 유교의 6경에 대해서도, "시대를 초월하지 않는, 하나의 역사책일 뿐"이라고 주장한 바 있다.

문화초점 ■ 고증학 유행 어떻게 봐야 하나

경전 위주 한족문화에 대한 비판…활동폭 넓혀야

(1700년대 말 중국) 기원전 200년 한나라에서 유행하던 훈고학이 부활하고 있다. 물론 훈고학 그대로가 아니라, 그 정신이 살아나고 있다는 것이다. 훈고학은 본래 유교 경전의 원래 뜻이 무엇이었는지를 그 자구에 충실하게 해석하려는 학문이다.

최근에 '실증의 정신이 되살아나고 있는 것'이다. 이른바 고증학이다.

고증학자들은 경전이 담고 있는 본래의 뜻이 제대로 해석되고 있는지, 후대의 주자학자들에 의해 각색되거나 왜곡되었는지, 애시당초 경전이 올리게 씌어진 것은 없는지를 의심하는 데서부터 출발한다. 따라서 이들의 학풍은, 경전을 지고지순의 진리로 생각하는 주자학으로서는 완전한 반역이다.

고증학은 중국 역대의 경세학이라

것이 모두 현실과 동떨어진 도리의 세계에 집착하고 있다는 것을 비판하며 등장한 학문이다. 하지만 고증학이 과연 주자학의 병폐를 치유하는 대안이 되었는가에는 동의하지 않는 사람이 많다. 고증학이 자구의 '고증'에만 매달려 있을 뿐, 사회적 사상으로서의 세계는 갖추고 있지 못하기 때문이다.

인터넷세계사여행
중요 사건이나 사항과 관련, 더 많은 정보를 찾아볼 수 있는 인터넷 사이트를 소개합니다.

알고 계십니까
새로 나오는 용어나 개념 등을 구체적인 일화 속에서 소개·설명합니다.

internet 세계사여행

▶ 나폴레옹 http://www.napoleon.org/ 사진자료, 문헌, 정보, 수집품 등 가장 포괄적인 나폴레옹 관련 사이트 (불어/영어 제공)
▶ 나폴레옹 보나파르트 인터넷 가이드 http://www.ierlinge.nl/napoleon/ 나폴레옹과 나폴레옹 시대에 관한 신문기사, 논문, 민화, 영화 기타 연결
▶ 나폴레옹 시리즈 http://www.historyserver.org/napoleon.series/ 벨기에, 미국 등이 함께 만드는 나폴레옹과 역사 전반에 관한 초대형 인터넷 가이드

• 인터넷 세계사여행에 수록된 사이트들은 서버의 사정에 따라 주소가 변경되거나 폐쇄될 수 있다.

일러두기

1. 역사적 사실에 대한 고증이나 평가는 주로 고등학교 세계사 교과서를 기준으로 삼았으며 교과서와는 다르지만 중요하다고 인정되는 견해는 독자 투고, 기타의 형식을 빌려 소개했다.

2. 세계사신문의 기사는 모두 사실(史實)에 기초하고 있으나, 신문 형식상 기타 필요에 따라 사실의 범위 안에서 가공한 부분도 있다.

3. 역사상 인물 또는 유물 등은 가능한 실제 사진 자료를 이용코자 했으나 여의치 않은 경우 인물화 컷 등을 임의로 그려 사용했다.

4. 지명과 인명의 표기는 현지의 표기를 존중하는 문화공보부 제정 '외래어 표기법'과 교과서에 따르되(보기 1), 널리 사용되어 이미 익은 경우는 이를 그대로 사용했다(보기 2).

　보기 1) 길로틴 → 기요탱(만든 사람),
　　　　　　　　　기요틴(기구)
　　　　카부르 → 카보우르
　　　　오웬 → 오언
　보기 2) 난징조약 → 남경조약

5. 한자의 사용은 되도록 피하되 꼭 필요한 경우 ( ) 안에 넣었으며, 용어의 보충설명이나 최근 지명 등도 ( )안에 넣었다.

6. 글이나 책 제목 등의 표기는 〈 〉를 사용했다.

7. 사건의 앞뒤 맥락을 이해할 수 있도록 이미 나온 기사의 위치를 ▶참조기사에서 밝히고 있다.

망원경　중국 왕인지가 바라본 프랑스 대혁명

"민본정치야말로 국가 유지의 뿌리"

왕인지는 고증학의 대가 왕염손의 아들이다. 아버지의 영향으로 중국 고전과 서양 서적을 두루 접한 그로부터 시민혁명에 관한 견해를 들어본다.

나는 서양이 과학기술은 뛰어나지만 정신은 천박하고 정치체제도 허술하다고 느꼈다. 그러나 근자의 혁명들을 보고 생각이 달라졌다.

천명을 받아 나쁜 군주를 내쫓는 '혁명'은 맹자의 가르침이다. 그에 따라 중국왕조는 천명의 징표인 민심을 살피는 데 힘써왔다. 중

국정치의 우수성은 그 근원이 여기 있다 해도 지나치지 않을 것이다.

반면 서양에선 고대 이래 늘 혁명을 불온한 것으로 여기고 백성을 얕잡아봤다. 근자에는 〈절대주의〉 중국에서 배우려 했으나 근본은 익히지 않고 겉만 본뜨다 마침내 백성의 혁명을 맞고 말았다. 백성은 군주를 내쫓았을 뿐 아니라

스스로 나라를 다스리겠다고 나섰다.

황종희(고증학의 선구자) 선생도 "군주는 손님이요 만이 주인"이라고 했듯이 군주와 공경대부가 민본정치를 하지 않으면 백성이라도 하겠다고 나서는 것은 옳다. 서양 백성들이 하루아침에 정신적·정치적으로 웃자란 듯해 한편 가상하고 한편 웃기가 여겨진다. 백련교도가 창궐하는 이때 자금성(청 황궁)은 민심을 얼마나 살피고 있는지….

무늬 깃발을 내세우고 있다. 붉은색과 파란색은 파리의 문장(紋章)이고 흰색은 부르봉 왕가의 문장인가 함께서 따온 색깔이다. 민중들이 이 색깔을 프랑스 혁명의 이념 자유와 평등, 그리고 박애의 으로 받아들이고 있다.

철없는 왕비 앙투아네트

왕비 마리 앙투아네트는 민중들의 요구를 받아들이느니 차라리 시민과 전쟁을 벌이겠다는 반개혁세력의 상징. 그녀는 근 부녀자들이 베르사유로 몰려와 "빵을 달라"고 시위를 벌이며 "왜 빵만 먹으려 할까? 빵이 없으면 과자나 고기를 먹으면 될 을"이라고 말했을 정도로 밉비 민중의 형편에 무지했다.

망원경
지역을 뛰어넘어 유사한 두 사건을 비교하거나 하나의 사건을 타지역 인물의 눈으로 바라봅니다.

타임머신　한국의 섬유산업과 전태일의 분신

한국은 1960년대부터 경제개발계획을 통해 서양에 비해 뒤늦은 '산업혁명'을 수행했다. 이때 주력했던 것이 노동집약적인 섬유산업. 유럽에서도 산업혁명 초기에는 면직물산업이 경제성장의 견인차였다.

의류공업의 핵심노동은 미싱작업이다. 청계천 일대의 평화시장에서 노동자들은 아침 8시부터 밤 10시까지 꼬박 전동밍 앞에 쪼그려 앉아 일해야 했다. 졸다가 바늘에 손톱이 찍히는 사고는 흔히 있었던 일. 그리고 그들이 받는 임금은 일당 50원. 껌 한통 값이 10원이었다.

이렇게 열악한 노동현실 속에서 1970년 11월 13일 오후 1시, 서울 청계천 평화시장에서 청년 노동자 전태일이 온몸에 석유를 붓고 분신했다. "우리는 기계가 아니다!" 활활 타오르는 그의 손에 들려 있었던 것은 '근로기준법'. 그는 다시 한 번 혼신의 힘을 다해 외쳤다. "내 죽음을 헛되이 하지 말라…." 그의 분신은 이후 한국 노동운동을 불타오르게 하는 불씨가 됐다.

타임머신
시기를 뛰어넘어 유사한 두 사건을 비교하거나 후대 인물의 입으로 앞선 시기의 사건을 논평합니다.

3장 세계대전을 넘어서
—20세기의 세계

125

1장 자유! 평등! 박애!

— 프랑스 혁명과 서유럽문명의 개화

1786~1837

세계사와 함께하는 영화 1786~1837

〈레 미제라블〉
1998년작. 감독 : 빌 어거스트
주연 : 리암 니슨, 우마 서먼, 제프리 러쉬
프랑스 혁명을 배경으로 한 빅토르 위고의 소설이 원작.
탈옥범 장발장의 삶을 그렸다. 장발장은
비구시의 시장으로 존경받는 삶을 살지만, 경찰 자베르는
그가 탈옥범임을 알아보고
수사에 착수하는데….

〈바베트의 만찬(Babette's Feast)〉
감독 : 가브리엘 액셀
주연 : 스테판 오드란, 비비 안데르센
프랑스 혁명 와중에 남편과 자식을 잃고 덴마크로 떠나온
여인 바베트의 이야기. 그녀의 정성이 담긴 프랑스식
요리가 주는 화해와 사랑의 결말이 감동적.

〈위험한 관계(Dangerous Liaisons)〉
1988년작. 감독 : 스티븐 프리어즈
주연 : 존 말코비치, 글렌 클로즈, 미셸 파이퍼
프랑스 혁명의 불안한 전야. 부패한 귀족의 퇴폐적인
생활이 주제다. 메르터유 백작부인은
애인 바스티드가 세실이라는 여인과 결혼하려 하자
복수의 음모를 꾸민다.

〈올리버〉
1968년작. 감독 : 캐롤 리드
19세기 영국의 하층 노동자 소년을 주인공으로 한 찰스
디킨스의 〈올리버 트위스트〉를 뮤지컬 형식의 영화로
만들었다. 흥겨운 노래와 화려한 춤이 돋보이지만,
노동자의 처참한 현실과 계급갈등이라는 요소가
무뎌졌다는 평.

〈아프리카 아프리카〉
감독 : 베르나르 지로도
주연 : 베르나르 지로도
프랑스 혁명이 진행되던 18세기 말을 배경으로 한 것으로
식민지 아프리카에 총독으로 부임한
프랑스 귀족 장 프랑수아와 흑인 노예 소녀의
사랑 이야기. 프랑수아의 눈을 통해 노예매매의
참혹한 현실, 아프리카 원주민의 삶을 보여준다.

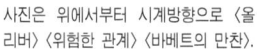

사진은 위에서부터 시계방향으로 〈올
리버〉〈위험한 관계〉〈바베트의 만찬〉.

3권 1호 1786—1789

[프랑스 혁명]

세계사 신문

지금 한반도에선

1787년/ 프랑스 함대, 제주도 측량하고 울릉도 접근
책문후시(국경의 비공식 대외무역) 금지
1788년/ 전국 호구조사: 172만 호에 인구는 730만 명

"역사는 새롭게 시작돼야만 한다"

프랑스 대혁명 발발…봉건제 폐지 등 충격적 조치 잇따라

경제난에 민중들 분노 폭발

〈1789년 10월 6일 프랑스〉 국왕 없는 나라를 생각할 수 있는가? 중세 유럽을 살아온 사람이라면 도저히 상상할 수도 없는 사태가 마침내 현실로 드러났다.

오늘 새벽 베르사유 궁전에 들이닥친 라파예트가 지휘하는 국민방위대와 시위 군중은 국왕 루이 16세 부처를 끌어내 혁명의 도시 파리로 강제 이송했다. 루이 16세는 군중의 요구에 따라 지난 8월 국민의회가 선포한 '봉건제 폐지선언'과 '인권선언'을 승인했으나 군중들은 그를 봉건왕정의 상징인 베르사유 궁전에 묵게 할 수 없다며 혁명의 본거지인 파리로 강제 이송한 것이다.

혁명은 지난 7월 14일 파리시민이 일제히 봉기, 바스티유 감옥을 습격하고 파리 시를 접수하면서 시작됐다. 당시 베르사유 궁전 테니스 코트에는 제3신분을 주축으로 급조된 국민의회가 마라의 지휘 아래 '국민 전체의 대표기관'을 자임하면서 '헌법 제정' 요구조건을 내걸고 농성하고 있었다. 루이 16세가 이들을 해산시키기 위해 군대를 동원한다는 소문이 퍼지자 시민들은 거리로 나서 "지배 계급 타도"를 외치기 시작한 것이다.

시민이 파리를 장악했다는 소식이 퍼져나가자 민중봉기는 전국으로 확산되고 있다. 농민들은 영주 저택을 습격, 그동안 악명이 높았던 영주를 살해하고 봉건적 권리문서를 불사르고 있다. 이러한 공권력 마비사태는 일시적인 것이 아닌 구체제 자체의 붕괴현상으로까지 이어지고 있다.

1천여 년을 이어온 봉건적 정치체제를 끝장낼 기세인 이 프랑스 대혁

바스티유 감옥 앞, 정부군과 혁명군의 교전장면.

명은 끼니를 이을 빵을 구하지 못할 정도로 경제가 극도로 악화돼 민중의 분노가 극에 달했던 것이 직접적인 요인. 하지만 금세기 들어 루소와 같은 계몽사상가들이 꾸준히 민중들에게 평등사상을 전파해온 것이 보다 근원적인 배경이라는 데 이의를 제기하는 사람은 없다.

미국, 세계 최초 민주적 공화정 출범

초대 대통령에 조지 워싱턴 유력

〈1787년 필라델피아〉 미국 12개 주 대표 39명이 참가한 대륙회의가 그동안의 격론을 끝내고 마침내 헌법안 합의에 도달했다. 이로써 독립전쟁에서 승리한 지 4년, 미국은 비로소 국가의 기본틀을 갖추게 됐다.

헌법에 따르면 미국은 각주가 독자적 주권을 갖는 연방제를 채택하게 된다. 연방정부는 행정부, 입법부, 사법부가 서로 '견제와 균형'의 원리에 따라 대등하게 권력을 분점하는 체제로 운영된다. 이는 세계 최초의 민주적 공화정으로 유럽의 볼테르, 몽테스키외, 루소 등 계몽사상가들의 주장을 고루 반영한 것이다. 초대 대통령은 대륙회의 의장을 맡아온 워싱턴이 유력한 것으로 알려지고 있다.

의회는 상원의 경우 연방의 정신을 살려 각주마다 두 명씩 뽑고, 하원은 민주주의 원칙에 따라 인구비례로 뽑아 구성된다. 노예는 원칙적으로 투표권을 갖지 못하는 존재지만 5분의 3을 인구수에 포함한다. 이는 노예가 많은 남부 주들이 의원수를 확보하기 위해 강력하게 주장한 결과다.

이 결과가 말해주듯 미국의 장래는 연방정부의 구심력이 어떻게 각 주의 원심력을 제압하느냐에 달려 있는 것으로 보인다.

오스만 투르크, 유럽서 쫓겨나

〈1788년 크림 반도〉 러시아의 예카테리나 2세가 오스트리아와 동맹, 오스만 투르크에게 전쟁을 선포했다. 동맹군은 현재 오스만 투르크의 동북부 벨그라드와 서북부 크림 반도의 양 방향에서 투르크군을 압박, 쉽게 승리를 거둘 것으로 점쳐지고 있다. 이렇게 되면 14세기 이후 발칸 반도 등 유럽 동남부를 지배해온 오스만 투르크는 큰 타격을 받게 될 전망이다.

세계사 신문

밑바닥 민중들 분노 폭발 '아래로부터의 혁명'

다가오는 19세기와 더불어 유럽에 혁명의 시대가 열리고 있다.

프랑스 혁명은 영국에서 시작된 시민혁명을 전유럽으로 확산시킬 것이 분명하다. 이 나라는 가장 전형적인 봉건체제와 절대왕정을 유지해온 유럽의 중심국가이기 때문이다.

혁명은 모순의 극치다. 베르사유와 바스티유에서 보았듯이 혁명은 반역과 폭력과 배신 등 인간사회의 온갖 부정적인 면모를 노출시킨다. 그러나 대혼란을 겪고 나면 늙고 병들어가던 사회가 희한하게도 싱싱한 청년의 모습으로 거듭난다.

특히 프랑스 혁명은 "사람 위에 사람 있고 사람 밑에 사람 있다"던, 그동안 모든 문명세계에서 보편적으로 통용되던 가치를 뒤집었다. 한 줌도 안 되는 사제·귀족의 지배와 착취에 시달리던 많은 사람들이 어느 날 갑자기 자유와 평등을 노래하게 된 것이다.

이러한 대전환의 주역은 지난 몇백 년간 꾸준히 실력을 키워오고도 신분차별 때문에 정치적 무권리 상태에 놓여 있던 시민계급이다. 그들의 분노와 각성은 계몽주의라는 강력한 혁명의 사상적 무기를 낳았고, 마침내 테니스 코트의 반란으로 이어졌다. 그들이 능력에 맞는 권력을 차지함에 따라 프랑스는 일거에 몇십 배나 더 강한 나라로

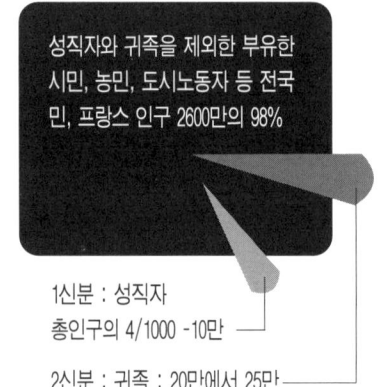

성직자와 귀족을 제외한 부유한 시민, 농민, 도시노동자 등 전국민, 프랑스 인구 2600만의 98%

1신분 : 성직자
총인구의 4/1000 -10만

2신분 : 귀족 : 20만에서 25만

거듭날 것이 틀림없다.

그러나 이번 혁명에서 시민계급은 여타 민중, 특히 봉건제에 대한 원한과 서러움이 시민계급보다 훨씬 뿌리깊고 큰 농민에게 큰 빚을 졌다. 이들이 바스티유로, 베르사유로 몰려가지 않았던들 과연 그것을 '혁명'이라고 부를 수나 있었을까?

이들 민중이 아직 피동적인 존재로 국가권력으로부터 소외당하고 있다는 것은 단연코 이번 혁명의 최대 맹점이다. 이 문제가 해결되지 않는 한 어쩌면 제2, 제3의 혁명이 프랑스의 앞길을 가로막고 있을지도 모른다.

프랑스 혁명의 3총사

혁명의 봉화를 올리고 : 시에예스(1748~)

루소의 영향을 강하게 받은 제3신분 대표 시에예스는 삼부회가 열리자 다음과 같은 명문의 팜플렛 〈제3신분이란 무엇인가〉를 발표했다.

"첫째 제3신분이란 무엇인가? 모든 것이다. 둘째 정치 질서에서 제3신분은 지금까지 무엇이었는가? 아무것도 아니었다. 셋째 그들은 무엇을 요구하는가? 무엇인가 되고자 한다."

혁명을 일으키고 : 미라보(1749~)

테니스 코트의 서약 이후 국왕이 보낸 관리가 제3신분 의원들의 퇴장을 요구하자 미라보 의원은 말했다.

"국왕께 전하시오! 인민의 의사로 이곳에 앉아 있는 우리는 총검에 밀리지 않는 한 퇴장하지 않겠노라고!!"

국왕이 제3신분의 적으로 규정된 최초의 선언이었다. 국왕은 의회를 해산하기 위해 군대를 동원했고 파리민중은 바스티유를 점거했다. 혁명이 일어난 것이다.

혁명을 알리다 : 라파예트(1757~)

미국 독립전쟁이 일어나자 도미하여 미국 독립군에 가담해 워싱턴의 신임을 얻고 각처에서 분전했다. 미국 혁명의 이상을 품고 돌아와 진보적 귀족으로 활동하며 삼부회 소집의 주창자가 됐다.

바스티유 함락 직후 파리 국민방위대 사령관으로 임명된 그는 8월 26일 채택된 인권선언을 기초함으로써 혁명의 원리와 이념을 널리 알렸다.

미 의회 "영토 확장" 결의

인디언 지역 사실상 식민지화 속셈

〈1787년 워싱턴〉 미 의회가 북서부 5대호 연안 인디언 지역으로 영토를 확장하기로 결의했다. 이는 사실상 인디언 지역을 식민지화하겠다는 것이어서 그들 자신이 식민지의 압제에서 벗어나 독립한 나라로서 이율배반적인 태도라는 비난을 받을 것으로 보인다.

이번 법률에 따르면 원칙적으로 인디언의 토지소유권은 보호되지만 "인디언의 권리가 소멸될 가능성이 있는" 지역에는 백인들이 마을을 건설할 수 있다고 돼 있어 사실상 인디언 땅을 빼앗겠다는 의도가 깔려 있다. 특히 인디언의 토지에 대한 관념은 백인들의 배타적 소유권과는 전혀 달라 갈등이 빈발할 것으로 예측된다.

강서성 등 세금거부 운동 빈발에 청, 때늦은 "엄벌" 호들갑

〈1788년 중국〉 "소작료 납부를 거부하는 항조(抗租) 행위를 엄단하겠다." 강소성 당국이 최근 농민들의 항조를 금하는 조치를 내렸다.

전호(佃戶)들의 항조운동은 청조 내내 정부를 괴롭혀왔으나 근래 들어 남부지방에서 부쩍 늘고 있다. 요즘은 특히 집단을 이루어 관리를 살해하는 등 조직적이고 폭력적이어서 당국은 더이상 눈감아줄 수 없다는 입장이다.

이러한 항조운동은 전호층이 부익부 빈익빈 현상을 규탄하고 시정해보려는 시도를 할만큼 자립도가 높아진 것을 반영하는 것이라는 분석이 지배적이다. 최근 강소성 출신 학자 홍량길(洪亮吉)씨는 "평화가 1백년 지속되면 인구는 20배 이상 늘지만 토지와 가옥은 기껏 2배 내지 5배 밖에 늘지 않는다"고 분석한 바 있다. 이러한 상황에서 어느 정도 경제력을 갖추게 된 전호층이 부의 분배 문제에 민감하게 반응하고 있다는 것이다.

혁명 봉화, 이렇게 타올랐다
시민세력 "자유-평등-박애" 대함성

〈1789년 프랑스〉 프랑스에 치솟은 혁명의 불길. 숨가쁘게 진행되어온 70여 일간을 주요 사건별로 정리해본다.

▲5월 5일 삼부회 소집

미국 독립전쟁을 지원하다가 재정까지 어려워진 프랑스. 정부가 세금을 걷겠다고 하자, 귀족들은 신분별 회의인 삼부회의 동의를 요구했다. 이에 대해 제3신분은 1, 2신분 대표자들의 합계와 맞먹을 만큼의 대표자들을 참석하게 해달라고 요구, 결국 제1신분이 308명, 제2신분이 285명, 제3신분은 621명이 참석했다.

▲6월 17일 국민의회 결성

삼부회가 대표자의 숫자와 관계없이 신분별로 각 1:1:1의 투표권만을 인정하겠다고 발표하자, 제3신분은 분노했다. 게다가 왕도 1, 2신분의 편을 들자, 제3신분은 삼부회를 포기하고, 독자적인 '국민의회'의 결성을 선언했다.

▲6월 20일 테니스 코트 농성

왕은 국민의회가 사용하는 방을 폐쇄했다. 그러자 의원들은 근처 실내 테니스 코트로 옮겨 농성을 시작했

테니스 코트 농성장. 탁자 위에서 선서하는 국민의회 의장 바이이, 바로 오른쪽 아래 시에예스 등이 보인다.

다. 국민의회는 "국민의 대표인 우리는 헌법이 제정될 때까지 해산하지 않겠다"고 발표했다. 1, 2신분 대표자 일부가 동참한 가운데, 국민의회는 자신들에게 주권이 있음을 선언했다.

▲7월 14일 바스티유 공격

왕이 군대를 동원해 의회를 해산할 것이라는 소문이 퍼지자 파리는 흥분했다. 시민들은 무기 판매점과 병기고를 습격해 총과 대포를 확보하고, 화약이 있다는 바스티유 감옥으로 향했다. 바스티유는 절대주의의 상징. 치열한 전투끝에 수비대원 전원이 체포되고, 수비대장 드 로네이의 목이 잘렸다. 시민들은 자치위원회 대신 파리 코뮌(자치제)을 수립했다. 이 소식은 프랑스 전역으로 전달됐다.

인간과 시민의 권리선언

▲1조 : 인간은 자유롭고 평등하게 태어나서 생활할 권리를 가진다.

▲3조 : 모든 주권의 근원은 국민에게만 있다. 어떤 단체나 어떤 개인도 명백히 국민에게서 유래하지 않은 권력을 행사할 수 없다.

▲6조 : 모든 시민은 직접 또는 대표자를 통해서 법제정에 참여할 권리를 갖는다. 법의 보호, 법에 의한 처벌에서 만인은 평등하다.

▲11조 : 사상 및 의견의 자유로운 교환은 사람의 가장 귀중한 권리 중 하나이다.

1789년 8월 26일

인권선언 판화. 쇠사슬을 든 왼쪽 여성은 프랑스를, 선언문을 가리키는 오른쪽 천사는 자유를 상징한다.

프랑스 혁명 이모저모

혁명의 상징 삼색기 등장

파리 코뮌의 지도 아래 시민군은 붉은색, 파란색, 흰색의 줄무늬 깃발을 내세우고 있다. 붉은색과 파란색은 파리의 문장에서, 흰색은 부르봉 왕가의 문장인 백합에서 따온 색깔이다. 민중들은 이 색깔을 프랑스 혁명의 이념인 자유와 평등, 그리고 박애의 의미로 받아들이고 있다.

철없는 왕비 앙투아네트

왕비 마리 앙투아네트는 시민들의 요구를 받아들이느니 차라리 시민과 전쟁을 벌이겠다는 반개혁세력의 상징. 그녀는 최근 부녀자들이 베르사유로 몰려와 "빵을 달라"고 시위를 벌이자 "왜 빵만 먹으려 할까? 빵이 없으면 과자나 고기를 먹으면 될 것을"이라고 말했을 정도로 밑바닥 민중의 형편에 무지했다.

망원경 — 중국 유학자가 바라본 프랑스 대혁명

"민본정치야말로 국가 유지의 뿌리"

프랑스 대혁명은 인류 최대의 격변이라고 할 만하다. 이에 대해 스스로 세계 최고의 문명권으로 자부하고 있는 중국 유학자는 어떤 견해를 갖고 있는지 들어본다.

나는 서양이 과학기술은 뛰어나지만 정신은 천박하고 정치체제도 허술하다고 느꼈다. 그러나 근자의 혁명들을 보고 생각이 달라졌다.

천명을 받아 나쁜 군주를 내쫓는 '혁명'은 맹자의 가르침이다. 그에 따라 중국왕조는 천명의 징표인 민심을 살피는 데 힘써왔다. 중

국정치의 우수성은 그 근원이 여기 있다 해도 지나치지 않을 것이다.

반면 서양에선 고대 이래 늘 혁명을 불온한 것으로 여기고 백성을 얕잡아봤다. 근자에는 (절대주의가) 중국에서 배우려 했으나 근본은 익히지 않고 겉만 본뜨다 마침내 백성의 혁명을 맞고 말았다. 백성은 군주를 내쫓았을 뿐 아니라 스스로 나라를 다스리겠다고 나섰다.

일찍이 고증학의 선구자로 동양의 루소라고까지 칭송받는 황종희 선생도 "군주는 객이요 천하가 주인"이라고 했듯이 군주와 공경대부가 민본정치를 하지 않으면 백성이라도 하겠다고 나서는 것은 옳다. 서양 백성들이 하루아침에 정신적·정치적으로 웃자란 듯해 한편 가상하고 한편 웃기도 여겨진다. 백련교도가 창궐하는 이때 자금성(청 황궁)은 민심을 얼마나 살피고 있는지….

몽블랑에 인간 발길

〈1786년 프랑스〉 유럽의 최고봉 몽블랑(Mont Blanc, 4800여 미터)에 마침내 인간의 발길이 닿았다. 첫 등정의 주인공은 사냥꾼 자크 발마와 의사 미셸가브리엘 파카르. 제네바의 과학자 드 소쉬르가 내건 상금 때문이다. 산은 그간 유럽인들에게 '악마가 사는 두려운 곳'으로 인식돼 왔으나 "자연으로 돌아가자"는 루소나 소쉬르 덕분에 이제 인간에게 가까운 친구가 될 듯.

쇳덩어리 선박, 바다에 뜨다

〈1787년 영국〉 "아니, 저 무거운 쇳덩어리가 어떻게 물에 뜬다는 거지?" 영국 스태퍼드셔의 산업가이자 철공(鐵工) 마스터 존 윌킨슨이 대형 철제선박을 건조한 데에 대한 사람들의 첫 반응은 "못 믿겠다"였다. 윌킨슨은 그러나 이를 바다에 띄우는 데 성공, 국내외 각지로부터 대단한 반향을 얻고 있다. '트리알'로 명명되어 정부에 납품된 이 철선은 길이 70피트에 철판으로 외피를 입힌 것으로, 대포 등의 수송을 위해 건조되었다.

〈더 타임스〉 창간

〈1788년 1월 영국〉 런던의 〈데일리 유니버설 레지스터〉가 새해 첫날 〈더 타임스〉로 재출발했다.

독자층에 새롭게 다가가기 위해서다. 새 소유주 존 월터는 "새 제호가 옛 제호보다 훨씬 눈에 뜨이기 쉽고, 특히 〈애뉴얼 레지스터〉 등과 혼동될 염려가 없다"며 "의회와 도시 소식을 줄이고 문학과 예술 지면을 늘리겠지만, 정치면에서는 영국의 '적과 나'를 분명히 가르는 '야누스의 얼굴'을 보여주겠다"고 말했다.

철학의 물꼬가 달라졌다

칸트, 실천이성에 따른 도덕률 제시

〈실천이성비판〉 발표
"이성에 따르라" 주장

〈1788년 독일〉 지금은 혼돈의 시대. 최근의 프랑스 대혁명은 '자유·평등·박애'의 진보적 주장을 내세우고 있으나 파괴와 폭력을 수반하고 있고, 영국의 산업혁명은 풍요로운 미래를 꿈꾸게 하지만 노동자 특히 여성과 아동의 학대를 자양분으로 하고 있으며, 자유와 천부인권을 요구한 미국의 독립혁명은 인디언에 대한 대학살 위에서 이루어졌다.

이같이 가치관의 혼란을 겪는 요즈음 동프로이센의 철학자 이마누엘 칸트의 새 저작 〈실천이성비판〉을 읽어봄 직하다. 혼돈 앞에서 우리는 어떻게 행동해야 보편적이고 객관적인 타당성을 지닐 수 있는가? 칸트는 "권위의 아성을 무너뜨리고 이성에 따르라"고 답한다. 충동이나 욕구에서 독립, 이성으로써 스스로 도덕률을 정하고(自律) 이 도덕률의 명령(定言命法)에 따라 행동하라는 것.

이성이 실천의 영역에서 보편타당성을 획득하면 도덕이 되듯, 이성이 이론의 영역에서 보편타당성을 획득하면 학문이 된다. 칸트는 1781년 〈순수이성비판〉을 통해 과학적 판단이 어떻게 해서 수학의 명제와 같은 보편적이고 필연적인 타당성을 지니는가를 밝혀냄으로써 과학혁명을 뒷받침하는 한편 '가장 위대한 과학자의 한 사람'으로 불려지고 있다.

새 책 소식 ■ 기번 〈로마제국 흥망사〉

"지적 자유 붕괴가 로마제국 멸망원인"
아우구스티누스 '신의 예정' 정면 반박

〈1788년 5월 8일 영국〉 로마제국은 왜 멸망했을까? 오늘 〈로마제국 흥망사〉 전6권을 완간한 에드워드 기번은 이 질문에 대해 "야만주의(게르만족의 침입)와 종교(기독교)" 때문이라는 도발적인 대답을 내놓았다. 기독교가 세를 얻으면서 '비굴하고 무기력한 성직자'들이 '정신의 능력을 타락시키는' 믿음을 위해 철학과 과학을 희생시켰다는 것이 비판의 요지다.

당연히 기독교계에서는 "뻔뻔스럽고 부정직한 공격"이라는 반응이다. 한 수도사는 "아우구스티누스가 5세기에 〈신국〉에서 밝힌 대로, 로마의 멸망은 신의 뜻에 의해 예정된 일이었다"며 "기번의 주장대로라면, 로마의 문화를 이어받은 유럽은 이미 멸망했어야 하는 것 아니냐"고 반발했다.

이에 대한 기번의 대답은 "오늘날 인류에겐 지적 자유의 희망이 있다"는 것. 자유야말로 로마가 잃어버린 것이었으며, 오늘날 인류의 희망이라는 것이다. 이것은 봉건적 세계관을 일소하고 시민적 자유의 확대를 요구하는 요즘의 추세와 일맥상통하는 것이어서 주목된다.

"이제 방직은 역직기로"

와트의 증기기관을 동력으로 사용, 힘이 왕입니다요!

실이 남아 돈다. 고민 마시라!
새로 발명된 역직기가 면직물 생산을 팍팍 늘려줍니다.
최근 방적기 발명붐에 따른 실 공급 초과의 해결사!

[영국의 발명가 에드먼드 카트라이트의 1785년 발명품]

internet 세계사 여행

▶ 프랑스 혁명 홈페이지 http://members.aol.com/agentmess/frenchrev/index.html 개관, 논문, 인물 등 프랑스 혁명 관련사이트 일체 색인
▶ 프랑스 혁명의 역사 http://www.geocities.com/Paris/Arc/8639/index.html 일본 만화 『베르사유의 장미』를 통해 본 프랑스 혁명
▶ 이마누엘 칸트 http://comp.uark.edu/~rlee/semiau96/kantlink.html 칸트 저작 및 칸트 연구서 링크

3권 2호 1790—1792

세계사 신문

[프랑스 혁명전쟁]

지금 한반도에선

1790년/ 정약용 해미현으로 유배
1791년/〈동사강목〉저자 안정복 사망
천주교 관계서적 수입 금지

조선에서도 상업왕국 길 열리나

금난전권 전면폐지…자유상업 적극 채비

〈1791년 조선〉 서양에 비해 상업발달이 뒤늦은 조선에서도 마침내 과거의 족쇄를 제거하고 자유상업을 지향하는 혁명적 조치가 나왔다.

개혁세력의 상징인 영의정 채제공은 이제부터 시전(市廛) 상인들이 가지고 있던 특권 금난전권(禁亂廛權)을 전면폐지한다고 발표했다. 이 같은 내용을 적은 방이 내걸린 서울의 4대문과 종로 거리엔 행인들이 몰려들어 수군대는 등 이번 조치에 예민하게 반응하고 있다.

그동안 조선의 상업은 시전상인들이 궁중 물자의 납품을 부담하는 대신 다른 일반상인들은 일체 상행위를 못하도록 하는 특권(금난전권)을 갖도록 하는 독점체제를 유지해왔다. 그러나 최근 들어 일반상인들이 급성장, 사실상 시전 상인들에게 권리금을 주고 영업을 하는 부조리가 만연해왔다.

조선정가의 이번 조치는 고질적인 당쟁을 일삼아온 기득권 세력인 노론 일파를 제거하기 위한 의도에서 나온 것으로 해석된다. 시전상인들이 노론세력의 정치자금을 대온 것은 이미 다 알려진 사실이기 때문이다.

일반상인들은 이번 조치를 반기며 "이젠 매점매석에 의한 물가폭등도 없어져 서민들에게도 이익이 될 것"이라고 주장했다. 조선에서도 바야흐로 상업자본의 '원시적 축적'이 이루어질지 내외의 관심이 모아지고 있다.

왕당파는 혁명정부의 근거지 중 하나인 튈르리 궁을 습격, 1천 명의 사망자를 냈다.

프랑스 "혁명이냐 반혁명이냐"
혁명전쟁 선포하고 10만 대군 오스트리아로 진격

〈1792년 4월 프랑스〉 프랑스 입법의회 (의장 브리소)가 오스트리아에 대해 전쟁을 선포했다. 이에 따라 라파예트·뒤무리에가 이끄는 10만 프랑스군은 국경을 넘어 오스트리아로 진격을 개시했다.

이번 전쟁은 프랑스 혁명정부를 전복하려는 책략이 국내외에서 광범위하게 전개되고 있는 가운데 프랑스 혁명정부가 선택한 고단위 처방으로 풀이되고 있다. 그동안 입법의회는 아시냐 화폐의 남발로 인한 국내 물가의 등귀와 이를 틈탄 귀족과 왕당파의 도전으로 곤경을 겪어왔다.

국외에서는 마리 앙투아네트 왕비의 고국인 오스트리아가 망명한 프랑스 귀족들을 돌보면서 이 같은 국내의 반혁명활동에 대한 국제적 지원을 강화해왔다. 오스트리아는 이미 프랑스와 같은 시기에 일어났던 벨기에의 시민혁명을 무자비하게 진압한 바 있어 서유럽에선 반시민혁명의 국제본부로 통하고 있다. 또 루이 16세가 국외 탈출을 시도하다가 잡힌 직후인 지난해 8월에는 프로이센과 함께 프랑스 왕의 지위회복을 요구하는 '필니츠 선언'을 발표하기도 했다.

입법의회는 전쟁으로 조성될 긴장상태를 이용해 혁명정부에 충성을 선서하지 않은 성직자들을 처벌하고 귀족세력을 공격, 국내의 정치 불안을 잠재울 태세인 것으로 알려졌다. 그러나 혁명진영에서도 재야 급진파인 로베스피에르는 전쟁의 목적이 입법의회의 불철저한 혁명정책에 대한 민중의 반발을 호도하는 데 있다고 보고 "혁명을 전쟁으로 몰고 가면 독재로 귀결된다"며 전쟁에 반대를 하고 나서 귀추가 주목된다. ▶참조기사 1호 1면

"또 하나의 프랑스 혁명을" 산토도밍고 흑인 노예봉기

〈1791년 8월 아메리카〉 중앙아메리카의 프랑스 식민지 산토도밍고에서 흑인 노예들이 '주인님인 그랑 블랑(위대한 백인)'에게 피로써 항거하는 혁명적 사건이 일어났다.

지난 5월 프랑스 혁명정부는 유색인·혼혈인 등에게 선거권을 부여했다. 그러나 플랜테이션 경영자들이 식민지의 자치를 구실로 이를 거부하면서 혁명의 불길이 당겨졌다. 현재 100만의 노예 가운데 10만 명이 봉기에 참여, 백인들을 살해하고 설탕 커피 등 농작물을 불태우며 섬 일부를 장악한 상태다. 본국에서 "봉기만은 안 된다"며 원정군을 파견했으나 역부족이다. 프랑스 혁명에서 자극을 받은 이번 봉기는 중앙아메리카 노예들에게 커다란 자극이 될 전망이다.

세계사신문

지상토론 ▌ 프랑스 혁명을 논한다

"파괴-무질서" "자유-평등" 지성·정치계도 양분

버크
"사회질서는 오랜 지혜의 산물"

"질서유지 주장은 기득권 논리"
페인

프랑스 혁명의 열기가 뜨거운 요즈음 혁명에 대한 찬반 논쟁도 뜨겁다. 영국의 휘그당 정치가 에드먼드 버크와 미국독립의 공신 토머스 페인은 그 논쟁의 중심점에 서 있다. 버크는 〈프랑스 혁명에 대한 고찰〉을 통해 혁명을 격렬 비판한 반면, 페인은 〈인간의 권리〉를 통해 혁명을 지지하고 나섰다.

1790년 발간된 버크의 〈고찰〉은 6개월 동안 2만 부가, 1791년에 나온 페인의 〈권리〉는 같은 기간에 20만 부가 팔렸다. 프랑스 혁명에 대한 영국인의 시각을 단적으로 보여준다.

▶버크 "프랑스 혁명은 명예혁명과 달리 파괴와 무질서를 드러내고 있다. 저항권을 가르친 사회계약론의 영향 때문이다. '인간의 권리' 운운하며 민중에 의한 민주주의를 추구한다지만 다수에 의존하는 것이 반드시 옳다 할 수는 없다. 그간 사회질서를 지켜온 세습귀족의 역할을 무시해서는 안 될 일이다. 기존 사회질서나 정치제도를 쉽게 때려 부수고 갈아치운다면 어떻게 정치적 안정을 기대하겠는가? 이성의 힘으로 새로 만든다고? 말도 안 된다. 사회질서와 정치제도는 수세기 동안 인간의 지혜가 모아진 것으로, 하루아침에 때려 부수고 하루아침에 세워질 수 있는 것이 아니다."

▶페인 "혁명과정에서 오류는 인정할 수 있으나 불의(不義)는 있을 수 없다. 인간의 품위를 떨어뜨리는 전통적인 질서와 제도로부터의 해방 투쟁인 때문이다. 인간은 자유롭고 평등하게 태어났다. 따라서 인간이 자신의 자유와 재산과 안전을 지키고, 자신을 억압하는 모든 것에 저항하는 것은 당연한 권리다. 기존 질서와 제도를 존경하고 따라야 한다지만, 이는 기득권을 유지키 위한 공허한 논리다. 수세기 동안의 지혜가 모아졌다는 기존 질서와 제도는 그 이전의 질서와 제도를 혁신한 것이다. 마찬가지로 지금도 현 질서와 제도가 인간의 자연권에 위배된다면 이를 부수고 새로 건설해야 한다."

프랑스 혁명 제2단계 돌입

새로 구성된 국민공회, 왕정 폐지하고 공화정 선포

〈1792년 9월 22일 프랑스〉 혁명전쟁이 잇따른 패배로 위기를 맞으면서 프랑스 국내 정국도 불안한 가운데, 파리에서 '상퀼로트'들이 들고일어나 입법의회를 무너뜨렸다.

입법의회에 혁명을 맡겨둘 수 없다며 봉기한 혁명 군중은 지난 10일 튈르리 궁을 습격, 국왕을 체포한 데 이어 지금까지 약 1200명의 왕당파 귀족·가톨릭 사제 등을 직접 처형한 것으로 알려졌다. 이 와중에 입법의회가 해산되고 긴급 구성된 프랑스 국민공회는 왕정을 폐지하고 공화제 실시를 전격 선포했다.

이로써 프랑스 혁명의 결과로 들어선 입헌왕정 체제는 2년여 만에 막을 내리고 혁명은 한층 급진적인 제2단계로 돌입하게 됐다.

프랑스 혁명의 주요 정파

급진은 좌익,
보수는 우익

최근 프랑스정계를 주도하는 것은 국민공회다. 국민공회를 구성하는 자리에서 노선이 유사한 정파들이 끼리끼리 자리를 차지, 눈길을 끌고 있다. 급진적 성향의 코르들리에 클럽과 자코뱅파는 의장석 좌측에, 보수적 성향의 지롱드파와 푀양파는 의장석 우측에 자리를 차지하곤 한다. 이런 까닭에 급진파는 좌익, 보수파는 우익으로 불리고 있다.

▲좌익

△코르들리에 클럽 : 뒤프르니, 마라 등이 1890년 파리 코르들리에 수도원 중심으로 형성. 여러 차례 대중봉기를 주도하는 등 혁명에 가장 전투적.

△자코뱅파 : 로베스피에르, 당통 등이 파리 자코뱅 수도원을 본부삼아 설립. 공화제와 소시민적 사회주의 추진. 소시민, 상퀼로트가 지지 기반.

▲우익

△지롱드파 : 1891년 자코뱅파에서 추방된 콩도르세, 브리소 등 지롱드 지방 출신이 주축. 무역상, 기업가 등의 지지 아래 의회주의, 자유주의 추진.

△푀양파 : 1891년 7월 자코뱅파에서 탈퇴한 사람들이 푀양 수도원에 본부를 두고 설립. 부유한 시민, 지주 등에 기반을 잡고 입헌왕정을 지지.

토막소식

영국-프랑스, 캐나다 양분

〈1791년 퀘벡〉 영국 식민지였던 퀘벡 식민지가 사실상 영국과 프랑스의 공동식민지가 됐다.

영국 국왕 조지 3세는 퀘벡 식민지에 대한 '헌법'을 발표하면서 프랑스인도 영국인과 동등한 권리를 누리며, 각 국민이 따로 의회를 구성하도록 했다. 캐나다 지역은 지난 1750년대의 양국 전쟁에서 영국이 승리한 뒤 영국령이 됐었다.

러시아 흑해 연안 확보

〈1792년 몰다비아〉 러시아가 4년여에 걸친 오스만 투르크와의 전쟁에서 마침내 승리, 크림 반도를 합병했다. 러시아는 이에 그치지 않고 이스탄불을 장악, 동로마(비잔틴) 제국의 영화를 재연하겠다고 벼르고 있어 지중해 동안 정세가 날로 불안에 휩싸이고 있다. 오스만 투르크는 이제 발상지인 중앙아시아 초원으로 돌아가라는 것인가.

'제사 모독' 충격

〈1791년 조선〉 천주교신자인 윤지충이 어머니 제사 때 위패도, 음식도 차리지 않고 천주교식 미사로 대신한 것이 발각돼 조선정가가 발칵 뒤집혔다.

윤지충은 "한낱 나무조각이 생명과 무슨 관계가 있으며, 이미 죽은 분에게 음식은 드려 무엇 하는가"라고 말해 전통 유학자들을 아연실색케 했다고 한다. 그러면 십자가는 나무조각이 아니고, 성찬식의 밀떡과 포도주는 음식이 아니라는 얘긴지….

프랑스 혁명으로 변화된 사회상
봉건적 의무에서 결혼 풍속까지 '구조조정'

〈1790년 프랑스〉 혁명은 모든 것을 바꿔놓고 있다. 크게는 장원제도가 폐지되면서 행정단위가 달라지고 있으며, 작게는 결혼식 풍경까지 바뀌고 있다. 장사꾼들은 더이상 파리 시 통행세를 내느라 애쓸 필요가 없으며, 가난한 농노들도 소금세에 시달리지 않아도 된다. 시민들이 알아야 할 새로운 프랑스, 그 변화되는 제도를 알아본다.

▲봉건적 의무의 철폐 : 봉건제의 폐지로 농노제와 영주의 특권, 불평등한 과세가 사라지고, 대신 무료 재판제, 법 앞의 평등이 보장된다. 하지만 문제가 있다. 예를 들어 버

려진 아이들에 대해 지금까지는 영주가 책임졌지만, 이제는 누가 책임을 지나? 대책마련이 시급하다.

▲결혼제와 이혼제 : 사제가 아닌 사람도 결혼식과 장례식을 집전할 수 있으며, 식을 올리지 않고 단지 신고만으로도 결혼이 허락된다. 또한 사제의 결혼도 허용된다. 하지만 일부에서는 내친 김에 이혼도 허락해 달라는 요구가 급증하고 있어 눈길.

▲국왕의 자의적 투옥권 폐지 : 모든 체포와 기소, 구금은 법적 절차를 거쳐야 한다. 국왕의 명령이라도 절차를 거치지 않으면 함부로 사람을 투옥할 수 없다. 귀족과 영주들

도 마찬가지로 투옥권을 갖지 못한다.

▲시민권의 확대 : 로마 가톨릭은 더이상 프랑스의 국교가 아니다. 신교도에게도 시민권이 주어졌고, 유대인 역시 귀화를 원하면 시민권을 얻을 수 있다. 배우들에게도 시민권

이 주어졌다.

▲기타 : 특히 가난한 민중들에게 부담이 되던 소금세와 파리 시 통행세가 폐지된다. 하지만 프랑스 산업의 보호장치이던 관세까지 더불어 폐지되는 바람에 일부 부르주아들은 불만.

"여성도 남성과 똑같은 이성적 존재"

메리 울스톤크래프트, 남녀 불평등에 직격탄

〈1792년 영국〉 "여성 불평등의 원인은 신체적 열등성에 있는 것이 아니라 이성적 존재로 인정하지 않는 데 있다"는 이색적인 주장이 제기됐다.

메리 울스톤크래프트(33세)라는 여성이 최근 펴낸 〈여성의 권리옹호〉의 내용이다.

이것은 여성이란 남성의 부속물이며 사유재산이라는 지금까지의 생각에 비춰볼 때 상당히 도발적이다. 이성의 우월함과 평등한 교육을 주장했

던 로크나 루소조차 "여성은 이성적으로 미개한 상태이므로 우월한 이성을 가진 남성, 특히 아버지와 남편에 의해 교화되어야 한다"(루소)고 할 정도로 여성은 열등한 존재였다.

이 때문에 일부 진보적 지식인들을 제외하고는 메리에 대한 반응은 곱지 않은 편. 하원의원인 호러스 월폴은 메리를 "페티코트를 입은 하이에나"라고 부를 정도다.

울스톤크래프트, 어떤 인물인가

메리의 어머니는 술주정뱅이 아버

지로부터 툭하면 얻어맞았고, 메리의 여동생은 남편의 학대를 견디다 못해 정신병원 신세까지 졌다. 이것이 여성의 운명일까? 메리는 "여성은 남성이 아닌 이성에 복종해야 한다"면서 "여성에게도 남성과 동등한 교육과 직업의 기회를 달라"고 주장한다.

〈여성의 권리옹호〉는 프랑스의 혁명가 탈레랑이 〈공공교육에 관한 보고서〉를 제출해 여성의 교육을 청원한 것에 대해 메리 자신의 생각을 밝힌 것.

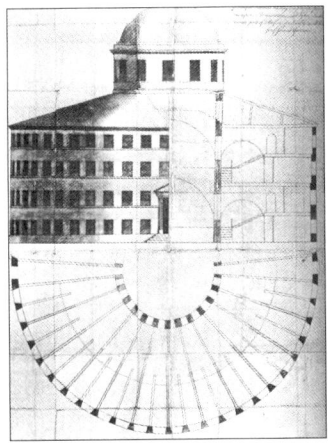

원형감옥 설계도.

"처벌보다는 교화를" 벤담, 원형감옥 제안

〈1793년 영국〉 영국의 철학자 벤담이 최근 〈파놉티콘(원형감옥)〉이라는 책을 출간, 프랑스에 시범적으로 원형감옥을 짓고, 자신이 관리인이 되어 보겠노라는 제안을 했다.

'최대 다수의 최대 행복'이라는 공리주의로 유명한 그는, 범죄자에게도 처벌보다는 행복에의 욕망을 이용한 교화가 필요하다고 주장하고 있다. 원형감옥은 교도관이 보이지 않는 곳에서 감시하며, 죄인들이 보다 쾌적한 수용생활을 하도록 개선한 것이다.

기요탱 박사, 사형기구 기요틴 개발… "신분차별 없이 똑같은 방법으로 사형집행"

〈1792년 프랑스〉 죽는 방법에까지 따라다니던 신분차별이 이제는 사라지게 될 전망. 국민공회는 조제프 기요탱 박사가 개발한 사형기구를 받아들여 죄인의 신분에 관계없이 사용하기로 결정했다. 개발자의 이름을 따 '기요

틴'으로 불리는 이 사형기구는 죄인을 누여놓고 높은 곳에서 육중한 칼을 떨어뜨려 목을 한 번에 자르는 것.

지금까지 사형집행은 평민에게는 사지를 잘라 죽이거나, 교수형, 익사형의 방법을 사용해 고통을 오래 느

끼도록 하면서, 귀족들에게는 쉽고 빠르게 죽는 참수형을 적용해 불만의 대상이 됐었다.

기요탱 박사는 "어떤 범죄자라도 인간으로 동등하게 존중받아야 한다"고 기요틴 개발의 변을 밝혔다.

세계사신문

봉건제 한복판을 겨누는 사랑의 파노라마

연작소설 〈홍루몽〉 대단원…
자유연애 통해 청 현실 비판

남자 주인공 가보옥은 마음이 아리다. 사랑하는 여인 임대옥과 맺어지지 못하고 엉뚱한 여인 설보채와 결혼하게 됐기 때문이다. 집안어른들의 반대 탓이다. 그렇다면 주인공은 마마보이? 그렇지 않다. 가보옥은 어른들의 의견에 맞서 자유연애를 주장해왔다. 어른들과 갈등을 넘어 싸움까지 하면서. 하지만 가보옥은 힘에 부쳤다. 결국 어른들의 말을 들을 수밖에 없었던 것.

최근 120회로 마무리된 연작소설 〈홍루몽〉이 베스트셀러의 대열에 올라섰다. 조설근이 80회를 썼으나 완성시키지 못하고 사망, 정위원과 고악이 이를 완성시켰다. 이 작품은 비극적 사랑 이야기를

담고 있다. 그러나 단순한 사랑 이야기만은 아니다.

몰락한 귀족가문 출신의 작가 조설근은 〈홍루몽〉을 통해 오늘의 청나라 현실을 비판한다. 황제 건륭제는 경제를 발전시키고 정치를 안정시켜 '태평성대를 이룬 성군'이라 칭송받는다. 하지만 태평성대는 겉모습일 뿐 속으로는 곪을 대로 곪아 있다.

봉건제의 모순과 악폐가 갈수록 심화되는 반면 새로운 사상으로부터 도전을 받는다.

가씨 가문도 몰락해가는 봉건가문의 하나다. 어른들은 봉건제를 지키려는 세력, 가보옥과 임대옥은 '평등한 삶'과 '자유'를 외치며 봉건에 반기를 드는 세력을 상징한다. 200여 노비 없인 생활할 수 없고, 농민의 고혈을 짜내 '그들의 일년치 생활비'로 개고기 연회를 여는 자신의 집안을 보옥은 경멸한다. 보옥은 그러나 어른들에게 저항해 자기 주장을 관철시키지는 못하는 한계가 있다.

〈홍루몽〉은 문학사적으로도 획기적이라는 평. 〈삼국지〉나 〈수호지〉처럼 권선징악을 기본 뼈대로 하지 않고, 있을 수 있는 사실을 그대로 그리고 있다. 특히 등장인물들의 심리묘사가 노골적이다. 이 때문에 정부에서는 "음서(淫書)이자 사설(邪說)"이라며 금서 취급을 하고 있다.

패션에도 혁명바람

프랑스 혁명은 패션에도 혁명바람을 몰고 왔다.

빨간색 프리지앙 모자로 혁명과 자유를, 상퀼로트로 공화주의자를 표현하고 있다.

프리지앙 모자는 로마시대에 자유의 몸이 된 노예들이 자유의 상징으로 쓰던 것으로, 소아시아의 고대국가 프리지아에서 유래했다. 상퀼로트는 귀족들의 반바지 퀼로트가 아니라는 의미로, 긴바지 판탈롱과 짧은 코트 카르만뇰 등으로 대신했다. 상(sans)은 프랑스어로 '아니다, 없다'는 뜻.

시민들이 계몽사상가 볼테르의 석상에 프리지앙 모자를 씌워주는 모습(왼쪽)과 한 시민이 퀼로트 대신 긴 바지를 입은 모습.

"정보는 빨라야 한다"
샤페, 새 통신수단 선뵈
시계탑 응용 문자전달

〈1791년 3월 프랑스〉 "새 소식을 빨리 전한다"는 신문보다 빠르게 소식과 정보를 전할 수 있는 새 통신기가 선보였다. 발명의 주인공은 프랑스의 기계공 클로드 샤페. "최근 혁명소식을 급히 전하기 위해서"였단다.

이 통신기는 시계탑을 응용한 것이다. 넓게 트인 장소에 세워진 높은 통신탑에 시계의 숫자판 대신 글자판이 있어 바늘로 글자를 지정, 소식을 알린다. 다음 장소에 세워진 탑에서는 이를 보고 똑같은 내용을 제3, 제4의 탑으로 전달할 수 있다.

그러나 이를 두고 섣불리 세계 최초라고 말해서는 안 될 듯. 중국, 조선, 북아메리카 등지에는 이미 오랜 옛날부터 봉화와 같은 통신장치가 있었기 때문. 그들은 다만 탑 대신 산봉우리, 글자판 대신 봉화를 이용한다는 차이가 있을 뿐이다.

라부아지에, "질량보존의 법칙" 주장

〈1789년 프랑스〉 "모든 화학반응의 전과 후에 물질의 질량은 동일하게 보존된다." 프랑스의 화학자 앙투안 로랑 라부아지에가 최근 〈화학원론〉을 통해 밝힌 새로운 법칙이다. 이전까지는 화학반응을 통해 물질이 변형되면서 당연히 질량도 변한다고 생각해왔다. 나무가 연소해서 숯이 되면 당연히 질량이 감소한다는 식이었다. 하지만 라부아지에는 연소할 때 이산화탄소가 발생해 공기중으로 빠져나간다는 것을 실험적으로 밝힌 것이다.

그는 갑부로서 혁명정부의 재정담당관이기도 하다.

internet 세계사여행

3권 3호 1793—1798

[자코뱅 혁명독재]

세계사
신문

지금 한반도에선
1794년/ 수원성 축조 시작
1795년/ 혜경궁 홍씨, 〈한중록〉 저술
1797년/ 이긍익, 〈연려실기술〉 저술

"중국민중들도 화났다"

백련교도 주도 아래 농민들 봉기…갈수록 세 확산

일부선 "명 재건" 주장도

〈1796년 8월 중국〉 소설 〈삼국지〉에서 유비의 근거지였던 호북성 형주. 섬서성, 사천성에 접경한 이곳이 요즘 농민봉기로 시끌벅적하다.

농민군은 수십 혹은 수백 명씩 떼를 지어 관아를 습격한 뒤 숨는 '유격전'을 전개, 부패한 지방장관 아래서 약화된 관군을 괴롭히며 무섭게 세를 확산시키고 있다. 지강현의 유지협, 섭걸인 등이 봉기를 일으킨 지 몇 달도 되지 않은 현재, 농민봉기는 호북성의 경계를 넘어 인근 하남성, 산서성, 사천성 등지까지 확대될 것으로 보인다.

봉기의 발단은 이 지역의 경제적 특성 때문인 것으로 분석된다. 호북, 섬서, 사천의 3개 성(省)이 서로 맞닿은 이곳은 미개척 산간지역으로, 여

러 지역서 이주해온 사람들이 불안정한 생활을 하고 있다. 특히 청나라 정부의 가혹한 조세정책에 항조(抗租), 체납(滯納) 등으로 반항했던 대다수 이주민들이 "새 땅을 개척, 열심히 살겠다"는 의욕을 보이지만 또다시 정부와 특권 관료에게 수확물의 태반을 빼앗기고 있는 실정이다.

봉기의 배후에는 백련교라는 비밀 종교단체가 자리잡고 있다. 봉기의 주동자 유지협 등은 백련교 간부이며, 농민군 대다수도 백련교도다. 송나라 말기에 형성된 백련교는 몽골의 원나라를 배척하는 '홍건적의 봉기'를 일으켰으며, 지난 1775년에는 교주 유송이 "만주족에 의한 청나라는 곧 멸망한다"고 예언했다가 처형당한 바 있다. 유지협은 이후 농민의 입장을

18세기 말 소주성의 시장 풍경.

대변하면서 교세 재건을 위해 노력해왔다. 최근 "만족(蠻族)의 후예인 묘족이 일으킨 반란을 진압하느라 '백련교의 난'을 방치했지만 이제 곧 이

곳으로 병력을 투입하겠다"고 발표한 청정부에 대해 농민군은 "가혹한 수탈을 일삼는 청을 아예 멸하고 명을 재건하자"며 전의를 다지고 있다.

자코뱅 혁명독재 절정

사회 전분야에 잇단 혁신…반대세력 무자비한 탄압

〈1794년 4월 프랑스〉 5년째 접어든 프랑스 혁명이 절정으로 치달으면서 정치·경제·사회 등 모든 분야에서 상전벽해의 대변혁이 진행되고 있다.

지난해 6월 출범한 자코뱅당 정부의 정책기조는 철저한 민중중심이다. 21세 이상의 모든 국민이 선거권을 갖고, 부자들은 많은 세금을 물어야 하며, 생필품가격은 민중의 구매 수준에 맞춰 제한된다.

이 같은 민중중심의 정책은 구귀족과 대자본가들의 격렬한 저항에 부딪쳐왔다. 이에 대해서는 12인 공안위원회(위원장 로베스피에르)에 초법적인 비상대권을 부여, 강력한 혁명독재로 맞서고 있다.

50만 자코뱅 당원들은 약 30만 명의 지롱드 당원과 왕당파를 체포하고 그 가운데 1만 5천 명을 기요틴으로 보낸 것으로 알려졌다. 또 국외의 혁

명전쟁에서는 물자징발·집단징병 등을 통해 연전연승하고 있다.

최근 혁명의 한 축이던 농민이 토지분배 이후 안정희구로 돌아선 가운데, 자코뱅 정부가 상퀼로트(하층시민)의 지지를 계속 확보하면서 잇단 도전을 극복하고 순항을 계속할 수 있을지 귀추가 주목된다.

▶참조기사 2호 1면

'케이크' 폴란드 공중분해

〈1795년 폴란드〉 폴란드가 지도에서 사라졌다. 2년 전의 2차 분할에 이어 최근의 3차 분할로 나라 전체가 러시아, 프로이센, 오스트리아에게 완전히 먹혀버린 것이다. 프랑스 혁명의 영향을 받아 지난 1791년 진보적인 새 헌법을 채택하는 등 개혁을 추진하던 정부에 저항, 보수세력이 기득권 유지를 위해 러시아 등에 개입을 요청한 결과다. 폴란드는 지난 1772년에도 1차 분할로 국토의 4분의 1과 인구의 3분의 1을 잃은 바 있다.

긴급점검 ■ 프랑스 혁명 어디까지 왔나

'자유·평등·박애' 전인류의 이념으로

"혁명전파 차단" 반혁명 책동도 막강

잘 알려진 것처럼 프랑스는 독일·이탈리아와 함께 중세 프랑크제국에서 갈라져 나왔다. 그 중 독일은 게르만족의 나라, 이탈리아는 라틴족(로마인)의 나라다. 그러나 프랑스는 딱히 무슨 족의 나라라고 할 수가 없다. 이 종족 저 종족이 뒤섞여 '잡탕'을 이루어 왔기 때문이다.

이처럼 '프랑스적'이라고 내세울 만한 종족적 특징이 없기 때문인지 프랑스인은 보편성에 대한 집착이 강하다. 전유럽을 풍미한 절대주의의 대표도 프랑스의 루이 16세고 반절대주의 계몽사상의 대표도 프랑스의 루소다. 프랑스적인 것은 유럽적인 것이다! 프랑스인은 전유럽으로 보편화되지 않을 특징은 가꾸지 않는다!

지금 프랑스가 펼치고 있는 자유·평등·박애의 캠페인은 그 같은 '프랑스적 특징'의 결정판이다. 프랑스 혁명의 이상은 프랑스만 바꿔놓은 것이 아니라 전유럽의 보편적인 이상으로 확산되고 있다.

민주주의 이념은 이미 1세기 전에 영국이 확립했지만 이 섬나라에 갇혀 있었다. 공화제는 20년 전 미국이 확립했지만 역시 찻잔 속의 태풍이었다. 그러나 '위대한' 프랑스인은 그 모든 것을 보편적인 형태로 해냈다. 앙시앵 레짐은 프랑스의 구체제뿐 아니라 전유럽의 봉건잔재를 가리키는 말이 됐고, 혁명전쟁은 프랑스 공화정뿐 아니라 전유럽의 자유주의자들을 지켜내는 전쟁으로 진행중이다.

프랑스 혁명은 이미 많은 것을 바꿨고 앞으로도 바꿀 것이다. 그러나 지금 당장 주목할 것은 이 혁명이 중대 기로에 서 있다는 점이다. 로베스피에르를 정점으로 하는 숱한 애국자들의 헌신에도 불구하고 혁명은 끊임없이 후진을 강요당하고 있다.

이대로라면 구체제는 무너졌으되 민중은 여전히 억압받는 상황을 돌파하기가 어려워 보인다. 위대한 프랑스인이 이 위기를 넘어 자유·평등·박애의 이념을 실현시킬 수 있을지 지켜볼 일이다. ▶참조기사 2호 2면

프랑스 자코뱅 민중노선 청산 총재정부 출범

〈1795년 10월〉 작년 7월 '테르미도르의 쿠데타'를 통해 로베스피에르를 처형하고 자코뱅 정권을 무너뜨린 구국민공회 우파연합이 오늘 '총재정부'의 출범을 선포했다.

바라스·카르노 등 5명의 총재(directoire)가 공동통치하는 총재정부는 새 헌법에 입각, 대상인·대부르주아지 위주의 자유주의 시장경제 노선을 대내외에 천명하고 있다. 지난 8월에 제정된 새 헌법은 '만인 평등'이란 인권선언의 기본정신을 '법 앞의 평등'으로 수정하고 재산에 따른 선거권 차별을 부활시킨 바 있다.

그러나 최악의 인플레이션과 아시냐 지폐의 폭락으로 민중이 생활고에 허덕이고 왕당파가 곳곳에서 준동하고 있어, 양 세력을 함께 억눌러야 하는 총재정부의 앞날에는 먹구름이 잔뜩 끼어 있는 실정이다.

하나의 기요틴, 두 죽음

마지막 순간까지도 왕정에 봉사한 루이 16세

1793년 1월 21일 혁명광장의 기요틴. 루이 16세는 단 위로 올라가 기요틴 밑에 머리를 들이밀었다. 순간 요란한 북소리가 울리고 육중한 칼날이 그의 목 위로 떨어졌다.

프랑스 왕정이 끝장나는 이 역사적 순간, 이상하게도 군중은 적막했다. 국민방위대가 어색한 고요를 깨고 "공화국 만세"를 외쳤지만 고요는 다시 파리를 엄습했다. 혁명의 잔인성을 자각했기 때문일까.

이미 자코뱅당은 사형판결을 두고 온건파와 강경파로 찢어졌다. 그의 죽음은 혁명의 질주에 대한 멈춤신호만 같았다.

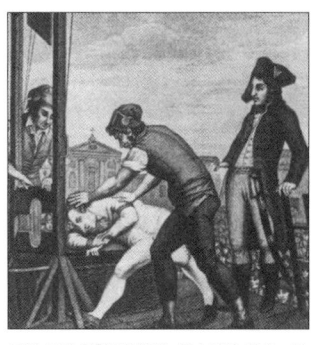

루이 16세 처형 장면(위). 복수심에 불타는 왕당파가 로베스피에르를 처형하는 장면.

기자수첩 ■ 로베스피에르를 위한 변명

혁명은 왜 핏빛이어야만 하는가

1794년 7월. 짧았던 혁명의 절정은 지나고 로베스피에르는 기요틴의 이슬로 사라졌다. 그를 처단한 부르주아지들은 그의 집권기를 '공포정치'라고 낙인찍었다.

자코뱅당은 지방으로 도주한 지롱드 당원을 끝까지 추적해 투옥시켰고 귀족·왕족·가톨릭 사제 등 수십만 명을 체포했다. 귀족들이 주도하던 과학·예술 아카데미가 폐쇄되고, 화학자 라부아지에가 징세 청부인 경력으로 기요틴에 오르자 누군가 말했다. "그의 머리를 자르는 데는 단 몇 초면 충분하지만 그런 두뇌를 다시 만드는 데는 수백

년이 걸릴 것이다."

그러나 지금 프랑스를 다시 찾은 것은 최고가격제 폐지에 따른 빵값의 앙등, 재산에 따른 참정권 제한 같은 계급차별이다.

로베스피에르의 정책목표는 프랑스 혁명의 이념에 충실했다. 그의 수단이 비난을 받고 있지만 과연 그 정도의 독재 없이 혁명정부가 단 하루라도 버틸 수 있었을까? 그리고 그 같은 '공포정치'가 지금 민중에게 엄습한 고통과 허탈감보다 더 '악'이었다고 잘라 말할 수 있을까? ▶참조기사 2호 2면

인터뷰 ■ 백련교도

"썩을 대로 썩은 세상 미륵불로 타파해야"

최근 청나라 봉기의 주축은 농민이자 백련교도다. 백련교는 남송 때 모자원이 설립한 불교의 한 일파로, 백련교도들은 '미륵사상'을 신봉한다. 한 백련교도를 만나 몇 가지 질문을 했다.

—왜 백련교도가 됐나?

"세상이 갈수록 혼탁해진다. 종말이다. 종말이 되면 미륵이 나타나 재앙으로 현세를 멸하고 새 세상을 만든다. 백련교를 믿으면 재앙을 면하고 새로운 세상에서 행복하게 살 수 있다."

—새 세상은 어떤 세상인가?

"태초에 우주를 창조하신 무생부모(無生父母)가 주재하는 세상이다. 인간이 8만 4천 년이나 살 수 있으며,

전쟁이나 착취 따위는 없다. 무생부모는 우리 인간을 낳았는데 인간이 타락, 세상이 이 지경이 됐다. 무생부모는 인간을 구제하고 원래의 세상을 되살리고자 미륵을 보내셨다."

—그것과 봉기가 무슨 상관인가?

"더러운 현세를 이끄는 세력을 타파하는 게 미륵이 하는 일이다. 백련교도로서 미륵의 일에 종사하는 건

당연한 일이다."

미륵은 석가모니가 입적하고 57억 년 뒤에 출현, 중생을 구한다는 미래의 부처다. 미래의 희망을 줄 수 있는 것이면 무엇이든 믿을 마음의 준비가 돼 있는 농민이었다.

중국, 영국 무역확대 요구에 '코방귀'

〈1793년 중국〉 영국이 중국에 교역을 요구했으나 일언지하에 거절당했다.

영국의 조지 매카트니 자작은 최근 사절단을 이끌고 북경에 도착, 건륭제를 알현하고 "대외무역을 광동 등에 한정시킨 광동체제를 완화하고 무역을 확대할 것"을 요청했다. 매카트니는 그러나 건륭제로부터 "우리 중국은 땅이 넓고 물산이 풍부해 대외무역이 필요없으나 조공만은 허용토록 하겠다"는 대답을 들었을 뿐이다. 매카트니는 1781년 이후 10년간 영국의 대중국 수입액이 9600만 원(元)을 웃

도는 데 반해 1781년 이후 최근까지 13년간 수출액은 1700만 원에도 못미치는 현실을 감안, 이같이 요구했으나 무산된 것이다.

중국황실은 황제 알현 절차에서부터 영국을 곤경에 빠트렸다. 황제를 알현하면 엎드려 머리를 땅바닥에 조아리는 이른바 '고두의 예'를 갖출 것을 요구해 매카트니 일행을 당황케 했다. 결국 허리를 굽혀 존경을 표하는 '국궁의 예'로 절충했으나 매카트니의 선물에 대해서만은 공물(貢物)로 여기겠다고 우겼다는 후문이다.

동서고금 이은홍

루이16세

로베스 피에르

결국…

벵골 지세제도 정액제로

영국, 인도 식민수탈 한층 본격화…"경제제도 근대화" 의견도

〈1793년 벵골〉 영국의 벵골 총독부가 지세제도를 개편, 벵골에 대한 식민지 지배를 강화하고 있다. 벵골 총독부는 총독부 설립 이전에 이 지역 통치권을 쥐고 있던 동인도회사가 전통적 토지제도를 폐지하고 도입한 기존 제도로는 병폐만 초래할 뿐 식민지 지배에 적절치 않다고 판단, 제도를 다시 개정한 것이다.

2대 총독 찰스 콘월리스는 최근 "해마다 경매를 실시, 지세를 많이 내겠다는 사람에게 토지 소유권을 빌려주었던(?) 기존 제도를 개선, 토지의 소유권과 지세를 일정하게 고정시키

는 '영구정액제'로 개정한다"고 발표했다. 소유권을 얻은 사람들이 납세액 이상의 부를 모으기 위해 농민을 가혹하게 수탈, 농지를 황폐하게 만들고 농민을 토지에서 떠나게 만든다는 판단 때문이다. 기존 제도 이전 벵골에서는 토지 소유인 자민다르계층이 지세 징수권을 비롯해 경찰권과 사법권 등을 장악, 각 지역의 지배계층으로 군림해왔다. 동인도회사는 그러나 이들로부터 모든 권한을 박탈, 지세 징수권만을 새로운 인물들에게 부여하는 제도를 도입했었다.

새 제도에 대한 여론은 찬반이 엇

인도에서 지배자로 군림하는 영국 지주들의 생활 모습.

갈리고 있다. "지세가 일정한 만큼 농촌경제가 안정되고 농민들이 재산을 축적할 수 있어 농촌 근대화에 일익을 담당할 것"이라는 찬성론에 대해 "지세 자체가 평상시 수확의 90퍼센트에 달할 만큼 살인적인 고율이다"며 "농민들이 피땀 흘려 일한 것을 통

째로 집어삼켜 우리 벵골에 대한 지배를 공고히 하기 위한 수작일 뿐"이라는 반대론 또한 만만찮다. 영국인들 스스로 말하듯, "지나친 수탈로 벵골경제가 파괴되면 식민지 지배 자체가 불가능해져 '황금알 낳는 닭을 잡는 실수'가 될 것"이라는 것이다.

카드놀이에서 미터법·혁명력까지 혁명을 피부로 느낀다

〈1790년대 프랑스〉 프랑스 혁명의 정신은 단순히 정치제도로서만이 아니라, 생활의 변화로 드러나고 있다. 모든 계층, 모든 지역이 하나의 기준으로 통일되고 있는 새로운 프랑스의 현장으로 가보자.

▲미터법 : 각 지방의 서로 다른 도량형과 언어가 통일되고 있다. 국민의회는 "어디서나 누구에게나 동일하게 적용되는 척도"가 있어야 지방과 도시의 불평등을 해소하고, 지방간의 원활한 교류를 통해 혁명정신이 전파될 수 있다는 입장에 따라, 길이와 질량과 부피의 단위를 정한 미터법을 통과시켰다. 길이의 경우, 북극점과 적도를 잇는 지구의 사분원 길이의 1천만분의 1을 1미터로 정했다. 1그램은 물 1세제곱센티미터의 질량이고, 물 1세제곱미터의 1천분의 1의 부피가 1리터다.

▲혁명력 : 이제 달의 이름이 바뀐다. 새로 만들어진 혁명력은 고대 신들의 이름을 딴 달 이름 대신 계절과 기후를 반영해 새로 정했다. 3월은 제르미날(씨의 달), 7월

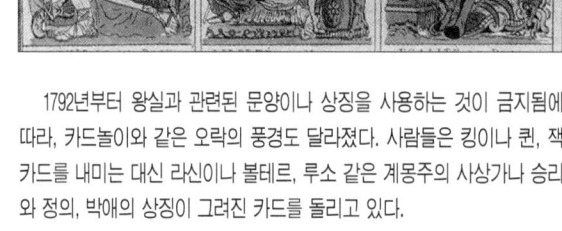

1792년부터 왕실과 관련된 문양이나 상징을 사용하는 것이 금지됨에 따라, 카드놀이와 같은 오락의 풍경도 달라졌다. 사람들은 킹이나 퀸, 잭 카드를 내미는 대신 라신이나 볼테르, 루소 같은 계몽주의 사상가나 승리와 정의, 박애의 상징이 그려진 카드를 돌리고 있다.

은 테르미도르(열의 달), 10월은 브뤼메르(안개의 달)이다. 혁명력에 따르면 1년은 12달, 1달은 30일로 같지만, 1주는 열흘로 길어졌다. 연말에는 5, 6일간 상퀼로트의 휴일을 갖는다. 로베스피에르는 기독교 정신에 입각해 만든 그레고리력을 없앤 것과 동시에, 이성을 숭배하는 이성교의 창설까지 제안하고 있다.

제너, 종두법 개발 천연두 박멸에 획기적 전기 마련

〈1798년 영국〉 이제 곰보 얼굴이 사라지게 됐다. 한번 앓고 나면 얼굴에 심한 곰보 자국이 남고, 심하면 목숨까지 잃어야 하는 천연두를 피할 수 있는 방법이 발견된 것이다. 최근 영국인 의사 에드워드 제너는 순한 우두 바이러스를 인위적으로 인체에 주입하는 예방접종으로 천연두를 피할 수 있다고 발표했다.

본래 터키에서 유래된 예방접종은 1717년에도 유럽에 소개됐지만, 면역성이 좋지 않고 안전성에 대한 신뢰가 낮아 널리 환영받지는 못했다. 제너의 방법은 우두를 앓은 사람은 천연두에 걸리지 않는다는 사실을 이용한 것. 제너는 자신의 연구결과를 담은 〈우두 백신의 원인과 결과에 관한 연구〉를 출판했다.

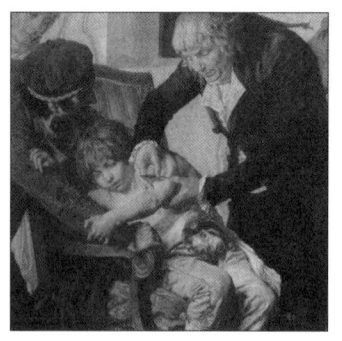

맬서스 〈인구론〉 발표
"인구는 기하급수적, 식량은 산술급수적 증가 인구조절 위해 가난-전쟁 등은 필연적"

〈1798년 영국〉 인류는 빈곤을 극복할 수 없는 운명인가. 영국의 경제학자이며 성공회 목사인 토머스 맬서스가 최근 익명으로 발표한 〈인구론〉의 요지는 자못 충격적이다.

맬서스는 "인구는 억제하지 않으면 기하급수적으로 증가하지만, 식량의 증가는 산술급수적이다. 따라서 인구는 한계치까지 늘어난 다음 기근과 전쟁, 질병을 통해서 팽창을 멈추

게 된다"고 전망했다. 가난이나 전쟁 같은 상황들이 인구조절을 위한 필연적이라는 것이다.

때문에 맬서스는 빈곤을 구제하려는 행위는 무익할 뿐만 아니라 자연

의 조절을 망치는 해로운 일이기까지 하다는 결론으로 나아가고 있다. 지금 영국은 일년에 400만 파운드를 들여 구빈법을 유지하고 있는데, 그가 보기에 이런 일은 당장 그만둬야 한다. 그는 "구빈법이 없다면 극도로 가난한 사람이 늘어나겠지만, 결국 사회적 행복의 총합은 늘어날 것"이라며 "구빈법 대신 감화소의 설치를 통해 수용자들의 노동을 장려해야 한다"고 주장하고 있다.

internet 세계사 여행

▶로베스피에르 http://www.geocities.com/Paris/Arc/8639/rob.html 캐릭터 설명 ▶폴란드 역사 http://wings.buffalo.edu/info-poland/web/history/overview/link.shtml 주석을 붙인 폴란드 관련 링크 포털 ▶벵골 http://westbengal.com/ 서벵골 홈페이지 ▶제너와 종두법 http://www.vaccines.com/ 백신과 면역체계에 관한 사이트 모음 ▶도량형 환산법 http://www.convert-me.com/en/ 각종 도량형 단위들의 상호 환산법 소개

세계사 신문

지금 한반도에선

1801년/ 천주교 신유박해 (권철신·이승훈 처형)
공사노비 호적부를 수집, 소각
1803년/ 김만중 〈구운몽〉 나옴

"혁명은 끝났다" 프랑스에 쿠데타… 나폴레옹 장군 통령에 취임

〈1799년 11월 10일 프랑스〉 프랑스에 초유의 군사 쿠데타가 발발, 헌정이 중단되는 사태가 벌어졌다.

파리군 총사령관 나폴레옹 보나파르트 장군(30세)은 혁명력의 브뤼메르 18일인 어제, 자신을 지지하는 군대를 동원해 전격적인 거사에 나섰다. 그는 정국 불안과 잇따른 시위 사태에 대처한다는 명분으로 원로원(상원)과 오백인회(하원)를 파리 교외로 강제 이전시킨 뒤 총재정부의 기능을 정지시켰다.

이어 오늘 아침 오백인회를 해산하고 원로원 회의를 열어 자신과 시에예스·뒤코스를 임시통령으로 하는 통령정부를 출범시켰다. "혁명은 끝났다"고 선언한 나폴레옹은 이제부터 강력한 지도력으로 기존 혁명의 성과를 지키는 데 주력하겠다고 밝혔다.

현지에서는 이번 쿠데타는 자코뱅당과 왕당파의 좌우협공을 받던 총재정부내 부르주아 공화파가 나폴레옹과 결탁한 결과라는 분석이 나오고 있다. 최근 5인 총재의 한 사람으로 선출된 시에예스가 위기를 극약처방으로 돌파할 것을 결심, 은밀히 나폴레옹과 접촉해왔다는 것이다. 나폴레옹은 이집트 원정중 지난 달 단신 귀국, 기회를 노려왔다.

▶참조기사 3호 1면

공사중인 동인도 부두. 방대한 규모가 영국경제의 위상을 보여준다.

"세계시장을 내 품 안에…" 영국, 대형 항만건설 한창

〈1803년 영국〉 여기는 세계경제의 중심인 영국 런던. 템스 강 하구에는 새로운 부두를 건설하는 망치소리가 요란하다. 19세기에 들어서 벌써 세 번째 대형 항만공사가 진척되고 있는 것이다. 1802년의 '서인도 부두'와 그 뒤의 '런던 부두'에 이은 이번 '동인도 부두' 조성공사는 현재 90퍼센트의 공정률을 보이고 있다. 동인도 부두가 완공되면 기존의 출입 선박 2천여 척을 충분히 수용, 그동안 선박들이 한꺼번에 몰려 하역작업이 몇 주일씩

지체되거나 그 과정에서 해적의 습격으로 약탈을 당했던 문제가 해결될 전망이다.

런던 시가 대형 부두를 속속 조성하는 것은 영국의 무역량이 갈수록 확대되고 있기 때문이다. 영국은 이미 세계시장에서 타국의 추종을 불허할 만큼의 경제대국으로 성장, 아메리카 대륙과 아프리카 대륙은 말할 것도 없고 아시아의 인도, 인도네시아, 중국 등 세계의 거의 모든 주요 지역과 무역거래를 하고 있다. 프랑스를 비롯한 유럽

여러 나라가 혁명과 나폴레옹 전쟁으로 산업발전이 주춤한 데 힘입은 것이다. 18세기 말의 운하건설이 국내시장을 통일하기 위한 것이었다면 항만건설은 세계시장 통일의 교두보인 것이다.

런던 항을 통해 세계 각국으로 수출되는 영국상품은 면제품 등의 완제품이 주를 이루고 있으며, 이곳을 통해 영국으로 들어오는 상품으로는 면화 등의 원료와 홍차 등의 소비재가 주를 이루고 있다.

조선, 천주교 탄압바람 *"개혁파 남인 몰아내기 당파싸움" 분석도*

〈1801년 조선〉 조선에서 선교활동을 하던 청나라 신부 주문모가 새남터에서 효수형(목을 잘라 높은 곳에 매다는 형벌)을 당했다. 그와 함께 정약전과 이승훈, 이가환 등이 모두 천주교

도라는 죄목으로 처형됐거나 유배되었다. 천주교가 인륜파괴적 내용을 담고 있다는 것이 이유다.

하지만 정가에서는 "천주교는 빌미일 뿐, 실은 당파싸움이 본질"이라

는 시각이 다수다. 익명을 부탁한 한 고위직 관리는 "정조가 살아 계실 때는 개혁파인 남인 실학자를 등용하면서 서학 연구가 부쩍 활발했는데, 지난해 정순왕후가 섭정을 맡고부터 판

이 바뀌었다"고 지적했다. 개혁파 남인의 득세를 못마땅해하던 노론 벽파의 주자학자들이 정순왕후와 결탁해 남인을 몰아내고 권력을 잡으려는 술책이라는 설명이다.

세계사신문

인터뷰 ■ 종신 통령에 추대된 나폴레옹

"혁명을 지키기 위해 혁명을 끝낸다"

〈1802년 파리〉 이래도 되는 걸까? 혁명의 열정으로 가득 찼던 파리가 이제 독재자의 호령에 따라 일사불란한 질서를 유지하고 있다. 정말 나폴레옹의 말대로 혁명은 끝난 걸까? 최근 종신 통령에 추대된 그에게 직접 들어보았다.

"혁명(revolution='회전')은 말 그대로 프랑스를 180도 회전시켰소. 여기서 더 돌면 밑으로 떨어진 구세력이 다시 올라오게 됩니다. 혁명의 자식들인 소농민과 산업자본가는 이제 안정과 질서, 강력한 지도력을 원합니다."

혁명을 지키기 위해 혁명을 끝낸다? 일리는 있다. 그런데 그에게 그럴 만한 자격이 있을까?

"나는 일관된 혁명의 지지자였소. 자코뱅 당원이었고 로베스피에르의 인정도 받았소. 또 베네치아와 이집트 등지에서 숱한 보물을 날라 와 파탄에 이른 국가경제를 지탱했소."

이런! 그의 스승 로베스피에르가 지향했던 혁명은 아직 실현되지 않았는데….

"답답한 소리! 이상을 논하기엔 현실이 너무 급해요. 최근 총재정부는 5인 총재 중 셋이 왕당파일 정도로 위험한 상황이었소."

하긴 왕정복고보다는 나폴레옹 같은 사람이 독재하는 게 낫긴 하겠지. 그러면 그는 앞으로 어떻게 혁명을 지킬 생각일까?

"혁명의 성과 위에 선 국가체제를 확립하고 표준법전을 만들어 시행할 거요. 그리고 위험요소를 없애기 위해 전세계에 혁명이념을 전파하겠소."

앞으로 유럽이 더 시끄러워지겠군. 아무튼 나폴레옹, 대단한 사람이다. '로베스피에르가 좀더 살아서 지금 이런 자의 도움을 받고 있다면…' 하는 덧없는 미련이 뇌리를 스쳤다.

프로필

1769년 코르시카라는 작은 섬에서 작은 체구로 태어난 그의 작은 것에 대한 열등감은 남달랐다. '큰 인물'이 되겠다는 오기로 똘똘 뭉쳐 있었지만 사정은 여의치 않았다.

파리 육군사관학교를 나온 그는 코르시카 독립의 영웅이 되려고 했다. 이것이 실패하자 파리로 돌아와 자코뱅당에 가입했고 로베스피에르의 신임을 얻었다. 자코뱅 정권의 몰락은 그에게도 위기였으나 군사적 능력 덕분에 파멸은 면했다. 그리고 1795년 왕당파의 쿠데타를 진압함으로써 오늘에 이르는 성공의 발판을 마련했다.

이탈리아·오스트리아 전선에서 승승장구함으로써 그의 '작은 것 콤플렉스'는 완전히 극복됐다. 그리고 '브뤼메르 18일'은 그를 유럽에서 가장 큰 사나이로 만들어주었다.

미국, 프랑스로부터 루이지애나 구입

〈1803년 12월 20일 미국〉 프랑스의 북아메리카 식민지인 루이지애나가 미국에 팔렸다.

오늘 미국 공사 리빙스톤과 먼로는 프랑스의 외무장관 탈레랑을 만나 미시시피 계곡으로부터 로키 산맥에 이르는 214만 제곱킬로미터의 영토를 사기로 결정했다. 가격은 비교적 저렴한 1500만 달러.

이번 거래는 프랑스가 루이지애나를 발판으로 미국 진출을 시도할 것을 우려한 미국이 서둘러서 성사된 것으로, 루이지애나에 이주해 뉴올리언스를 건설하고 살던 프랑스인에게는 충격적인 소식이다. 하지만 프랑스정부는 미국으로의 진출을 포기한 대신, 유럽에서 벌이고 있는 전쟁자금이 마련되어 다행이라는 입장.

한편 루이지애나의 매입으로 영토가 거의 두 배로 확장된 미국은 개척자금 2500달러를 정부예산으로 책정했다. 하지만 서부의 미개척지에 사는 아메리카 원주민들에 대한 배려가 없어 충돌이 우려되고 있다.

토막소식

영국, 아일랜드 병합

〈1801년 영국〉 북대서양 북동부의 섬나라 아일랜드가 마침내 영국에 병합됐다. 이로써 12세기 말 이후 잉글랜드의 정복전쟁에 시달려왔으며 크롬웰이 토지를 몰수한 뒤로는 영국의 소작농(小作農) 처지가 됐던 아일랜드는 민중들의 지속적인 저항이 무산된 채 영국의 한 지방으로 전락했다.

영국, 아동취업금지법 이어 공장법 등 제정

〈1802년 영국〉 영국의회는 지난해 9세 미만 아동의 취업을 금하는 '아동취업금지법'을 제정한 데 이어 최근 '공장법'을 제정했다.

본 법의 제정 취지는 "노동자의 생활환경과 근로조건을 개선한다"는 것. 그러나 "근래 들어 노동자의 삶은 비참의 극을 달리고 있다"며 "공장법 제정은 공장 운영 자체가 어려워질 것을 우려하는 공장주들의 한발 양보에 불과하다"는 게 중론.

구엔 왕조 창건 국호론 베트남 유력

〈1802년 인도차이나〉 인도차이나 반도 동쪽 해안지역에 레(黎) 왕조를 잇는 구엔(阮) 왕조가 창건됐다. 창건자 구엔푹안(阮福映)은 유에(富春)를 도읍으로 삼았으며 국호를 베트남(越南)으로 정할 계획으로 알려졌다.

구엔 왕조는 그러나 창건과정에서 프랑스인 주교 및 프랑스군의 도움을 받은 만큼 프랑스의 입김에서 벗어나기 힘들 듯.

"광활한 서부가 우리를 기다린다"

미국 미개척지 헐값 불하에 프런티어 활기

〈1803년 미국〉 포장마차에 초라한 몇 개의 가재도구를 싣고 뿌옇게 먼지를 뒤집어쓴 행렬이 미시시피 강을 넘어 서쪽으로 향하고 있다. 신천지를 찾아 떠나는 미국의 프런티어(변방개척자)들이다. 이들이 정착한 곳에는 마을(타운십)이 생기고, 밭이 일궈지고, 연방정부의 토지 관리국이 설치되고 있다.

지난 1785년 발효된 공유지 법령에 의해 개척을 희망하는 자에게 미개척지들을 싸게 불하하기로 하면서 부쩍 늘어난 프런티어들은 대개 한 가족을 단위로 움직인다. 때문에 토지 거래도 6명의 한 가족이 살기에 적당한 640에이커가 한 단위로 불하되다가, 토지를 잘게 나눠 판매하는 것이 허용되면서 지금은 160에이커 단위로 불하되고 있다.

땅값은 처음에 에이커당 1달러이던 것이 1796년부터는 에이커당 2달러로 인상됐다. 하지만 올해 미국이 루이지애나를 사들임에 따라 땅값이 대폭 떨어질 것이라는 소식이 전해져 프런티어들의 환영을 받고 있다.

초라한 포장마차. 그러나 그 안에 프런티어 가족의 희망이 실려 있다.

투고 ■ '원주민=잔인'은 전혀 근거없는 낭설이다

나는 세네카 부족의 일원인 디키와미스다. 하지만 나는 아메리카 원주민은 아니다. 내 원래 이름은 메리 제미슨. 지금부터 25년 전인 1775년, 열두 살의 어린 나이로 필라델피아에서 포로로 잡혀 세네카족에 입양된 백인이다.

원래 나를 잡은 부족은 쇼니족이었다. 그들은 나를 피치 요새로 끌고 갔는데, 거기서 세네카족의 여인들이 나를 달라고 했다. 그녀들은 내가 워싱턴 전투에서 잃은 형제 대신이라고 했다.

여인들은 나를 마을로 데려와 강물에 씻기고, 예쁜 새 옷을 입혔다. 그리고 천막집으로 데려가 마을 여자들 가운데 앉혀 놓고 울기 시작했다. 한참 후 여인들은 평온을 되찾고, 마치 잃어버린 아이가 돌아오기라도 한 것처럼 나를 따뜻한 눈길로 바라보았다. 나중에야 그것이 입양의식이라는 것을 알았다. 나는 거기서 '상냥하고 예쁜 아이'라는 뜻의 디키와미스라는 이름을 얻었다.

원주민들이 잔인하다는 속설은 잘못된 것이다. 이들은 붙잡은 포로를 이유 없이 죽이지 않는다. 오히려 희생된 전사들 대신에 새로운 가족으로 받아들이기도 한다.

그에 비하면 단지 땅과 식량을 빼앗기 위해 백인들이 원주민을 공격하는 것은 얼마나 부당하며 잔인한가? 백인들은 나쁜 욕심을 버리고 평화와 공존을 받아들일 것을 권유한다.

1800년 미국에서 메리 제미슨

화제 ■ 타히티 제도의 화물숭배

각종 서양물건에 눈 휘둥그레
"신이 도래했다" 자발적 굴복

지난 1797년 런던 선교협회가 보낸 다프 호가 이곳 남태평양의 타히티 제도에 도착한 뒤 원주민 사회에 특이한 현상이 발생하고 있다. 대개 원주민들이란 이질적인 문화를 만나게 되면 우선 경계부터 하고 보는 법. 그런데 이들은 서양인들을 신이 보낸 사자(使者)로 보고 머리를 조아려 숭배하고 있는 것이다.

이것은 원주민에게 자신들의 선조가 아득한 옛날 배를 타고 왔다는 전승이 있기 때문만은 아니다. 한 선원의 아내가 배에서 내리자마자 양산을 펴든다. 이 '기계'는 기껏 활이나 동물뼈로 만든 낚시바늘 정도가 최고 공예품인 원주민들에겐 신기하기만 하다. 그뿐인가. 철제 식기, 정교한 공구, 가죽구두 등은 인간의 손으로 만든 것이라고는 믿기 어려웠다.

두 눈이 휘둥그레진 원주민들에게 선교사들은 말했다. "이 모든 것은 신이 주신 것"이라고. 그렇다면 자신들도 그 신을 믿으면 이러한 물건들을 내려줄 것이었다.

더구나 함께 온 의사들은 '죽을 병'으로 알았던 질병들을 간단하게 치료했다. 그래서 원주민들은 서둘러 전통신앙을 버리고 속속 기독교로 개종하고 있는 것이다.

덕분에 서양인들은 아프리카와 아메리카에서와는 달리 이곳에서는 아무 저항도 받지 않고 식민지를 건설할 수 있을 것으로 보인다.

동서고금 이은홍

나…금뺏지여!

"구국을 위한 결단으롯!"

"예술아, 너 어디에 있었느냐"

다비드, 부르주아지 예술관 탈피 '교화-선동예술' 진두지휘

<1803년 프랑스> 욕조에 들어앉아 무슨 서류엔가 사인을 하던 그 자세로 고개를 늘어뜨린 남자. 그의 가슴에는 피가 흐르고 있다. 프랑스 대혁명의 지도자 중 한 명인 마라가 반혁명파의 손에 의해 암살된 장면을 그린 자크 루이 다비드의 1793년작 <마라의 죽음>(사진)이다.

이 그림은 실제 현장에 충실하면서도 마라를 혁명의 순교자로서 웅장하게 표현한 것으로 화제를 모았다. 다비드는 고대 그리스와 로마의 조각이 가지고 있는 근육과 힘줄, 아름다운 외모의 느낌을 최대한 살리면서도 다른 세부묘사를 과감히 생략해 단순함을 강조했다. 다비드와 같이 고전주의적인 화풍을 구사하면서도, 장식성을 배제하고 직선적인 선과 명암을 강조해 엄격한 화풍을 구사하는 요즘의 화풍을 신고전주의라 부르고 있다.

본래 고전주의란 르네상스 시대에 인간의 재발견이라는 모토 아래 고대 그리스와 로마의 양식을 되살리려 했던 경향을 가리키는 말이다. 그런데 이것이 요즘 다시 각광받는 것은 한동안 유행하던 장식적인 로코코 미술

이 혁명 프랑스에서 귀족적인 것으로 반대되고 있기 때문이다. 그 때문에 신고전주의의 예술품 중에는 혁명과 관계된 내용을 다루는 것이 많다.

특히 다비드는 "예술은 혁명을 위해 무엇을 해야 하는가"를 신고전주의의 화두로 내세운 인물이다. 덕분에

'붓을 든 로베스피에르' 또는 '상퀼로트의 라파엘로'로 불리는 다비드는 "예술은 소일거리나 부유한 계급의 특권이 아니라 사람들을 교화시키고 그 행동을 고무시키는 모범이 되어야 한다"고 자신의 예술관을 피력한 바 있다.

알고 계십니까?

쿠데타(coup d' etat)

쿠데타는 프랑스어로 '주먹으로 치다'는 뜻의 쿠(coup)와 나라를 뜻하는 에타(etat)가 합쳐진 말로, 지배계급내의 일부 세력이 무력 등 비합법적인 수단으로 정권을 탈취하는 기습적인 정치활동을 말한다. 1799년 11월 9일 나폴레옹 보나파르트가 통령제를 폐지하기 위해 의회를 습격한 것이 그 전형이다. 쿠데타가 혁명과 다른 점은 민중의 지지를 필요로 하지 않는다는 것이다.

볼타, 전기원리 발견

<1800년 이탈리아> 이탈리아의 물리학자 아나스타시오 볼타가 인위적으로 전기를 만들 수 있는 신기한 물건을 만들어냈다. '전기의 연못(電池)'으로 이름붙여진 이 물건은 화학반응(?)을 이용해 전류를 만드는 것으로, 앞으로 전기현상 연구뿐 아니라 산업계에 크게 공헌하리라는 평이다. 볼타는 이미 전기를 찾아내는 검전기(檢電器), 전기를 모아두는 축전기 등을 발명한 바 있다.

절동학파 거두 장학성 타계

<1801년 중국> 고증학의 연구방식을 역사에 적용하는 절동학파의 거두 장학성이 숨을 거뒀다.

장학성은 청나라 초기 황종희의 연구방식을 계승, 문헌의 실증적인 비교 검토를 통해 역사적 실체를 밝히는 데 일생을 바쳤다. 특히 유교의 6경에 대해 엄정한 문헌 고증을 거쳐 <육경개사>를 저술, 유교 경전 연구의 수준을 한단계 높였다는 평가를 받았다.

문화초점 ■ 고증학 유행 어떻게 봐야 하나

경전 위주 한족문화에 대한 비판…활동폭 넓혀야

<1700년대 말 중국> 옛 한나라에서 유교 경전의 원래 뜻이 무엇인지를 그 자구에 충실하게 해석하자는 운동이었던 훈고학이 부활하고 있다. 물론 훈고학 그대로가 아니라, 그 정신이 살아나고 있다는 말이다.

이른바 고증학이다. 고증학자들은 경전이 담고 있는 본래의 뜻이 제대로 해석되고 있는지, 후대의 주자학자들에 의해 각색되지는 않았는지, 애시당초 경전이 틀리게 쓰여진 것은 없는지 의심하는 데서부터 출발한다. 경전 자구를 지고지순의 진리로 생각하는 이학(理學)을 탈피해야 한다는 것이다. 요즘의 경세학이라는 것이 모두 현실과 동떨어진 도리의 세계에 집착해 공리공담에 빠져 있다는 것이다.

따라서 고증학자들이 내세우고 있는 것은 실사구시(實事求是). 경전 자구의 절대성에 얽매이지 않고 그 실질적인 뜻을 헤아리자는 것이다.

하지만 고증학이 기존 주자학의 병폐를 치유하는 대안인가에는 동의하지 않는 사람이 많다. 고증학이 자구의 '고증'에만 매달려 있을 뿐 사회적 사상으로서의 체계는 갖추고 있지 못하기 때문이다.

---

internet 세계사 여행

▶나폴레옹 http://www.napoleon.org/ 사진자료, 문헌, 정보, 수집품 등 가장 포괄적인 나폴레옹 관련 사이트 (불어/영어 제공)
▶나폴레옹 보나파르트 인터넷 가이드 http://www.napoleonbonaparte.nl/ 나폴레옹과 나폴레옹 시대에 관한 신문기사, 논문, 만화, 영화 기타 연결
▶나폴레옹 시리즈 http://www.napoleon-series.org/ 벨기에, 미국 등이 함께 만드는 나폴레옹과 역사 전반에 관한 초대형 인터넷 가이드

세계사 신문

"낡은 틀과 형식을 벗어던져라"
예술계 로맨티시즘 거센 바람

〈1804년 유럽〉 독일의 노장 작가인 프리드리히 쉴러가 최근에 발표한 희곡 〈빌헬름 텔〉의 인기는 여러 모로 주목할 만하다. 14세기 스위스의 독립을 위해 싸웠던 영웅의 전설을 토대로 한 이 희곡은 조국을 압제로부터 해방시키려는 빌헬름 텔의 갈등과 감정이 극적으로 묘사되었다는 평을 받았다. 이렇게 개성과 감성을 부각시키는 풍조는 대개 프랑스 혁명 이후 유행하기 시작한 것으로, 낭만주의 사조로 일컬어지고 있다.

낭만주의, 즉 로맨티시즘(romanticism)은 감성의 예술이다. 질서와 조화, 형식적 틀 안에 얽매였던 예술은 이제 그런 미덕을 구체제와 함께 내던졌다. 대신 개성과 자유가 예술의 중심에 자리잡았다.

억눌린 감성, 사랑, 분노의 감정들이 보통 시민들이 쓰는 지방어로 표

"느끼고 보이는 대로"
개성-자유 맘껏 표출
시대불안도 한몫

현되기 시작한 것이다.

이렇게 자신의 감정을 자신의 언어로 표현하려는 시도는 낭만주의 예술에 토속적·민족적 성격을 부여하는 주요한 요인이다.

문인들은 지역의 민담과 전설을 소재로 사용하고, 화가들은 자신의 눈에 보이는 현실적인 풍경을 화폭에 담으려 한다. 영국의 시인 워즈워스, 윌리엄 블레이크가 그랬고, 제임스 밸리, 헨리 퓨젤리 등 화가들이 또한 그랬고, 베토벤이나 슈베르트와 같은 음악가들이 또 낭만주의 사조를 개척해가고 있다. 물론, 낭만주의 양식이 완성된 형태라고 보기는 힘들 뿐더

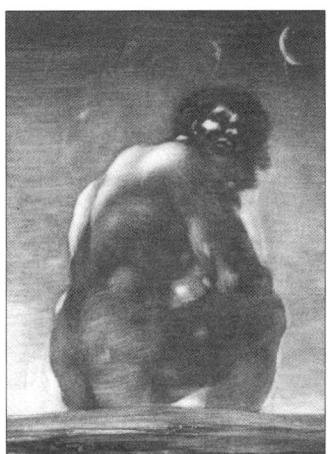

고야의 〈거인〉(1818)과 블레이크의 〈태고적부터 계신 이〉(1794).

러, 봉건제가 폐지되고 미래가 불확실한 이 시대의 상황으로 인해 자유분방한 개성이 오히려 불안해 보이는 것은 사실이다. 그러나 그 불안이야말로 이 시대가 낳은 가장 현실적인 감정이라는 것.

시민으로서, 그리고 민족으로서 자기 자신의 정체성을 깨닫기 시작한 시대의 산물이라는 점만은 분명해 보인다.

세르비아 "우린 살아 있다"
350년 만의 독립운동

〈1804년 세르비아〉 15세기에 오스만 투르크에 의해 점령됐던 세르비아에서 독립운동이 일어났다. 카라게오르게를 지도자로 일어난 이번 봉기는 무려 350년이라는 장구한 세월 속에서도 세르비아인이 민족적 정체성을 잃지 않고 있음을 드러내는 사건이어서 놀라움을 주고 있다.

슬라브 계열의 단일민족인 세르비아인은 지난 1459년 투르크에 정복된 후, 조국에서 노예신세로 전락하는 치욕을 견뎌왔다.

독립군 진영에서 만난 한 세르비아 청년은 "14세기 코소보 전투에서 투르크인에게 항복하느니 차라리 죽음을 선택하겠다며 싸운 선조들을 본받아 반드시 독립을 쟁취하겠다"고 전의를 불태우기도 했다.

증기선 첫선

〈1807년 8월 미국〉 앞으로 강이나 바다를 통한 항해나 교역이 고속화된다. 미국의 기술자 로버트 풀턴은 증기기관을 동력으로 이용한 선박 제작에 성공, 배의 속도를 세 배나 빠르게 해놓았다.

풀턴은 최근 24마력의 증기기관을 장착한 전장 45미터의 증기선을 제작, 뉴욕의 허드슨 강변에서 성대한 진수식을 가졌다. 클러먼트 호(號)로 명명될 이 배는 뉴욕에서 올버니까지의 정기항로에 이용될 예정이며, 기존 선박으로 96시간 걸리는 이 거리를 32시간 만에 돌파할 수 있다 한다.

세계사 신문

나폴레옹, 마침내 황제에 즉위

자본가 등 압도적 지지…새 사회체제 구축 과제로

〈1804년 12월 2일 프랑스〉 전 프랑스 종신 통령 나폴레옹 보나파르트는 교황 피우스 7세로부터 샤를마뉴의 제관(帝冠)을 받아 번쩍 치켜들고는 한동안 감개무량한 표정을 지었다. 부인 조세핀을 비롯한 참석자들의 축하인사를 받은 뒤 장엄한 음악이 울려퍼지는 가운데 스스로 자신의 머리에 제관을 씌웠다. 역사적인 프랑스제국이 탄생하는 순간이다.

이에 앞서 프랑스의 국체를 공화국에서 제국으로 바꿀 것인가를 놓고

치러진 국민투표는 찬성 350만 표, 반대 2500표의 압도적인 표차로 가결됐다. 이로써 유럽에는 러시아제국과 신성로마제국에 이어 세 번째 제국이 탄생하게 됐다.

역사적으로 공화정을 뒤집고 제정이 등장한 사례는 고대 로마에 이어 이번이 두 번째다. 특히 두 경우 모두 왕정을 폐지하고 공화정을 실시하다 혼란이 일어나자 제정으로 넘어간 수순을 밟고 있어 흥미롭다. 이번에 프랑스에서도 왕정복고를 노린 나폴레

옹 암살 미수사건이 발생하는 등 왕당파가 준동하자 안정을 구실로 제정이 제기됐다.

따라서 이번 제정을 구체제의 부활로 보는 사람은 거의 없다. 혁명에는 제동이 걸렸지만, 나폴레옹 제정은 혁명을 통해 사회체제의 주인이 된 소농과 자본가의 지지를 받으며 새로운 체제를 정착시키는 과제를 떠맡을 것으로 관측되고 있다.

▶참조기사 4호 1면

▶참조기사 4호 1면

흑인 노예, 아이티로 독립

〈1804년 중앙아메리카〉 13년 전 봉기를 일으켰던 산토도밍고의 흑인 노예들이 드디어 흑인 노예국가로서는 최초로 독립의 꿈을 실현했다. 봉기 이후 르베르튀르, 데사린, 페숑 등의 뛰어난 지도자 아래 뭉친 이들은 스페인, 영국, 프랑스의 군대를 속속 격파하고 올해 첫날을 맞아 흑인공화국의 성립을 선포했다. 수도는 고나이브, 국호는 '산이 많은 땅'이라는 뜻의 아이티로 정했다.

"혁명성과를 법제화" 프랑스 민법전 공포

사유재산의 신성불가침 강조… '평등원리 위배' 비판도

〈1804년 프랑스〉 프랑스 혁명의 결과 구체제를 파괴하고 나타난 '신체제'의 생활규범과 원칙이 담긴 '신법(新法)'이 5년여의 산고끝에 모습을 드러냈다. 최근 공표된 〈프랑스 민법전〉은 "혁명의 성과를 체제화한다"는 기치 아래 진행돼온 국가적 사업 중에서도 나폴레옹 정부가 가장 심혈을 기울인 역작으로 평가받고 있다.

총 3편 2,281조로 구성된 〈민법전〉의 기본정신은 한마디로 '사유재산의 신성불가침'이다. 나폴레옹 정부는 일찍이 자본가와 소농민을 새 나라의 지주로 보고 이들의 소유권을 최대한 보호해준다는 방침을 밝힌 바 있고, 이번 법전으로 이를 명문화한 것이다.

아울러 자본가들의 영리추구를 적

극 뒷받침하기 위해 계약자유의 원칙을 도입한 점도 눈에 띈다.

그러나 일각에서는 〈민법전〉이 자본가의 자유를 옹호하는 데 치중, 노동자의 권리와 보편 인권의 보호에는 소홀했다는 비판이 제기되고 있다. 한 구자코뱅 당원은 이에 대해 "혁명의 성과를 소수 소유자에게만 유리하게 체제화함으로써 이 정부가 결코 프랑스 혁명의 적자가 아님을 고백한

'나폴레옹 법전' 주요내용

▲평등권 만인은 '법 앞에' 평등하다.

▲자유 모든 국민은 근로와 신앙, 양심의 자유를 갖는다.

▲근대적 소유권 능력 있는 자는 부와 명예를 누릴 권리가 있으며 그의 재산은 신성불가침이다.

▲노동 임금이나 노동조건에 관한 조항은 없다. 고용주의 자유가 보장되고 임금 분쟁에서는 항상 그

것"이라고 주장했다.

10년 전의 자코뱅 헌법은 프랑스 혁명의 정신 가운데 '평등'을 제1원

의 말이 채택된다. 고용주든 노동자든 결사는 금지된다.

▲가부장권 결혼과 가족은 민법의 기초다. 가족의 결속은 국가의 결속이며 양자에서 가부장권은 절대적이다. 아내는 남편의 종이며 남편 허락 없이는 재산을 취득하거나 매매하지 못한다. 이혼(사유는 간통, 잔인, 중범죄 등)은 단 한 번만 가능하다. 재산은 아들·딸에게 균등분배하나 특별히 한 자식에게 더 많이 줄 수 있다.

리로 내세운 바 있다.

▶참조기사 3호 1면

▶참조기사 3호 1면

신성로마제국 소멸

〈1806년 8월 6일 오스트리아〉 실질적인 영토는 없으면서도 근 1천여 년간 제국으로서 면면히 역사를 이어 온 신성로마제국이 드디어 막을 내렸다.

오늘 신성로마제국의 황제 프란츠 2세는 후계자에게 왕관을 넘겨주지 않고 스스로 왕위에서 물러남으로써 제국의 종말을 알렸다. 프란츠 2세의

퇴위는 대유럽 전쟁을 벌이고 있는 프랑스가 프란츠 2세의 조국인 오스트리아를 전투에서 패배시킨 결과로 결정된 것이다.

한편 이 소식이 전해지자 신성로

마제국의 황제를 배출해온 독일 영방에서는 "언젠가는 다시 제국을 부활시키리라"고 울분을 삼키고 있다는 소식이다.

노예에도 질량보존의 법칙 적용된다?

각국 노예무역 폐지 잇단 조치…한편으론 농민 등 유휴노동력 노예화

〈1807년 유럽〉 흑인 노예무역은 상인들에겐 막대한 이익을, 식민지의 대농장 경영자에겐 튼실하고 값싼 노동력을 무한 제공받는 황금 루트였다. '사랑'을 주창하는 교회조차 묵인할 만큼 달콤한 이 '꿀단지(?)'를 서유럽 국가들이 속속 포기하고 있다. 덴마크는 지난 1803년에, 영국과 미국은 올해 노예무역을 공식 금지했으며 프랑스도 곧 이를 금지할 예정이다. 왜?

"그간 줄기차게 전개돼온 인도주의 운동이 있었으니까"다. '인간수렵'의 비인간성과 노예들의 비참한 실상

이 널리 알려지면서 지식인들이 노예무역 폐지를 주장해온 덕이다. 퀘이커교에서는 이미 18세기 초부터 이를 비난해왔으며, 영국의 토머스 클라크슨, 그랜빌 샤프 등은 꾸준히 노예무역을 정치문제화해 왔다.

하지만 상인들이나 대농장 경영자들이 그러한 운동이 있었다고 '꿀단지'를 포기했을까? 아니다. "이제는 새 노예가 그다지 필요없게 됐으니까"다. 새 노동력은 얼마든지 있다는 이야기다. 서유럽의 경우 농토를 잃고 도시로 나온 수많은 농민이나 최

흑인 노예에게 낙인을 찍는 모습.

근 급증한 인구가 풍부한 노동시장을 형성하고 있으며, 미국의 경우는 흑인 노예가 확대재생산까지 가능할 만

큼 이미 충분한 때문이다. '있는 자'들의 정권이 그간의 끈질긴 거부 태도를 버리고 노예무역 금지법을 입법화한 속셈은 여기에 있었다.

노예무역은 16세기 초, 선교사 라스카사스의 권유로 스페인이 식민지 개척에 "중노동과 유럽형 질병으로 자꾸 죽어가는 인디언 대신 튼튼하고 값싼 아프리카 흑인"을 노예로 활용하면서 시작됐다.

이후 300년 동안 아메리카 등지로 팔려 나간 흑인은 무려 1500만 명에 달하는 것으로 추산된다.

긴급설문 ▌독일 지식인의 눈에 비친 나폴레옹

〈1807년 독일〉 나폴레옹 전쟁으로 독일의 대부분은 프랑스 직할령이 되거나 '라인 동맹'의 형태로 프랑스에 복속됐다. 이에 대해 독일 지식인들이 각각의 성향에 따라 보이는 상반된 반응을 살펴본다.

"살아 있는 세계정신"

▲헤겔(37세·예나 대학 철학교수) "인간의 역사는 각 민족이 자유롭고 이성적인 '세계정신'을 획득해가는 과정이다. 나는 얼마 전 프로이센의 부패한 관료제도를 파괴하고 있는 나폴레옹을 보고 '살아 있는 세계정신'이라며 감격한

바 있다. 보편적인 프랑스 혁명을 전파하는 그의 앞길에 영광 있으리."

"권력 좇는 소인배 불과"

▲베토벤(37세·비엔나 거주 작곡가) "나는 유럽의 낡은 절대주의 체제를 파괴하고 자유를 노래한 프랑스 혁명에서 크나큰 희열을 맛보았고, 그 수호자인 나폴레옹에게 헌정할 생각으로 〈영웅교향곡〉도 작곡했다. 그러나 다음 순간 나폴레옹은 내 기대를 배신하고 전제적인 황제의 지위에 올랐다. 나는 악보의 첫장을 찢어 발기며 얼마나 울부짖었는지 모른다. 나폴레옹,

그는 영웅이 아니라 권력을 좇는 소인배에 불과하다."

"무찔러야 할 침략자"

▲피히테(45세·베를린 거주 철학자) "지금 우리 독일은 나폴레옹군의 침략을 받아 나락에 빠져 있다. 나폴레옹은 그 이상이 아무리 좋다고 해도 다른 국민의 주권과 자유를 짓밟은 침략자에 불과하다. 독일국민에게 고하노니, 오늘날 우리가 이렇게 노예로 전락한 까닭은 낡은 질서를 깨치지 못하고 저급한 국민성에 머물러 있었던 데 있다. 국민정신을 진작하고 침략자 나폴레옹을 격퇴하자!"

서양함선 잇단 출몰에 일본 뒤숭숭

〈1808년 8월 일본〉 일본어민들은 요즘 출어하지 못하는 날이 많다. 며칠 전, 영국군함 '페이턴 호(號)'가 나가사키 항에 들어와 네덜란드 무역관의 직원을 인질로 잡고 식량을 강탈하는 등 항구를 들쑤셔놓고 돌아가는 등 근래 들어 일본의 각 항구에는 서양함선들이 출몰, 무력시위를 벌이는 일이 부쩍 잦아졌기 때문이다.

19세기 들어오자마자 미국, 러시아, 영국의 상선들이 "네덜란드와는 무역거래를 하면서 왜 우리와의 통상은 거부하느냐"며 "항구를 개방, 우리나라와도 교역을 하자"며 압력을 넣고 있는 것이다.

그러나 에도 바쿠후는 기존 쇄국정책을 견지하겠다는 입장이다.

화제의 새 상품 ▌통조림 개발 첫선

〈1810년 유럽〉 프랑스 혁명 이후 전쟁으로 날을 새는 유럽. 좀 한가한 얘기지만 전쟁하다 식사시간이 되면 양측 병사들 모두가 괴롭다. 말라비틀어진 빵으로 끼니를 때우는 것은 여간 곤혹스러운 일이 아니기 때문. 그러나 이제 '고생 끝, 행복 시작'이 될 전망이다.

요리의 나라 프랑스의 식품공장 경

영자인 니콜라 아페르가 마침내 병조림법을 개발하는 데 성공한 것. 입구가 넓은 유리병에 익힌 음식을 넣고 코르크 마개로 느슨하게 막는다. 다음에 병을 열탕 속에 넣고 30분에서 한 시간 정도 끓이면 병 안의 공기가 빠져나간다. 이때 코르크 마개를 단단히 막으면 그 안의 음식이 몇 년이 지나도 상하지 않는다고.

아페르는 지난 1804년 나폴레옹이 신선식품저장법을 공모하자 불철주야 연구에 연구를 거듭한 결과 이 방법을 개발해냈다. 상금 1만 2천 프랑을 받은 그는 이 돈을 병조림공장 설립에 쓸 예정.

한편 영국에서도 피터 듀런이라는 사람이 획기적인 보존용기를 개발해 특허를 얻었다. 그가 개발해낸 것은

얇은 철판에 주석을 도금한 양철판으로 만든 원통형 용기다. 이 통조림은 병조림같이 깨지는 일도 없어 가지고 다니기에 훨씬 편리하다. 그 역시 공장을 설립해 대량생산에 들어갈 예정이라고 한다.

앞으론 전장에서도 식사시간만은 "바로 이 맛이야"라며 고향의 맛을 즐길 수 있을 날도 머지않은 듯.

세계사 신문

'감정-열정의 제국' 낭만주의 활짝

문학 등 예술 각 분야에서 문제작 잇따라 예술 새 경지로

〈1800년대 초 유럽〉윌리엄 워즈워스가 시집 〈서정민요집〉을 출판한 1798년, 영국의 문단은 영감을 강조하고, 자연을 노래하는 이들의 새로운 시에 어리둥절해졌다. 워즈워스는 2판 서문에서 "시는 강렬한 감정의 자연스러운 솟아남"이라고 선언했다. 이 책은 상업적으로는 별반 성공을 거두지 못했지만, 낭만주의 시운동이 출발하는 계기가 됐다는 점에서 문단의 주목을 받고 있다.

▲미술계에서의 낭만주의는 평범한 자연과 일상에 대한 관심, 그러나 결코 단순하지 않은 그 내면의 아름다움과 감성을 풍부하게 드러내려는 노력으로 나타난다. 영국 화가 J. M 터너는 배경에서 갈색으로 뭉개져 온 '풍경'을 독자적인 소재로 잡아, 빛에 의해 순간적으로 변화하는 아름다움을 포착하는 것으로 유명하다.

낭만주의 운동의 주요 인물인 베토벤(사진 맨 왼쪽)과 워즈워스. 그림은 터너의 1842년도 작품인 〈눈보라 속의 증기선〉.

▲루트비히 판 베토벤은 음악계에 있어 고전주의와 낭만주의를 잇는 가교로 평가받고 있는 독일 작곡가다. 그는 고전주의 양식으로 작곡하지만, 그 안에 담겨 있는 격정과 감정은 완전히 낭만주의적인 것이다. 그가 1804년에 작곡한 3번 교향곡 〈영웅〉은 원래 혁명 프랑스의 나폴레옹을 위한 것이지만, 나폴레옹이 황제가 됐다는 소식을 듣고 실망해 악보를 없애버리려 했다는 일화가 있다.

알고 계십니까?
로맨티시즘과 낭만주의

흔히 연애, 감성의 의미로 사용하는 로맨스(romance)의 원뜻은 '로마인'이다. 고대 로마의 언어였던 라틴어가 유럽으로 퍼지면서 지방어로 변한 것을 로맨스어(romance language)라고 부른다. 이 말에 달콤한 사랑의 의미가 부여된 것은 12세기 이후. '용감한 기사와 여인의 사랑'을 모티브로 하는 기사도 문학이 로맨스어로 창작되었기 때문이다. 19세기의 로맨티시즘은 이런 중세 로맨스의 풍부한 감성과 사랑이 중요시되면서 사용한 말이었다. 한편 '낭만(浪漫)'은 일본에서 '로맨스'의 발음을 살려 만든 말이다. 낭만의 일본어 발음이 '로망'이기 때문이다.

일본 '蘭學-國學' 논쟁

서양문화 도입-고대문화 재현 팽팽

〈19세기 초 일본〉 서양의 통상압력 과고가 갈수록 높아지는 요즘, 이에 대응하는 일본 지식인들이 두 갈래 길을 걷고 있다. "일본 고대문화를 재현하자"는 국학(國學) 바람이 하나요, "서양의 학문을 제대로 배우자"는 난학(蘭學)이 다른 하나다.

국학은 17세기 중엽 야마카 소코(山鹿素行) 등에서 시작돼 최근의 모오토리 노리나가(本居宣長)에게서 절정에 달하고 있다. 주로 건국신화 〈고사기(古事記)〉를 중점 연구하거나 유교를 독자적으로 해석해 "천황은 신" "일본은 도(道)가 충만한 나라"라고 주장하는 학풍이다. 노리나가는 여기서 더 나아가 "일본은 세계 만국의 근원"이라고까지 주장한다.

난학은 화란(和蘭 : 네덜란드) 언어를 배우고자 했던 에도의 상인 아오키 곤요(青木昆陽)에서 시작된 학풍이다.

지난 1774년 몇몇 의사들이 사형수의 사체를 해부한 결과 "네덜란드의 해부학 책이 너무 정확해 경탄했다"며 이를 〈해체신서(解體新書)〉로 번역한 이래 서양의 의학, 박물학, 수학, 천문학 등을 적극 받아들이기 시작했다. 최근 1805년에는 서양과학과 일본 전통의학을 접목시켜 유방암 수술에 성공한 사례도 보고된 바 있다.

"지나친 국수주의 경계해야"
아키나리, 노리나가 비판

민족주의의 색채를 지닌 것으로 평해지던 일본의 국학에 대해 최근 노리나가에 이르러서는 "국수주의 냄새가 심하다"는 비판이 제기되고 있다. 같은 국학 계열의 우에다 아키나리(上田秋成)가 노리나가를 비판하는 글을 보내왔다.

"노리나가 선생은 우리 일본이 '어느 나라보다 먼저 만들어지고 전세계를 비추는 해와 달도 우리 나라에서 생겨났다'고 주장한다. 하지만 네덜란드에서 만들어진 세계지도를 보라. 지도란 있는 그대로 그려지는 법이다. 이 지도를 보면 일본은 넓은 연못의 잎사귀 같은 작은 섬에 불과하다. 그러니 '일본이 세계의 중심이며 근원'이라는 선생의 논리나 우리 태고의 전설은 서양인에게는 웃음거리만 될 뿐이다. 지나친 일본 중심주의는 경계해야 마땅하다."

internet 세계사 여행

▶낭만주의 http://www.sjsu.edu/faculty/patten/romanpage.html 낭만주의 관련사이트 종합 ▶불어 고전문헌 모음 http://cedric.cnam.fr/ABU/BIB/auteurs/ ABC순서로 찾아볼 수 있는 근현대 프랑스 고전문헌(발작, 엥겔스 등 포함) 텍스트 일람 ▶발칸 지역 http://reenic.utexas.edu/reenic/balkan.html 발칸 반도 각국에 관한 종합 정보

3권 6호 1811-1814

[러다이트 운동]

세계사 신문

지금 한반도에선

1811년/ 홍경래의 농민봉기
1814년/ 서울 쌀값 폭등, 도적 횡행
1814년/ 〈율곡전서〉 간행

노동자들 기계파괴 '절망적' 몸부림

단결금지법 등 노동탄압 강화에 '러다이트 운동' 갈수록 확대

〈1812년 5월 영국〉 잉글랜드 북동부 요크셔 지방의 메리야스 공장에서 편물기 60여 대가 파괴되는 사건이 또 발생, 공장주들과 치안당국을 긴장시키고 있다. 올 들어서만도 벌써 열 차례가 넘는다. 복면한 한 무리의 사람들이 안개 짙은 야음을 타 공장 담을 넘는 게 목격됐을 뿐, 이들의 윤곽은 잡히지 않은 상태다.

사장 노만 리치(46세·가명) 씨는 "낮에 임금인하를 반대한다며 집회를 열었던 노동자들의 짓이 분명하다"며 치안당국에 철저 수사를 요청했다. 치안당국은 "이는 단순 사건이 아니라 그간 기계파괴 운동을 벌여 온 단체의 조직적 행위"라며 "검거를 위해 시민의 신고 등 협조가 필요하다"고 당부했다.

기계파괴 운동은 지난해 가내공업이 발달한 미들랜드 지방 노팅엄서 집중 발생, 사회문제화된 사건이다. 자본주로부터 기계를 빌려 집에서 양말 등을 생산하던 노동자들이 그 기계를 파괴했던 것. 나폴레옹 전쟁이 발발한 뒤 경기가 침체, 기계 임대료는 오르고 임금은 떨어진 데 대한 불만이었다.

이 운동이 올 들어 양상을 달리하며 더욱 확대되고 있는 것이다. 이 운동은 현재 노팅엄 인근의 도읍뿐 아니라 북부 요크셔와 랭커셔 지방 등 공업지대로 확산되고 있으며, 노동자들은 이제 공장에 설치된 새 기계들을 대거 파괴하고 있다. 더구나 이들은 베일에 싸인 인물 네드 러드의 지도 아래 '러다이트'라는 비밀단체를 구성, 조직적으로 기계파괴에 나서고 있다.

공장주들과 치안당국은 "왜 애꿎은 기계를 파괴하는지 모르겠다"며 대책마련에 부심하고 있다. 노동자들은 그러나 "최근 공장에 대량보급되기 시작한 기계 때문에 일자리가 사라지고 임금이 갈수록 떨어지고 있다" "그럼에도, 1799년 단결금지법으로 파업과 시위가 엄금돼 우리의 처지를 호소할 모든 통로가 막혔기 때문"이라며 이 운동에 호의적이다.

이집트 무하마드 알리 질풍노도 대개혁

토지-군대 등 전방위 개혁 … 맘룩도 제거
오스만 투르크는 속수무책 … 독립 파란불

〈1814년 이집트〉 지난 1517년 오스만 투르크에 정복된 이래, 이스탄불의 속주로 전락했던 이집트가 변하고 있다. 이집트 총독 무하마드 알리는 최근 조세와 토지제도를 근대적으로 개혁한 데 이어, 이집트농민을 중심으로 군대를 조직, 민족적 색깔을 강화하고 있다.

여기에 총독직을 세습제로 바꿔버림으로써 독자적인 왕조와 진배없는 면모를 갖췄다. 오스만 투르크는 최근 세르비아의 반란 등으로 허덕이고 있는 상황이라, 알리의 이런 행보를 뻔히 지켜보면서도 발만 동동 구를 뿐이다.

반면 이집트사람들은 대환영 분위기다. 알리는 지난 1805년 이집트민중의 추대로 총독에 오른 인물. 당시 토착세력인 맘룩과 오스만의 총독, 양편에서 시달림을 당하던 이집트민중들은 군대에 있던 알리를 총독으로 추대하고, 오스만 투르크로부터 반강제로 승인을 따냈다.

알리는 취임 후 교육과 행정제도에 대한 개혁에 착수하는 한편, 맘룩 세력을 모두 몰살시켜버림으로써 정권의 안정을 이뤘다. 600년 이상 이집트정치의 핵심적 역할을 해온 맘룩이 뿌리가 뽑힌 것이다.

현재 알리의 개혁은 거칠 게 없어 보인다. 과연 이집트가 독립할 수 있을는지 주목된다.

아이티 이어 볼리비아도
"독립투쟁" 선포

〈1809년 라틴아메리카〉 남아메리카의 볼리비아 지역 주민들이 "이젠 독립된 국가로 살겠다"며 종주국 스페인에 전쟁을 선포, 남아메리카 독립투쟁의 견인차가 되고 있다.

볼리비아 독립전쟁을 이끄는 사람은 스페인계 2세 시몬 볼리바르. 로크, 루소, 몽테스키외 등 계몽사상가들의 영향으로 독립의지를 불태워온 볼리바르로서 그는 지난해 나폴레옹 군대가 스페인을 침공하자 "이보다 좋은 기회가 있을 수는 없다"며 독립투쟁에 적극 나서기 시작한 것.

아이티의 독립에 이어 볼리비아가 독립을 선언하자 콜롬비아, 베네수엘라, 에콰도르, 페루 등도 독립투쟁에 나설 것으로 보이며 볼리바르 또한 이들 지역의 독립투쟁에 "함께하겠다"는 입장이다.

세계사신문

그리스도 독립운동 단체 '우호형제단' 결성

반프랑스 동맹 파리 점령 나폴레옹 축출… 루이 18세 즉위, 왕정복고

〈1814년 5월 4일 프랑스〉 나폴레옹(45세)이 오늘 초라한 영국 프리깃 함 편으로 유배지 엘바 섬에 도착했다. 반면 어제 파리에는 루이 18세가 입성, 탈레랑 등 관료들의 환영을 받았다.

이 사태는 나폴레옹이 2년 전 감행한 러시아 원정의 실패에서 비롯됐다. 러시아를 응징해 유럽을 완전 석권할 목적으로 투입된 50만 프랑스군은, 러시아측의 시간끌기에 말려 동토에서 추위와 굶주림 속에 죽어갔다.

이후 대세는 역전, 작년 라이프치히 전투에서 프랑스군을 대파한 동맹군은 마침내 프랑스를 점령하고 나폴레옹의 퇴위와 왕정복고를 결정했다. 나폴레옹은 수치심에 음독자살을 시도했으나 실패하고 유배길에 올랐다.

동맹국 지도자들은 오는 6월 빈에 모여 이 같은 '퇴조기' 유럽의 새 질서를 모색할 것으로 전해졌다.

▶참조기사 5호 1면

〈1814년 그리스〉 세르비아의 독립운동에 이어, 이번에는 그리스에서 독립운동 단체가 결성된 것으로 알려졌다. 상인들을 주축으로 결성된 이 비밀결사체의 이름은 우호형제단. "조국의 압제자에 대한 화해할 수 없는 증오"를 표방하고 있다.

이 우호형제단은 은밀히 러시아의 지원을 받고 있는 것으로 알려졌다. 따뜻한 남쪽 항구를 갖고 싶어하는 러시아가 발칸 반도에 눈독을 들이고 있기 때문.

지금까지는 발칸을 지배하고 있던 오스만 투르크 때문에 감히 욕심을 부리지 못했지만, 투르크의 세력이 약해진 요즘은 사정이 달라진 것이다. 하지만 러시아의 남하에 대해서는, 이미 지중해의 패권을 잡고 있는 영국이 좌시하지 않겠다는 입장이어서 발칸 반도의 향후 정국이 어떻게 꼬일지는 예측하기 어려운 형편이다.

타임머신 **나폴레옹의 모스크바 공방전과 히틀러의 스탈린그라드 공방전**

러시아는 19세기 이래 두 번이나 세계사의 물줄기를 바꿔놓은 결전의 무대가 됐다. 나폴레옹은 1812년 6월, 히틀러는 1941년 6월에 각각 50만과 120만의 엄청난 군대를 이 나라로 진격시켰다.

두 침략군의 성격은 서로 달랐지만 세계제국의 건설을 완수한다는 침략의 외형적 목표는 같았다. 나폴레옹처럼 히틀러는 이 전쟁에 국운을 걸고 전력의 95퍼센트를 쏟아부었다. 그러나 소련군과 사회주의 체제는 그의 예상처럼 허약하지 않았다. 인명의 대량희생을 감수하며 버티던 소련은 전략요충인 스탈린그라드에서 독일군 주력을 포위했고 히틀러도 사수 명령을 내렸다. 그러나 7만을 잃은 독일군은 끝내 겨울을 넘기지 못하고 이듬해 1월 항복하고 말았다. 이후 독일군은 모든 전선에서 급격히 무너져갔다.

나폴레옹의 패전은 확산되던 프랑스 혁명의 이념을 차단하고 보수의 물결을 몰고 왔다. 반면, 스탈린그라드 공방전은 모든 인류를 파시즘의 손아귀에 들어갈 위기로부터 구해냈다. 그러나 그 역사적 성격이 어떻든 만난을 이겨내고 조국을 지켜낸 러시아인의 고귀한 희생정신은 인류사에 길이 남을 것이다.

네덜란드령 자바 영국령으로

〈1811년 자바〉 동남아시아의 무역 거점인 자바(옛 바타비아)의 주인이 바뀌었다. 세계 최강 해군력을 자랑하는 영국이 최근 약체화된 네덜란드를 몰아내고 자바를 장악했다. 이로써 영국은 동남아시아 진출을 위한 독자적인 교두보를 확보하게 됐다.

그러나 네덜란드가 실지탈환을 위해 적극적인 외교전을 펼치고 있어 상황이 간단하지만은 않다. 특히 네덜란드는 나폴레옹이 이끄는 프랑스의 편에 서 있어 유럽 어느 나라도 얕볼 수 없는 지위를 갖고 있다.

한편 원주민들은 서구 열강의 식민지 쟁탈전에서 자신들만 피해를 입는다는 것을 자각하고 모종의 저항운동을 조직할 움직임을 보이고 있다는 소식이다.

기자수첩 ■ "회의는 춤춘다, 그러나 진척은 없다"

〈1814년 12월 오스트리아 빈〉 '음악의 도시' 빈이 각종 회의·리셉션·공연 등으로 몸살을 앓고 있다. 나폴레옹 이후의 유럽지도를 확정하기 위한 연석회의가 진행중이기 때문이다.

오스트리아 재상 메테르니히(41세)의 발의에 따른 이번 회의에는 영국 캐슬레이 수상, 러시아 알렉산드르 황제, 프로이센 하르덴베르크 대사 등 거물들이 대거 참가했다. 의사결정은 90개 왕국과 53공국의 참가국 가운데 이들 세 나라와 오스트리아의 '빅4'가 주물러왔다.

그러나 최근엔 패전국 프랑스가 의외의 복병으로 떠올라 의사진행을 주무르고 있다. 외무대신 탈레랑은 기민한 협상솜씨를 보여 빅4와 함께 5개국위원회를 구성하는 데 성공했다. 이는 점령지에서 철수하게 될 프랑스의 협조가 그 점령지를 놓고 다투는 다른 나라들에게도 중요했기 때문으로 풀이된다.

한편, 메테르니히는 오스트리아의 위상을 높일 목적으로 거액을 투자, 연일 향연과 무도회를 베풀고 있다. 각국 대표들은 회의보다는 각종 무도회에 참가하고 베토벤, 빈 소년합창단 등의 공연을 관람하는 데 더 관심을 보인다는 말까지 나오고 있다. 일각에서 "회의는 춤춘다. 그러나 진척은 없다"고 비꼬는 가운데, 이래저래 빈 회의는 해를 넘길 전망이다.

'나폴레옹 코냑' 지정에 관한 공고

코냑을 비롯한 프랑스 전역에서 포도가 풍작을 보인 올해, 프랑스와 전유럽의 황제 나폴레옹 보나파르트 폐하께서도 보위를 이을 황태자를 얻으셨습니다. 이를 기념하기 위해 앞으로 고급 포도를 오래 익힌 고급 코냑(브랜디)에는 '나폴레옹'이란 등급명을 부여하기로 했습니다. 최고의 품질을 자신하는 전국의 양조업자들은 신청 바랍니다.

—프랑스 제국 특허담당관

잠입르포 ■ 러다이터들의 투쟁현장을 가다

"기계파괴는 생존권 투쟁이다"

요즘 영국 최대의 뉴스는 단연 '러다이트 운동'이다. 최근 면직공업의 중심지로 떠오른 맨체스터에서 특히 심하다. 기자는 무장훈련까지 받는다는 이들 모임에 잠입, 기계파괴의 현장을 취재했다.

○…6월 4일 전설의 영웅 로빈 훗이 활약했다는 요크셔 남부 셔우드숲. 기자는 이곳에 러다이트 본부가 있다는 정보를 입수, 퇴출 노동자로 가장해 접근했다. 경비가 삼엄, 수비대원에게 붙잡혔으나 까다로운 질문을 무사히 넘겨 잠입에 성공했다.

○…6월 6일 무장훈련 모습은 보이지 않고 사람들의 토의 모습이 자주 눈에 띈다. 네드 러드에 대해 물어보았으나 "알려 하지 말라"는 대답뿐이었다.

○…6월 7일 아침 명령이 내려졌다. "오늘 밤 맨체스터의 허리허리공장(가칭)을 습격한다." 사람들은 몇몇씩 조를 편성, 아침부터 서둘러 맨체스터로 향했다. 나와 같은 조가 된 사람들은 "열한 살배기 딸이 기계 청소일 하다 목숨을 잃고 말았다"는 표씨, "기계도입 이후 임금이 반으로 삭감돼 생활비 문제로 마누라와 자주 싸웠다"는 ㅎ씨 등이다.

○…6월 7일 밤 맨체스터 우리는 공장의 현장 조직원들과 합류, 복면을 한 뒤 담을 넘었다. 조장은 "다른 사람과 맞닥뜨려도 해치지는 말라"고 엄명했다. 어두운 공장 안의 거대한 기계는 괴기스러웠다. 마침내 우리는 가방 속 해머를 꺼내 기계를 부수기 시작했다. 서둘러야 했다. "땅 땅" 소리에 언제 공장측 사람들이 몰려올지 모를 일이었다.

○…6월 8일 동트기 직전 인원점검을 했다. 모두 무사했다. 서로 얼싸안고 환호성 올린 뒤 현장 조직원들은 집으로, 우리는 셔우드숲으로 퇴각했다. 셔우드숲을 떠나면서 기자는 가슴이 답답했다. '기계파괴 자체는 문제다' 싶으면서도 그들의 생존을 위한 투쟁을 반대할 이유도 찾을 수 없어서다.

인터뷰 ■ 이집트 개혁의 선봉 무하마드 알리

"나폴레옹 원정이 독립열망 촉발… 국가체제 등 유럽식으로 개편"

이집트에 불고 있는 개혁열풍의 중심에 있는 총독 무하마드 알리. 그 개혁이 이집트의 독립을 지향하고 있다는 점에서 300년간 지속된 오스만투르크의 지배를 청산하는 아랍 민족주의의 시발점으로 인식되고 있다.

—사실, 이집트는 맘룩과 오스만의 지배가 너무 길어서 토착민족이 있었는지도 궁금합니다만….

"하지만 클레오파트라는 기억하지 않소? 인류문화의 수원지라고도 할 수 있는 이집트문명을 잊지 마시오."

—그런데 어떻게 당신을 중심으로 뭉치게 된 겁니까?

"나폴레옹이 이집트를 원정한 것이 계기였죠. 이집트민중들은 프랑스로부터 혁명사상을 배웠다오. 그래서 우리도 구체제인 맘룩과 외세인 오스만의 통치를 거부하고 민족 성원 모두가 주인이 되는 우리의 국가를 만들기로 한 것이지요."

—3년 전에 맘룩들을 대거 몰살시킨 것은 지나치지 않습니까?

"개혁을 위해서는 과감한 청산이 필요한 법이지요. 맘룩은 이집트민중

동서고금 이은홍
오어어 허헉
"아이고~ 내 가여운 기계!"

을 착취하던 계급이오. 새로운 국가에서는 처단되어야지요. 새 체제는 유럽으로부터 배워야 한다고 생각하오. 우선 행정기구를 유럽식으로 개편하고 학교를 세워 유럽식 교육을 받은 인재들을 기르고 있소.

—개혁의 성공을 위해선 경제문제가 중요할 텐데요.

"중요한 건 돈이지요. 국가 예산제도를 도입했고, 종교기관의 재산과 공유 토지에 대해서도 세금을 걷고 있소. 또 무역도 육성할 생각이오."

초점 ■ 이달고, 중남미 독립의 아버지

"자유는 하느님의 축복" 외친 프랑스 유학파 출신 신부

1810년 9월. 멕시코 지역의 독립운동 열기가 날로 고조되고 있다. 주도세력은 '이곳 스페인령 아메리카서 태어난 스페인사람'인 크리오요(criollo)들.

왜? 정치, 경제적 기회가 본토인들에게만 주어질 뿐 같은 스페인사람인 자신들에게는 극히 제한돼 있기 때문이다. 이들은 이에 불만, 최근 나폴레옹의 침입으로 본국이 '정신없는' 틈을 타 독립운동에 나서고 있는 것.

독립운동의 불길을 당긴 사람은 멕시코시티 근교 돌로레스에서 사목활동을 하는 신부 미구엘 이달고. 크리

오요인 이달고는 프랑스에 유학, 계몽사상과 인권사상을 익혔으며 본국민이 멕시코 현지민을 가혹하게 수탈하는 데 분노해왔다.

이달고는 지난 16일 교구민을 모아 무기를 나누어주고 외쳤다. "형제여, 부도덕한 정부와 스페인인(人)에게 죽음을!" 이 '돌로레스의 외침'은 독립을 선언하는 함성이 됐고, 교구민들은 보무당당한 행진을 시작했다. 신부(Father)가 멕시코 독립의 아버지(father)가 되는 순간이었다.

세계사 신문

교육 마인드에도 혁명정신 '활짝'

에콜 폴리테크니크, 기술 천시 기존관념 탈피
과학과 통합교육…학생 선발 때 출신 안 따져

〈19세기 초 프랑스〉 메가톤급 파괴력으로 낡은 사회질서를 무너뜨리고 새로운 사회질서를 건설하고 있는 프랑스 혁명이 교육부문에서도 새로운 이념을 창조해내고 있다.

새 교육이념이 펼쳐지는 곳은 '에콜 폴리테크니크(종합기술학교)'. 이곳에선 과학자와 기술자가 동등한 대우를 받는다. 다른 유럽국가들에서 과학자는 귀족계급으로, 길드의 전통에 얽매여 있는 기술자는 하층계급으로 양분돼 있는 것과는 영판 딴세상이다. 혁명의 위력이 실감되는 현장이다.

지난 1794년 건립될 당시 '공공사

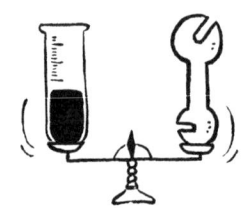

업중앙학교'였던 데서도 알 수 있듯이 이곳에서는 현장중심의 기술수업을 중시한다. 1798년 나폴레옹이 이집트 원정 때 이곳 출신들을 데리고 가 피라미드와 스핑크스 발굴작업에서 혁혁한 공적을 이루어낸 것은 에콜 폴리테크니크 교육방식의 성공을 증명한 쾌거로 받아들여지고 있다.

현재 창립자이자 저명한 수학자인 라플라스 등이 강의를 하고 있고, 이론 물리학과 기술을 접목시키는 데 상당한 성과를 거두고 있는 게이 뤼삭은 이곳 학부 출신으로서 현재 이곳 교수로 재직중. 최근 확정된 이 학교의 표어는 '조국, 과학 그리고 영광을 위하여'이다. 영국이 먼저 산업혁명에 성공했지만 혁명이념 아래 새로운 지식체계로 영국을 단숨에 따라잡겠다는 강렬한 의욕이 묻어난다.

커리큘럼 –수업방식도 파격적

에콜 폴리테크니크의 학과과정은 3년. 학생 선발시 신분을 따지지 않는 것은 물론 커리큘럼에서나 수업방식에서도 전통을 거부한다.

기존 대학들과는 달리, 커리큘럼은 과학의 일반이론에 한정되지 않는다. 1학년 때는 〈3차원 기하학〉과 〈공작과 목판술〉이 있고, 2학년 때에는 〈유체역학〉과 〈도로, 교량, 운하, 항만의 유지·보수〉, 3학년 때에는 〈기계 효과의 계산〉과 〈요새건설〉 등 과학과 기술을 망라하고 있다.

수업방식 또한 교수 혼자 실험하고 학생들이 이를 관람(?)하는 기존 방식과는 다르다. 학생들은 학교로부터 기기와 약품 등을 제공받아 혼자 또는 팀을 이루어 직접 실험, 실습을 한다.

스티븐슨, 증기기관차 시험운전

〈1814년 영국 요크셔〉 요크셔 지방의 킬라워스 탄광에서 기계공으로 일하고 있는 조지 스티븐슨이 기관차를 개발했다.

석탄을 태워 얻은 열로 증기를 만들어, 이 증기의 힘을 이용해 움직이는 증기기관차다. 스티븐슨은 리즈 탄광의 기계공인 존 블렌킨숍이 2년 전 개발한 기관차를 개량하는 과정에서 새로운 기관차를 개발했다고 밝혔다.

존의 기관차가 바퀴를 톱니로 만들었던 것과는 달리 스티븐슨의 기관차는 매끈한 바퀴를 사용하지만, 경사면에서 30톤 무게의 석탄을 싣고 시속 6.4킬로미터로 달릴 수 있으며, 무개화차 8개를 이어도 끄떡없다고 알려졌다. 주변 사람들은 이 기관차의 소리를 본떠 칙칙폭폭빌리, 혹은 블리처라는 애칭으로 부르고 있다.

"유럽은 지금 빙글빙글" 왈츠 대유행

"외설-퇴폐적" 비난 불구
상류층까지 급속 번져

〈1800년대 초 유럽〉 왈츠 때문에 유럽이 야단법석이다. 독일 민속춤에서 유래된 이 춤은 1812년 독일에서 영국으로 전파되자마자 순식간에 유럽 최고의 유행춤으로 떠오르고 있다. 독일어 'walzen(왈첸, 돌다)'에서 따온 '왈츠'라는 이름이 의미하듯이 이 춤은 남녀가 함께 손가락을 끼고 몸을 완전히 밀착시킨 채 서로 몸을 쓰다듬고 빙글빙글 돌리면서 추는 춤이다.

이 때문에 이 춤을 처음 본 기성세대들은 대경실색하는 형편. "뇌가 약물에 중독된 것 같다" "음악이 경쾌하고 극적이어서 사람을 너무 흥분시킨다"는 지적은 점잖은 편. "죄악에 가득 찬 춤, 부도덕, 타락의 현장, 메스껍다, 외설"이라는 비난까지 쏟아

지고 있다.

하지만 젊은 세대들은 아랑곳없다는 표정이다. 오히려 이런 갈등이야말로 전통과 혁신, 그리고 실험정신이 대결하는 무대라는 듯 당당한 태도다. 어쨌거나 분명한 것은 왈츠의 유행을

막을 방법이 없다는 점. 본래는 돈 없고 젊은 서민층에서 주로 즐기던 왈츠가 점차 상층부로 인기몰이를 해가, 요새는 유럽의 대저택에서도 가장 인기있는 춤이 되었으니 말이다.

이 때문에 문화계에서는 왈츠에 대해 사랑과 감성을 중요시하는 낭만주의 시대가 낳은 대중문화라는 데 의견이 일치하고 있다.

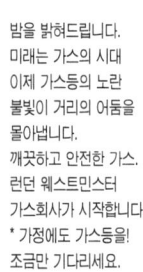

밤을 밝혀드립니다. 미래는 가스의 시대 이제 가스등의 노란 불빛이 거리의 어둠을 몰아냅니다. 깨끗하고 안전한 가스. 런던 웨스트민스터 가스회사가 시작합니다. * 가정에도 가스등! 조금만 기다리세요.

---

internet 세계사 여행

▶전쟁과 평화 http://www.friends-partners.org/oldfriends/literature/war_and_peace/war-peace_intro.html 나폴레옹 전쟁기 러시아를 다룬 톨스토이의 〈전쟁과 평화〉의 하이퍼텍스트 ▶명저 일람 http://books.mirror.org/ 그리스의 아이스킬로스에서 버지니아 울프에 이르는 서양문학의 걸작들을 하이퍼텍스트로 찾아 읽을 수 있는 사이트 ▶스티븐슨과 철도의 역사 http://www.axess.com/users/sharut/ '교통의 황금시대'란 제목의 철도 관련사이트. 철도의 역사에 관한 항목들을 검색할 수 있다.

지금 한반도에선
1815년/ 정약전 〈자산어보〉 완성
1817년/ 김정희, 진흥왕 순수비 발견·판독
1818년/ 정약용, 〈목민심서〉 완성

안으론 산업혁명 가속화 밖으론 식민지 경영 순탄

영국 경제대국 '위풍당당'

프랑스 혁명 불똥도 자연스레 비켜 가

〈1820년대 영국〉 영국경제가 세계경제를 주름잡고 있다. 아니 세계경제 그 자체다. 세계 어디를 가나 온통 영국 제품이다. 유럽인과 인도인들은 영국제 면직물로 만든 옷을 입고 거리를 거닐고 북아메리카에서는 영국의 철 강제품으로 기계를 만들고 있으며 남아메리카의 주민들은 영국산 비누로 세수를 하고 있다.

영국의 대형 항만에서 세계로 퍼져나가는 제품이 세계시장에서 차지하는 점유율은 25퍼센트에 달한다. 영국이 세계 공장생산의 40퍼센트 안팎을 차지할 만큼 크게 성장한 때문이다. 현재 맨체스터를 중심으로 하는 각지 공장지대에서 생산해내는 면제품은 연간 1천 톤 안팎으로 1780년의 열 배에 이르고 있으며, 면제품을 생산키 위한 방추는 700만 대로 세계방추의

대규모 공장제 기계공업은 영국경제의 세계적 도약을 보장해주는 발판이다.

3분의 2에 해당된다. 리버풀 등지에서 생산해내는 선철은 70만 톤을 헤아려 이 또한 1780년대 생산량의 열 배를 훌쩍 넘기며 세계 선철생산의 반을 차지하고 있다.

영국이 이같이 세계경제를 휘어잡게 된 것은 안으로는 산업혁명에 의해 공장제 기계공업을 발달시키고 밖

으로는 식민지 경영에 성공, 상품시장과 원료 공급시장을 충분히 확보한 때문으로 분석되고 있다. 유럽 여러 나라가 프랑스 혁명과 나폴레옹 전쟁으로 홍역(?)을 앓고 있는 동안, 영국은 오히려 이를 호기로 삼아 경제대국으로 비상하고 있는 것이다.

영국, 싱가포르에 무역항… 동남아 무역판도에 지각변동 조짐

〈1819년 1월 29일 싱가포르〉 말레이 반도에 위치한 싱가포르 왕국이 영국의 식민지가 됨으로써 동남아 무역판도가 달라지게 됐다. 오늘 영국 동인도회사의 행정관인 스탬포트 래플즈는 싱가포르 왕국의 조호르 왕과 만나 매년 5천 스페인 달러를 지불하는 대신, 왕국의 지배권을 얻기로 하는 조약을 맺었다.

래플즈는 싱가포르 왕국이 왕위계승권 분쟁으로 혼란스러운 틈을 타, 군주와 대신들을 돈으로 매수하는 공작을 벌여온 것으로 알려졌다. 인도양과 남중국해를 잇는 길목인 싱가포르를 차지함으로써 영국은 이후 동인도 제도에서 네덜란드 상권을 제칠 수 있는 중요한 거점을 마련하게 됐다.

오스트리아는 네덜란드를 포기하고 북이탈리아를 얻었으며, 프로이센은 바르샤바 대공국 일부·작센(최대 쟁점)·라인 지방에 영토를 얻었다. 영국은 전쟁중에 획득한 식민지의 영유를 확인받았으며, 네덜란드가 벨기에를 합병하는 등의 변동이 있었다. 또, 스위스는 영세중립국이 되었으며, 독일에는 독일 연방이 성립했다. 나폴리·프랑스·스페인 등에서는 구왕가가 복위했다.

빈 회의 타결

나폴레옹 탈출 소식에 급반전… "혁명 이전으로 현상유지" 골자

〈1815년 6월 오스트리아〉 '춤만 추고 진척되지 않던' 빈 회의가 마침내 춤을 멈추고 최종 타결됐다. 오스트리아·영국·러시아·프로이센 4강을 포함한 각국 대표들은 향후 유럽의 국경을 확정하는 최종 의정서에 조인하고 홀가분한 마음으로 악수를 나누었다.

1년을 끌어온 빈 회의는 영토의 분배 문제로 프로이센과 오스트리아가 전쟁 직전까지 가는 진통을 겪었으나, 제3국의 중재로 막판에 극적인 타결

점을 찾았다. 또 지난 3월에는 나폴레옹이 프랑스 엘바 섬을 탈출하면서 회담장에 숨막히는 긴장이 감돌기도 했다. 그러나 '빅4'가 긴급 회동, 대나폴레옹 연합군 결성에 합의하면서 분위기가 반전, 오히려 회의 참가국의 단결과 회의의 급진전을 가져왔다. 이로써 혁명과 변화를 억누르고 나폴레옹 이전의 왕국들을 부활시키는 것을 골자로 한 '빈 체제'는 탄탄대로에 들어선 것으로 평가되고 있다.

▶참조기사 6호 1면

긴급조명 ■ 영국경제 성장비결

노동력-자원 풍부…정치적 환경도 상업활동에 유리

영국경제가 18세기 말의 강국 네덜란드, 프랑스 등을 따돌리고 "세계의 절반은 나"를 외치며 세계경제의 선두주자로 질주하고 있다. 어찌 이럴 수 있었을까?

다른 어느 나라보다 일찍 시작된 산업혁명 덕이다. 석탄과 철 등의 풍부한 자원, 18세기의 인클로저 운동을 통해 형성된 풍부한 노동력, 도시로 진출한 이들 노동자들이 형성한 넓은 국내시장, 방대한 해외 식민지, 국내외 시장을 바탕으로 많은 부를 축적한 자본가, 18세기 중엽 이후 활발했던 기계·기술의 발명, 운하 등 교통망의 발달 등이 그 밑바탕이었다.

하지만 왜 영국서 산업혁명이 먼저 시작됐을까?

산업발달을 위한 사회적 분위기가 타국에 비해 일찍부터 무르익었기 때문이다. 대륙과 떨어져 있는 영국은 봉건제의 뿌리가 깊지 않았다. 영국 왕은 프랑스에서처럼 절대권력을 휘두를 수 없었으며, 1689년의 권리장전 등 일련의 혁명을 통해 확립된 입헌군주제는 상인 및 신흥 부르주아지의 경제활동과 재산권을 보장해주고 있었다. 이들의 자유로운 활동은 전국을 하나의 경제권으로 묶어 대량생산의 가능성을 열어주고 있었으며, 봉건제 아래서 특권을 향유하며 새 기계·기술의 개발을 방해하던 길드가 일찍 해체되면서 기계화의 길을 활짝 열어놓았던 것이다.

절대왕정 아래 있던 프랑스가 대혁명으로, 독일과 네덜란드 등 유럽 모든 나라가 나폴레옹 전쟁으로 경제발전에 주춤하는 사이 영국은 이들을 제치고 '저만치 앞서 가는 임'이 되고 있는 것이다.

인터뷰 ■ '세력균형의 마술사' 메테르니히

"일국 일방적 독주는 곤란 현상유지가 최선"

〈1815년 6월 오스트리아〉 빈 회의를 주도해 유럽 외교가의 스타로 떠오른 메테르니히. 귀족 출신다운 매끈한 얼굴의 그를 빈에서 만나보았다.

―한때는 나폴레옹의 친구로 중매까지 섰다는데(마리 황후는 오스트리아 공주였다)….

"당시엔 세력이 강한 그와 친분을 유지해야 할 필요가 있었소. 물론 적이 된 지금도 그에게 사적인 감정은 없소."

―그와 적이 된 이유는 무엇입니까?

"나폴레옹은 혁명과 민족주의 사상을 전파하려고 했소. 특히 다민족국가인 오스트리아에서 민족주의가 확산되면 나라의 통일은 기대할 수 없죠. 또 그는 전유럽을 지배하려고 했소. 그래서 나는 불가피하게 영국·러시아 등의 친구들과 힘을 합쳐 그를 제거할 수밖에 없었소."

―빈 체제를 통해 구상하고 있는 앞으로의 유럽은 어떤 모습입니까?

"다시는 나폴레옹 같은 거인이 나오지 않는, 고만고만한 나라들이 균형을 이루며 현상을 유지하는 유럽을 만들겠소. 필요하면 언제라도 빈 회의 같은 조정에 나설 겁니다." ▶참조기사 6호 3면

나폴레옹 재기 '불가능'

엘바 섬 탈출 파리로 진군
동맹국에 대패 다시 유폐

〈1815년 6월〉 나폴레옹이 빈 회의의 교착과 프랑스 왕정의 혼란을 틈타 엘바 섬을 탈출, 재기에 나섰으나 동맹국군에 패하고 다시 세인트헬레나 섬으로 유배길에 올랐다.

빈 손으로 돌아온 나폴레옹이 단시일에 12만 5천 명의 정예군을 꾸린 것은 과연 거인다운 저력이었으며, 그 저변에는 그의 몰락 이래 박탈감에 시달려 온 프랑스 국민의 열렬한 지지가 깔려 있었다. 전략에의 천재성을 유감없이 발휘한 그는 지난 16일 벨기에 근교 워털루에서 프로이센군 12만을 격파했다. 이어 웰링턴 장군이 이끄는 영국군 9만 5천과 맞붙었으나 예기치 못한 또 다른 프로이센군의 기습을 받아 4만 명의 병력을 잃고 대패했다. ▶참조기사 6호 1면

볼리바르 독립투쟁 본격화

미니 해설

〈1819년 8월 라틴아메리카〉 16세기 스페인의 침략 이후 식민지 신세로 전락했던 남아메리카 대륙에서 독립운동이 가열되고 있다. 시몬 볼리바르가 이끄는 3천 명의 식민지 혁명군은 최근 보야카에서 벌어진 스페인군대와의 전투에서 1800명의 포로를 사로잡는 대승을 거뒀다.

크리오요(중남부 아메리카에서 태어난 스페인 후손)들과 원주민의 열렬한 환영을 받으며 보고타에 입성한 볼리바르는 임시정부를 수립하고, 스스로 대통령에 취임했다. 이미 1813년 카라카스 지역을 스페인 통치에서 해방시켜 '해방자'라는 칭호를 얻은 바 있는 볼리바르는 콜롬비아와 베네수엘라, 에콰도르를 모두 해방시켜 그랑콜롬비아공화국을 수립하겠다는 계획을 밝혔다.

최근 남아메리카 독립전쟁이 활발히 벌어지게 된 데에는 프랑스의 역할이 중요했다. 1808년 나폴레옹이 스페인을 침략함으로써 스페인의 식민지 관리체계에 공백이 생겼기 때문이다. 하지만 독립운동이 본격화되기까지의 과정은 쉽지 않았다. 이 지역의 복잡한 인종상황 때문이다.

시몬 볼리바르는 아메리카 원주민이 아니라 크리오요, 즉 스페인 사람이다. 1700년대 말부터 식민지 군대의 다수를 점하면서 경제력과 군사력을 쥐게 된 크리오요들은 스페인으로부터의 독립을 원했다. 하지만 크리오요들만의 독립운동일 뿐이었다.

하지만 시몬 볼리바르는 다양한 인종을 포괄하는 독립운동을 주장했다. "토착민은 많은 수가 절멸했고, 유럽인은 아메리카·아프리카 인종과 섞였다. 우리의 어머니는 같지만 아버지는 서로 다른 이방인이다." 이런 볼리바르를 원주민과 혼혈 메스티조들은 게릴라전으로 도왔다. 원주민과 흑인 노예, 그리고 혼혈인(메스티조와 물라토)들이 크리오요를 중심으로 스페인 지배자를 포위하는 형국인 셈이다. 혁명운동의 전망은 지극히 희망적이다.

참혹한 몰골의 여성과 아동 노동자들. 뒤쪽으로 공장주가 보인다.

"빛나는 경제" 산업혁명 영광 이면엔 "지옥 같은 삶" 노동자의 비참함이

차라리 백인 노예라고나 할까. 먹고 사는 것이 보장된 흑인 노예가 차라리 부럽다고나 할까. 영국노동자들이 지옥 같은 삶에서 헤어나지 못하고 있다. 공업지대의 대명사 맨체스터의 인구를 42퍼센트나 늘릴 만큼 노동자의 수는 늘어났지만 이들 삶의 질은 갈수록 '늪'에 빠져들고 있는 것이다.

맨체스터에 사는 피터 씨(41세) 가족은 철저한 노동자 가족이다. 그는 멀리 떨어진 버밍엄 탄광에서, 38세의 마누라 미저리는 맨체스터 방직공장에서, 열한 살의 딸은 아버지를 따라, 아홉 살짜리 아들은 엄마를 따라

일을 한다. 미저리가 금요일 밤까지 일하고 지난 토요일에 낳은 막내만이 겨우 노동일을 면하고 있달까? 이렇게 온 식구가 나서서 일을 해도 끼니를 때우기 힘들 만큼 임금이 박하고 삶이 고단하다. 최근 여성과 아홉 살 미만 아동의 취업을 금하는 '공장법'이 만들어졌다지만, 이것이 안 지켜졌으면 하는 바람이다.

피터 씨에게 그런데 요즘 새 걱정거리가 생겼다. 여기저기서 사고가 자꾸 일어나는 것이다. 며칠 전에는 자신이 다니는 탄광에서 13명이 죽고 다치는 사고가 나더니 어제는 마누라가 다니는 공장에서 기계 청소 하던

구빈원 출신 아이 하나가 팔이 잘리는 사고를 당했단다. 이웃 에머리 부인의 아들은 배가 고파 쓰레기를 뒤져 썩은 햄을 주워 먹고는 배탈이 났단다. 피터 씨는 이 모든 걱정을 잊으려 잠자리에 들어 금세 죽음 같은 잠

에 빠져들지만 새벽이 되기도 전에 잠에서 깨어나야 한다. 공장주로부터 돈을 받고 잠 깨우러 다니는 사람의 성화가 심한 탓도 있고 5분만 지각해도 임금의 4분의 1이나 깎는 '제멋대로 공장 규정'이 무서워서다.

긴급투고 ■ '오언공동체' 운영자 오언
"일할 의지와 환경조성에 힘써야"

공장주들은 노동자들이 퇴폐하고 게으르다 말한다. 하지만 그들의 삶을 보라! 좁은 집 방 한 칸에서 부모와 다 큰 자식이 부대끼며 사는 것이 그들의 주거조건이다. 노동시간은 하루에 16시간에 달한다. 이들이 먹는 음식은 '멀건 수프' 아니면 '쐐기풀 죽'이다. 이래 가지고서야 어찌 생산성을 높일 수 있겠는가?

나는 사회주의적 생산방식을 제안코자 한다. 나는 라나크 주(州)에 직접 면사공장을 만들어 이를 실험하고 있다. 지난 1800년 공장을 세운 이후 노동자들의 주거조건과 근로조건을 개선, 상당한 성과를 얻고 있다.

나의 공장에서 노동자들은 하루 10시간 30분 이상 일하지 않는다. 게으르거나 잘못을 저지른 노동자에게 '태형' 대신 노동자가 일하는 기계 옆에 색칠한 작은 나무상자를 걸어놓고 있다. 흰색,

노란색, 파란색, 검은색 상자가 부지런함에서부터 태만함까지를 나타낸다. 이를 보고 노동자들 스스로가 자신의 부지런함과 태만함을 깨달을 수 있을 것이다. 나는 직원들에게 주택과 교회를 지어주었다. 나는 또 학교를 설립, 아동들의 교육을 책임지고 있으며 공장에 구내매점을 설치, 노동자들이 값싸게 물건을 살 수 있게 하고 있다.

이같이만 한다면 노동자들은 분명 건전한 삶과 성실한 공장생활을 영위할 수 있다. 나의 라나크 경험은 이를 충분히 입증하고 있다. 실제 나의 라나크 공장은 이 같은 개혁 이전에 비해 생산성이 크게 향상됐다.

일부에서는 이런 혁신적인 공장에 대해 "공상적이다"라며 무시하고 있다는 것을 알고 있다. 하지만 나는 이것이 도덕적으로 옳다고 믿기에 계속 추진할 것이다.

미국인들 "서부로" 인디언들 "무덤 속으로"

〈1819년 미국〉 미국인들의 서부 진출이 본격화되고 있다. 영국으로부터의 독립전쟁이 1814년 마무리됨으로써 이제 국내로 관심을 돌리고 있는 것이다. 이 때문에 백인을 피해 서부로 밀려와 살고 있는 아메리카 원주민과의 갈등이 고조되고 있다.

현재 애팔래치아 산맥 서부는 크리크, 체로키, 촉토족 등 원주민들이 살고 있는 곳. 체로키족은 상당히 미국화되어 있지만, 백인들은 막무가내로

평원과 숲의 소유권을 주장하고 있다.

특히 독립전쟁의 주역이었던 앤드루 잭슨 장군은 지난 1814년 앨라배

마와 조지아에 사는 크리크족을 궤멸시키며 2300만 에이커의 땅을 미국령으로 획득하기도 했다. 잔인한 살육전으로 '장검'이라는 별명까지 얻은 잭슨은 이 과정에서 상당한 재산도 모은 것으로 알려졌다.

한편 원주민들은 오세올라 추장 등을 인물을 중심으로 게릴라전을 펼치며 저항하고 있지만, 부족간의 단결이 어려운 데다 백인들이 신식 무기로 무장하고 있어 절망적인 상태다.

"철도야 비켜라! 땅 위라면 어디든 간다" 증기자동차 등장

〈1820년 영국〉 증기기관으로 움직이는 대형 자동차가 등장했다. 금세기 초부터 나타난 증기자동차를 크게 개조한 이 차세대 운송수단의 이름은 옴니버스. 줄여서 그냥 버스라고 한다.

이 버스는 증기기차와 달리 길이 있는 곳이면 어디든지 달릴 수 있어 인기가 높을 전망. 하지만 실직 위기에 몰린 마차조합의 반대가 거세 이를 극복해야 하는 과제를 안고 있다.

▶참조기사 6호 4면

세계사 신문

"인조인간 나와라 뚝딱"

메리 셸리 〈프랑켄슈타인〉 발표
과학맹종 경고

〈1818년 영국〉 인간은 끊임없이 '창조'라는 신의 권능에 도전해왔다. 하늘에서 불을 훔친 프로메테우스야말로 불과 문명을 발명한 인간 자신의 신격화였다. 농사짓는 법(신농씨), 집짓는 법(키클롭스), 쇠 버리는 법(불칸), 필기구·인쇄술(뮤즈) 등 온갖 영역에서 인간은 신들을 무력화시켰다. '스스로 움직이는(自動)' 요즘 기계들은 신의 작품인 자연(自然)에 못지않아 보인다. 비행기와 잠수함의 등장도 머지않았다.

그러나 문제가 인간의 '창조'에 이르면 어떻게 될까? 당신은 그 가능성을 떠나 그런 일 자체를 상상하는 것조차 스스로 허용하지 않았으리라! 그러나 남들도 당신 같으리라고 여겼다면 과학의 본성과 인간의 호기심을 과소평가한 것이다.

여기 무생물에 생명을 부여할 수 있는 방법을 알아내 인간창조라는 '신의 최후 영역'에 도전한 사나이가 있다. 스위스인 프랑켄슈타인 박사는 죽은 자의 뼈로 8피트(2.4미터)짜리 인형에 생명을 불어넣었다. 그러나, 그가 피조물에게 배우자를 만들어주려는 노력이 실패하자 둘 사이는 갈등과 증오로 돌변했다. 괴물은 박사의 동생과 신부를 죽이고, 복수심에 가득 찬 박사는 그를 북극까지 추적했다가 함께 파멸하고 만다.

안심하라! 이것은 현실이 아니라 영국 여류작가 메리 셸리가 발표한 소설 〈프랑켄슈타인〉의 줄거리며, 그녀는 과학의 전능에 대한 인간의 맹신이 빚을 비극을 경고하고 있으니까.

인조인간의 경고장. "과학을 맹신하지 말라."

아니, 당신은 안심할 수 없다! 자고로 인간이 꿈꾼 것은 실현되게 마련이니까. 지금도 도처에서 생명체를 만들어내려는 '엉뚱한' 실험이 이루어지고 있거니와, 연금술이 화학으로 나아갔듯 그런 시도들이 성공하지 못하리란 보장은 없다.

그들은 이미 '신의 영역' 운운하는 추상적 윤리논쟁보다 인조인간의 '인권'이 당면과제가 될 날을 그리고 있는지도 모른다.

"못된 관리야, 이 책을 보라!" 정약용 〈목민심서〉 일갈

〈1818년 조선〉 "오늘날 백성을 다스리는 자는 오직 거두어들이는 데만 급급하고 백성을 부양할 바는 알지 못한다. 이 때문에 하층민들은 여위고, 곤궁하고, 병까지 들어 진구렁 속에 줄을 이어 그득한데도 그들을 다스리는 자는 고운 옷과 맛있는 음식에 자기만 살찌고 있으니 슬프지 아니한가."

조선의 대표적 선각자 정약용(57세)이 유배생활 18년을 총결산하듯 조선사회의 고질적 병폐에 대해 크게 꾸짖고 나섰다. 그가 지목한 부조리의 핵심고리는 백성들과 직접 접하는 지방관리들. 일찍이 국왕 정조 시절에 스스로 지방관을 경험했고, 유배생활 동안 지방민의 고충을 직접 목격한 그이기에 누구도 부인하지 못할 생생한 자료를 가지고 지방관의 부패상을 조목조목 질타하고 있다.

조선은 지난 18세기 중순부터 영조와 정조라는 걸출한 개혁군주를 맞아 고질적인 당쟁을 쓸어버리고 사회개혁이 진행됐다. 정약용은 이 때 정조의 총애를 받아 개혁정치에 참여했다. 그러나 1800년 정조가 서거한 뒤 안동 김씨 일파의 세도정치에 철퇴를 맞아 18년 동안 강진에서 유배생활을 해왔다.

프로필

청에서 고증학이 전통유학의 고루함을 비판하며 새로운 학문으로 떠오르자 조선에서도 이 영향을 받아 성립한 것이 이른바 실사구시(實事求是)의 학문, 실학이다. 그는 이 실학을 집대성한 인물.

30대 중반 지방관으로 재직중 민란이 일어났는데 그 주동자가 찾아와 민폐를 조목조목 지적하자 "관이 모르던 것을 알려주었으니 처벌은커녕 천금을 주어 마땅하다"며 무죄로 풀어준 일화는 유명하다. 한때 천주교에 개방적인 태도를 보인 것도 철저한 실학정신에서 나온 것이라는 평.

"바퀴 두 개로 달린다"
드라이스, 자전거 원리 발견

〈1818년 4월 6일 파리〉 바퀴 두 개만으로도 쓰러지지 않고 움직이는 2륜차가 발명됐다. 독일인 카를 드라이스는 오늘 파리에서 자신이 개발한 자전거를 공개하고 특허를 신청했다.

'드레지엔'이라는 이름의 이 자전거는 별도의 동력 없이 사람이 발로 땅을 미는 힘으로 앞으로 나간다.

바퀴가 나무여서 승차감은 좋지 않지만, 두 바퀴만으로도 쓰러지지 않고 달릴 수 있다는 데 사람들은 신기해하고 있다.

영어-중국어 사전

이제 세계는 무역의 시대! 우물 안 개구리로 머무르면 안 되죠.

세계 속의 중국인이 되는 지름길. 영국 동인도회사의 지원으로 제작된 영화·회영(英華·華英) 사전. 런던 상교육회 선교사 모리슨 집필. 전4권으로 1823년까지 완간될 예정입니다.

 internet 세계사 여행

▶싱가포르 http://lcweb2.loc.gov/frd/cs/sgtoc.html 싱가포르정부가 제공하는 싱가포르의 역사, 문화, 경제, 정치, 지리 등 각종 정보 ▶프랑켄슈타인 http://www.georgetown.edu/irvinemj/english016/franken/franken.htm 메리 셸리의 원저 전자텍스트 및 각종 검색. 그녀의 남편 퍼시 셸리의 저작들 링크 제공 ▶멕시코 역사 http://www.mexonline.com/history.htm ▶로버트 오언 http://www.atheists.org/Atheism/roots/robertowen/ 무신론 역사 사이트 중 일부

3권 8호 1821-1827

세계사 신문

[미국 먼로주의 선언]

지금 한반도에선
1823년/ 5도 유생들, 서얼임용 요청 만인소를 올림
1824년/ 쪽감자 수입
정하상, 로마에 사제 파견요청

"유럽은 아메리카 대륙에 얼씬거리지 마라"
미국 '고립주의' 외교노선 천명

먼로 대통령, 유럽에 경고성 메시지…영국 배후후원자 역할

〈1823년 12월 2일 미국〉"유럽과 아메리카는 서로 간섭하지 말자." 미국의 제임스 먼로 대통령은 오늘 의회 연설을 통해 미국의 외교노선을 이렇게 천명했다. 먼로는 의회 연단에서 "만약 유럽이 아메리카 대륙 어디라도 식민지로 만들려고 하거나, 아메리카의 어떤 나라든지 억압하고 통제하려 한다면 이는 미합중국의 안전과 평화에 대한 위협으로 간주될 것"이라고 유럽에 경고성 메시지를 날렸다.

이런 선언의 내용이 전해지자 오스트리아의 메테르니히가 몹시 당황한 것으로 알려졌다. 메테르니히는 유럽의 반혁명 전선인 빈 회의를 주도하고 있는 인물. 특히 그는 최근 남아메리카 지역에서 빈번하게 일어나고 있는 혁명의 기운을 차단하기 위해 스페인과 공동으로 군사를 동원

할 준비를 하고 있었다. 하지만 먼로의 선언대로라면 메테르니히는 남아메리카의 혁명에 간섭하려면 미국과의 전쟁을 각오해야만 한다.

여기에 메테르니히를 더욱 당혹스럽게 하는 것은 미국 뒤에 영국이 있다는 사실이다. 영국은 처음부터 불간섭주의를 내용으로 하는 영미선언을 발표하자고 제안했던 것으로 알려졌다. 영국은 남아메리카의 식민지들이 독립국이 되기를 누구보다 바라는

나라다. 해상무역의 제왕으로서, 남아메리카의 국가들과 스페인의 간섭 없이 자유교역을 하기를 바라기 때문이다. 이 때문에 조지 캐닝 국무장관은 군사적 지원을 해서라도 남아메리카의 혁명을 지지하겠다는 입장이고, 여기에 미국을 끌어들이려 한 것이다.

한편 미국의회는 먼로의 '고립주의'를 차후 외교정책의 기본틀로 받아들이기로 했다.

그리스 독립 '파란불'

독립지원 연합군, 오스만 투르크 대파
세르비아 등도 독립요구 움직임

〈1827년 10월 그리스〉지난 1821년 시작된 그리스 독립전쟁이 새로운 국면을 맞고 있다. 그리스의 독립운동을 지원하기 위해 결성된 러시아와 프랑스, 영국의 연합함대가 최근 나바리노에서 오스만 투르크의 군대에게 궤멸적인 타격을 입혔기 때문이다. 이에 따라 오스만 투르크의 압제에 놓여 있던 그리스가 독립의 희망을 갖게 됐다.

본래 오스만 투르크는 그리스에 대해 강경작전으로 일관, 1826년경에는 거의 독립군 진압에 성공한 듯이 보였다. 그리스는 유럽으로부터의 지원을 기대했지만, 메테르니

히가 주도하는 빈 체제는 불간섭주의를 표명했다.

하지만 이 상황은 발칸 반도에서의 세력확장을 원하던 러시아가 그리스 독립을 지원하기로 결정하면서 급변했다. 러시아의 독점적인 세력확대를 우려한 영국과 프랑스가 참전을 결정한 것이다. 대규모 연합군이 구성되자 오스만은 이집트를 끌어들여 대항하려 했지만 역부족이었다.

한편 세르비아와 발칸의 여러 공국들에서도 독립을 요구하는 움직임이 일어나고 있는 것으로 알려졌다.

철도 개통. 영국경제의 혈관이다.

세계 최초로 철도 개통

〈1825년 9월 27일 영국〉10여 년 전 시험 운행됐던 철도가 오늘, 세계 최초로 실제 운행에 들어갔다. 영국 중부 내지의 달링턴에서 생산되는 석탄을 서부의 스톡턴 항으로 수송, 자국내 여러 공업단지나 해외로 보내기 위한 철도다.

개통식이 열린 스톡턴 항은 가는 철길 위로 육중한 철마가 달리는 광경

을 보려는 사람들로 법석였다. 그간의 운하를 이용한 석탄수송은 수송비가 과다. 이를 해결코자 철도공사에 돌입한 지 3년 만의 일이다. 스톡턴의 석탄가격은 톤당 18실링에서 12실링으로 크게 떨어질 전망이다.

영국정부는 철도의 경제성이 입증됨에 따라 리버풀과 맨체스터를 잇는 철도도 세울 계획이다.

해설 ■ 동방문제란

열강 파워게임에 바람 잘 날 없는 유럽 '화약고'

발칸 반도를 둘러싼 유럽 각국의 긴장이 고조되고 있다.

이 지역은 15세기 이후 오스만 투르크의 식민지가 된 곳. 그러나 최근 오스만이 약골이 되면서 그 영토를 어떻게 처리할 것인가를 두고 유럽 열강들이 치열한 눈치싸움을 벌이고 있는 것이다. '동방문제'라 불리는 이 갈등은 특히 그리스와 세르비아, 발칸 공국들의 독립운동과 맞물리면서 복잡한 양상을 띠고 있다.

애초 독립운동을 처음 일으켰던 나라는 세르비아다. 1804년 일어난 세르비아의 독립운동은 당시 나폴레옹 전쟁으로 혼란에 빠진 유럽이 외면한 가운데, 투르크군에 의해 잔인하게 진압됐었다. 하지만 1821년 그리스가 독립운동을 일으켰을

오스만 투르크 약화에 "식민지 독립지원"명분 러시아-영국-프랑스 등 나눠먹기 속셈에 개입

때는 상황이 달라졌다. 러시아가 끼어든 것이다.

러시아는 지중해에 면해 있는 그리스를 지원해 독립하게 된다면, 지중해로의 진출이 가능해질 것으로 기대했다. 메테르니히의 반대를 물리치고 참전을 결정한 것은 이 때문이었다. 그러자 러시아의 득세를 우려한 영국과, 십자군을 자처한 프랑스도 동참을 결정했다. 대규모 연합군이 결성되면서 현재 발

칸의 정세는 극적으로 역전되고 있다.

한편 세르비아와 루마니아, 몬테네그로 등 오스만의 지배를 받고 있던 발칸의 제 공국들은 연합군과 투르크의 전투에 온 신경을 곤두세우고 있다. 그리스가 독립하게 된다면 자신들에게도 독립의 가능성이 훨씬 높아질 것으로 기대하기 때문이다.

해방노예들만의 첫 국가

라이베리아 출범

미 식민협회 지원 힘입어

〈1824년 서아프리카〉 금의환향(錦衣還鄉)! 아프리카에서 아메리카로 노예로 끌려갔던 흑인들의 후손이 고향에 돌아와 독립국을 세웠다. 국호는 '해방'을 뜻하는 라이베리아.

이들의 귀환은 인도주의 단체인 미국 식민협회의 지원에 힘입어 이뤄졌다. 식민협회는 노예해방에 관한 논란 끝에 일단 노예들을 사서 자신들끼리 자유롭게 살 수 있도록 이주시켜야 한다는 데 의견을 모으고 단계적인 준비를 해온 것으로 알려졌다.

5년 전부터 꾸준히 기금을 모아온 식민협회는 총 6천 명 가량의 노예를 사서 이주시키겠다고 밝혔다. 그 중 선발대에 해당하는 1500여 명의 흑인들이 감리교 백인 목사인 제후디 아시문의 인도로 세그 강 주변에 도착한 것. 이곳은 흑인들이 처음 아메리카로 끌려갔던 비운의 장소다.

"오스만 투르크 이대론 안 된다"

무하마드 2세, 서구식 근대화 개혁 본격 착수

〈1826년 오스만 투르크〉 오스만 투르크를 서구식으로 근대화하려는 무하마드 2세의 개혁정책이 본격화되고 있다.

구식 군대인 예니체리가 해체되고, 유럽식 신식 군대가 창설됐으며, 개혁적 종교재단인 에우카프가 설립됐다. 이번 조치는 가장 반동적인 기득권 세력인 군대와 성직자에게 과감히 칼을 댔다는 점에서 '위대한 사건'이

라는 찬사까지 듣고 있다.

무하마드 2세는 최근 수세기 동안 오스만 투르크가 약해진 것은 근대화를 이루지 못한 데 원인이 있다고 지적하고, 지금까지의 배타적인 외교정책에서 탈피해 유럽식 문물을 받아들이는 데 앞장서고 있다.

특히 '강력한 군대의 재건'을 내걸고 창설된 신식 군대의 힘을 바탕으로 기득권 세력의 반발을 제압함으로

써 개혁을 성공시키고 있는 것으로 평가받고 있다.

통서고금 이은홍

그리스 양, 제가 도울게요!

러시아

영국

프랑스

메테르니히

어?! 다… 어디 갔지?

빈 체제

"저희도 도울래요!"

토막소식

멕시코 연방 성립

〈1824년 멕시코〉 1810년 이후 14년간의 독립운동과 혼란스러운 정치실험 끝에 멕시코가 공화제 수립을 선언하고 헌법을 발표했다. 멕시코는 미국과 같은 연방제를 채택했으며, 초대 대

통령으로는 독립군 지도자였던 과달루페 빅토리아를 선출했다. 그동안 왕정을 통한 중앙집권제를 주장하는 보수파와 연방제를 주장하는 급진파가 내전을 벌여온 멕시코는 이제 정치안정을 통해 독립국으로서의 새로운 역사를 열어가게 됐다.

이탈리아 카르보나리 활약

빈 회의가 이탈리아를 공국 체제의 과거로 돌려놓고 있는 가운데, "이탈리아 통일"과 "공화제 수립"을 외치는 비밀결사단체의 활동이 활발해지고 있다. '숯 굽는 사람들'이라는 뜻의

카르보나리라는 이 단체는 1820년 악명 높은 나폴리의 군주 페르디난도 7세를 물리치고 공화제를 수립한 나폴리 혁명의 주인공.

이탈리아의 귀족과 공직자, 소지주층과 같은 중산층 이상의 지식인계층의 지지를 얻고 있다.

영국, 단결금지법 폐지

노조결성-노동쟁의 합법화…노동운동에 획기적 전기 마련

〈1824년 영국〉 노동자의 조직결성과 집회를 가혹하게 탄압하는 근거가 됐던 단결금지법이 폐지됐다. 이에 따라 앞으로 노동자들은 합법적으로 노동조합을 결성하고 노동쟁의를 할 수 있게 됐다. 1799년 제정돼 수많은 노동자를 투옥, 처형해왔던 악명 높은 법이 사라진 것이다.

영국 하원의 특별조사위원회는 단결금지법의 폐해에 대한 그동안의 조사활동을 마무리하고 오늘 단결금지법 폐지안을 통과시켰다. 양복공 출신의 노동운동 지도자 프랜시스 플레이스와 급진주의적 하원의원 조지프 흄의 노력에 의한 것이다. 흄은 위원회를 발족시키고 이를 장악하는 데 결정적 역할을 했으며, 플레이스는 위원회에 출석하는 증인들을 선택해 훈련시키는 역할을 해왔다.

하지만 이번의 법 폐지는 그간의 노동운동이 결실을 맺은 것으로 평가되고 있다. 최근의 노동운동은 단순히 경제적 요구를 주장하는 데서 그치지 않고 단결금지법 자체를 폐지하라는 정치투쟁으로 격화돼왔다. 특히 지난 1810년대의 러다이트 운동 이후 정치인들과 자본가들은 노동자들에게 일정한 양보를 하지 않고는 노동현장의 평온을 유지할 수 없다는 인식에 도달했다. 또 영국을 풍미하고 있는 자유방임사상에 따르더라도 노동시장에 대해 정부가 개입할 필요는 없다는 여론도 점차 확산돼왔다.

이번 조치로 앞으로 노동운동이 조직화된 운동으로 성장할 토대가 마련된 것으로 평가되고 있다.

러시아에도 혁명 '꿈틀'

젊은 장교들 중심 '데카브리스트 봉기' 입헌정치 실시 등 주장

〈1825년 12월 러시아〉 프랑스 혁명을 러시아에 전파하려던 나폴레옹의 군사적 시도는 실패했으나 혁명정신의 전파는 결국 결실을 맺었다. 나폴레옹 군대와 싸우다 오히려 그들로부터 혁명정신과 자유주의 사상을 섭취한 젊은 장교들이 "농노제를 폐지하라" "입헌정치를 실시하라"며 러시아 최초의 혁명을 꾀한 것이다.

12월 즉 러시아어(語)로 데카브리달에 봉기를 일으켜 데카브리스트로 불리는 이들은 지난 달 차르 알렉산드르 1세가 사망한 뒤 제위 계승문제로 정계가 혼란해지자 무장봉기를 꾀하였다. 지난 14일, 페테르부르크시 광장에서 거행된 새 황제 니콜라이 1세에 대한 선서식장에 수개 연대를 이끌고 나타난 이들은 선서를 거부하며 반란을 일으켰다.

이들의 봉기는 곧 진압되고 파벨 페스텔, 세르게이 무라비요프 등 5명의 주모자가 교수형을 당했으나 현재 수많은 러시아청년들에게 이들의 혁명정신이 전파되고 있음이 감지되고 있다.

오언공동체 미완의 하모니로 "자본주의 바다 위의 외로운 섬" 한계

〈1827년 미국〉 사회주의는 정녕 꿈이었던가. 로버트 오언의 공동체 운동이 문을 닫고 말았다.

오언은 지난 1824년 미국 인디애나 주(州)에 120제곱킬로미터에 달하는 방대한 토지를 구입, '뉴하모니' 마을을 건설해 운영해왔다. 하지만 오늘 그는 공식적으로 파산을 발표한 것.

관계자들에 따르면 1천여 이주민들에게 문제가 있었다고. 임금은 꼬박꼬박 챙기면서 일은 하지 않고 마을 정책에 대해서 갑론을박 하느라 허송세월만 보냈다는 것.

하지만 일부에서는 보다 근원적인 원인은 시스템의 문제라고 지적한다. 뉴하모니에서 만든 제품은 이윤 한푼 없이 노동시간과 원료만으로 가격을 정한다. 그러면 외부 시장가격보다 저렴해야 하는데 실제로는 품질은 물론 가격에서도 시장경쟁력을 갖지 못했다는 것이다.

어느 인도 지식인의 '영어 공용어' 선택

〈1827년 인도〉 영국의 식민지인 인도에 1823년 국민교육위원회가 설치되었을 때 가장 쟁점이 된 사항은 '인도인을 근대화시키기 위해서는 어느 나라 말로 교육을 해야 하는가'였다. 영어인가, 복잡하고 지방별로 다르기는 하지만 그래도 인도어인가. 벵골의 브라만 가에서 태어나 영국에서 유학하고 돌아온 지식인인 람 모한 로이는 이렇게 자신의 생각을 밝혔다.

"고전어를 가르친다면 학생들은 2천 년 전의 지식을 얻을 수는 있겠지만, 그것은 이 나라를 암흑 속에 가두어 놓게 될 것이다. 그러나 원주민을 향상시키는 것이 목표라면 수학, 자연과학,

람 모한 로이

"근대화 위해선 개화된 교육 필요 영어로 가르쳐야 제대로 습득"

화학, 해부학을 포함하는 자유주의적이고 개화된 교육이 필요하다." 이런 서양의 지식을 얻기 위해서는 영어로 가르쳐야 한다는 주장이었다. 결국 영어가 채택됐음은 물론이다.

이것이 인도의 지식인 로이가 조국을 사랑하는 방식이다. 그는 인도가 식민지 상태를 벗어나기 위해서는 서구식 근대화를 이뤄야 한다고 주

장하고 있다. 특히 힌두교에 대한 개혁이 핵심. 카스트제도와 과부 순장풍습(사티)이야말로 대표적인 악폐로 지적되는 것들이다. 그는 지지자들을 모아 '브라만 사마지'라는 결사체를 설립하고, 본격적인 개혁운동에 나서겠다고 밝혔다.

이 시대의 사상

Liberalism

호칭에서 종교까지 "자유가 너희를 풍요케 하리라"
시민사회 핵심 이데올로기로 자리매김

〈1830년 무렵 유럽〉 사람들 삶이 바뀌고 있다. 모든 분야에서. 이제 나라의 운명에 관심을 가질 수 있고, 잘 살기 위해 갖가지 일을 할 수 있으며, 믿고 싶은 종교를 믿을 수 있다.

○…프랑스 파리 젊은이들은 격의없이 토론을 벌이고, 주민들은 활력에 차 있다. '높으신 양반'도 잘못하면 처형할 수 있고, '삶을 속박하는' 제도는 뜯어 고칠 수 있다. 그들을 존칭어 '당신(voux)' 대신 '너(te)'로 부를 수 있다. 그들에게 복속된 신민(臣民)이 아니라 독립된 주체인 시민(市民)인 까닭이다. 이제 이들은 하인의 제복을 벗어 던지고 맘에 드는 옷을 골라 입을 수 있다. "족쇄를 벗어던져라"라고 외쳤던 혁명으로 쟁취한 '인간의 권리'인 것이다.

○…영국 런던 농촌서 살다 얼마 전 이곳으로 이사한 프리드먼 3세는 고민이다. 할아버지 때 농노신분에서 해방, 무진 고생은 했지만 덕분에 '남들만큼'의 가산(家産)은 모은 상태다. 무엇을 할까? 예전과 달리, 맘껏 전국을 여행할 수 있으니 장사를 해볼까? 공장설립 허가가 완화됐다니 공장을 세워 볼까? 이도저도 안 되면 도제라도 돼야지. 요즘엔 길드도 그리 엄하지 않더라.

○…독일 프랑크푸르트 가톨릭계 교회에 난리가 났다. 신도들을 루터파 교회에 빼앗기는 게 어제 오늘의 일은 아니나, 최근 부쩍 심해진 까닭이다. 루터파 교회도 고민스럽다. 교회의 권위가 무너진 지 오래기 때문이다. 신도들은 "교회의 강제가 아니라 내 스스로의 믿음에 따라 종교를 선택하겠다"는 주장이며, 각종 신문들도 "믿고 싶은 대로 믿고, 생각하고 싶은 대로 생각하라"며 '선동'하기 때문이다.

오랜 세월에 걸쳐 있어온 영국의 시민혁명과 산업혁명, 미국의 독립전쟁, 프랑스의 대혁명 등에 의해 초래된 이 변화를 사람들은 '자유'라 부르고 있다.

긴급설문 ■ 나는 '자유'를 이렇게 본다

'자유'는 무엇보다도 경제활동을 보장받기 위한 중대한 전제이기도 하면서 이를 위한 투쟁과정에서 점차 확산돼왔다. 영국의 경제학자 고(故) 애덤 스미스는 부르주아계급의 자유로운 경제활동을 주장, 제러미 벤담의 공리주의와 스튜어트 밀의 자유주의를 낳는 아버지 역을 했다. 스미스의 제자 데이비드 리카도는 그러나 자유주의가 불평등을 낳을 수도 있다고 우려한다.

▶스미스 "사람들은 남의 일보다 스스로의 일을 더 걱정하게 마련이다. 따라서 스스로의 이해(利害)도 스스로가 제일 잘 안다. 남이 간섭하면 오히려 복지증진에 위배된다. 그런 만큼 그가 '맘대로 하도록 내버려

두라(laissez faire)'. 자유경쟁토록 방임(放任)하라. 경쟁이 좋지 않은 결과를 낳을까 걱정하지 말라. '보이지 않는 손'을 믿으라. 수요와 공급 사이에 균형을 잡고 가격을 안정시킬 테니까."

▶리카도 "사람은 서로 다른 재능과 에너지를 지니고 태어났다. 이들이 자유롭게 경쟁하면 각자의 능력과 힘에 따라 다른 보상을 받게 된다. 정부가 이에 개입하지 않는 게 자유라면, 그 자유는 자본가에게 특권을 주고 노동자를 계속 가난 속에 방치하는 경제적 불평등을 낳는 자유가 될 것이다. 노동자는 일정한 임금을 보장받을 필요가 있다. 노동자 스스로와 그 가족을 유지하는 데 필요한 최저가격 즉 최저생활비가 그것이다."

자유란? '자유'는 freedom과 liberty의 번역이다. freedom의 어원인 고대 독일어 freihals는 '목에 (노예의 징표인) 고리를 차지 않은 상태'를 가리킨다. liberty는 고대 로마의 자유민 신분을 뜻하는 libertas에서 유래했으며, '자유 그 자체'인 freedom과 달리 과거에 구속이나 제한이 있었음을 함축한다. 가령 National Liberation은 '(종속으로부터의) 민족해방'을 뜻한다.

타임머신 레이건 –대처 –DJ의 신자유주의와 19세기 자유주의

21세기 들머리의 세계에 신자유주의 바람이 거세다. 레이건과 대처가 주창한 신자유주의는 경제에 대한 국가의 개입과 세금을 줄이고 복지를 축소하는 것을 골자로 한다. 경제를 시장과 자유경쟁에 맡긴다는 점에서 19세기 자유주의의 부활이다.

자유주의는 일찍이 20세기 초 대공황으로 큰 위기를 맞았다. 이 공황이 시장자율로 극복되지 않자, 미국은 국가가 경제활동에 개입해 위기를 극복하는 정책을 시행했다. 이른바 '케인즈주의'이다.

자유주의에 대한 이 같은 수정은 그후 자본주의 체제의 근간을 이루어 왔다. 그러다가 1980년대 들어 동유럽 사회주의가 몰락하면서 사회주의적 요소인 국가의 개입을 제거한 신자유주의가 대두한 것이다. 그러나 19세기 자유주의 아래서 기업가 대부분이 자유로울 수 있었다면 신자유주의 아래 '자유'를 누릴 수 있는 것은 소수의 독점기업들뿐이라는 지적이 많다. 부의 편중과 사회적 격차의 심화를

모두 개인의 책임으로 돌리는 이러한 신자유주의에 대해 유럽의 좌파 지식인들은 비판적이다.

김대중 정부의 경제정책도 일부에서 신자유주의로 부르고 있지만 자유주의도, 축소할 사회복지도 없는 한국에 신자유주의가 설 땅은 없다는 것이 학자들의 지적이다.

민족주의 nationalism

프랑스 혁명이 일어났을 때 누군가 이렇게 말했다. "바스티유의 대포소리와 함께 프랑스가 탄생하고 생동하기 시작했다!"

프랑스는 혁명 이전에도 있었다. 그런데 왜 '프랑스가 탄생했다'고 하는가? 절대군주 한 사람의 나라였던 프랑스가 죽고 민족 전체의 프랑스가 태어났다는 뜻이다. 봉건 영지별로 분산됐던 프랑스가 죽고 민족을 하나로 묶는 프랑스가 태어났다는 뜻이다.

이처럼 사람들을 민족의 깃발 아래 똘똘 뭉치게 만드는 힘, '민족주의'가 유럽을 휩쓸고 있다. 그것을 시작한 것은 지난 세기 영국인이었지만, 본격적으로 유럽으로 확산시킨 것은 역시 프랑스 혁명이었다.

프랑스인이 삼색기를 흔들고 '라 마르세예즈'를 부르며 프랑스민족의 영광을 외치자, 여러 나라로 나뉘어 있던 독일인과 이탈리아인도 덩달아 민족의 통일과 부흥을 외치고 있다. 영국 치하의 아일랜드인과 오스트리아제국 치하의 소수 민족들도 독립을 위해 일어섰다.

시민혁명의 산물 가운데 자유주의가 각 개인을 봉건적 속박으로부터 풀어헤친 원심력이라면, 민족주의는 그 자유로운 개인들을 '민족'의 이름 아래 결속시키고 있는 구심력이라고 할 수 있을 것이다.

봉건영주 성벽 허물고 "민족의 이름으로" 블록쌓기 한창
현단계 자본주의 발달과 조응…국가간 경쟁은 더욱 치열

유럽에서 중세의 어둠을 헤치고 나타난 정치체제는 절대주의 국가였다. 하지만 "짐이 곧 국가"라는 절대주의 국가를 민족 전체가 '자기 나라'로 받아들이기는 어려웠다. '민족 전체의 나라'가 되려면 군주의 절대권을 제한하거나 배제할 필요가 있었다. 시민혁명은 이것을 해냈다.

이러한 민족주의는 나폴레옹 전쟁에서 그 실체를 분명하게 드러냈다. 나폴레옹은 혁명의 수호를 외치며 반혁명 블록의 위협을 빌미로 국민의 애국심을 최대한 자극했다. 이에 맞서는 나라들에서도 마찬가지로 '민족주의'의 침략에 대응하는 '민족주의'가 싹텄다.

시민혁명은 왜 국경 없는 '세계 시민사회'로 나아가지 못하고 민족간 첨예한 대립을 야기하고 있는 것일까? 그 이유로 우리는 각국 시민계급에게 자민족의 이익을 우선시하도록 만드는 '보이지 않는 손'에 주목하지 않을 수 없다.

절대주의하에서 급성장한 자본주의는 지방별로 분산된 장원경제를 무너뜨리고 단일한 법질서 아래 움직이는 '민족시장'을 창조했다. 그러나 이 민족시장들은 서로간의 장벽을 없앤 세계 시장으로는 나아가지 못하고 있다. 오히려 현단계에서는 민족시장간에 배타적인 경쟁이 벌어지고 있다.

따라서 민족주의는 현단계 자본주의의 정치적·심리적 표현인 셈이다.

망원경　정약용의 〈내선고(內先考)〉를 통해 본 민족주의

'내선(內先)'이란 서양말인 '네이션(nation)'을 소리나는 대로 옮긴 것이다. 지금 서양에서는 이 내선을 모든 것의 으뜸으로 치는 풍조가 유행이라고 하니, 바깥보다 안을 우선한다는 '내선'의 한자풀이와 묘하게 일치하는 바가 있다.

때마침 우리나라에도 중국이 세계의 중심이라는 중화주의와 사대주의를 반성하고 내 나라 내 겨레를 존중하는 학풍(실학)이 일고 있다. 우리나 그네들이나 선각자들은 한결같이 그냥 겨레가 아니라 사농공상의 신분차별 없이 고르게 사는 겨레를 우선하는 점도 같다.

그러나 서양의 '내선'들은 자기를 내세우려고 타국에 대한 침략과 정복도 서슴지 않는다고 한다. 나는 나를 존중하되 남을 미워하거나 업신여기지 않는 게 진정한 자존이라 믿는다. 수천년 역사 전통을 가진 우리가 힘찬 문화겨레로 거듭나 저들 '내선'에게 등불이 돼야 할 것이다.

Q&A '민족'이란 무엇인가

오랜 유럽사의 산물인 민족의 개념을 질의·응답식으로 정리해본다.

Q 민족은 혈연을 기반으로 하나?

A 아니다. 영국과 미국국민은 같은 앵글로색슨족이지만 이들을 한 민족이라고 하지는 않는다. 민족은 혈연이 아니라 역사 속에서 형성된 집단이다.

Q 민족은 공동의 언어를 갖는가?

A 그렇다. 영국민족은 영어를, 프랑스민족은 프랑스어를 쓴다.

Q 유대인은 한 언어를 쓰고 강한 동족의식이 있지만 곳곳에 흩어져 있다. 이들은 하나의 민족이 아닌가?

A 아직은 아니다. 근대적인 의미에서 유대인이 민족을 이루려면 단일한 영토에 모여 살아야 한다.

Q 아프리카에는 같은 지역에서 같은 말을 하며 살지만 작은 부족들로 나뉘어 제각각 살아가는 사람들이 많다. 이들도 민족인가?

A 아니다. 그들을 하나로 묶는 경제생활과 문화, "우리는 하나"라는 심리가 있어야 한다.

Q 지금까지 말한 민족의 요건을 독일인과 이탈리아인은 다 갖고 있다. 그러나 그들은 하나의 국가로 통일돼 있지 않다. 이 점은 어떤가?

A 모든 민족에겐 '민족국가'를 건설하려는 지향이 있다. 독일과 이탈리아도 머잖아 통일 민족국가를 이룰 것이다.

세계사 신문

"역사는 절대정신의 구현과정"

헤겔, 변증법 재해석 관념철학 준봉으로 우뚝

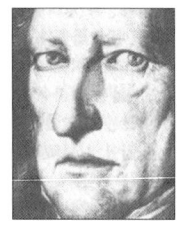

〈1827년 프로이센〉 요즘 베를린 대학 학생들이 '왕따' 당하지 않기 위해 알아야 하는 말이 있다. "미네르바의 올빼미는 황혼에 날개를 편다."

이 대학 철학교수인 헤겔(51세)의 최근 저서 〈법철학강요〉 서문에 나오는 말이다.

"미네르바는 로마 신화에 나오는 지혜의 여신으로 어깨에 올빼미를 데리고 다니죠." 헤겔의 강의실에서 만난 조교 로젠크란츠가 열변을 토한다.

"즉 미네르바의 올빼미는 철학자의 상징입니다. 지혜란 낮에 벌어진 시끌벅적한 일들을 되짚고 반성하는 저녁에 생긴다는 말이죠."

강의실은 프로이센뿐 아니라 다른 나라에서까지 찾아온 수백 명의 학생들로 가득 차 있었다. 칸트란 이름만 들어도 깜박 죽는 유럽인이 그를 능가한다는 헤겔 앞에서야 오죽하겠는가.

헤겔은 다소 무섭고 차가운 인상이었지만 강의만은 열정적이었다.

"계몽주의자들은 이상사회를 먼저 머릿속에 그린 다음 그 구상대로 현실을 만들려고 했습니다. 그러나 역사는 절대정신이 인류 전체에 구현돼가는 객관적, 변증법적 과정이므로 사람이 아무 때나 자기 맘대로 바꿀 수 없습니다."

이 말 그대로라면 계몽주의자들은 아침에 섣불리 날아버린 올빼미였다. 프랑스 혁명이 자유와 평등이라는 계몽주의 이상을 실현하지 못한 데 따른 환멸을 읽을 수 있었다. 흥분된 혁명의 낮을 보내고 황혼에 날아오른 헤겔 '올빼미'는 자신이 발견한 역사의 변증법을 이렇게 토로했다.

"절대정신이란 자유요 이성입니다. 그것이 고대 중국에선 황제 한 사람에게만, 그리스·로마에선 귀족에게만 실현됐습니다. 게르만 시민국가에 실현될 절대정신은 그 성원 모두를 자유롭게 할 겁니다. 따라서 프로이센 국가는 이성적이고 자유로워야 하며 꼭 그렇게 될 것입니다."

▶참조기사 1호 4면

저 밝고 싱싱한 초록색을 보라!
풍경화의 대가 컨스터블.

왕립미술학교에서 공부하고 아카데미전에 입선하는 등 엘리트 코스를 거쳤으나, 고향에서 풍경화에 전념하고 있다. 자연에 대한 섬세한 관찰, 밝은 색채감이 두드러진다. 특히 '초록색의 발견자'로 풍경화의 역사에 길이 남을 듯.

낭만의 방랑시인 바이런 그리스에서 급사

〈1824년 그리스〉 "아침에 일어나 보니 유명해져 있었다"는 말로 유명한 영국의 낭만파 시인 바이런이 그리스 독립운동에 헌신하던 중 갑작스런 열병에 걸려 36세의 짧은 일생을 마감했다.

그리스인들은 자신들의 독립운동을 위해 일시에 거금 4천 파운드를 쾌척하고 온몸을 던져 싸웠던 그의 죽음을 애통해하며 독립영웅으로 기리고 있다. 그의 독자들도 사심 없이 옳다고 믿는 일에 뛰어든 그를 낭만주의의 상징으로 존경을 표한다. 반면 영국에서는 그의 복잡한 여성편력 때문에 시신이 오더라도 웨스트민스터 대사원 안치는 허락하지 않을 방침이다.

바이런은 한쪽 발이 불구로 태어났으나 갸름한 용모와 우수에 젖은 듯한 창백한 안색으로 뭇여성들의 구애 공세를 받았다. 그 자신도 아홉 살 때 이미 유모에게서 '이성'을 느낀 이래 죽을 때까지 실로 셀 수 없을 만큼의 여자와 염문을 뿌리고 다녔다.

복잡한 여자관계 때문에 도망치듯 영국을 떠난 뒤엔 이탈리아와 그리스를 여행했으며 특히 그리스문화에 매료됐다. 이를 계기로 그리스 독립운동에 투신하게 됐다.

이탈리아 여행 뒤 쓴 〈차일드 해럴드의 순례〉로 일약 유명해졌으며, 자신의 여성편력을 토대로 한 듯한 〈돈 주앙〉이 대표작이다.

변증법이란

헤겔 변증법의 공식 한 가지. 한 알의 밀알이 땅에 떨어진다(正:These). 그러나 곧 밀알은 썩어들어간다(反:Antithese). 썩은 밀알은 땅속의 자양분과 상호작용하여 이전보다 더욱 풍성한 밀의 새싹이 되어 돋아난다(合:Synthese).

변증법(dialectic)이란 본래 상대방의 말에 숨어 있는 논리적 모순을 들추어내어 진리에 다가가는 그리스의 대화술이었다. 중세 유럽에서 한물 갔던 변증법을 재조명한 인물은 칸트였다. 그는 세계는 고정불변인데 불완전한 인간이 변증법적 시행착오를 거치면서 진리에 다가간다고 생각했다. 그러나 헤겔은 세상 자체가 변증법적으로 발전한다고 주장한다. 세상

을 변화의 관점에서 바라보는, 매우 역동적인 사고방식이 탄생한 것이다.

이 같은 변증법의 개화가 독일에서 이루어진 이유는 무엇일까? 영국과 프랑스가 일찍이 시민혁명으로 나아간 반면 독일은 그렇지 못했다. 이런 상황에서 진보를 열망하는 독일의 지성인들이 할 수 있었던 것은 관념 속에서의 혁명, 곧 철학의 혁명이었으며 그들은 이것을 해냈다.

---

internet 세계사 여행

▶민족주의 링크 http://web.inter.nl.net/users/Paul.Treanor/nationalism.links.2.html 세계의 민족주의 문제에 관한 문헌, 논문, 잡지 등 사이트들 링크
▶제임스 먼로 독트린 http://www.ushistory.org/documents/monroe.htm 미국역사상 중요한 문헌들을 망라한 ushistory 페이지의 일부
▶라이베리아 http://www.cia.gov/cia/publications/factbook/geos/li.html 미국노예들의 식민으로 시작된 아프리카 서해안의 작은 나라의 역사, 문화, 정치 등 모든 것

세계사 신문

유럽에 콜레라 경계경보

러시아에선 이미 발병…서유럽 등지로 급속 확산

〈1830년대 유럽〉 유럽이 전염병 공포에 휩싸여 있다. 이제까지 유럽에서는 발견된 적이 없는 콜레라라는 신종 질병이 등장했기 때문이다. 이미 모스크바를 비롯한 러시아 남부의 도시들이 이 병으로 심각한 피해를 입었고, 폴란드에서도 환자가 발생, 동유럽에 비상이 걸렸다.

콜레라 환자들은 매우 단시간에 치명적인 상태에 빠지는 것이 특징이다. 환자는 급성 설사와 구토에 시달리다가 팔다리에 경련을 일으키면서 순식간에 살이 쪽 빠진 듯이 피골이 상접해져 쭈글쭈글해진다. 목소리가 쉬고 피부와 혀도 푸르뎅뎅해진다.

마치 눈앞에서 죽음이라는 과정을 압축적으로 보여주는 듯한 이런 과정은 지난 16세기 흑사병을 경험한 유럽인에게는 섬뜩한 광경이 아닐 수 없다.

4년 전 유럽에 상륙한 이 콜레라는 본래 인도 벵골 지방의 풍토병으로 알려졌다. 영국 식민 통치자들이 이 병에 감염되면서 영국인의 해상무역로를 따라 세계 곳곳으로 전파됐다. 현재는 러시아와 페르시아, 투르크, 폴란드에서 발병 환자가 보고되고 있는데, 이 추세라면 서유럽에서 발병하는 것도 시간 문제라는 관측이다.

이 때문에 가장 긴장한 측은 영국. 특히 런던의 빈민가는 부족한 상수도와 오염된 물, 부실한 하수구로 인해 안 그래도 갖가지 전염병에 시달리고 있는 상황이다.

현재 유럽의 의학계는 콜레라의 방역조치를 둘러싸고 대책을 논의하고

콜레라는 과연 유럽에 대한 인도의 복수인가.

있다. 하지만 별다른 처치방법이 없어, "인도 침략이 일으킨 저주"라는 한탄만 하고 있는 실정이다.

"프랑스 혁명은 아직 끝나지 않았다"

구체제 복귀 거부 민중들 봉기 '7월 혁명'

〈1830년 7월 프랑스〉 부르주아 입헌왕국 프랑스에서 다시 혁명이 일어나 왕정복고 이래 15년간 축소되고 폐기됐던 부르주아 자유주의 제도들이 회복됐다.

학생·기능공·노동자 등 파리민중은 지난 27일부터 파리 시내에 바리케이드를 치고 정부군과 유혈 시가전을 벌여왔으며, 3일 만에 저지선을 뚫고 튈르리 왕궁에 입성했다.

승리한 혁명진영내에서는 자코뱅식 공화주의 노선과 대부르주아지 주도의 입헌왕정 노선 사이에 치열한 권력투쟁이 벌어지고 있다. 소식통에

따르면 이 정쟁은 현 국왕 샤를 10세를 퇴위시키고 자유주의자인 오를레앙 가의 루이 필립을 국왕으로 내세워 부르주아적 입헌왕정을 확립하는 쪽으로 가닥이 잡혀가고 있다고 한다.

6년 전 왕위에 오른 샤를 10세는 귀국한 귀족들에게 보상금을 지불하고 의회를 압박하는 등 구체제 지향의 정치를 펼쳐 민중뿐 아니라 부르주아지의 광범위한 저항을 받아왔다. 금년 5월과 7월에 잇따른 선거에서 이들 범야권이 의회를 장악하자 샤를 10세는 출판자유의 금지·하원해산·선거권 제한 등 초강수로 맞서 혁명을 자초했다.

이번 '7월 혁명'은 프랑스가 구체제로 복귀하는 걸 거부하고 부르주아 자유주의를 확립한 국민운동으로 향후 유럽에 미칠 영향이 만만찮을 것으로 전망된다.

▶참조기사 7호 1면

그리스 독립

〈1830년 2월 3일 런던〉 마침내 그리스가 독립했다. 오늘 런던에서 '그리스는 유럽 열강의 보호를 받는 입헌군주국'임을 선언하는 런던 의정서가 채택됐다.

지난 1821년부터 시작된 독립운동은 투르크의 강경진압으로 거의 궤멸 상태에 놓여있었다. 그러나 전략적 입지를 지닌 그리스에 한다리를 걸치려는 러시아와, 그리스가 러시아의 세력권에 편입되는 것을 막으려는 유럽 각국이 개입해 국제적인 주목을 받아왔다. 한편 그리스 독립을 탐탁지 않아 하던 메테르니히 주도하의 빈 체제는 크게 한방 먹었다는 표정이다.

'유럽의 케이크' 폴란드, 독립운동 활화산

〈1830년 12월 폴란드〉 러시아, 오스트리아, 프로이센 등 열강의 틈바구니에서 '유럽의 케이크'로 전락, 지도상에서 사라졌던 폴란드에서 독립운동의 거센 파도가 일고 있다.

지난 11월 29일, 폴란드의 청년 장교들이 러시아에서 파견된 군사령관인 콘스탄티를 공격함으로써 독립운동의 봉화를 올렸다. 여기에 만성적인 생활고에 시달리던 바르샤바의 시민들과 의회의 자유주의자들이 합세했다. 현재 민족주의자 5인으로 임시정부가 수립된 상태다.

그러나 러시아는 군대를 동원해 독립군은 물론, 폴란드를 뿌리째 없애버리겠다고 벼르고 있다. 이미 11만의 대군이 국경을 넘고 있으며, 이에 대해 폴란드의 5만 독립군이 결사항전을 준비하고 있다.

폴란드는 지난 1795년 지도에서 완전히 영토가 사라지는 위기를 겪은 후에, 비엔나 회의의 의결에 따라 다시 소왕국으로 되살아난 나라. 그러나 러시아 황제 니콜라스 1세가 폴란드의 국왕으로 즉위한 데다, 옛 영토의 80퍼센트 이상이 러시아령으로 편입되는 등, 실질적인 독립국이라고 말하기는 어려운 상황이었다.

이 폴란드가 새삼 독립운동에 나선 것은 지난 7월 프랑스가 반혁명파인 샤를 10세를 몰아낸 데 이어, 네덜란드에 편입됐던 벨기에가 독립을 선언하는 등 유럽이 빈 체제의 보수적 흐름에서 벗어나 새롭게 혁명운동의 조짐을 보이고 있는 데 따른 것이다.

한편 유럽 각국은 소극적인 자세를 견지하고 있다. 프랑스와 영국은 만약 폴란드가 패배하면, 독립군의 대거 망명에 대비해 망명처나 제공하겠다는 정도의 입장을 보이고 있다.

미니해설

콜레라, 어떻게 발병하나

콜레라의 원인에 대해 갑론을박이 계속되고 있다. 논쟁의 양축은 독기설과 감염설.

독기설은 땅속의 시체가 내뿜는 독기가 체력이 떨어진 사람을 만났을 때 질병으로 나타난다는 주장이다. 히포크라테스 이후 의학계의 정설.

흑사병 이후 제기된 감염설은, 병이 환자로부터 전염된다고 주장한다. 일부에서 행해지고 있는 검역은 이에 근거한 것. 그러나 최근 환자와의 접촉 없이도 발병한다는 것이 보고되면서 점차 설득력이 약해지고 있다.

볼티모어-오하이오간 철도 개통

미국에도 철도 시대가 열리게 됐다. 대서양에 면한 볼티모어 항구와 오대호 주변의 오하이오를 연결하는 장거리 철도가 개통됐다. 이제까지는 미시시피 강을 따라 남북부를 잇는 증기기선이 주요한 운송수단이었지만, 앞으로는 철도를 이용한 내륙의 화물운송이 용이하게 됐다.

초점 ■ 동유럽 민족주의의 현주소

취약한 국가 토대 딛고 시민혁명 '불꽃'

그리스와 세르비아의 독립운동에 이어 폴란드까지 독립운동에 나서 바야흐로 동유럽에 민족주의 바람이 불고 있다.

민족주의는 프랑스 대혁명 이후 유럽 각국이 혁명의 전파를 막기 위해 블록화를 도모하면서, 또 한편으로는 그럼에도 불구하고 나폴레옹 전쟁을 통해 프랑스 대혁명 이념이 전파되면서 태동한 '국민의 국가' 이념이다. 어쨌든 민족주의는 유럽이 피할 수 없는 역사의 밀물인 것처럼 보인다.

그런 가운데서도 동유럽 지역은 프랑스, 영국 등 서유럽 국가들과는 일정하게 다른 양상을 보이고 있다. 동유럽은 서유럽과 달리 그동안 왕국의 형태조차 스스로 유지할 수 없었던 지역이다. 동유럽 북부의 프로이센은 신성로마제국의 수많은 영방 가운데 최근 두각을 나타낸 정도다. 폴란드는 나라가 아예 지도에서 사라져버린 처지다. 체코인이나 헝가리인은 오스트리아제국에 포함된 제후국의 지위밖에 가지고 있지 못하다. 동유럽 독립운동의 횃불을 높이 치켜든 그리스, 세르비아 등은 아직도 오스만제국의 영향에서 완전히 벗어나 있지 못하다.

이렇게 전통적으로 정치적 결속력이 약하다는 점이 이들의 독립운동에 가장 큰 걸림돌이다. 한 예로 폴란드인들은 나라를 잃은 뒤 일부는 프랑스의 나폴레옹 아래로, 일부는 러시아 차르 아래로, 심지어 일부는 오스만제국으로 들어가 활동하고 있다.

하지만 봉건적 왕정의 허약함이 뒤집어보면 시민혁명에는 강점으로 작용할 수도 있다. 실제로 이들 지역에는 프랑스 대혁명의 민주주의 이념이 민중 속으로 급속하게 전파되고 있다. 프랑스를 진원지로 하는 시민혁명의 파도가 동유럽에까지 밀려와서 해일로 증폭될지, 잔파도에 그쳐버리고 말 것인지 주목되는 시점이다.

프랑스, 알제리 침략 보호령 선포

〈1830년 5월 알제리〉 프랑스가 알제리를 침공했다. 대형 범선에 나눠 타고 지중해를 건넌 프랑스군 3만 6천 여명은 알제리군대를 격퇴하고 수도를 점령했다. 샤를 10세는 알제리를 보호령으로 선포, 지금까지 투르크령이었던 알제리가 프랑스령으로 바뀌게 됐다.

서북아프리카에 위치한 알제리는 유럽과 아프리카를 잇는 출입구로서 일찍이 로마제국과 맞서 포에니전쟁을 벌인 당사자인 카르타고의 후예다. 16세기에 투르크의 지배가 시작됐지만, 최근 투르크가 쇠약해지면서 유럽 각국이 군침을 삼켜왔다.

프랑스는 투르크에 조세를 납부하며 통상을 해왔지만, 최근 조세액이 인상되면서 서로 폭력이 오갈 정도로 험악한 분위기였다. 하지만 이번 침공에 대해 정작 프랑스 내부에서는 비난하는 분위기가 적지 않다. 샤를 10세가 알제리 공격령을 빌미삼아 의회 해산령을 내렸기 때문이다. 일부 진보적 지식인들은 "혁명의 나라인 프랑스마저 제국주의 대열에 합류하다니 아마도 제국주의가 19세기의 시대정신인가 보다"며 비꼬았다.

미국 인디언들 '내국 식민지' 완전 전락

미 정부 '인디언이주법' 따라 강제이동
수-샤이언족 무력저항도 역부족

〈1830년 미국〉 수천, 수만 인디언들이 기나긴 행렬을 이루며 강을 건너고 있다. 아이들과 몇몇 가재도구, 개, 칠면조 따위를 실은 마차가 꼬리를 무는 사이사이 말을 탄 어른들 모습이 보인다. 몇 달째 계속되는 광경이다.

얼마 전 제정된 '인디언이주법'에 따라 미시시피 강 동쪽의 미주리, 앨라배마 등지에 살던 촉토, 치커소, 체로키 등의 부족이 미국 잭슨 행정부가 지정한 강 서쪽 오클라호마의 보호구역(reservation)으로 이주하고 있는 것이다.

촉토의 한 추장 가말수쿠(44세·가명)는 "마을 원로 13명이 모인 회의에서 이주하자는 의견이 찬성 7표, 반대 6표로 통과됐다"고 말했다. 반대자들은 "조상의 뼈가 묻히고 우리 피와 땀이 서린 고향을 떠날 수 없다"며 버텼지만 "결국 미국정부가 군대를 동원, 강제로 내쫓을 것"이라는 현실론이 우세했다는 것. 촉토, 치커소 등의 결론은 이러했다. 반면 '검은 독수리'를 추장으로 하는 새크족을 비롯해 이로코이, 수, 샤이언 등의 부족은 이주정책에 극렬 저항하고 있지만 역부족임이 역력하다는 소식이다.

미국정부는 '이주법'을 통해 인디언들에게 "이 지역을 떠나면 대신 강 서쪽의 보호구역에서 살도록 보장하겠다"고 약속하고 있다. 그러나 이를 믿는 인디언은 많지 않다. 지난 18세기 중반 영국이 인디언들에게 애팔래치아 산맥 서쪽 땅을 떼어준다고 한 이래 백인들의 약속이 이행되지 않는 것을 숱하게 보아왔기 때문이다.

일본, '여유'가 없다

지도 유출 이유로 외국인 의사에 영구추방령
"개방압력 따른 과민반응 아니냐" 분석

〈1829년 일본〉 일본 에도 바쿠후가 한 외국인에 대해 추방령을 발동, 그 배경이 궁금해지고 있다.

바쿠후는 최근 독일계 네덜란드 의사 프란츠 시볼트에게 영구추방령과 재입국 금지령을 내렸다. 나가사키의 네덜란드 무역관에 근무하던 시볼트가 지난해 귀국하면서 일본 관계 지도 3점을 반출하려던 것이 발각됐기 때문이다.

바쿠후는 이와 함께 시볼트에게 지도를 전해준 일본인 다카하시(高橋景保)도 긴급체포했다. "지도는 국내 지형 외에도 갖가지 정보를 담고 있어서 지도 반출은 국가안보를 저해한다"는 게 추방 이유다. 바쿠후는 "시볼트는 특히 국내 의사들과 의술 이외의 정보를 교환했다는 증거도 있다"고 주장하고 있다.

바쿠후의 이 같은 조치에 일부는 "당연한 일"이라는 반응이다. 그러나 "과도한 대응"이라는 분석 또한 만만찮다. 4년 전에도 바쿠후는 "서양선박을 보면 딴 생각 하지 말고(無二念) 무조건 격퇴(打拂)하라"는 명령을 내렸던 바, 이와 같이 서양의 개방압력에 시달리던 바쿠후가 지나치게 신경질적인 반응을 보이는 또 다른 사례라는 것이다.

통서고금 이은홍

인도, 과부순장 금지

〈1829년 인도〉 인도에서 기원전 4세기부터 전해 내려오던 전통적 풍습이 사라지게 됐다. 최근 무굴제국 술탄 악바르는 "남편이 죽었을 때 그 아내를 함께 태워 죽이는 사티를 앞으로 금지한다"고 발표했다. 최근 영국 식민지 정부와 서양사상의 영향을 깊이 받은 람 모한 로이 등 종교개혁 운동가들이 "과부를 순장시키는 풍습은 야만적"이라며 이를 반대하는 운동을 계속해 온 결과다.

사티 풍습은 고대 신분제 사회에서 남편을 잃었을 때 부인이 함께 죽어 가문의 명예를 지킨 데서 유래된 것으로 알려지고 있다. 하지만 최근 들어서는 과부의 재산을 탐내 무리하게 강요하는 등 시대에 맞지 않는 제도라는 것이 개혁가들의 주장이다.

영국, 세계 최초로 경찰 창설

〈1829년 영국〉 영국에 세계 최초로 경찰조직이 창설됐다. 영국정부는 "12세기에 헨리 1세가 치안담당을 위해 설치한 기존 컨스터블제도와 이를 보조키 위해 조직된 민병대는 한계가 있다"며 "사회의 공공질서를 유지키 위해 좀더 강력한 기구를 창설한다"고 발표했다. '국가활동'을 뜻하는 그리스어(語) 폴리테이아(politeia)에서 경찰이라는 이름을 따왔다.

영국정부는 "최근 들어 노동자들의 파업과 시위가 급증하고 자유를 빙자해 각종 범죄가 만연하기 때문"이라는 설명이지만 시민들은 "죄없는 사람들도 괜히 두렵게 만든다"는 반응이다.

세계사신문

'평야의 범선' 포장마차 행렬—
미국 서부 개척민의
이동현장을 가다

한 손엔 개척정신 다른 손엔 민주적 규율…내일을 향한 '행진'

〈1830년 미국=金 서부 특파원〉 바람이 거센 미주리 강 연안. 60여 대의 포장마차(covered wagon)들이 가재도구와 3~4명의 식구들을 싣고 서부의 오리건으로 가기 위해 모여들었다.

'평야의 범선'으로 불린다고 해서 덩치가 클 줄 알았건만 고작 길이 약 3미터, 폭 1미터에 불과한 데 놀랐다. 하긴 무슨 호화관광이라고 빈농 출신인 이주자들이 크고 안락한 마차를 장만하겠는가?

이들이 이렇게 집단으로 떠나는 것은 포장마차의 고장, 환자 발생, 인디언의 저항 등에 대비하기 위함이다. 주목되는 점은 이 같은 집단 여행 속에 그들만의 독특한 민주주의 규범과 생활양식이 싹트고 있다는 것이다.

먼저 출발 전에 전원이 모여 포장마차대 규약을 정한다. '16세 이상의 남성은 모든 사항의 결정에 투표권을 갖는다'는 기본정신이 고무적이다. 서부에 정착하면 집안일, 농사 등 모든 일을 떠맡게 될 여성이 제외되는 건 아쉽지만….

남자들은 전체를 9분대로 가르고 각 1인의 대표를 선임, 9인 협의회에 집행권을 맡긴다. 협의회는 스미스씨(40세·볼티모어 출신)를 지도자로 선임하고 각종 세칙을 정했다. 이 세칙을 위반할 때 가하는 벌칙은 엄격하기로 유명하다. 민주적으로 지도부를 뽑고 그 지휘에 적극 따르는 태도가 인상적이다.

마침내 트럼펫 소리와 함께 출발. 분대단위로 순서를 바꾸어가며 행진한다. 오늘 후미에 선 분대는 하루에 한 번씩 앞으로 나가 마지막에는 선두에 선다. 후미는 습격을 받을 때 가장 위험하기 때문에 그 위험을 분담하는 것이다.

현지에서 만난 프랑스인 토크빌(26세)은 이런 정신이 완전히 새로운 미국식 민주주의를 낳을 것이라며 흥분했다. 과연 이들은 새로운 민주주의와 번영을 일구는 역사의 주인공이 될 것인가? 붉은 태양이 이들의 앞길을 빨갛게 물들이며 서쪽으로 지고 있었다.

모르몬교 왕성한 교세확장

예수의 미국 재림 등 교리 독특…시대착오적 비판도

〈1830년 미국〉 "이스라엘사람은 마땅히 천하의 여러 나라에서 모여 십지족(十支族)을 회복할지어다. 시온 동산이 아메리카 대륙에 건설되도록 그리스도는 친히 지상에 군림하여 땅을 갱신하고 그 낙원의 번영을 누릴지어다."

최근 뉴욕에서 화제를 불러일으킨 종교인 조지프 스미스(25세)의 말이다. 그는 이처럼 독특한 주장으로 신도들을 끌어들여 '말일성도들의 예수 그리스도 교회'라는 독특한 종교를 창립했다. 여기서 '말일(latterday)'은 예수가 미국에 재림할 요즘 시대를, '성도(saints)'는 그 재림 예수를 섬기는 신도들을 가리킨다. 이들은 최근 간행된 〈모르몬경〉을 경전으로 삼기 때문에 '모르몬교도'로도 불린다. 스미스는 본래 고대 성자 모르몬이 써놓은 이 책을 자신이 계시받아 기록했다고 주장하고 있다.

미국을 '약속의 땅'으로 찬양하는 이 종교는 신생 미국에서 소외된 빈민층을 빠르게 흡수하고 있으며, 이들은 광활한 서부로 진출해 낙원을 개척하겠다는 꿈을 키우고 있다. 그러나 스미스는 일부다처제를 주장하는 것으로 알려지면서 일반의 비난과 함께 당국의 내사를 받고 있는 것으로 알려졌다. 이 같은 시대착오적 교리를 내건 이유는 불분명하지만 일각에선 개척에 나서려면 많은 인구가 필요하기 때문이라는 분석을 내놓고 있다.

성냥 개발

〈1827년 영국〉 J. 워커가 쉽게 불을 피울 수 있는 성냥을 발명했다.

"두 물체를 마찰시키면 열이 발생한다"는 원리를 이용한 성냥은 가느다란 나뭇개비 끝에 불이 잘 붙는 염소산칼륨을 바르고 성냥갑에는 유리가루같이 거친 마찰제를 바른 것으로, 나뭇개비를 마찰면에 가볍게 긋기만 해도 쉽게 불이 붙는다.

1805년 프랑스의 장 샹셀이 염소산칼륨을 묻힌 나뭇개비를 황산용액에 담가 불을 붙이는 방법을 개발했으나 황산용액을 소지할 수는 없어 실용화되지 못했다.

---

internet 세계사 여행

▶콜레라 http://vm.cfsan.fda.gov/~MOW/intro.html 콜레라를 일으키는 비브리오를 포함, 음식에서 발원하는 각종 병원균 일람 ▶포장마차 http://www.peak.org/~mransom/pioneers.html 1843년 오리건으로의 포장마차 대이동에 관한 자료 ▶미 중앙정보국 국가 정보 사이트 중 라이베리아 부분 http://www.cia.gov/cia/publications/factbook/geos/li.html 미국 노예의 식민으로 시작된 아프리카 서해안의 작은 나라 라이베리아 소개. 성조기를 닮은 국기가 상징적

3권 10호 1831—1833

[미국 노예해방 투쟁]

세계사 신문

지금 한반도에선

1831년/ 교황청, 천주교 조선교구 설치
1832년/ 영국상선 로드암허스트 호 몽금포 앞바다에 출현
1833년/ 서울 쌀폭동

미 흑인 노예해방 운동에 백인들 잔인한 보복 살육극

"남부경제 파탄난다" 내트 터너 봉기 무력진압

〈1831년 11월 11일 버지니아〉 "죽여라!" 흑인 노예 내트 터너(30세)가 교수형에 처해지는 광경을 보기 위해 몰려든 백인들은 거의 광란적이었다. 남부 전체를 경악에 빠뜨렸던 터너에 대한 공포가 채 가시지 않은 표정들이다.

지난 8월, 내트 터너가 사우샘프턴에서 일으킨 반란은 충격적인 것이었다. 주인을 살해하고 이웃 노예 75명과 함께 봉기한 터너는 무기 창고가 있는 버지니아의 예루살렘으로 향했다. 도중에 만난 백인들은 모조리 살

해했다. 공포에 질린 백인들이 도시를 빠져나가고 3천 명의 민병대가 투입됐다. 예상외로 다른 노예들은 참여를 주저했고, 터너 일행은 57명의 백인 살해 기록만을 남긴 채 이틀 만에 토벌되고 말았다. 간신히 탈출한 터너도 체포되어 오늘 교수형에 처해지게 된 것이다.

반란이 진압된 후, 농장주들은 분풀이로 100여 명의 무고한 흑인 노예를 죽여버렸다. 지금도 밤이면 흑인들을 가축처럼 쇠고랑으로 묶어놓고서야 안심하는 주인들이 많다. 백인

들은 "남부의 경제는 전적으로 면화에 의존하고 있다. 그런데 면화농장은 노예가 없으면 아예 꿈도 못 꾼다"고 말했다.

하지만 이에 대해 한 흑인은 "노예는 아프면 약 대신 채찍질을 받는다. 도망 노예는 팔다리를 자르고 죽여도 누가 뭐라 하지 않는다"면서 터너의 반란이 노예의 비참한 처지에서 비롯된 것임을 강조했다. 때문에 흑인들 사이에서는 은밀히 올해를 '해방전쟁 원년'이라거나, 예루살렘을 반란노예의 순교지로 일컫는 이도 있는 것으

미국 남부의 노예반란은 내트 터너의 체포로 막을 내렸다.

로 알려졌다.

터너는 어린 시절, 주인 아들로부터 읽기와 쓰기, 종교에 관한 교육을 받았으며 20대 이후 주변 노예들 사이에서 '예언자'로 불리며 '노예해방'에 대한 이야기를 전하기 시작했다고 한다. 그리고 올 초 일어난 일식을 '하느님의 계시'로 해석, 반란을 준비해온 것으로 밝혀졌다.

영국, 선거법 대대적 손질

도시지역에 선거구 확충 - 유권자 자격도 대거 완화
노동자들 "유권자 자격요건 제한" 불만 여전

〈1832년 6월 4일 영국〉 찰스 그레이 수상이 이끄는 휘그당은 오늘 오후 하원에서 도시지역의 선거구를 획기적으로 늘린 개정 선거법을 통과시켰다. 이에 따라 50개소 이상의 농촌지역의 선거구가 폐쇄되고 이에 해당하는 의석은 공업도시 지역으로 배정된다. 또한 경제적으로 여유가 있는 중산층이 선거권을 가지도록 선거 자격도 완화된다.

이 같은 개혁은 산업자본가의 의회 진출 가능성을 획기적으로 높이고 농촌의 대지주와 귀족세력을 위축시켜

정계의 판도에 일대 회오리를 몰고 올 것으로 보인다. 바로 이 점을 우려해 이번 선거법 개정에 반대해온 보수주의 토리당은 표결에 기권하고 '여당의 횡포'를 비난하고 나섰다.

기존 선거법에 따르면 남부 인구 300만 명인 농촌지역이 하원에서 236석을 차지, 인구 400만 명에 68석밖에 차지하지 못한 북부 공업지역 주민들의 불만을 야기해왔다. 특히 농촌지역의 '부패선거구'와 '포켓선거구'는 유권자 매수·선거구 매매 등으로 악명을 떨쳐왔다.

한편, 이번 법개정으로 유권자는 기존의 두 배인 20만 명으로 불어났으나 전체 인구 2400만 명에 비하면 아직도 턱없이 적다는 비판을 받고 있다.

특히 자본가들과 함께 선거법 투쟁에 나섰던 노동자들은 유권자의 자격이 '상당한 재산의 소유자'에게 국한되자 분노를 표시하면서 조직적인 재개정 운동에 나설 채비를 하고 있는 것으로 알려졌다.

영국, 인도 식민지에 '특허장법' 공포

〈1833년 인도〉 18세기 말(?) 벵골을 식민화한 이래 인도 남부와 북부, 서부를 야금야금 먹어 들어가던 영국이 마침내 인도 전역의 식민화를 마무리했다. 벵골의 총독 벤딩크는 "이제부터 인도의 모든 주민들은 최근 제정된 '동인도회사 특허장법(일명 인도통치법)'에 따라야 할 것"이라 선포하고 스스로 초대 인도 총독의 지위에 올랐다.

영국은 그간 몇 차례의 전쟁을 승리로 이끌어 인도의 여러 소국들을 '보호령'으로 만들어왔다. 1798년과 1799년에는 남부의 하이데라바드와 마이소르를, 19세기 들어서는 북부의 마라타와 쿠르카, 시크 세력 등을 잠식한 바 있다.

세계사신문

해설 ■ 영국 개정 선거법, 무슨 의미 있나

사회 주도세력 교체 반영…정치행태에도 상당한 영향 미칠 듯

영국의 이번 선거법 개정은 사회의 주도세력이 교체됐다는 역사적 의미를 지닌다. 산업혁명 이후 신흥세력으로 떠오른 산업자본가가 구세력인 지주-귀족계급에게 승리한 최초의 사례라는 평이다. 이번 법개정으로 지주와 귀족에게 크게 제한됐던 의회의 의석이 산업자본가에게 대폭 확대될 전망이다.

우선 의원 자격이 완화됐다. 구(舊)선거법의 신분제한이 철폐되고 의원 자격이 일정 액수 이상의 세금을 납부한 자(?)에게 주어짐으로써 중산 부르주아지가 의회에 진출할 길이 크게 열린 것이다. 현실적으로는 산업 부르주아지가 의회에 진출할 가

능성이 지주-귀족계급보다 오히려 더 커졌다 할 수 있다. 수많은 농민들이 공업도시로 몰린 현실 상황에서는 대등한 선거권으로는 농촌지역의 지주-귀족보다 공업도시의 산업 부르주아지가 의원이 될 가능성이 더 높은 때문이다.

이번 법개정은 또한 앞으로의 정치행태도 변화시킬 것으로 보인다. 그간의 정치는 소수 특권층의 전유물이었으나, 선거권이 대중들에게 개방됨으로써 앞으로의 정치는 대중들의 여론이 반영되는 형태로 바뀔 것이다. 다시 말해 정치의 결정적 요소가 소수의 지주-귀족들에서 다수의 산업 중산층으로 넘어갈 전망이다.

포켓선거구와 부패선거구

이번 선거법 개정으로 폐지된 두 종류의 선거구는 그동안 영국의 선거가 얼마나 엉터리였는지를 잘 보여준다.

포켓선거구(pocket borough)는 말 그대로 한 개인이 자기 주머니처럼 차고 있는 선거구다. 그는 자기 선거구의 유권자들을 지대나 소작료 등으로 꽉 잡고 있기 때문에 출마만 하면 당선은 떼어놓은 당상이었다. 그러다 보니 포켓선거구는 일종의 투기대상이 되어 돈을 주고 포켓선거구를 사려는 정치지망생들이 줄을 이었다.

부패선거구(rotten borough)란 인구가 많이 줄었어도 뽑는 의원은 그대로인 선거구를 말한다. 심지어 콘월 주의 한 농촌은 50명의 유권자가 두 명의 의원을 뽑기도 했다. 산업화에 따른 농촌인구의 감소에도 불구하고 과거에 정한 선거구를 그대로 유지하다 보니 생긴 문제로, 특히 이번 선거법 개정의 '뜨거운 감자'였다.

"대중운동에 기반한 공화제 통일"

청년이탈리아당 결성

마치니 주도…대대적 봉기 계획

〈1831년 프랑스〉"이탈리아 반도에 모여 산다고 해서 이탈리아 민족이 성립되는 것은 아니다. 우리는 반드시 하나의 나라로, 그것도 그냥 나라가 아니라 민족 성원 모두가 투표권과 교육과 일자리를 보장받는 공화국으로 통일돼야 한다."

이탈리아의 젊은 혁명가 마치니(26세·사진)가 이 같은 혁명적 민족주의를 내걸고 마르세유에서 전혀 새로운 독립운동 결사를 창설했다. 그 이름은 '청년이탈리아당'.

청년이탈리아당은 소수 혁명가나 단체의 정치운동만으로 이탈리아 통

일을 달성하려고 했던 카르보나리당의 노선을 비판하며 일반민중, 특히 청년층을 기반으로 한 대중운동을 지향하고 있다.

마치니는 국내외를 연결하는 대중조직을 건설한 뒤 대대적인 봉기를 일으킬 계획으로 있어, 얼마 전 독립한 그리스와 함께 고대 유럽문명의 쌍두마차인 이탈리아도 국권을 회복할 수 있을지 유럽의 눈이 남쪽으로 쏠리고 있다.

초점 ■ 개혁 의회가 선보인 '아동노동금지법'

"취지는 좋으나 현실성 결여" 비판

〈1833년 영국〉 선거법 개정 이후 새롭게 구성된 영국의회가 첫 작품으로 '공장법 개정'을 선보였다. 인도주의적인 개혁 성향의 휘그당이 주도하는 의회는 "13세 이하 어린이는 주당 48시간 이상 노동을 금한다"는 것을 골자로 하는 개정안을 통과시켰다.

개정 공장법은 또한 18세 이하 청소년의 노동시간을 제한하고 야간노동을 금지함으로써 8세 이하 아동의 취업을 금지했던 기존 공장법의 아동보호조항을 보완하고 있다. 뿐만 아니라 "이 같은 노동조

건의 준수를 위해 공장마다 감독관을 둔다"고 규정, 법조문상으로는 획기적인 내용을 갖추었다.

그러나 이에 대한 여론의 반응은 긍정적이지만은 않다. 취지는 좋지만 현실성이 없는, '준비 안 된 탁상입법'이라는 것이다. 실제로 임금이 생계비 밑에서 맴도는 마당에 아동의 노동을 금지하면 대부분의 노동자 가족은 살아갈 방도가 없는 게 현실이다.

이에 따라 의회는 빈민층의 생계를 뒷받침하기 위한 새로운 법안 마련에 부심하고 있다.

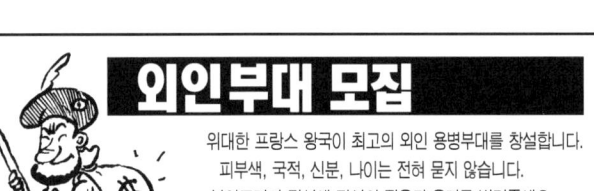

"내 아내를 팝니다" 충격의 세일현장

〈1832년 런던〉 "자 여러분, 다시 오지 않을 절호의 기회. 여자 바겐세일입니다. 여기 제 아름다운 아내가 있습니다. 일생 데리고 살 사람이면 누구나 환영합니다. 저기 정육점 주인 아저씨, 일루 와서 한번 보시라니까요."

이곳은 런던 시내의 스미스필드 가축시장. 그런데 여자가 가축이란 말인가. 깨끗한 옷차림에 볼은 장밋빛으로 달아오르고 눈매가 또렷한 이 여인은 도저히 가축으로 여겨지지 않는다. 그러나 사람들은 모여들고 경매는 시작된다.

"내 마음을 끄는군" 하는 정육점 주인에게 남편은 능청스럽게 "그럼 17실링에서 시작해볼까요" 한다. "그건 너무 싸지. 3실링 올립시다" 한 것은 구둣방 주인 스누비 씨. 떠돌이 바이올리니스트와 이발소 주인은 더욱 가관이다. "우리 두 사람이 2실링씩 부담해서 24실링에 공동구매하는 것은 어떻겠소" 이렇게 해서 경매가는 3파운드 19실링까지 올라갔다.

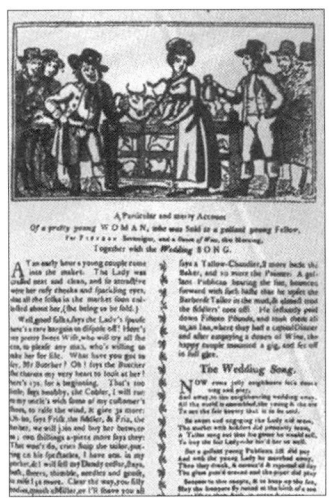
아내 매매를 알리는 전단.

바로 이 순간 술집 주인이 거금 15파운드(300실링)를 부르면서 한동안 소란을 떨던 경매는 끝났다. 그는 사람들을 자기 가게로 불러들여 음식과 와인을 베풀어 피로연을 한 뒤 함박웃음을 머금은 채 여인을 마차에 태우고 유유히 떠났다.

요즘 런던 시내 시장에서 종종 볼 수 있는 여자 세일 현장이다. 하지만 이것을 인신매매로 생각한다면 커다란 착각. 경매의 형식을 취하고 있지만 여기에 동원된 사람들은 단순히 연기자일 뿐이다. 술집 주인은 이미 그녀와 맺어지기로 약속된 상태였다.

부부는 아내측에 새 애인이 생기자 이미 헤어지기로 합의했던 것.

결혼의 파탄이 수치요, 고통인 것은 이곳 영국 하층민들에게도 마찬가지다. 이를 수습키 위해 민중들이 짜낸 기막힌 아이디어가 바로 '인신매매 공연'인 것이다.

인터뷰

아내를 딴 남자에게 넘겨준 뒤 술집에서 한잔 기울이고 있는 전 남편을 만나보았다.

—술맛이 쓰겠네요.
"인생 자체가 쓴맛 아닙니까. 지난날은 잊고 새 출발을 해야지."

—그러나 사정을 모르는 나라 사람이 보면 해괴망측하게 느껴질 텐데요.
"물론 바람난 아내를 그냥 내버릴 수도 있지요. 그러나 얘기가 소문으로 퍼지면 그건 나의 치욕이고 견디기 힘들 겁니다. 이런 인신매매 방식으로 처리하면 피차가 심리적으로 고통을 덜 수 있습니다. 그래서 이런 풍습이 생긴 겁니다."

—그래도 심하다고 보는데….
"사실 여자를 버리면 당장 무얼 먹고 살겠습니까. 이런 방식은 여자가 공식적으로 새 삶을 시작할 수 있도록 마지막으로 도와주는 의미도 있지요."

—부부 사이엔 무슨 문제가….
"여자 속마음을 알겠습니까만, 도시생활에서는 하루에도 수십 명씩 낯선 사람과 마주치게 되니까 그 중에 나보다 돈도 많고 매력도 있는 남자가 한둘이겠어요?"

법률이나 제도보다 실생활 속의 풍습이 오히려 합리적인 경우가 많다는 것을 보여주는 영국 하층민들의 생활현장이다.

미스터리 추적 ■ 중국 처녀들 집단자살 '금란회 사건'의 내막

"결혼하고 사느니 함께 죽기를 원한다"

〈1830년대 중국〉 최근 광동성 광주 지방에서 예닐곱 명으로 추정되는 일단의 처녀들이 집단으로 강에 투신자살한 사건이 일어나 지역사회에 파문이 일고 있다.

조사결과 자살자들은 금란회(金蘭會)라는 일종의 비밀결사의 조직원들. 금란회는 처녀들이 결혼을 거부하고 서로 자매로 지내기로 맹세한 조직이다. 그런데 조직원 중 한 명이 어쩔 수 없이 시집을 가게 됐다. 어릴 때 부모님이 이미 혼사를 결정해두었기 때문. 그녀는 결혼을 하고서 호시탐탐 탈출의 기회를 엿보다 한밤중에 탈출하는 데 성공. 한군데 모인 금란회 회원들은 규율에 따라 함께 강물에 투신자살한 것이다.

이런 금란회와 비슷한 조직이 광동지방에 많이 있다고 한다. 호사가들은 "혹시 동성연애자들 아니냐"고 하지만 뜻있는 이들은 오늘날 중국여성들이 받고 있는 가혹한 성차별과 억압에 주목해야 한다고 말한다.

광동은 견직물업 지역. 여성들은 제사공으로 일한다. 노동자로서 받는 수탈에다 가정에서 남성으로부터의 수탈까지 겹쳐서는 살 수 없다는 인간 극한의 절규라는 것이 중론이다.

발언대 ■ 윌리엄 로이드 개리슨

"온건한 노예해방 투쟁이란 없다"

내트 터너 사건은 충격적 사건. 하지만 백인들 사이에서조차 노예제에 대한 비판이 만만찮은 것도 사실이다. 1831년 1월 창간된 〈해방자(The Liberator)〉 지에 실린 창간자 윌리엄 로이드 개리슨(백인·26세)의 글 일부를 소개한다.

"나는 이 문제(노예제)에 관해 생각거나 말하거나 글을 쓸 때 결코 온건한 태도를 취할 수가 없다. 결코! 결단코! 자기 집에 불이 난 사람을 보고 온순하게 경보를 울리라고 말하라. 아내가 강간당하고 있는데 남편에게 아내를 온건하게 구출하라고 말하라. 불길에 휩싸인 아기를 구하는 어머니에게 점진적으로 구해내라고 말하라.

그러나 나에게만은 지금 벌이고 있는 이 운동에 대해 온건이란 말을 강요하지 말라. 나는 진심으로 말한다. 나는 애매모호한 말은 할 수 없다. 나는 용서하지 않을 것이다. 나는 단 한 치도 물러나지 않고 (노예제도에 대해) 단호하게 맞설 것이다. 사람들은 결국 내 말을 듣지 않을 수 없을 것이다."

세계사 신문

"세계를 욕망하기엔 이 세계가 너무 썩었다"
스탕달, 소설 〈적과 흑〉 통해 1830년대 왕정복고기 해부

스탕달과 〈적과 흑〉의 표지.

〈1831년 프랑스〉"저를 처벌하면, 하층계급 주제에 교육 좀 받았다고 신분상승을 노리는 청년들은 기가 꺾여버리겠죠. 배심원 여러분이 그걸 노린다는 점 잘 알고 있습니다."

귀족 부인을 살해하려 한 죄로 기소된 시골 청년 줄리앙은 이 같은 최후진술을 하고 기요틴에 오른다. 작년에 나온 스탕달 소설 〈적과 흑─1830년 연대기〉의 한 장면이다.

이젠 누구나 "아!" 하고 가슴을 칠 것이다. "이 소설이 조금만 늦게 나왔다면, 요컨대 7월 혁명만 넘겼다면 줄리앙은 죽지 않았을걸" 하고. 작년까지 불우한 재야문인이던 스탕달이 지금은 당당한 혁명정부의 외교관인 현실을 볼 때, 어쩌면 이 소설의 기둥줄거리가 달라졌을지도 모른다.

그런 안타까움을 자아낼 만큼 〈적과 흑〉은 왕정복고기 프랑스의 현실을 적나라하게 그려냈다. 소도시 목수의 아들로 태어난 줄리앙은 타고난 두뇌와 재능으로 적(붉은 군복)과 흑(검은 법복)이 상징하는 상류사회에 도전한다. 나폴레옹 시대만 해도 기회가 주어졌을 테지만 왕정복고기에는 정상적인 방법으로는 어림없는 일. 줄리앙은 가정교사로 들어간 시장댁에서는 시장 부인을, 파리에서는 대신의 딸 마틸드를 유혹한다. 마틸드와의 결혼을 통해 신분상승을 이루려는 순간 시장 부인의 투서가 날아들고, 분노한 줄리앙은 그 부인을 찾아가 권총을 쏜다.

야심과 열정의 화신인 줄리앙이 나폴레옹을 연상시키는 건 우연이 아니다. 스탕달은 나폴레옹을 따라 알프스도 오르고 러시아도 다녀온 자유주의자로서, 왕정복고중엔 영국으로 글을 보내 프랑스 정치와 문예를 비판해왔다. 〈적과 흑〉은 이 같은 작가 의식으로 7월 혁명 전야의 현실을 힘차고 박진감 넘치게 그려낸 프랑스 문학의 걸작이다. ▶참조기사 9호 1면

계산하는 기계가 가능할까?

배비지, '해석엔진' 개발

〈1833년 영국〉케임브리지 대학의 배비지(41세·수학) 교수가 자동으로 사칙연산을 수행하는 장치를 개발하고 있어 비상한 관심을 끌고 있다.

정부 보조를 받아 연구를 진행하고 있는 이 장치는 명령을 내리면 수치를 저장하는 기억 기능과 계산의 순서를 제어하는 기능을 수행한다. 이 인공두뇌의 핵심은 미세한 칩(chip). 배비지는 '해석엔진'이란 이름이 붙은 이 장치의 성공은 내구적인 금속 칩을 성형하는 정밀기술의 완성 여부에 달려 있다고 밝혔다. 전문가들은 현재의 기술 수준으로는 성공을 자신할 수 없지만 구상만으로도 배비지 교수의 업적은 탁월하다는 데 동의하고 있다.

배비지 교수는 이미 지난 1812년 약관의 나이에 특정의 수학적 계산을 소수점 8자리까지 계산해내는 소형 계산기를 만들어 세상을 놀라게 한 바 있다.

학술 ■ 전쟁을 학문으로 연구한다…클라우제비츠 〈전쟁론〉
"전쟁은 다른 수단을 통한 정치의 연장"

〈1831년 프로이센〉최근 사망한 클라우제비츠 장군의 유저 〈전쟁론〉은 전쟁 기술만 다루던 기존 병서들과 달리 전쟁을 학문적으로 분석한 획기적 저서다. 다음은 발췌 요약한 〈전쟁론〉의 논지다.

▶전쟁을 벌이는 두 군대는 시합을 벌이는 두 레슬러와 같다. 양측은 상대를 무장해제시킬 목적으로 무력을 총동원해 전쟁에 임한다.

그러므로 전쟁은 한쪽이 궤멸할 때까지 그치지 않는 속성을 가지고 있으며, 전쟁의 지휘관은 무자비할수록 유능한 군인이다. 그런데 현실에서는 종종 전쟁이 끝까지 가지 않고 중단된다. 이는 전쟁 자체의 속성으로는 설명할 수 없는 현상이다. 이 같은 현상은 전쟁 외부의 힘, 즉 정책적 판단이 작용하기 때문에 일어난다.

결국 전쟁이란 정치가들이 협상 따위로 얻을 수 없는 목적을 위해 일으켰다가 중단시키곤 하는 수단이다. 따라서 우리는 이런 결론을 내릴 수 있다. 전쟁이란 다른 수단을 통해 계속되는 정치의 연장이라고.

화제 ■ '국적 없는 음악가' 쇼팽의 '국적 있는 음악'

〈1831년 프랑스〉요즘 파리에 살고 있는 폴란드인들은 자녀들에게 피아노를 가르칠 때면 최근 쇼팽(21세)이 작곡한 에튀드(연습곡)를 반드시 연습시킨다. 쇼팽이 폴란드 출신이어서만이 아니라 이 곡에는 최근 실패한 조국의 독립혁명을 안타까워하는 감정이 절절히 담겨 있기 때문이다. 그래서 파리의 살롱과 카페에서 회자되는 이 곡의 이름은 〈혁명〉.

빈, 슈투트가르트 등을 순회하고 작년 파리에 온 쇼팽은 그동안 한꺼번에 닥친 고난으로 많은 문화예술인의 동정을 샀다. 작년에 독립혁명이 좌절된 데다 경제적 궁핍도 심했고, 설상가상으로 폴란드 음악원 시절 첫사랑이던 콘스탄치아가 결혼했다는 비보까지 날아들었던 것이다.

나라를 빼앗긴 슬픔을 음악으로 승화시킨 〈혁명 에튀드〉는 감상적이고 선이 엷지만 영혼을 담고 있다는 평을 받고 있다.

---

internet 세계사 여행

▶내트 터너 http://www.melanet.com/nat/ 내트 터너의 고백, 터너를 위한 tribute
▶19세기 프랑스문학 http://globegate.utm.edu/french/globegate_mirror/19.html 스탕달 등 19세기에 활약한 프랑스문호들의 작품들 전자텍스트
▶쇼팽 http://werple.mira.net.au/~margaret/chopin.htm 쇼팽의 약전과 작품 일부 감상

세계사 신문

영국, 식민지 75만 흑인 노예해방 선언

"세상이 조금은 인간다워졌다"

노예해방 첫 신호탄…프랑스·스페인 등에도 파급효과 기대

〈1834년 8월 1일 영국〉영국 식민지의 흑인 노예들에게, 그리고 세계의 모든 노예들에게 오늘은 특별한 날이다. 상품으로, 생산도구로 전락했던 흑인들이 인간으로서의 삶을 되찾게 됐으며, 옛날 로마 시대 이후 사라졌다 지난 15세기에 부활한 노예제가 다시 종언을 고하는 첫 신호탄을 올린 것이다.

영국정부는 오늘 노예해방을 선언했다. 수상 찰스 그레이는 "서인도 제도를 비롯, 모든 영국 식민지에서 노예제를 폐지하고 총 75만에 달하는 노예를 해방한다"고 발표했다. 그러나 이는 그러나 "해방자들은 신분적으로는 완전 자유이지만 노동력 부족을 막기 위해 이전 노예주와 계약을 체결, 그 밑에서 앞으로 5년여 동안 일을 계속해야 한다"고 덧붙였다. 영국정부는 노예를 해방시키면서 노예 소유주들에게 총 2천만 파운드 가량의 배상금을 지급할 예정이다.

영국정부의 노예해방은 지난해 의회를 통과한 '노예해방령'에 따른 것으로, 두 가지 흐름의 합작품으로 평가되고 있다.

하나는 10여 년 전부터 전개돼온 노예제 폐지 운동이다. 계몽사상의 영향을 받은 윌리엄 윌버포스, 토머스 벅스턴 등 인도주의자들이 "인간은 존엄하고 평등하다"며 투쟁을 벌여온 것이다. 다른 하나는 2년 전의 선거법 개정 이후 지주들 대신 의회의 다수석을 차지한 산업가들의 이해관계다. 노예를 해방시켜야 이들을 농장의 노예가 아닌 공장의 노동자로 활용할 수 있다는 이야기다.

영국이 노예해방을 선언한 이후 프랑스, 스페인 등도 자국 식민지의 노예를 해방시킬 조짐을 보이고 있다. 그러나 미국의 경우 노예해방은 요원한 일로 보인다. 남부에서 대규모 면화농장을 경영하는 수많은 지주들의 격렬한 반발이 예상되기 때문이다.

멕시코 "텍사스는 우리 땅"

미국계 이민 급증에 제동 이어 알라모 요새 무력진압

〈1836년 3월 멕시코〉멕시코 샌안토니오 주 알라모 요새에서 미국계 반란군 187명이 벌이던 농성이 지난 6일 한 시간여의 전투끝에 완전히 진압됐다. 산타 안나 장군이 이끄는 멕시코군은 12일 동안 포격을 퍼부은 뒤 오늘 5천 명의 병력으로 요새 진격을 단행, 트래비스 대령을 비롯한 반란군 전원을 사살했다.

최근 멕시코정부는 샌안토니오 주 일대에 미국인 이민자가 늘어나 그 세력이 커지고 미국정부가 이 지역을 매입할 움직임을 보이자, 전격적으로 미국계 이민의 금지조치를 단행한 바 있다. 이 지역을 '텍사스'라고 부르는 미국인 이민자들이 이에 반발, 멕시코로부터의 독립을 선언하며 반란을 일

알라모 요새에서 '텍사스 독립'을 주장하며 일어난 친미파 반란군은 전원 사살, 진압됐다.

으켰던 것이다.

미-멕시코 국경의 '텍사스'는 60여 만 제곱킬로미터에 이르는 넓은 대지에 목초지가 많아 잠재력이 높은 곳으로 미국인들이 눈독을 들여왔다. 이번 알라모 공격은 멕시코의 주권을 지키기 위한 조치이긴 하지만, 반군측이 "알라모를 기억하라"며 절규하고 있고 미국도 문제삼을 뜻을 비춤으로써 대학살에 따른 부담이 만만찮을 것으로 보인다.

▶참조기사 8호 2면

필리핀 '손짓'

"무역항구 전폭 개방 세계를 상대로 무역"

〈1834년 필리핀〉스페인 식민지 필리핀이 개항을 선언했다.

스페인의 필리핀 총독부는 "앞으로 세계 각국을 상대하는 무역항이 되기 위해서"라며 개항 취지를 밝혔다. 하지만 이번 선언은 최근 급격히 악화된 무역수지를 개선하기 위한 것으로 보인다. 즉, 지금까지는 중국의 비단과 멕시코의 은을 독점교역하며 막대한 이익을 취해왔으나 최근 스페인의 남아메리카 식민지들이 독립하면서 이지역과의 교역이 중단됐기 때문이다.

한편 이번 조치에 대해 미국과 영국 등은 "필리핀은 열대산물과 마닐라 삼, 사탕수수 같은 농산물들이 풍부해 가능성이 많은 지역"이라며 군침을 흘리고 있다는 후문이다.

세계사신문

세계 각국 노동운동 '따로 또 같이' 급성장
자본주의 뒤흔들 '뇌관'으로

요즘 유럽과 미국에서는 산업이 거의 모든 생활분야를 변화시키는 '혁명'이 일어나고 있다. 이는 단지 물질적 풍요로움 측면에서만 그런 것이 아니다. '산업혁명의 역군'인 노동자들의 저항 또한 '혁명' 수준으로 전개되고 있다.

산업이 발달하고 노동자들이 늘어나면서 노동계급의 운동이 중요하게 부각되고 있다.

영 국
노조 전국단위 결사체 구성
정부-자본가도 역공세 극력

〈1834년〉 올초 결성된 '전국노동조합대연합'의 기세는 대단하다. 그동안 지역별 혹은 직장별로 조직돼 있던 노동조합이 전국적으로 단결했기 때문이다.

오언의 지도 아래 순식간에 조직원 50만으로 성장한 전국연합은 이전의 임금인상이나 노동시간 단축운동과는 다른 양상을 보여주고 있다. "게으르고 무용지물인 자들이 화폐제도를 매개로 대자본을 소유함으로써 노동자들 근로의 결과물을 부당하게 지배하게 되는 상황을 용납할 수 없다"며 사회변혁을 주장한 것이다.

현재 정부는 전국연합을 불법단체로 규정하고 지도부 검거에 나서고 있다. 기업주들은 노동자들에게 노조에 가입하지 않겠다는 서약을 받는 이른바 '황구계약(Yellow Dog Contract)'으로 전국연합을 각개격파하고 있다.
▶참조기사 8호 3면

프랑스
민중적 정치권력 주장
정치투쟁 최선두

〈1831년〉 프랑스는 영국보다 산업발전이 늦은 만큼 노동조합 운동도 미성숙하다. 하지만 혁명의 나라답게 정치투쟁에서는 선두에 서 있다.

최근 리옹에서 4만여 명의 노동자들이 일으킨 파업이 그 대표적인 예다. 리옹 노동자 파업의 주력은 노동조합이 아니라 미조직 혹은 개별적인 비밀조직원들이다. 이들은 단지 근로조건 개선을 요구하는 것이 아니었다. 봉기한 노동자들은 시가지로 진출, 군대를 격파하고 시를 접수했다. 지난 30년의 7월 혁명이 결국 부르주아지들의 주도 아래 반동적으로 흐른 데 대한 민중적 정치투쟁인 것이다.

프랑스에서는 일찍부터 생시몽, 푸리에 등이 이른바 공상적 사회주의를 전파해온 사회적 분위기가 있었다.

미 국
노동자당 중심으로
역사상 첫 파업 진행

〈1835년〉 필라델피아경제가 완전 마비상태에 들어갔다. 노동자들이 미국 역사상 처음으로 총파업에 돌입한 것이다.

주목할 만한 것은 그 주도세력이 노동자당이라는 점. 정치투쟁에서 미국보다 한발 앞선 유럽에서도 아직 꿈꾸고 있지 않은 현상이다. 전통의 속박이 없는 자유 신천지이기 때문일까. 산업은 아직 걸음마 단계지만 독립 이후 시민들의 자발성이 드높아 노동운동의 열기가 뜨겁다.

그러나 노동운동 세력은 현 잭슨 대통령을 지지하는 노선을 취하고 있다. 시민에 대한 권리보장을 추진하는 이른바 '잭슨 데모크라시'에 대해 노동자들이 전폭적으로 지지를 보내고 있는 것이다.

독일 영방, 관세동맹으로 자유무역 선포

〈1834년 독일〉 이제 독일 영방끼리의 무역이 자유로워진다.

프로이센을 비롯해 독일의 18개 영방은 최근 영방끼리는 모든 관세를 철폐하는 관세동맹을 맺었다고 발표했다. 물론 동맹국간의 무역 외에는 관세가 여전히 유지된다.

이번 관세동맹은 1818년 프로이센이 자유방임주의 경제학자인 F. 프란츠의 주장에 따라 처음 제안한 것으로, 이후 작센과 튀링겐, 헤센, 바이에른 등 독일 중남부가 동참을 선언함으로써 완성되었다. 관세동맹은 독일 내부에서의 무역과 경제활동을 활성화시키는 것은 물론, 독일 영방의 경제적 통일성도 촉진시킬 것으로 보인다.

한편 관세동맹을 주도한 프로이센은 독일 영방에서 발언권이 높아짐으로써, 지금까지 영방의 패자로 군림하던 오스트리아를 대적할 수 있는 새로운 강자로 떠오르게 됐다.

"일 않는 자, 구제도 없다" 영국, 구빈법 개정

〈1834년 영국〉 영국빈민들의 생활패턴이 바뀌어야 할 것 같다. 구빈법(救貧法)이 개정돼 앞으로는 구빈원에서 일하지 않으면 구제금이 나오지 않기 때문이다.

영국정부는 그간 빈민들에게 생계비를 지원해왔다. 1601년 엘리자베스 1세 때 제정된 구빈법에 따른 것이다. 새 구빈법은 그러나 구빈원(workhouse)을 설치, 빈민들을 이곳에서 일하도록 하고 있으며 원외(院外) 사람들은 지원치 않기로 했다. "일을 해서 생계를 유지하라"는 말이다.

이는 근래의 산업발달을 반영하는 것으로 풀이된다. 산업이 발달함으로써 많은 일자리가 생겨 빈민들을 채용할 여력이 생겼기 때문이다. 많은 농민이 도시로 몰려와 이를 수용할 일자리가 없었던 이전과는 상황이 달라졌다는 것이다.

어쨌거나 "일 않는 자, 도태돼야 한다"는 경제학자 토머스 맬서스의 말을 연상케 하는 새 구빈법이 빈민들로부터 원성을 사는 것은 당연지사. 빈민들은 "일 않는다고 죽으라는 말이냐"며 볼멘소리다. 어떤 이는 "혹 우리를 싼 값에 부려먹으려는 게 아니냐"며 의심쩍어하는 눈초리다.
▶참조기사 3호 4면

바늘부인 "바쁘다 바빠"

기계로 바느질 척척 '재봉틀' 발명…의류업 일대혁신

〈1834년 미국〉기계가 옷을 만드는 날이 왔다. 최근 매사추세츠 주에 사는 기계공 엘리어스 하우는 바느질하는 재봉틀을 발명하는 데 성공했다고 밝혔다. 재봉틀은 실이 꿰인 바늘이 천의 아래위로 움직이면서 직물에 실이 박히게 만든 장치로, 사람은 단지 바느질하려는 방향에 따라 천을 움직여주기만 하면 된다.

재봉틀의 발명은 섬유공업의 마지막 관문인 바느질을 기계화한 것으로서 그 의미는 결코 작은 것이 아니다. 지난 세기 실을 잣는 방적기와 천을 짜는 직조기가 개발된 이래 세계적으로 면포 생산량이 엄청나게 증가했다. 하지만 의류생산에서는 정작 그 면직물을 다 소화해낼 수 있을 만큼의 속도 개선이 이뤄지지 않았다. 마지막 바느질 공정만큼은 전적으로 사람의 손에만 의지해야 했기 때문이다.

현재 하우의 재봉틀은 실용화되기에는 기

하우가 발명한 재봉틀. 의복산업의 시대가 열리게 됐다.

계의 개선이 아직 더 필요한 상태다. 하지만 도시인구가 늘어나면서 옛날의 농촌생활에서처럼 옷을 직접 지어 입는 인구가 줄어들고 있는 추세에 비춰볼 때, 재봉틀의 보급은 시간문제일 것으로 보인다.

바야흐로 농장의 목화씨에서부터 매장에 걸린 의류제품에 이르기까지 모든 공정이 기계로 처리되는 새 시대가 열리고 있다.

타임머신
한국의 섬유산업과 전태일의 분신

한국은 1960년대부터 경제개발계획을 통해 서양에 비해 뒤늦은 '산업혁명'을 수행했다. 이때 주력했던 것이 노동집약적인 섬유산업. 유럽에서도 산업혁명 초기에는 면직물산업이 경제성장의 견인차였다.

의류공업의 핵심노동은 미싱작업이다. 청계천 일대의 평화시장에서 노동자들은 아침 8시부터 밤 10시까지 꼬박 전동미싱 앞에 쪼그려 앉아 일해야 했다. 졸다가 바늘에 손톱이 찍히는 사고는 흔히 있었던 일. 그리고 그들이 받는 임금은 일당 50원. 껌 한통 값이 10원이었다.

이렇게 열악한 노동현실 속에서 1970년 11월 13일 오후 1시. 서울 청계천 평화시장에서 청년 노동자 전태일이 온몸에 석유를 붓고 분신했다. "우리는 기계가 아니다!" 활활 타오르는 그의 손에 들려 있었던 것은 '근로기준법'. 그는 다시 한 번 혼신의 힘을 다해 외쳤다. "내 죽음을 헛되이 하지 말라…". 그의 분신은 이후 한국 노동운동을 불타오르게 하는 불씨가 됐다.

"노예를 해방시키느니 고향을 떠나겠다"
보어인 '노예제 반대' 대이동

〈1835년 남아프리카〉17세기부터 이곳에 뿌리를 내리고 살아온 보어인들이 새로운 정착지를 찾아 '대이주(great trek)'를 벌이고 있다. 보어인은 소가 끄는 수레에 가재도구와 가족을 싣고 흑인 노예를 끌고 가고 있다. 보어인들이 고향을 떠나는 것은 영국의 노예해방 정책 때문이다. 영국은 1807년 노예매매를 금지한 데 이어, 1834년에

는 식민지를 포함한 대영제국 전체에서 노예제도를 금지했다. 보어인들은 노예를 해방시켜주느니, 차라리 고향을 떠나겠다는 입장이다.

현재 보어인들은 오렌지 강을 건너 나탈의 해안지대와, 고원지대로 향하고 있다. 하지만 이곳은 아프리카 원주민들의 거주지로서 원주민과의 충돌이 예상되고 있다.

동서고금　이은홍

"새로운 주인님이셔!"

화제 ■ '길 도사' 매캐덤, 길 위에서 순직

〈1836년 영국〉도로의 선구자 존 매캐덤이 향년 80세를 일기로 세상을 떠났다. 길에 관한 한 타의 추종을 불허하는 전문가답게 그는 길 위에서 일생을 마감했다.

요즘 영국의 도로는 산뜻한 신식 도로로 한창 바뀌고 있는 중이다. 이전에는 비만 오면 진흙구덩이가 돼

우편마차가 구덩이에 빠져 애먹기 일쑤였다. 이를 유심히 보아온 매캐덤은 물이 잘 빠지고 단단한 도로를 설계했다. 땅을 깊이 파서 맨 아래에는 굵은 돌을 깔고 차차 위로 올라갈수록 돌의 굵기를 작게 한 뒤 표면은 아주 가는 돌이나 화산재로 덮고 다진다. 특히 도로 한가운데는 높게 하고

가장자리로 갈수록 낮게 한 뒤 맨 가장자리에는 배수로를 만든다. 이렇게 하면 아무리 큰 비가 와도 물이 금방 빠질 뿐만 아니라 이전에 비해 승차감도 뛰어나다.

그의 공법은 대단한 호평을 받아 10년 전부터 전국 도로측량 감독관으로 재직해왔고 그의 방식으로 만든 도로는 그의 이름을 따서 매캐덤 공법으로 불리게 됐다. 일생을 도로개발에 바친 사람답게 고향인 스코틀랜드에 들렀다 덤프리스로 돌아오던 중 자신이 만든 도로 위에서 노환으로 조용히 눈을 감았다.

비글 호, 세계 각지의 생물·지질 탐사하고 귀환

동승한 다윈, '진화설' 제기로 논란예고

〈1836년 10월 영국〉 지난 5년간 태평양·인도양 일대를 탐사한 해군측량선 비글 호가 귀항했다. 이번 항해에는 찰스 다윈(27세·생물학) 등 학자들이 동행해 각지의 동식물과 지질 등을 관찰했다.

이번 항해에서는 태평양상의 갈라파고스 제도가 집중적인 관심을 받은 것으로 알려졌다. 200킬로그램짜리 코끼리거북, 목본성 국화 등 고유한 동식물이 풍부해 '살아 있는 실험실'을 방불케 했다는 것이다.

특히 이 섬에 있는 피치새가 영국의 피치새와 모양이 매우 다른 것을 본 다윈 박사는 "생물은 신이 창조한 모습대로 불변인 게 아니라 환경에 적응하며 스스로 진화한다"는 착상을 한 것으로 알려져 논란을 예고하고 있다.

"있는 그대로를 말하라" 리얼리즘 포효

낭만주의 현실외면 추세에 반발

리얼리즘 문학의 떠오르는 두 거장 발자크(사진 왼쪽)와 디킨스.

〈1838년 유럽〉'낭만주의의 시대'를 구가하는 유럽의 문화예술계에 변화의 움직임이 감지되고 있다. 낭만주의가 복고풍과 이국 취미, 감정과잉 등으로 현실을 외면하는 추세에 대한 반발일까? 현실의 계급대립을 실감나게 묘사한 스탕달의 〈적과 흑〉이 신호탄이었다.

파리 서점가를 강타하고 있는 발자크(39세)의 신작소설 〈고리오 영감〉. 부자였던 고리오 영감은 두 딸의 환심을 사기 위해 전재산을 탕진했지만, 그 딸들에게까지 버림을 받고 싸구려 하숙집에서 고생끝에 죽는다. 그런 딸의 애인인 라스치냐크는 물신숭배가 판치는 파리에서 출세하려면 도의심 따위는 떨쳐버려야 한다는 걸

자각, 고리오의 묘에서 파리 시가지의 불빛을 바라보며 부르짖는다. "자, 이제부터 네놈과 나의 단판 싸움이다."

고귀한 영웅정신을 사랑하고 '부르주아지'를 '속물'과 동일시하는 낭만주의자들에겐 너무나 천박한 이야기다. 그러나 발자크는 그 속물들이 이미 승리한 현실을 직시하고 그 모습을 있는 그대로 드러내면서도 예술적 형상화에 성공했다.

영국의 신인작가 디킨스(26세)의 〈올리버 트위스트〉는 그 타락한 현실을 부르주아지가 아닌 민중의 눈으로 고발하기에 더욱 사실적이다. 고아 올리버가 새 구빈법의 혜택을 받지 못하는 빈민굴에서 겪는 온갖 고초는

화려한 경제대국 영국의 부끄러운 뒷모습 그대로다. 낭만주의자들은 이런 '구질구질한' 이야기가 본격 문학으로 다듬어질 수 있으리라고는 상상도 못했을 것이다.

낭만주의는 고결한 혁명이념이 실현되지 않는 현실에 실망, 몽상 속에서 이를 추구해왔다. 그러나 꿈은 아무리 아름다워도 꿈일 뿐. 물신숭배자들의 손아귀에 들어간 세상은 이제 눈 똑바로 뜨고 현실을 고발하려는 발자크와 디킨스의 정신을 더 많이 필요로 하는지도 모른다.

▶참조기사 10호 4면

그림 이어 안데르센 동화 발간

아동교육 대중 속으로

〈1835년 유럽〉 올 크리스마스에 유럽의 어린이들이 손꼽아 기다릴 만한 선물거리가 또 하나 늘었다. 덴마크의 신예작가 안데르센(30세)이 펴낸 동화집이 서정적이고 아름다운 환상의 세계, 따뜻한 휴머니즘을 담고 독일 등지에서 선풍적인 인기를 얻고 있기 때문이다.

유럽의 아동문학은 낭만주의 운동이 민화, 전설의 수집붐을 불러일으키면서 빠르게 발전해왔다. 특히

1812년 독일의 그림 형제가 전래민화(메르헨)를 모아 펴낸 〈어린이와 가정을 위한 옛날 이야기〉는 각 가정의 애장본으로 자리를 굳히면서 중판을 거듭해왔다.

그림 형제가 전설과 민화를 아이들 입맛에 맞게 충실히 재구성한 것이 특징이라면, 안데르센은 민화를 자유롭게 개작했고 일부는 직접 창작했다. 이러한 차이는 독일인보다 중세의 전통에 덜 얽매여 있는 북유럽인의 특성을 반영하기도 하지만, 무엇보다 아동문학이 독립적이고 창조적인 문학의 한 장르로 발돋움하기 시작했다는 징후로 읽히고 있다.

이처럼 수준 높은 동화집이 잇따라 출간되고 널리 읽히는 것은 프랑스 혁명과 더불어 중산층의 사회적 지위와 경제적 능력이 향상된 때문으로 분석된다. 과거에 왕족·귀족에 한정돼 있던 아동교육에 대한 관심이 일반으로 확산되면서 새 감각으로 씌어진 새 동화에 대한 수요가 대폭 늘어난 것이다. 이에 따라 새 작품을 준비중인 그림 형제와 안데르센뿐 아니라 유럽 곳곳에서 주옥 같은 동화들이 봇물을 이룰 것으로 예상된다.

Internet 세계사 여행

▶노예해방 http://vi.uh.edu/pages/mintz/primary.htm 17세기 이래 노예들의 육성 증언 수록 ▶필리핀 http://www.dlsu.edu.ph/pinas/ 필리핀에 관한 각종 정보 검색, 링크 제공 ▶발자크와 그의 작품에 관한 링크 포털 http://www.st-edmunds.cam.ac.uk/~kw234/balzac/balzacwebsites.html 프랑스 대문호 발자크에 관한 각종 사이트를 체계적으로 정리, 소개 ▶찰스 디킨스 http://lang.nagoya-u.ac.jp/~matsuoka/Dickens.html 디킨스 작품 전자텍스트, 평론, 기타 각종 정보

2장 아시아·아프리카의 함성

— 제국주의와 민족해방 운동의 시대

1838~1896

세계사와 함께하는 영화 1838~1896

〈아파치 요새〉
1948년작. 감독 : 존 포드
주연 : 헨리 폰다, 존 웨인
19세기 말, 서부개척을 추진하던 미국과 이에 쫓기는
인디언의 갈등이 배경. 애리조나 동쪽의 기병대 기지인
아파치 요새에 사령관으로 부임한 서스데이 중령은
인디언 보호구역에서 나와 군인을 습격하던 인디언과
전투를 벌인다. 사실과는 약간 거리가 있다.

〈바람과 함께 사라지다〉
1939년작. 감독 : 빅터 플레밍
주연 : 비비안 리, 클라크 게이블
남북전쟁 당시, 남부의 지주 가문 스칼렛과 버트의
사랑과 삶. 흑인 노예의 시중을 받는 백인의 삶에 대한
향수가 묻어난다.
마가렛 미첼의 원작 소설에서도 노예제에 대한
시대적 이해는 없었다.

〈국가의 탄생〉
1915년작. 감독 : D.W. 그리피스
남북전쟁 후 노예제가 폐지된 남부가 배경.
백인의 우월함과 흑인에 대한 억압의 필요성을
주장하고 있다. 노예제 반대론자는 극단적 공화주의자로,
흑인은 사악하게 그려졌다.

〈쥬드〉
감독 : 마이클 윈터바텀
주연 : 케이트 윈슬렛, 크리스토퍼 에클레스톤
19세기 영국 하층민의 생활을 사실적으로 그려냈다.
주인공 쥬드는 사촌 수와 금지된 사랑을 나누지만
사회적 벽에 부닥쳐 좌절하고 만다.

〈아편전쟁〉
1997년작. 감독 : 사진
주연 : 포국안, 임연곤
중국과 영국, 홍콩, 대만에서 촬영이 진행되었으며,
제작비에 1500만 달러를 쏟아부은 대작.
사실에 충실하게 만들어졌으며, 특히 광주에서의
아편폐기 장면이 압권이라는 평.

〈쉐인(SHANE)〉
감독 : 죠지 스터븐스
주연 : 알란 라드, 잭 팔란스
1890년대 미국 와이오밍 주의 한 개척 마을.
서부의 척박한 땅을 개척해 살고 있는 죠의 집에서
방랑자 쉐인이 쉬어 가게 된다.
쉐인은 농민을 쫓아내고 땅을 차지하려는 악덕 지주
라이커를 격퇴하고 마을을 떠난다. 미국식 영웅영화.

위에서부터
〈국가의 탄생〉
〈바람과 함께 사라지다〉
〈쉐인〉
〈아파치 요새〉.

3권 12호 1838—1841

[아편전쟁]

세계사 신문

지금 한반도에선
1839년/ 천주교 기해박해
1840년/ 풍양 조씨, 세도정치 시작
1841년/ 헌종, 친정(親政) 시작

"아편이 싫다면 대포맛은 어떠냐"

영국, 중국 아편무역 금지에 반발 전쟁…"추악한 전쟁" 안팎 비판

〈1840년 중국〉 세계 역사상 가장 추악한 전쟁의 하나로 기록될 침략전쟁이 발발했다. 100년 넘게 중국인에게 아편을 팔아 돈벌이를 해오던 영국이 중국정부의 강력한 저지에 부딪치자 보복에 나선 것이다. 지난 6월 철갑선 네메시스('신의 보복') 호를 앞세우고 나타난 48척의 영국함대는 이 시간 현재 북경을 향해 북상하면서 대고, 천진 등을 유린하고 있다.

이번 전쟁은 작년에 청 도광제의 흠차대신 임칙서(55세)가 광주에 부임, '아편금연대업(阿片禁煙大業)'에 나서면서 촉발됐다. 그는 호광 총독 시절 전국에 만연한 아편으로 "10년 안에 나라가 망할 지경"이란 상소를 올려 구국의 대임을 맡은 인물이다.

임칙서는 중국인 밀매자들을 적발해 처벌하는 한편, 밀수선으로 알려진 동인도회사 소속 튜나 호를 억류하고 영국 상관(商館)을 포위하는 강력한 무력시위를 벌였다. 공식적으로는 아편 밀무역을 금지하고 있던 영국정부는 무역감독관 엘리엇을 파견, 튜나 호가 숨긴 아편 22,283상자를 내주고 선원들을 철수시켰다. 임칙서는 압수한 아편 전량을 폐기처분했다.

이로써 사태는 일단락되는 듯했으나, 800만 파운드에 달하는 손실을 입은 밀매업자들과 통상기지를 상실한 무역 관료들은 집요하게 빅토리아 여왕과 의회를 상대로 전쟁을 설득했다. 명분 없는 전쟁에 대한 반대도 적지 않았지만, 결국 의회는 지난 4월 10일 271 대 262라는 근소한 표차로 전쟁을 결의했다.

임칙서의 완강한 저항을 예상, 광주를 우회한 영국군이 계속 북경을

중국에 아편을 강매하려는 영국의 함대가 북경을 향해 북상하다 전쟁을 벌이고 있다.

압박해 들어감에 따라 중국정부내에서는 점차 협상론과 임칙서 인책론이 고개를 들고 있는 것으로 알려졌다. 영국이 이 추악한 전쟁에서 승리하면 중국과 동아시아는 서구 열강의 통상 압력에 무방비상태로 노출돼 끝없는 추락에 직면하리라는 게 많은 이들의 공통된 지적이다. ▶참조기사 3호 3면

'싹쓸이' 형제의 무용담을 아시나요

〈1838년 남아프리카 나탈〉 남아프리카 밧팔로 강에 피가 흐르고 있다. 보어인에게 학살당한 원주민의 피다.

줄루제국의 영토인 나탈 지역을 빼앗으려는 보어트레커 의용군 500명은 밧팔로 강변에서 아프리카 줄루 족을 맞아 접전을 벌인 끝에 3천 명을 학살

보어인 "아프리카 내륙으로" 줄루족 3천 명 학살

했다. 줄루족은 1만여 명의 군대를 동원해 전투에 나섰지만, 머스킷 과 납산탄으로 무장한 보어인을 이기지 못했다. 밧팔로 강은 아예 피의 강(blood river)으로 불리고 있다. 보어트레커들은 2년 전 줄루제국의 영토인 나탈 지역에 '뉴홀랜드 자유공국'이라는 나라를 세웠다. 하지만 줄루제국 안에서도 가장 좋은 목초지대인 이곳을 쉽게 양보하지 않으려는 줄루족의 저항으로 전쟁이 시작됐다.

피의 강에서의 전투로 일단 기세를 올린 보어인들은 '보어 독립주의자'인 안드리에 프레토리우스의 주장에 따라 아프리카 내륙으로 침략을 계속할 것으로 알려졌다. ▶참조기사 11호 3면

영국 이주민 오스트레일리아 원주민 무차별 사냥

〈1838년 오스트레일리아〉 18세기 말 영국정부가 아일랜드계 범죄자들을 '내다 버린' 오스트레일리아가 요즈음 새로운 범죄에 시달리고 있다. 그 주범은 그러나 아일랜드계가 아닌 영국인 일반 이주민. 이들은 '원주민 사냥'이라는 악행을 신종 스포츠인 양 즐기고 있다. "원주민들이 감히 우리 백인을 공격했다"며 "그들을 박멸하겠다"는 것이다. 이 '사냥'으로 태즈메이니아 지역에는 1800년에 7천 명이던 원주민이 최근 300명으로 격감했다. 원주민들은 "저들이 우리 주식인 캥거루와 포섬을 대고 사냥, 우리를 기아에 빠뜨렸다"며 기가 막히다는 표정이다. 각목과 돌멩이를 이용한 정당방위에 백인들이 총을 갖고 살인행위로 보복하고 있다는 이야기다. 이 '사냥'에 자식을 잃었다는 한 원주민은 "백인들만의 세상을 건설하려는 게 아닐까 싶다"며 울분을 터뜨린다.

해설 ■ 아편전쟁의 경제학과 그 파장

자유무역 사슬 붕괴 우려 막가파식 침공 자행

영국 "중국시장 포기 못한다"…중국, 패배 땐 체제동요 불가피

스물을 갓 넘긴 빅토리아 여왕은 대중국 전쟁에 지지를 표명하면서 이렇게 말했다.

"영국인의 안전도, 800만 파운드의 손실도 문제가 아닙니다. 자유무역에 대한 거부가 다른 나라에까지 파급되면 대영제국은 1년 만에 멸망합니다. 동방의 마지막 땅인 중국을 소유하면 19세기를 소유하는 겁니다."

이 말은 영국정부가 내외의 비난을 무릅쓰고 하필 '아편' 문제로 개전한 이유를 그럴 듯한 수사법으로 잘 표현해준다. 아편무역은 영국의 인도 지배에 빼놓을 수 없는 요소다. 나아가 아편밀매로 중국에서 얻은 은은 미국·오스트레일리아·중국·인도를 연결하는 세계무역의 결제수단으로 쓰이고 있다. 즉, 영국은 제국의 유지를 위해 중국에서 '아편'의 자유무역을 수호할 수밖에 없는 것이다.

또 1825년 공황 이래 중국시장의 개방은 영국경제의 절실한 과제였다. "4억 중국인의 셔츠가 1인치씩만 늘어나도 영국의 공장들이 30년 가동된다"는 유행어가 나돌 정도다. 중국측의 무역제한을 철폐시키고 무역·군사상의 이권을 선점하는 일이 '아편'의 비도덕성 때문에 늦추거나 꺼릴 수 없는 사활의 문제였던 셈이다.

반면 중국 입장에서는 아편밀수의 철폐가 국운을 건 과제다. 밀수대금으로 은이 빠져나가면서 은값이 오르자, 은을 기준으로 세금을 내는 농민들의 불만이 극에 달했기 때문이다. 따라서 중국이 이번 전쟁에서 패하면 대외적 위신의 실추는 물론 체제의 동요는 불가피하다. 결국 아편전쟁은 영국과 중국, 나아가 서유럽과 동아시아의 향후 100년을 결정하는, '추악'하지만 운명적인 전쟁인 셈이다.

간추린 소식

영국, 아프가니스탄 침공

〈1839년 칸다하르〉 인도를 식민지화한 영국이 인도 북서부 국경을 돌파, 아프가니스탄으로 진격해 들어갔다. 영국은 러시아가 아프가니스탄을 세력권에 포함시키는 것을 저지하기 위한 것이라고 밝혔다.

오스만, 서구화 개혁

〈1839년 이스탄불〉 술탄 압둘 메지트가 탄지마트로 불리는 서구화 개혁안을 발표했다. 종교에 관계없이 전국민의 법 앞에 평등, 재판의 공개, 징세청부제 폐지 등을 골자로 하는 이번 개혁에 성공한다면 오스만제국도 서양식 민족국가의 형태를 갖출 것으로 보인다. 하지만 영내에서 영국상인의 특권적 지위를 인정해주는 등 서구에 대한 종속화의 길을 걷고 있다는 지적도 만만찮다. ▶참조기사 8호 2면

이집트, 이슬람 강자 부상

〈1839년 카이로〉 이집트가 시리아 지방 영유권을 두고 오스만과 벌인 전쟁에서 예상을 깨고 승리했다. 이로써 무하마드 알리가 이끄는 이집트가 오스만을 제치고 이슬람권 강국으로 떠오를 전망이다. 유럽 강국들은 런던에서 긴급 회동, 이슬람 세력권 재편을 논의하고 있다. ▶참조기사 6호 1면

영국, 노동자-농민 아우성

노동자

"재산 없는 자도 선거권을" 선거법 개정 투쟁

〈1838년 영국〉 영국의 노동자들이 전국 규모의 조직을 갖추고 "의회를 개혁하자"며 '정치투쟁'에 나섰다. 이들의 현안은 "선거법을 다시 개정, 실질적 선거권을 획득하자"는 것으로, '인민헌장(People's Chart)'에 집약돼 있다.

1832년의 선거법 개정 투쟁이 '죽 쒀서 개 준 꼴'이라는 판단에서다. 노동자들은 2년 전 조직된 런던 노동자협회를 전국 조직으로 개편하고 대국민 서명운동, 집회, 시위를 병행하며 의회에 압력을 가하고 있다. 누구보다도 앞장서고 있는 사람은 급진주의자 윌리엄 러벗과 퍼거스 오코너. "모든 남성의 선거권을 인정하라"는 등 6개 요구사항의 '인민헌장'을 기초한 러벗은 전국적 선동에 나서고 있으며, 오코너는 〈노던 스타〉라는 신문을 발간해 투쟁을 확산시키고 있다.

차티스트 운동으로도 불리는 이 투쟁을 전문가들은 "조직규모나 정치투쟁에 나섰다는 면에서 혁명적"이라 평한다. 특히 "의원의 자격을 재산으로 규정하지 말라는 요구는 전에는 꿈도 꿀 수 없었던 일"이라는 것이다. ▶참조기사 10호 1면

〈인민헌장〉 6개항
- 모든 남성의 선거권을 인정하라.
- 비밀 무기명 투표를 실시하라.
- 재산에 의한 의원의 자격제한을 철폐하라.
- 의원에게 세비를 지급하라.
- 평등선거구제를 실시하라.
- 의회는 해마다 소집하라.

농 민

"곡물 수입자유화" 곡물법 폐지 투쟁

〈1840년경 영국〉 "곡물 수입을 자유화하라!" "낮은 곡가(穀價)로 노동자 생활 보장하라!"

최근 영국에서는 곡물법을 폐지시키려는 운동이 갈수록 격화, 투쟁의 양상으로 치닫고 있다. 리처드 코브던, 존 브라이트 등이 1839년 결성한 '반곡물법동맹'이 그 야전 사령부다.

이들은 "곡물법에는 밀의 가격을 1킬로그램당 6실링 이상으로 유지하도록 하는 규정이 있다"며 "지주에게는 높은 이익을 보장하고 노동자에게는 비싼 빵을 강요하는 악법"이라 주장한다. 곡물법은 1815년에 제정된 법으로, 풍작 때는 대량 수출을 권장하고 흉작 때는 높은 관세로 외국산 밀의 수입을 제한해 곡물가격을 일정한 수준으로 유지하도록 한 법률이다.

반곡물법 운동에 대해 사회평론가들은 "사회를 이끄는 주도권이 자유무역을 주장하는 새 세력의 손으로 넘어가고 있음을 보여주는 사건"이라며 "지난 1832년의 선거법 개정과 마찬가지로 신흥세력인 산업가들이 구세력인 지주들에 반기를 든 것"으로 분석한다.

인터뷰 ■ 아편금지 진두지휘하다 파직된 임칙서

"싸우지도 않고 항복하는 것은 망국의 지름길"

북경으로 소환된 임칙서는 결국 파직당했다. 지나친 강경책으로 전쟁을 유발했다는 게 이유였다. 눈에 잔뜩 핏발이 선 채 물러나오는 그를 자금성 밖에서 만났다.

―영국인 상관을 포위하고 물과 음식을 차단해 비인도적 처사라는 항의를 받았다던데….

"아편을 내놓으라는 정당한 요구를 일축하길래 취한 조치였소. 영국인 신부가 찾아와서 단식하겠다고 하

더군요. 난 이렇게 말했소. 당신들이 하루 단식하면 나도 하루 단식하겠다, 명분 없는 단식을 계속하다 죽으면 기꺼이 가서 축하해주겠다고."

―아편에 중독된 관리들을 어떻게 적발했습니까?

"다 모아놓고 아편 피우는 자 있으면 고백하라고 했죠. 아무도 없길래 한자리에 여섯 시간을 앉아 있도록 했죠. 그러자 사방에서 손발을 떨고 픽픽 쓰러집디다. 그 자리에서 내 의지를 읽고 개과천선해 보국의 결의를

다진 이도 있소. 현재 광주에서 그들이 겪을 고초가 걱정이오. (한숨)"

―빅토리아 여왕은 "나도 중국인이었으면 임칙서처럼 했을 것"이라고 했다던데….

"자기도 애국자고 나도 애국자다, 그런 얘기겠죠. 내 경력이 영국 신문에 자세히 나고 여왕도 알고 있단 얘

길 듣고 그들의 저력에 탄복했소. 하지만 내가 영국인이었으면 이런 침략전쟁을 결사반대했을 거요."

―선생께 대임을 맡기고 책임을 뒤집어씌운 황제에게 불만은 없는지요?

"황상(皇上)의 의지는 대단했소. 내 스승인 여자방이 아편에 중독되자 내 눈앞에서 그분을 참수하면서까지 내 결의를 다져주셨소. '내 죽음이 깃발이 되리라'며 기꺼이 칼을 받던 스승의 모습이 눈에 선하오. 황상께서 끝내 양인들에 대한 두려움을 떨치지 못한 게 안타깝소. 싸우지도 않고 항복하는 건 망국의 지름길이건만…."

화제 ■ 프루동의 〈재산이란 무엇인가〉

"사유재산은 도둑질한 것"

〈1840년 프랑스〉 "자본가가 얻는 부는 그가 고용한 노동자들이 일해서 만들어낸 것이다. 그런데도 자본가는 그 부를 자기가 다 챙기고 노동자에게는 아주 조금만 나눠준다."

최근 파리에서 파문을 일으키고 있는 프루동(31세)의 저서 〈재산이란 무엇인가〉에 담겨 있는 내용이다. 결론은 이렇다. "따라서 자본가의 사유재산은 도둑질한 물건에 불과하다."

르네상스와 종교개혁 이래 '누구나 열심히 일하면 성공할 수 있으며 그렇게 번 재산은 신성하다'는 원칙이 이렇게 호된 공격을 받은 적은 없었다. 파리의 주류 사회는 겉으로는 무시하는 분위기지만, 일부는 프루동을 미친 놈 취급하며 흥분하고 있다.

그러나 '자본가는 날로 재산을 축적하는데 노동자는 아무리 열심히 일해도 생계조차 힘든 현실'일 때

문에 청년층을 중심으로 프루동의 지지자들이 적잖이 형성되고 있다.

프루동은 자본가만이 아니라 모든 사람이 소유자가 되는 사회를 대안으로 제시한다. 잇따른 혁명이 평등문제를 해결하지 못한 가운데, 새로운 사회의 두 계급인 자본가와 노동자 사이에 서서히 전운이 감도는 분위기다.

리빙스턴, 아프리카 탐험 개시

〈1841년 7월 31일 남아프리카〉 발전이 늦은 아프리카를 문명의 길로 이끄는 자비의 사도인가, 아니면 제국주의 침략의 길을 열어주는 첨병인가?

유럽인의 발이 닿지 않은 아프리카 내륙으로 향하는 고독한 영국인 선교사의 발걸음이 서서히 양대륙의 관심을 불러모으고 있다. 화제의 주인공은

스코틀랜드의 독실한 장로교 가정에서 자라난 데이비드 리빙스턴(28세).

케이프타운에 도착한 지 4개월 만에 오늘 케이프 식민지의 북단 쿠루만에 도착한 그는 본격적인 내륙탐험을 시작한다고 선언했다. 그가 밝힌 목적은 "기독교・상업・문명을 전파"해 아프리카를 발전시키고 이곳에서 유럽인의 노예사냥을 근절시킨다는 것. 그러나 이곳의 한 줄루인은 "그의 정신은 고귀하지만 그가 개종시키고 길들인 아프리카는 유럽 침략자들의 좋은 먹이가 될 것"이라고 경고하고 있다.

뉴질랜드의 '이상한' 선택

통치권-치안 맞바꾸기로 영국 식민지화

〈1840년 2월 6일 뉴질랜드〉 뉴질랜드가 이제 영국의 식민지가 됐다. 영국인 홉슨 제독은 오늘 뉴질랜드의 마오리족과 와이탕기에서 만나 식민지 합병조약을 맺었다고 발표했다. 마오리족이 가지고 있는 토지 소유권과 생존권은 현재대로 보장되지만, 토지매매는 영국인에게만 할 수 있다.

마오리족이 영국에게 통치권을 넘겨준 것은 어이없게도 뉴질랜드에서 판치는 영국인 범죄자의 만행을 막아주겠다는 약속 때문. 최근 오스트레일리아에 있는 영국인 범죄자 수용소에서 탈출한 죄수와 사기꾼들이 마오리족을 학살하고, 심지어 머리를 잘라 유럽에 파는 일까지 성행하고 있

기 때문이다.

하지만 통치권과 치안을 맞바꾼 것이 과연 적절한 선택이었는지에 관해서는 두고두고 논란거리가 될 것으로 예상된다.

세계사 신문

"실제 그대로" 기록문화 신기원

다게르, 사진기 대중화 기술에 성공

〈1839년 8월 19일 프랑스〉 1837년 첫선을 보인 이래 현실의 모습을 고스란히 평면 화면에 담을 수 있는 놀라운 기계인 사진기의 원리가 공개됐다. 오늘 프랑스 과학 아카데미와 예술원 합동회의에서 다게레오타입을 발명한 루이 다게르가 사진기의 원리에 대해 자세히 설명했다.

다게레오타입은 요오드화 은판 위에 상을 촬영한 후, 이 은판에 수은 증기를 쏘여 보존이 가능하게 만든 장치다. 눈앞의 상이 평면 화면 위에 맺히도록 하는 기술은 16세기부터 이미 알려져 있었으나 다게르는 상이 짧은 시간 안에 은판 위에 맺히고 보존되도록 만든 것이다.

다게레오타입이 인기를 모으는 것은 바로 그 '짧은 시간' 덕분이다. 지금까지 알려진 촬영방법은 보통 여덟 시간 동안 꼼짝 않고 사진기 앞에 앉아 있어야 하기 때문에 대중들의 관심을 끌지 못했다. 이에 비해 다게르의 사진기는 노출시간이 30분에 불과하다.

한편 프랑스의회는 다게르가 사진기 기술을 공개한 대가로 레종 도뇌르 훈장을 수여하고 연금을 지급하기로 결정했다.

다게레오타입 사진기(왼쪽)와 다게레오타입 사진기로 찍은 최초의 사진.

초점 **■ 미술과 사진, 새로운 관계맺기**

사진 대중화 성큼…미술계 위상 흔들
사진 예술적 가능성은 좀더 지켜봐야

"사라져버리는 영상을 잡으려는 생각은 불가능할 뿐만 아니라 그런 의도는 하느님을 모독하는 것이다. 인간이 만든 어떠한 기계도 신의 이미지(즉 신의 형상대로 창조된 인간)를 담을 수 없다." 사진술이 발명되었다는 소식이 전해지자 독일의 〈라이프치히 시공보〉는 이렇게 비난했다.

하지만 이 기사는 화가들이 사진기의 원리를 오래 전부터 알고 사용해왔다는 점에 대해서는 언급하고 있지 않다. 화가들은 눈앞의 상을 정확하게 모사하기 위해 흔히 암실의 벽에 상을 맺히게 하는 카메라 옵티큘라(암실) 기법을 사용해왔다.

"눈에 보이는 것을 영원히 남겨놓고 싶다"는 것은 그림의 오래된 임무였다. 초상화나 역사화가 없었다면 가문의 이야기나 역사서가 얼마나 건조했겠으며, 어떻게 먼 지방의 소식들이 전해졌겠는가.

하지만 이제 '기록'의 임무는 사진에게 넘겨주어도 좋은 시대가 됐다. 무엇보다도 사람들은 30분이라는 짧은 시간만 앉아 있으면, 초상화와는 비교도 안 될 만큼 실물과 똑같은 사진이 찍힌다는 데 놀라고 있다. 덕분에 초상화가들이 화판을 집어던지고 차라리 사진계로 뛰어들까 고민한다는 소식도 들린다.

하지만 미술계가 앞으로 겪을 충격은 이보다 훨씬 클 것이라는 게 화단의 대체적인 지적이다.

알림
우편물에는 우표를

우편요금 체계가 바뀝니다.

이제 배달거리가 아니라 무게가 기준이 됩니다. 후불제가 아니라 선불제입니다. 요금지불의 증거로 우표를 붙여주세요. 24그램 편지당 단돈 1페니.　1840년

화제의 책 **■ 〈기독교의 본질〉 포이어바흐**

"물질적 조건이 관념을 만든다" 유물론 포문

"십자가에 못박혀 있는 예수는 인간의 형상을 띠고 있다. 왜일까. 신이 그렇게 창조한 거라고? 말짱 거짓말이다. 인간이 만들었기 때문이다!"

독일의 소장 철학자 루드비히 포이어바흐(37세)가 최근 출판한 〈기독교의 본질〉에서 주장하고 있는 파격적인 주장이다. 신학 공부를 하다 때려치우고 헤겔 밑에 들어가 변증법을 공부한 그는 신학과 헤겔 철학에 공통적으로 스며 있는 관념론을 말끔히 걷어내고 유물론을 선보이고 있다.

그는 관념론의 주범을 기독교로 본다. 그런데 "기독교는 이미 인류의 이성과 삶에서 추방된 지 오래며, 이젠 하나의 고정관념에 불과하다"고 단정한다. '기독교의 본질'은 "인간의 내적 본성이 투사(投射)된 것 외에 아무

것도 아니다." 예수가 인간을 조건 없이 사랑한다는 것은 "인간이 자신을 사랑해줄 누군가를 바라는 심정을 표현한 것"에 지나지 않는다는 얘기다.

따라서 그는 우리의 시선을 신이 아니라 사물 그 자체로 돌려야 한다고 역설한다.

---

internet 세계사 여행

▶ 아편전쟁 http://www.magnet.ch/serendipity/wod/hongkong.html 중국 사이트 ▶ 위대한 사진작가들 http://masters-of-photography.com/summaries.html/
▶ 제1차 영-아프간 전쟁 http://www.geocities.com/Broadway/Alley/5443/afopen.htm 전쟁의 원인, 각 전투 상보, 평가 등
▶ 뉴질랜드 http://www.govt.nz/ 뉴질랜드정부 사이트로 이 나라에 관해 궁금한 모든 것을 검색할 수 있다.

[중국 반식민지화]

세계사신문

아일랜드 감자 기근… 영국 등지로 일파만파

〈1845년 9월 아일랜드〉 영국 식민지 아일랜드가 형편없는 감자 작황(作況)을 기록, 갖가지 사회문제가 우려되고 있다. 흉작에 따른 식량부족과 물가상승이 기아(饑餓)와 유랑(流浪), 이민과 폭동 등을 초래할 것으로 예측된다. 그간 아일랜드의 400만 인구와 영국의 200만 인구가 아일랜드산(産) 감자에 전적으로 의존해 주식을 해결해왔기 때문이다.

아일랜드정부는 최근 "감자 농업은 우리 경제의 가장 중요한 기반"이라고 전제한 뒤, "7월까지만 해도 풍작을 기대할 정도였으나 갑자기 닥친 차가운 비와 안개와 병충해가 감자를 대거 부패시켜 수확량이 20퍼센트 이상 감소됐다"고 발표했다. 농업청은 또 "감자 기근을 해결코자 해외로부터 옥수수를 대량수입, 배급하고 있으나 턱도 없이 모자라는 실정"이라고 덧붙였다.

아일랜드의 농민들은 "영양결핍으로 죽거나 병을 앓는 이가 속출하고 있다" "정든 고향이지만 살기가 너무 버거워 떠날 수밖에 없다"며 대부분 영국이나 미국으로 이민갈 준비를 하고 있다.

경제학자들은 "아일랜드경제의 붕괴가 유럽 각국에 수출감소 등 파장을 미칠 것" "아일랜드계(系) 이민자들은 낮은 임금에라도 일할 태세인 만큼 임금인하를 부추기고 이에 따라 각국 노동자들의 반발이 예상된다"며 우려를 금치 못하고 있다.

아편전쟁에서의 패배 이후 중국은 서구 열강과 잇따라 불평등조약을 맺고 있다. 사진은 남경조약의 조인식 풍경.

중국 반식민지로 전락
아편전쟁 패배…서구 열강과 잇따라 불평등조약

〈1844년 중국〉 2년에 걸친 아편전쟁에서 영국이 승리함에 따라 200년에 걸친 청제국의 중국 지배가 기우뚱거리고 있다. 승전국인 영국이 중국의 문을 열어젖히자 미국, 프랑스 등 서구 열강이 잇따라 함포와 상선을 앞세우고 밀려들어와, '중화제국'은 강남 항구들의 주권을 빼앗긴 채 반식민지로 추락하고 있다.

청의 황제 도광제는 1842년 영국군이 양자강을 따라 남경으로 육박하자 남경 함락이 제국의 위신에 미칠 영향을 고려, 영국측의 요구를 모두 수용했다. 이에 따라 전권대신 기영은 남경에 정박중이던 영국군함 콘윌리스 선상에서 홍콩을 영국에 떼어주고 광주·상해 등 5개 항을 개방하며 막대한 전쟁배상금을 지불하는 등 '무조건 항복'이나 다름없는 불평등조약에 조인했다.

이제 청제국은 각 개항장에서 영국에게 치외법권을 갖는 조계(租界)를 내주고, 관세도 영국과 협의해서 결정해야 하는 처지가 됐다. 금년엔 미국, 프랑스와도 비슷한 내용의 조약을 체결, 5개 개항장은 열강의 국기가 물결치는 경제 식민지로 굳어지고 있다. 이들 열강은 청제국이 타국에 특권을 주면 자국도 자동으로 그 특권을 누리는 소위 '최혜국 대우'를 보장받아, 향후 중국에 대한 침략은 상승작용을 일으키며 증폭될 전망이다.

이 같은 청제국의 추락은 내외에 심각한 파장을 일으키고 있다. 부패한 관군이 저항다운 저항도 없이 무너지는 모습을 본 중국민중은 청제국에 대한 복종을 거두고 스스로 외세에 항거할 태세다. '세계 최강' 중국의 참패를 본 동아시아 각국은 동요하면서 '양이(洋夷)'에 대한 경계를 강화하는 모습이다.

▶참조기사 12호 1면

미국-멕시코 전쟁
텍사스 이어 캘리포니아까지 미국 군침에 멕시코 발끈

〈1846년 5월 13일 캘리포니아〉 미국과 멕시코 사이에 전쟁이 벌어졌다. 제임스 포크 미국 대통령은 오늘 "멕시코가 미국 땅을 침략했다"며 선전포고를 했다.

미국과 멕시코의 관계는 지난해 이미 국교가 단절된 상태. 멕시코 땅이던 텍사스가 반란을 일으켜 미국 땅으로 넘어간 것이 원인이었다. 그런데다 미국이 캘리포니아와 뉴멕시코마저 팔라고 제안했다가 거절당하면서 양국의 관계는 더욱 악화됐다. 미국이 군대를 동원해 캘리포니아를 강점해버리자, 열받은 멕시코가 그 미군을 공격한 것.

이번 선전포고의 이유인 "미국 침략"이란 바로 이 캘리포니아의 미군을 공격한 사건을 두고 하는 말이다. 이런 상황이 억지스러운 점이 많아 미국 안에서도 반대여론이 적지 않지만, 미국정부는 그런 비난에는 아랑곳없이 멕시코 내륙을 향한 침공을 계속하겠다는 뜻을 밝히고 있다.

▶참조기사 11호 1면

세계사 신문

중국민중, 광주에서 반외세 항쟁 포문

〈1846년 중국〉 수천 명의 중국인이 광주성에서 '양귀(洋鬼)는 광주에 발을 들여놓는 즉시 살해되리라'는 격문을 곳곳에 붙이고 관공서에 불지르는 무력시위를 벌이고 있다.

남경조약에 따르면 성 안에는 영사만 들어올 수 있으나, 영국이 상권 확대를 위해 일반인의 강제입성을 시도하고 흠차대신 기영이 이를 허용하자 이처럼 분노를 터뜨린 것이다.

현재 남경 전역에선 영국인들이 다급하게 항구 쪽으로 퇴각하는 모습이 목격되고 있다.

이 같은 중국인의 반외세 항쟁은 아편전쟁중 광주 교외의 삼원리에서 수만 명의 농민이 영국군의 부녀자 폭행에 항의하며 봉기한 이래 나날이 격화되고 있다. "민중은 관을 두려워하고 관은 양귀를 두려워한다"던 전쟁 전의 속담이 "관은 양귀를 두려워하고 양귀는 민을 두려워한다"는 말로 바뀌어 있을 정도다.

마치 한 명의 임칙서가 사라지자 수십 만의 임칙서가 들고일어난 형세지만, 이들 민중은 청제국을 외세의 앞잡이로 본다는 점에서 임칙서와는 완전히 달라졌다는 평이다.

▶참조기사 12호 3면

▶참조기사 12호 3면

사설
아편전쟁은 새로운 시대의 시작

아편전쟁의 도발이 범죄행위요 반역사적 폭거라는 것은 처음부터 누구의 눈에나 분명했다. 그러나 이것이 침략을 당하는 중국의 입장을 전적으로 정당화하지는 않는다.

강직한 애국자 임칙서는 "서양의 장점으로 중국의 단점을 보완"해 싸움을 승리로 이끌겠다는 굳은 의지를 표명했다. 문제는 그가 이런 생각을 가진 거의 유일한 중국관료라는 점이다. 영국함포에 기절초풍한 중국조정은 더 망신당하기 전에 서둘러 양보하려는 분위기다.

힘이 모자라 굴복하는 걸 나무랄 수만은 없다. 그러나 서둘러 꼬리를 빼는 중국정부의 뒤는 몹시 구리다. 임칙서 같은 애국자가 민중을 조직해 맞서 싸웠다면 4억 중국인이 호락호락할 리 없다. 그러나 한줌도 안 되는 황실 집단은 민중의 규합이 반정부 투쟁으로 이어지는 게 두려워 외세와의 타협에 나선 것이다. 이대로 간다면 중국정부도 역사의 준엄한 심판을 면치 못할 것이다.

그러나 이 추악한 전쟁은 역설적으로 새 희망을 예고하고 있다. 벌써 광동을 중심으로 대오각성한 많은 민중이 외세에 맞서 싸울 조짐이 나타나고 있다. 그들 앞에는 고통과 어려움이 가로놓여 있지만, 우리는 아시아의 앞날이 무능한 정부보다 그들에게 달려 있다고 본다.

침략을 받은 그 자리에서 일어선 중국민중의 기백에 박수를 보내며 그들이 서유럽이란 침략 바이러스에 대해 강력한 백신이 될 것을 믿어 의심치 않는다.

타임머신
150년 만에 중국에 반환된 홍콩
20세기에 마감된 아시아 자본주의화의 쇼윈도

1997년 6월 30일 오후 11시 50분 홍콩 컨벤션 센터. 강택민 중국 국가주석은 찰스 왕세자와 블레어 영국 총리, 크리스 패튼 28대 홍콩 총독 앞에서 특유의 카랑카랑한 목소리로 이렇게 선언했다.

"홍콩 반환은 중국뿐 아니라 세계 전체 인민의 승리입니다." 장내에는 중국인 내빈들의 박수만 메아리쳤다. 천안문 광장에서 멀티비전 중계를 지켜보던 중국인은 환호를 올렸고, 텔레비전 중계를 보던 영국인은 채널을 돌렸다.

150년 넘게 이어온 영국의 홍콩 지배는 이렇게 끝났다. 반환식은 10분 만에 끝나고, 왕세자는 홍콩을 떠났다. 1842년 함포와 아편을 싣고 홍콩에 들어오던 영국인의 당당한 태도와는 너무도 대조적인 장면이었다.

애초에 홍콩은 영국에 할양된 영토였기 때문에 중국에 반환해야 할 시한이나 의무 같은 건 없었다. 그러나 1898년 구룡반도 등 신계(新界)는 99년간 조차됐다. 그러나 1984년, 홍콩의 자본주의체제를 50년 동안 유지하는 것을 조건으로 홍콩도 구룡반도와 함께 반환하기로 했다. 홍콩을 영국이 울며 겨자먹기로 중국에 반환할 수밖에 없었던 것은 과연 세기말적인 사건이었다. 거인으로 떠오르는 중국의 '힘'이 없었으면 이런 일이 과연 가능했을까?

이제 홍콩은 제국주의의 영광과 퇴조의 흔적을 함께 안은 채 서방을 향한 중국의 창으로 21세기를 맞고 있다.

홍콩 컨벤션 센터에서 벌어진 홍콩 반환식.

동서고금 이은홍

"나 호랑이 맞니?"

마오리족, 영국에 힘겨운 투쟁

〈1845년 뉴질랜드〉 원주민 마오리족이 영국 이주민에 맞서 힘겨운 투쟁을 전개하고 있다. 오스트레일리아의 영국 이주민들이 "고래잡이 기지를 건설한다"는 명목으로 뉴질랜드의 해안 곳곳에 진출, 자신들을 내지(內地)로 몰아내려 하기 때문이다.

영국 이주민의 이 같은 만행은 오래 전부터 있어 왔다. 이에 마오리족은 1840년, 영국정부에 "뉴질랜드 통치권을 양도한다" "이주민들이 현재 장악하고 있는 땅의 소유권을 인정한다" "대신 우리의 신변을 보호해달라"고 제안한 바 있으나 이주민들의 만행이 계속되고 있는 것이다. 11세기경부터 마오리족이 정착해 살아온 뉴질랜드가 유럽인에게 알려지게 된 것은 1642년 네덜란드 항해가 아벨 타스만에 의해서였다.

▶참조기사 12호 3면

▶참조기사 12호 3면

철도 '퀵 서비스' 유럽 열풍

산업발전 맞물려 건설 한창…파급효과도 톡톡

'꽤액' 기적소리와 함께 유럽이 좁아지고 있다. 영국을 필두로 독일과 프랑스 같은 유럽의 선진국들이 철도 건설에 나서고 있는 것이다. 말이 끌지 않는 철마가 과연 달릴 수 있을까 고개를 갸웃거리던 것이 불과 몇십 년 전. 하지만 1829년 조지 스티븐슨이 시속 25킬로미터짜리 기관차엔진을 만들면서 새로운 세상이 도래하기 시작했다.

철도산업에 있어 현재 가장 주목할 만한 나라는 산업혁명의 중심지인 영국이다. 자본이 풍부한 민간기업들이 나서서 철로건설에 앞장선 덕분이다. 20만 명의 노동자들이 산과 계곡에 철길을 놓기 위해 동원됐고, 그 결과 10년 전 800킬로미터에 불과하던 철로가 그 열 배인 8천 킬로미터의 길이로 연장됐다. 이것은 세계 철로의 약 25퍼센트에 달하는 규모다. 덕분에 에든버러에 사는 사람이 런던에 오려면 역마차로 44시간이나 걸리던 것이 고작 12시간이면 충분하게 됐다.

영국 외에도 최근 공업에 많은 투자를 하는 독일의 경우 4천 킬로미터 길이의 철도망을, 프랑스는 3천 킬로미터 정도의 철도망을 갖추고 있다. 이렇게 철로건설이 유행하는 것은 말할 것도 없이 철도를 통해 얻는 이익이 적지 않기 때문이다.

우선 철도망은 새로운 산업을 일으킬 수 있는 기본토대가 되어준다. 화물의 장거리 이동이 가능해짐으로써 값싼 원료를 풍부하게 구할 수 있게 됐고, 더 넓은 시장을 찾아 물건을 나를 수 있게 됐다.

그리고 무엇보다도 철도산업 자체로 충분히 수지가 맞는다는 점을 빼놓을 수 없다. 가끔 3등칸 위로 화차의 불똥이 날아가기도 하고, 1, 2등칸도 어둡고 답답하기는 하지만, 기차역마다 장거리 여행을 하려는 사업가와 행락객, 통근자들이 몰려들고 있어 앞으로 철도이용은 더욱 늘어날 전망이다.

▶참조기사 6호 4면

이모저모

▶신도시 개발

철도가 원료와 상품의 이동을 담당하게 되면서 공장들이 기차역 근처로 이사오고 있다. 공장과 함께 노동자들이 따라 오고, 이들을 상대로 상권이 형성되면서 기차역을 중심으로 공업도시가 성장하고 있다. 맨체스터는 철도가 놓이면서 교역량이 네 배로 껑충 뛰었다.

▶기차시간표가 기준

기차를 타려면 기차시간을 챙기는 것은 필수. 하지만 켄트와 콘월만 해도 반 시간이나 차이가 나는 등 도시별로 시간이 다르니 이를 어쩐다? 결국 모든 기차역에는 같은 시각을 가리키는 시계와 시간표를 걸기로 했고, 시민들은 그 시계에 맞춰 자신들의 시계를 조절하게 됐다.

▶광폭이 된 생활

신문과 우편물이 철도로 배달되면서 사람들의 생활범위가 급속도로 넓어졌다. 도시 외곽에서 도심으로 출퇴근하는 통근족이 생겼고, 주말이면 교외로 소풍을 나가는 사람들 덕분에 휴양지 개발에도 바람이 불고 있다. 기차는 매일 신선한 우유를 배달하는 일도 한다.

화제 ■ 로치데일, 협동조합 설립

"소비자가 봉이냐"
소비자 권익 조직적 운동 전개

〈1844년 영국〉 "소비자는 봉이 아니다!" 영국 로치데일에서 일단의 노동자들을 중심으로 "소비자의 권리옹호"를 주장하는 '로치데일 평등주의자협회'가 결성됐다. 이 협회는 회원들의 돈을 모아 가게를 열고, 거기서 얻어지는 이익금을 다시 나누어 갖는 협동조합을 경영하고 있다.

상인의 횡포에도 아무 말 못하던 소비자들이 자신의 권리를 조직적으로 주장하기 시작했다는 점에서 관심을 끌고 있는 협동조합 운동에 대해 회원 로자 씨(가명·40세)는 "언제 소비자의 권리라는 것이 있기나 했던가요? 물건값이 정해져 있지 않아서, 주인이 부르는 대로 울며 겨자먹기로 돈을 줘야 했죠. 하지만 조합 가게에서는 안심하고 물건을 살 수 있어요"라고 자랑했다.

본래 오언이 제창했지만, 오언 사후에는 거의 사라져버린 이 협동조합 운동이 다시 살아난 것은 새로운 대중운동방식을 찾던 차티스트 운동가들에 의해서였다. 노동자들의 참정권을 주장하던 이들은 차티즘이 최근 약해지면서 생활적이고 대중참여가 쉬운 운동방식을 고민해왔다.

세계사신문

인기 연재소설 작가들 몸값 '상한가'

일간지 발행부수 폭증에 '작가 모시기' 경쟁…문학 상업화 비난도

〈1845년 프랑스〉 인기작가 외젠 쉬는 최근 파리의 일간신문 〈콩스티튀시오넬〉에 〈방랑의 유대인〉이란 소설을 1년간 연재하고 무려 10만 프랑의 고료를 받기로 하는 계약을 맺었다. 황제였던 나폴레옹이 엘바 섬으로 유배되면서 20만 프랑의 연금을 약속받고도 제대로 지급되지 않았던 걸 감안하면 파격적인 액수다.

9년 전 창간된 〈라 프레스〉를 비롯, 〈시에클〉〈주르날 데 데바〉 등 일간신문의 발행부수가 폭증하면서 이같은 인기작가들의 주가 상승은 이제 대세로 자리잡은 느낌이다. 1840년대 최고의 히트작 중 하나인 〈삼총사〉의 작가 알렉상드르 뒤마는 연간 수입이 20만 프랑에 이르는 것으로 알려지고 있다. 〈콩스티튀시오넬〉은 그의 작품 22만 행당 6만 3천 프랑을 지급한다고 밝혔다.

7월 혁명 후 사회가 안정되고 시민들의 문화수요가 늘어나면서 나타난 이 같은 현상은 파리 일간지들의 발행부수를 10년 만에 세 배 수준인 20만 부로 늘려놓았다. 이에 따라 일간지들의 작가 확보 경쟁도 치열해져서, 〈라 프레스〉가 발자크의 〈인간희극〉 시리즈를 연재해 재미를 톡톡히 보자 〈시에클〉은 뒤마를 끌어들여 반격을 가하기도 했다. 뒤마는 써야 할 일감이 많아지자 자기 이름으로 소설을 쓰는 대필작가들을 70여 명이나 고용하고 있다는 소문이 나돌고 있다.

이 같은 연재소설 선풍에 대해 문학의 대중화로 반기는 입장이 있는가 하면, 소설이 스테레오타입화되고 범속해진다는 비판도 만만찮다. 실례로 각 연재소설들은 인물들의 유형이 고정되고 줄거리가 연재단위로 툭툭 끊기며 자극적인 표현이 늘어나는 등 기존의 전작소설에 비해 구성과 작품성 등에서 퇴보를 면치 못하고 있다고 평론가들은 입을 모은다.

마취제 이용 고통 없는 수술 대성공

〈1846년 10월 미국〉 외과수술을 두려워하던 환자는 앞으로 시름을 놓아도 좋을 듯. 최근 보스턴에 있는 매사추세츠 종합병원의 치과의 윌리엄 모턴은 마취제를 사용, 서양세계 최초로 환자의 목에 난 종기를 '고통 없이 수술'하는 데 성공했다. 에테르를 이용, 고통을 느끼는 신경의 감각을 잃게 만드는 방법이다. 환자는 "가뜩이나 아픈 종기에 칼을 댄다 해서 소름이 끼쳤는데 생각과는 달리 하나도 아프지 않더라"며 신기해했다.

고대 그리스에서는 네펜테, 이슬람권에서는 아편이나 사리풀 등을 마취제로 사용했다는 기록이 있으나 근래 들어 수술 성공사례가 보고된 것은 이번이 처음이다.

음악화제 ■ 바그너의 〈탄호이저〉

"모든 대사를 노래로"

오페라 개혁 신호탄

〈1845년 독일〉"탄호이저님, 당신을 위해서라면, 제 목숨은 아깝지 않아요." "오, 내 사랑 엘리자베스, 죽지 마오, 관능적 마녀의 유혹에 빠진 나를 용서해주오."

무대 아래서는 관현악단이 장중한 음악을 연주하고 무대 위에서는 남녀 성악가가 비극적 사랑을 노래한다.

독일 낭만주의 작곡가 리하르트 바그너의 오페라 〈탄호이저〉가 요즈음 인기다. 독일 민중의 사랑을 받는 민간 전승, 13세기에 실재했던 시인 탄호이저의 삶과 문학세계(?)를 그린 작품이다.

바그너는 개혁적 성향 때문에 기존 오페라단이나 비평가로부터 비판을 받지만 청중들 사이의 인기는 날로 치솟고 있다. 이전 오페라들과 달리 관현악단을 대규모로 편성하고, 대중이 좋아하는 문학작품을 악극화하며, 성악가들에게 모든 대사를 노래하도록 만드는 〈탄호이저〉 등 그의 작품들이 상반된 반응을 낳고 있는 것.

이 같은 성향은 "모든 예술은 서로 연계되어 인간 전체를 표현해야 한다""예술은 일부 계층의 오락도구가 아니라 국민 전체의 예술이어야 한다"는 그의 음악론에서 나오고 있다.

'아무리 먼 곳도 실시간으로 전한다' 모스, 전신개발로 통신 대혁명

〈1844년 미국〉볼티모어에 임시로 개설된 전신국에는 긴장이 감돌고 있었다. 문자를 전기신호로 바꾸어 먼 곳까지 단숨에 보낸다는, 불가능해 보이는 전신(電信) 실험이 최초로 이루어지는 현장이다.

약속한 시간이 지나며 한숨이 새어나올 즈음, 마침내 전신기의 접극자가 아래위로 움직이며 소리를 내기 시작했다. "또또오또오 또또또또 또또오 또오…"

아연 흥분된 분위기 속에 베일은 워싱턴에서 친구 모스가 보내온 이 신호를 약속된 부호로 받아적었다.

.-- .... .- -/ .... .- -- ./ --. --- .-. / .-- .-. --- ..- --. .... -

이어서 이 부호를 약속된 문자로 조심스럽게 고쳤다. 'What hath God wroght(신이 만드신 것)'

사람들은 탄성을 올리며 만세를 불렀다. 며칠씩 걸려 전달되던 편지 대신 실시간으로 소식을 전할 수 있는 통신의 대혁명이 일어난 것이다.

이 기막힌 전신의 발명자는 물론 신이 아니라 이 실험의 두 주인공 모스와 베일이었다. 화가였던 모스는 12년 전 이탈리아에서 돌아오던 배에서 얻은 착상을 기반으로 공장주인 베일과 함께 연구에 몰두해온 것으로 알려졌다.

---

internet 세계사여행

▶ 모스 부호 http://www.soton.ac.uk/~scp93ch/refer/morsesrc.html 모스 부호에 관한 사이트들 일람
▶ 리하르트 바그너 http://www-math.ias.tokushima-u.ac.jp/~ohbuchi/taste/misc/ 바그너의 삶, 음악, CD 리뷰 등
▶ 차티즘 http://65.107.211.206/history/hist3.html 영국노동자들의 참정권 운동에 관한 사이트

세계사 신문

1848년은 혁명의 해

유럽 전역에서 자유주의·민족주의 혁명 폭발
노동자 참여로 프랑스 혁명과는 다른 양상

<1848년 유럽> 올해에 들어서기가 무섭게 이탈리아와 프랑스에서 터져나온 혁명의 물결은 순식간에 유럽 전역을 휩쓸면서 바야흐로 절정으로 치닫고 있다.

이번 혁명은 "프랑스 혁명이 돌아왔다"는 토크빌(43세·프랑스)의 말처럼 1789년의 정신을 이어받아 유럽 전역에서 봉건 잔재의 숨통을 끊어버리겠다는 기세로 전개되고 있다. 그 연쇄폭발의 도화선에 불을 붙인 것은 역시 혁명의 나라인 프랑스였다.

1830년 7월 혁명 때 '국민의 왕'으로 취임했던 루이 필립이 은행가·대부르주아지 편향으로 나아가자, 공화주의자들은 그를 '은행가의 왕'으로 몰아붙이며 지난 2월 노동자들과 힘을 합해 봉기했다. 왕정은 이틀 만에 붕괴되고 라마르틴을 수반으로 하는 임시정부가 수립됐다.

파리 혁명 직후부터 꿈틀거리던 오스트리아의 학생과 중산층은 3월 13일 빈에서 총봉기했다. 유럽 반혁명

의 보루인 이 나라에서 일어난 혁명은 단연 1848년이 정점이다. 빈 체제의 파수꾼인 메테르니히는 세탁물 속에 몸을 숨겨 피신한 뒤 런던으로 망명했다. 황제는 검열폐지와 출판·결사의 자유, 헌법제정을 약속했으나, 그것이 불충분하다고 판단한 학생들은 5월에 다시 봉기했다. 지금 오스트리아는 학생과 민병대의 감시 아래 보통선거를 통한 제헌의회 구성이 추진되는, 상전벽해(桑田碧海)의 나날을 맞고 있다.

오스트리아처럼 봉건 절대주의를 종식시키는 과제는 독일 영방 국가들도 예외가 아니다. 빈 혁명 5일 후 프로이센의 수도 베를린도 질 수 없다는 듯 들고일어났다. 자유주의 내각이 들어서 헌법제정과 의회소집에 착수했다. 또 독일 각 영방으로 확산된 혁명은 독일민족의 통일운동을 자극해 지난 달 이 문제를 논의하는 국민의회가 프랑크푸르트에서 소집됐다.

이 같은 혁명의 민족주의적 색채는

돌아온 프랑스 혁명. 봉건제의 완전 폐지를 주장하는 파리의 혁명이 유럽으로 확산되고 있다.

특히 오스트리아제국의 지배를 받아온 나라들에서 짙다. 헝가리, 체코 등 슬라브민족은 연방제를 통해 독립과 통일의 달성을 목표로 5월부터 프라하에서 범슬라브 회의를 열고 있다. 또 오스트리아 치하에 있던 이탈리아의 밀라노도 독립혁명을 일으켜 3월에 점령군을 전격 축출한 바 있다.

한편, 6월에 들어서면서 파리의 노동자들은 임시정부가 자본가 위주로 기울자 이에 반대해 무장봉기를 일으켰다. 또 영국에서는 차티스트의 청

원운동이 수백만의 서명을 받아내는 열기를 자아내고 있다. 관측통들은 지금까지의 혁명과 달리 이 같은 노동자들과 그에 기반한 사회주의 운동이 향후 혁명의 향방에 중요한 변수가 될 것으로 내다보고 있다.

흥분과 불안이 교차하는 가운데 오늘도 유럽 대륙은 데카브리스트의 후예들이 들썩이는 동쪽 러시아에서 차티스트의 서쪽 영국까지, 혁명으로 해가 뜨고 혁명으로 해가 지는 나날이 이어지고 있다. ▶참조기사 9호1면

"하나의 유령이 유럽을 배회하고 있다-공산주의라는 유령이"
마르크스·엥겔스 '공산당선언' 발표

<1848년 2월 런던> "하나의 유령이 유럽을 배회하고 있다-공산주의라는 유령이. 교황과 차르, 메테르니히와 기조, 프랑스 급진파와 독일경찰 등 낡은 유럽의 모든 세력이 이 유령을 사냥하기 위해 신성동맹을 맺었다."

런던에 본부를 둔 국제노동자조직 '공산주의자동맹'이 최근 배포한 '공

산당선언'의 첫 구절이다. 이 문건은 그렇게 유령처럼 떠도는 공산주의의 정체를 분명히 밝히고 공산주의자의 임무를 내외에 천명하고 있다.

마르크스와 엥겔스가 작성한 공산당선언은, 공산주의가 새로운 계급인 노동자계급의 사상이며 자본가와의 계급투쟁을 통해 자본주의를 전복하

는 것이 공산주의자의 임무라고 못박고 있다. '자본가에 반대하는' 소부르주아지나 봉건귀족의 입장에서 공산주의를 도용해온 '유령 공산주의자'와도 분명한 선을 긋고 있다.

프랑스에서 노동자가 참가한 혁명이 일어난 것과 동시에 런던에서 독일어로 발간된 공산당선언은 영어와 프랑스어로도 번역돼 유럽으로 배급되고 있으며, 내용뿐 아니라 유려한 문체로 노동자와 진보적 지식인들 사이에 선풍을 일으키고 있다.

긴급분석 ■ 1848년 혁명, 어디서 왔는가

계급대립 예각화된 '빵과 치즈의 혁명'

19세기 들어 유럽은 거친 호흡을 반복해왔다. 혁명이 그 날숨이라면 반혁명은 들숨이다.

1830년 프랑스의 7월 혁명 이래 유럽은 깊은 숨을 들이쉬다 못해 아예 숨을 죽이고 있었다. 그 끝에서 한꺼번에 터뜨린 폭발적인 숨, 그것이 1848년 유럽 혁명이다.

이번 혁명은 나폴레옹 전쟁기와는 비교도 할 수 없을 만큼 빠른 속도로 유럽을 뒤흔들면서 봉건제의 완전 폐지와 자유주의·민족주의의 도래를 대세로 확정짓고 있다.

혁명이 급격한 만큼 반혁명의 대응도 과격하지만 전유럽 차원에서 봉건 잔재의 청산이라는 흐름만은 거스를 수 없을 것이다.

그렇다면 이번 혁명은 자유 평등 박애를 부르짖은 1789년의 프랑스 대혁명의 단순한 지역적 확산일까? 결코 그렇지만은 않다. 40년의 세월이 흐르면서 혁명의 구호도, 혁명의 주체세력도 예각화됐다.

1789년에는 부르주아지들이 보편적인 혁명의 이념을 대표했다. 농민과 기타 민중도 그들을 따랐다. 그러나 지금은 가장 선진적인 프랑스뿐 아니라 오스트리아의 후진적 식민지에서조차 사정은 달라졌다. 1789년에는 존재하지도 않았던 노동자들이 나타나 혁명의 근본적 완수를 외치고 부르주아지들은 이를 도리어 두려워

긴급설문 ■ '유럽의 봄' 이끄는 혁명 주역들에게 듣는다

1848년 혁명은 잠재되어 있던 사회주의 사상을 물위로 끌어올렸다.

〈1848년 봄 유럽〉 혁명열기가 유럽 땅덩어리를 후끈 달구고 있다. 이 대변혁의 중심에는 민중세력이 놓여 있다. 이들은 "경제위기로 민중의 삶은 낭떠러지 위를 걷는 듯 아슬아슬하다"며 "더 큰 문제는 우리에게 자유가 없다는 사실이다"고 입을 모은다. 프랑스, 영국, 헝가리에서 민중을 이끌고 있는 세 사람의 대표자로부터 혁명에 대한 입장을 들어보았다.

"노동자 삶의 질 개선돼야"

▶알렉상드르 알베르(33세·프랑스)
나는 노동자 출신입니다. 동료 노동자들을 이끌고 지난 2월 혁명에 참여, 최근 세워진 임시정부에서 노동자 대표로 활동했습니다. 나의 관심은 노동자들이 어떻게 비참한 삶에서 벗어날 수 있는가 하는 데 있습니다. 나는 주장합니다.

노동자에게 선거권이 주어지고 노동조합을 결성할 자유가 있어야 한다고. 이윤추구를 최고로 삼는 자본주의와 이를 부추기는 경제이론을 없애야 한다고. 대신 경제활동은 노동자가 공유하는 협동작업장에서 이루어져야 합니다.

"모든 사람에게 투표권을"

▶퍼거스 오코너(52세·영국)
나는 아일랜드 출신으로 영국 하원

초점 ■ 베일 벗은 사회주의

유령처럼 배회하던 사회주의가 1848년 혁명을 계기로 유럽 대륙을 활보하고 있다. 유럽에서 다음번 혁명은 사회주의 혁명이라고들 말할 정도다. 그러나 아직 형성단계인 사회주의는 많은 스펙트럼을 갖고 있다. 대표적인 몇몇 '사회주의자'들을 통해 그 차이점을 알아본다.

공산주의 반대 무정부주의자

▶프루동(39세·프랑스) 2월 혁명이 일어나자 파리에서 〈인민의 대표자〉 등 좌익계 신문을 발행해왔다. 근로민중이 각자 생산수단을 소유하고 협동조합 방식으로 유통·소비하는 사회를 추구한다. 생산수단을 공유하자는 공산주의에는 반

대하며 폭력혁명과 중앙집중적인 정치조직도 반대한다. 중앙권력 없는 사회를 꿈꾸는 그의 사상은 흔히 '무정부주의'로 불린다.

소수에 의한 폭력혁명 주장

▶블랑키(43세·프랑스) 이탈리아에서 혁명가의 일생을 시작한 그는 프랑스의 1830년 7월 혁명에도 참가했고, 2월 혁명기에는 '클럽의 클럽'이라는 좌익단체를 이끌었다.

이론보다는 조직과 선동 등 행동에서 발군의 능력을 보인다. 프루동류의 개량주의를 배격하고 소수의 정예분자에 의한 폭력혁명과 노동

계급 독재를 주장하고 있다.

노동자야말로 혁명의 주체

▶마르크스(30세·독일) 프로이센 마인츠의 사회주의계 〈신라인신문〉 편집장. 그는 노동자들이 조직적인 폭력혁명을 통해 모든 생산수단의 공유를 확립하는 것이 역사의 필연이라면서 프루동을 비판한다. 또 블랑키의 조급증과 엘리트주의에도 반대하면서, 사회주의 혁명은 소수의 의지대로 되는 것이 아니라 노동대중을 기반으로 해야만 성공할 수 있다고 주장하고 있다.

의원도 했었소. 하지만 나는 재산상의 제약이 없이 누구나 의회에 진출할 수 있어야 한다고 생각하오.

그러기 위해서는 물론 모든 사람이 투표권을 인정받아야 할 것이오. 이것이 노동자를 비롯한 대중들의 삶을 개선하는 지름길이오. 이를 실현키 위해 나는 〈노던 스타〉지를 창간, 차티스트 운동을 전개해왔으며, 최근

혁명 와중에 무려 570만 명에 달하는 사람으로부터 서명을 받아 의회에 선거법 개정을 청원했었소.

"조국해방 없인 자유도 없다"

▶라호스 코슈트(46세·헝가리)
나는 조국이 해방되지 않고는 자유도, 개혁도 있을 수 없다 생각합니다.

조국 헝가리가 사회적 발전과 경제적 성장을 이룰 수 있기 위해서라도 오스트리아 합스부르크 가(家)의 지배로부터 해방되어야 한다는 것이지요. 실제 나는 조국해방 운동을 전개하다 지난 1841년 모반죄로 구속된 적도 있지만 올해의 혁명을 조국해방의 더없이 좋은 기회로 보고 있습니다.

하고 있다.

한 차티스트의 말처럼 이제 혁명은 "빵과 치즈의 문제요, 나이프와 포크의 문제"로 발전하고 있다. 노동자들과 그들을 대변하는 사회주의자들은 추상적인 자유주의의 선언을 넘어 사회혁명으로 나아가려 하고 있다.

구체제를 잔해만 남긴 채 삼켜버린 1848년은 이제 새로운 진보를 위해 또 다른 대립구도를 낳으면서 오늘도 전진하고 있다.

아 중산층!

사회질서 급변에 '안정' 선택 보수화로 회귀
진보주의자들도 소수 전락…혁명의 암초로

프랑스에서 2월 혁명이 일어난 뒤 4월에 실시된 보통선거는 예상 밖이었다. 혁명이념을 대변하는 진보세력이 소수로 전락한 것. 다수 유권자층인 농민들이 보수성향의 부르주아지들에게 표를 던진 것이다.

이런 보수화 현상은 프랑스에서만이 아니다. 오스트리아, 프로이센, 이탈리아 모든 곳에서 혁명은 강력한 암초에 부딪치고 있다. 그 암초의 실체는 이른바 중산층이다.

1848년을 뒤흔든 혁명의 주체는 어느 곳에서나 노동자와 도시빈민 그리고 학생을 비롯한 진보주의자들이다. 그들이 내건 혁명의 깃발은 붉은색, 즉 사회혁명이다. 그러나 이것은 중산층에게는 질서의 파괴다. 사회혁명은 여우 같은 아내와 토끼 같은 자식들과 오붓한 저녁 한때를 보낼 수 있는 단란한 가정을 어쩌면 포기해야 할지도 모르는 모험이다. 그들은 사회변혁보다는 질서를 택한 것이다.

이 점에서 이탈리아 혁명가 카보우르가 한 예언은 정확했다. 그는 일찍이 "만약 사회질서가 진실로 위협받는 날에는 가장 단호했던 반체제파는 물론 열렬한 공산주의자들마저도 상당수가 보수의 편에 가담하게 될 것"이라고 말했던 것이다.

"절대주의 폐지" "올바른 저울 사용"
전단-팜플렛 전성시대

"자! 1크로첸으로 새 뉴스를! 제가 최초 입수한 소식입니다!" 요즘 빈에서는 전단(傳單)을 파는 여성들을 흔히 볼 수 있다. 담벼락에 붙은 팜플렛(pamphlet)도 인기다. "절대주의 폐지하라" "헌법을 제정하라" "비밀경찰제와 검열제도를 폐지하라"는 등 정치적 구호에서부터 "빵집은 빵을 충분히 공급하라" "정육점은 올바른 저울을 사용하라" "고리대금업을 없애라"는 등 일상의 개혁을 요구하는 것까지 다양하다.

오스트리아의 수도 빈에도 혁명의 열풍이 몰아치면서 매일 긴박한 뉴스가 전단과 팜플렛이 되어 빈시민의 눈과 귀를 붙잡고 있는 것이다. 기존 신문으로는 부족할 만큼 숱한 소식이 쏟아져나오는 탓이지만 그 자체에 언론의 자유(?)를 만끽하는 즐거움도 있기 때문이다.

제1차 여권회의
"여성도 천부인권"
권리선언 채택

〈1848년 7월 20일 미국 뉴욕〉 "우리는 모든 남성과 여성이 평등하게 창조되었고 창조주로부터 양보할 수 없는 권리를 부여받았으며, 생명, 자유, 행복 추구에 대한 권리가 있다는 것을 자명한 진리로 선언하는 바이다."

200여 명의 여성과 40여 명의 남성이 모인 가운데 뉴욕의 세네카폴스에서 열린 여성권리대회는 여성의 평등성을 주장하는 여성 권리선언을 채택했다. 여권대회는 이외에도 여성의 경제적 종속과 교육의 기회, 성직제도로부터 차별당하고 있는 현실을 강하게 비판하는 12개항의 결의사항을 채택했다.

이번 회의를 주도한 엘리자베스 스탠턴과 류크리셔 모트는 본래 노예해방 운동에 적극적이던 여성들. 하지만 1840년 런던에서 열린 세계 노예제 반대회의에 '단지 여자라는 이유만으로' 참여를 거부당하면서 여성운동으로 방향을 선회했다. 이후 엘리자베스는 뉴욕 시가 '기혼 여성의 지참금과 결혼 후에 받은 재산에 관한 권리'를 인정하는 법률을 통과시키는 데 적지않은 활동을 펼쳐 유명해지기도 했다.

하지만 여권대회는 '여성 참정권'의 필요성에 관해서는 "당장 필요하다"와 "시기상조" "필요없다"로 의견이 엇갈렸던 것으로 알려졌다.

아무래도 여성 운동가들 자신부터 여성의 정치적 권리에 대한 각성이 필요할 듯싶다.

혁명파도
급속 썰물

지난 봄의 뜨거웠던 혁명바람이 차츰 수그러드는 요즘, 각국 지배층은 이를 틈타 혁명을 아예 잠재우려 거센 역공을 펴고 있다. 민중들은 다시 힘을 추스려 이에 저항코자 하나 역부족임이 역력하다.

프랑스 6월 봉기 실패

○…프랑스, 6월. 노동자들이 다시 봉기를 일으켰으나 1400명의 사망자만을 낸 채 실패했다. 부녀자와 어린 아이들까지 나선 노동자들의 바리케이드에 대해 임시정부는 군대를 동원, 무차별 진압했다. "임시정부는 귀족과 부르주아지의 경제권만 인정하는 등 왕정과 다름없다"며 "여전히 최악인 우리의 삶을 개선키 위해 평등한 재산권을 보장하라"던 노동자의 요구는 무산됐다. 부르주아지와 힘을 합쳐 구세력을 물리쳤던 노동자들은 이제 새로운 적을 앞에 두게 된 것이다.

오스트리아 개혁세력 궤멸

○…오스트리아, 10월. 합스부르크 정부의 군대가 혁명세력이 모여 있던 빈을 포위, 끝까지 저항하며 버티던 대학생과 노동자 등을 진압했다. 이 사건으로 수많은 사람이 사살되었으며, 살아 남은 개혁 지도자들도 해외로 탈출하거나 지하로 잠적, 개혁세력은 궤멸됐다. 개혁세력은 지난 8월 제헌의회를 구성하고 농노제를 폐지하는 등 개혁을 성공시켰으나 구세력의 반격에 대비하지 못했다.

독일 군대동원 강경진압

○…독일, 11월. 국왕 빌헬름 4세는 군대를 동원, 격렬하게 저항하는 시민들을 진압하는 데 성공했다. 노동자와 학생들만이 남아 버렸으나 군대의 강경진압에 견딘다는 것은 어려운 일이었다. 부르주아지, 수공업자, 노동자, 학생 등 제세력이 연합해 혁명을 일으켰으나, 부르주아지는 수공업자들의 급진적 개혁을 불안하게 생각하고 수공업자들은 목숨을 내걸고 싸울 마음이 없이 떨어져 나간 탓이다.

세계사신문

으스스한 공포에 '독서 삼매경' 절로

에드거 앨런 포, 〈어셔 가의 몰락〉 등 탐정소설 인기…시에서도 발군

〈1848년 미국〉 미국의 작가로는 최초로 에드거 앨런 포가 국제적 인기를 얻고 있다.

〈어셔 가의 몰락〉(1839) 〈붉은 주검의 가면〉(1842) 〈아만틸라도의 술통〉(1846)과 같은 단편소설들이 '공포소설'의 차원을 높였다는 평가와 함께 유럽 각국에서 번역되고 있는가 하면, 명석한 탐정 오귀스트 뒤팽을 주인공으로 한 〈모르그 가의 살인사건〉(1841) 〈황금벌레〉(1843) 같은 소설들은 "탐정소설의 새로운 장르를

개척"한 것으로서 미국청소년들 사이에 최고의 인기를 누리고 있다.

포 소설의 가장 큰 특징은 우선 기괴한 소재에 있다. 귀신과 살인, 복수와 광인이 등장하는 그의 소설은 으스스하지만 아주 재미있다. 교훈이나 메시지에 얽매여 지지부진하지도 않다. 유럽의 문학과는 달리 '읽는 재미'에 치중해 있는 포의 소설이 인기를 모으는 것은 그만큼 가볍고 재미를 추구하는 신세대 미국인들의 취향에 잘 맞기 때문이다.

하지만 포를 인기에 영합해 문학을 희생시키는 3류 소설가와는 구별해야 한다. 그의 서정시인 〈애너밸리〉 〈헬렌에게〉 또 〈갈가마귀〉 같은 시들이 시인 보들레르에 의해 프랑스에 소개된 후 프랑스문단에 큰 충격을 주기도 했으니 말이다.

게다가 문학의 틀을 깨려는 포의 시도가 여러 가지 주목할 만한 성과를 낳고 있는 것도 사실이다.

우선 탐정 뒤팽의 캐릭터. 아름답지도, 비장하지도 않은, 음침하고 괴팍한 성격을 가진 주인공이란, 유럽의 고급 문학가라면 상상도 하지 않던 방식이다.

그리고 무엇보다도 독자를 완전히 설득시키는 구성의 탄탄함. "일부분만 빠져도 전체를 망칠 정도"라는 포 소설의 구성력이야말로 가히 최고 수준이다.

"콜레라는 물로 전염" 실험결과 발표에 유럽 의학계 비상

〈1848년 영국 런던〉 영국인 의사 존 스노우가 "콜레라는 물로 전염된다"는 실험결과를 발표해 유럽 의학계의 비상한 관심을 모으고 있다.

스노우 박사는 콜레라 발생지역인 런던 브로드 거리에서 주민들이 공동 식수로 사용하는 우물을 폐쇄하자, 콜레라 감염률이 극적으로 떨어졌다고 발표했다. 즉 콜레라는 물에 의해 전염된다는 것이다.

영국은 지난해 발생한 콜레라로 인해 7만여 명이 사망했을 정도로 심각한 피해를 입었다. 감염자의 집을 회칠하고, 식초와 테레빈유, 장뇌 원액으로 씻어내고, 아예 화약으로 폭파시켜버리기까지 했지만 콜레라가 줄어들지 않아 실망하고 있었다.

스노우의 연구결과를 보고받은 런던 시는 도시의 위생상태를 개선하기 위한 대책마련에 들어갔다.

▶참조기사 9호 1면

"사회에 현미경을"

콩트, 사회 각종 현상규명 '사회학' 제안
과학적 분석방법으로 '실증주의' 제시

1848년 혁명은 거대한 태풍과 같았다. 처음뿐 아니라 끝도. 태풍은 순식간인 법. 이젠 아무 일도 없었던 듯 이전 체제가 속속 복구되고 있다. 적어도 합리성을 생명으로 하는 학자라면 이런 사태에 대해 무언가 설명을 해야 하지 않을까.

이것은 바로 프랑스의 천재 철학자 오귀스트 콩트(50세)의 고민이다. 그는 〈실증주의 체계에 대한 기초적 논증〉에서 '사회학'이라는 새로운 학문체계를 통해 우리 자신을 냉철하게 분석할 것을 제안하고 있다.

그는 과학혁명의 세례를 받은 세대답게 합리성을 강조한다. 인류의 지난 역사를 돌아보면 신학적 단계와 형이상학적 단계를 거쳐왔다. 천둥치는 것을 보고 '하늘의 분노'로 봤다가 '자연현상'으로 보게 된 변화다. 하지만 이제는 형이상학 단계를 넘어 실증적 단계로 나가야 한다. 즉 천둥의 구체적 법칙을 규명해야 한다는 것.

법칙을 규명하기 위한 학문은 본질적으로 물리학이다. 사물(物)의 이치(理)니까. 세상은 크게 무기물과 유기물로 나뉜다. 무기물 중 하늘의 것을

연구하는 물리학이 천문학, 땅의 것을 연구하는 물리학이 화학과 (좁은 의미의) 물리학이다. 유기물 물리학은 생물학이다. 그런데 여기에 빠진 것이 있다! 바로 인간이란 유기물이 모인 집합체계, 즉 사회다. 그래서 유기사회 물리학, 즉 사회학을 새로 만들어냈다.

이제 그의 사회학이 혁명이 파도처럼 밀려왔다 밀려가곤 하는 유럽 사회의 작용법칙을 논리정연하게 분석해낼지 관심이 모아지고 있다.

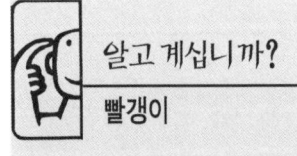

알고 계십니까?
빨갱이

1848년, 공산주의 창시자 카를 마르크스는 "내가 선호하는 색은 빨강(My favorite color is red)"이라고 말했다. '정열, 열정'을 뜻하는 빨간색이 유럽을 뒤흔들었던 1848년 혁명을 반영하는 색이라 생각했던 것. 이후 공산주의자들은 빨간색 사용을 좋아했으며, 영어 'reds'나 한국어 '빨갱이'는 마침내 공산주의자를 가리키는 말이 됐다. 이 말들은 그러나 공산주의자들을 다소 경멸하는 어조로 쓰이고 있다.

---

internet 세계사여행

▶1848년 프랑스 혁명 http://www.fordham.edu/halsall/mod/1848johnson.html 혁명의 목격기
▶마르크스-엥겔스 저작 모음 http://english-www.hss.cmu.edu/marx/ 예술·인문 분야의 전자출판 사이트인 eserver 제공
▶에드거 앨런 포 http://www.poetryloverspage.com/poets/poe/poe_ind.html 포의 전기, 작품 전자텍스트

세계사 신문

"자본주의 꽃 한자리에" 런던 박람회 개최

세계 각국 제품
자본주의 현주소
과시하듯 휘황찬란

〈1851년 5월 1일 런던〉 오늘 런던 거리는 시종일관 축제 분위기였다. 정오를 기해, 하이드파크 남쪽에 세워진 수정궁에 헨델의 '할렐루야 합창'이 울려퍼졌다. 빅토리아 여왕과 앨버트 공이 입장하고, 곧 개막 테이프가 끊어졌다. 드디어 '런던 만국박람회'가 개막된 것이다.

지난해 앨버트 공이 "인간재능의 모든 성과를 모아놓은 박람회"를 제안한 이래, 영국인들은 자부심을 가지고 이 기획을 성사시키기 위해 노력해왔다. 1848년의 혁명으로 전유럽이 한바탕 몸살을 앓고 있던 지난해, 그러나 혁명의 거리에서도 자본주의는 성장하고 있었다. 그리고 영국인들은 대륙과 한걸음 떨어져 혁명의 중심지에 있지 않았다는 것 외에도, 산업혁명의 중심지로서, 세계자본의 중심지로서 박람회를 개최할 자격이 충분하다고 느꼈다.

수정궁에서 빅토리아 여왕이 런던 만국박람회의 개막을 선포하고 있다.

기부금이 걷히고, 박람회장을 짓기 위한 설계 공모전에 쟁쟁한 건축가 250명이 도전했다. 그 결과 건설된 조립식 유리 건물. 펀치지에 의해 수정궁이라고 이름붙여진 이 건물을 짓는데 2천 명의 노동자와 5천 개의 철제 기둥, 30만 장의 유리가 동원됐다.

현재 7만 5천 제곱킬로미터의 수정궁에는 세계 각국에서 수집된 1만 3천여 점의 산물이 전시되어 있다. 미국과 오스트레일리아, 심지어 중국과 일본제품도 있고, 첨단 과학기구로 가득 찬 방도 있다. 개막식을 마친 영국 여왕은 맨체스터와 에딘버러로 직접 전보를 쳐보기도 했다.

전세계에서 관람객이 몰려오면서 폐막 때까지는 600만 명 이상의 관객 동원이 가능할 전망이다.

태평천국 봉기…청제국 내우외환

홍수전,
밑바닥 민중 이끌며
광서성 장악

〈1851년 9월 중국〉 거함 중국이 영국이라는 적함의 공격을 받고 기우뚱거리더니 이번엔 내부의 선상 반란에 직면했다. 그것도 지방 군벌이나 귀족들이 아니라 소작농, 숯 굽는 사람, 탄광 노동자처럼 낮은 신분의 민중들로 이루어진 태평천국군이 봉기, 정부군을 잇따라 격파하고 있다.

정부는 이들이 기독교 비밀결사인 '배상제회(拜上帝會)'를 구성하고 공공연히 청제국의 타도를 부르짖고 있다는 사실에 충격을 받은 모습이다. 황실은 아편전쟁 때 파직당했던 임칙서를 불러 반란 진압을 맡겼으나, 그가 부임 도중 병사하면서 진압군의 사기는 땅에 떨어진 실정이다.

광서성 남부 금전촌에서 2만 명의 세력을 확보한 배상제회는 지난 1월 '태평천국'이란 자신들의 나라까지 선포했다. 만인이 고루 복을 누리는 기독교의 천국을 지상에 건설한다는 취지인 것으로 알려졌다. 3월 지도자 홍수전(38세)을 국왕으로 추대한 태평천국군은 이후 북상을 거듭, 현재 광서성 중부 영안을 점령하고 제국군과 대치중이다.

태평천국은 이곳 영안에서 독자적인 국가체제까지 세울 태세다. 한편 영국, 미국 등 서구 열강은 자신들의 기득권이 위협받지나 않을까 촉각을 곤두세우고 있다. ▶참조기사 13호 1면

긴급분석 ■ 태평천국 어떻게 봐야 하나

유교전통 근본적 부정…하층민 열렬한 지지

하나의 왕조가 기울기 시작하면 천심이 민심에 작용해 도처에서 농민반란이 일어난다. 이런 반란의 지도자 가운데 시운을 얻은 자가 역성혁명에 성공해 새로운 왕조를 연다.

지금까지 2천년도 넘게 반복돼온 중국역사의 공식이다. 청제국을 강타한 태평천국을 이 같은 공식에 대입해볼 수도 있다. 그러나 이번 농민반란은 기존의 민란과 구별해서 주목할 요소가 있다. 왕조 교체만을 외치지 않고 유교에 입각한 사회체제 자체를 부정하고 나선 점이다.

태평천국의 기반이 되는 종교결사는 '상제를 받드는 모임(拜上帝會)'이다. 여기서 상제는 유교의 천(天)이 아니라 기독교의 하느님이다. 토지를 비롯, 모든 재산이 상제에 속하고 국가정책도 상제의 의지에 따른다. 천왕(天王) 홍수전과 여섯 왕이 상제의 뜻을 집행하는 지상 대리인이다.

사회는 원시공산주의를 연상시킬 만큼 25인 단위로 균일하게 조직돼 있으며, 모든 국민은 가옥과 재산을 처분, 공동재산으로 삼은 뒤 균등하게 지급받는다. 국민생활은 엄격한 종교적 금욕주의의 규제를 받아 술, 담배, 아편은 엄금되고 남녀의 접촉도 규제를 받는다.

이런 점에서 태평천국이 '역성혁명' 아닌 새로운 질서를 위한 '민중혁명'을 지향한다면 지나친 말일까? 그러나 이 정도 세력의 민란이면 지방 실력자들이 잇따라 가담해왔던 것과 달리, 태평천국이 하층민의 열렬한 지지를 받으면서도 신사(紳士), 지주, 부유한 상인에게 외면당하고 있는 현실은 사회경제 근저의 변혁을 추구하는 그 혁명적 성격을 명시적으로 웅변해주고 있다.

나폴레옹 3세, 쿠데타로 황제 즉위 제2제정 출범

〈1852년 12월 프랑스〉 나폴레옹이 돌아왔다. 이름도 같고 쿠데타를 통해 황제로 즉위한 것도 같고 자유주의를 탄압하며 "혁명은 이제 그만"을 외치는 것도 똑같다. 그러나, 48년 전의 나폴레옹은 반혁명세력의 준동을 빌미로 내세웠지만 지금의 나폴레옹은 혁명적인 노동자의 위협을 구실로 삼고 있으므로 결코 단순한 반복은 아니다.

나폴레옹 1세의 조카인 루이 나폴레옹은 1848년 2월 혁명 이래 사회질서와 안정의 대표자를 자처, 그해 12월의 대통령 선거에서 공화파의 라마르틴에게 압승했다. 이어 작년에는 중산층의 안정희구 심리를 교묘히 이용해 친위 쿠데타를 도발, 공화파를 의회에서 추방하고 독재를 수립했다. 최근 행정·군사·외교의 전권을 쥐는 황제 나폴레옹 3세로 즉위한 것은 그 마무리 수순이었다. 나폴레옹 3세는 반대세력을 잠재우고 권력을 공고히 하기 위해 대외팽창을 시도할 것으로 예상되고 있다.

▶참조기사 14호 1면

인터뷰 ■ 태평천국 지도자 홍수전

"배상제회는 중국해방 종교"

서양귀신을 배척하는 중국민중에게 기독교가 먹혔다는 건 잘 이해가 안 되는 일. 변발을 풀고 머리를 기른 홍수전을 영안에서 만나 이 점에 관해 먼저 물었다.

"태평천국인들은 대개 최근 광동성에서 유입돼 숯장이, 소작농 등을 전전한 객가(客家)들이오. 토착 지주, 상인층 등 본지인(本地人)에게 설움을 당해왔죠. 따라서 이들의 가장 큰 불만은 신분질서였고 배상제회가 그들 입맛에 맞은 거요. 그게 서양종교에서 왔는지는 의식도 하지 않고 신경도 안 써요."

—그러면 역시 객가 출신인 당신은 어떻게 기독교에 입문했는지….

"과거에 두 번 떨어지고 체제에 환멸을 느끼던 중 광주에서 기독교 책자를 읽고 감명을 받았소."

—듣기론 무슨 꿈을 꾼 뒤 사람이 달라졌다는데….

"세 번째 과거에 떨어진 뒤 꿈을 꿨죠. 내가 승천하니 금빛 수염의 노인이 중년 남성의 도움을 받아 천상의 요마(妖魔)를 내쫓고 세계를 구하

라는 명령을 내렸소. 노인은 상제(여호와), 중년 남성은 천형(天兄 : 예수), 나는 천왕이니 이야말로 기독교의 삼위일체 아니오?"

이게 무슨 귀신 씨나락 까먹는 삼위일체론인가. 확실히 홍수전의 기독교는 오해와 의도적 왜곡에서 비롯된 '전혀 다른' 기독교다. 그 목적은 어디까지나 '요마', 즉 청제국과 구질서를 파괴하는 실천에 맞춰져 있고, 민중은 바로 이 해방사상에 이끌린 것이다.

California Forty Niners

"캘리포니아에 금맥" 일확천금 노리고 외지인들 '벌떼'

〈1849년 미국〉 지난해 캘리포니아에서 금이 발견되었다는 소식이 전해지면서 미국뿐만 아니라 유럽 각국에서도 사람들이 몰려들고 있다.

사금을 골라내기 위한 세숫대야 하나씩을 들고 무작정 달려온 이들 덕분에 벌목꾼들 외에는 사람을 구경하기 힘들던 캘리포니아가 인구 10만 명의 대도시로 변모했고, 조용하던 항구 도시 샌프란시스코는 술집과 도박장이 북적이는 유흥가가 됐다.

하지만 49년의 사람들(Forty niners)이라는 별명이 붙은 이 금채굴꾼들이 모두 부자가 되는 것은 아니다. 금광은 이미 지주들이 차지했고 설사 사금을 채취하더라도 상당수가 술집과 도박에서 탕진한다. 차라리 49년의 사람들을 대상으로 하는 장사가 금맥이라는 말이 나오고 있을 정도다. 계란 한 알이 1.2달러를 호가하고, 미국 동부로 돌아가는 배를 타려면 사금 한 자루를 내야 한다.

하여튼 미국경제계는 이번 골드러시가 최근 6년 사이 거의 바닥에 이르고 있는 미국의 금보유량을 늘려주는 계기가 되기를 기대하는 눈치다.

르포 ■ 런던 박람회를 가다

산업강국 영국 양질 면에서 '절대우위'

프랑스—사진기, 독일—대포로 겨우 체면치레

왼쪽부터 천체망원경, 거대한 공작기계, 휴게실을 겸하고 있는 중국관.

서쪽 본관에 자리잡은 영국의 전시관에는 무려 6500여 종의 제품이 전시되어 있다. 특히 인기있는 곳은 기계관. 80개의 날이 달린 나이프, 한 시간에 1만 쪽을 인쇄할 수 있는 인쇄기, 1분에 80개비의 담배를 마는 기계, 달걀 껍데기를 까는 증기 해머가 있다. 최신식 기관차의 인기가 최고.

영국 식민지인 오스트레일리아는 죄수가 만든 야자잎 모자를 보내왔고, 인도는 코이누어 다이아몬드와 캐시미어 숄을 보내왔다.

각국 전시관은 그 나라의 산업수준을 반영하고 있다는 평. 프랑스의 도자기와 향수, 오스트리아의 침대, 벨

기에의 레이스들은 최고 수준의 수공예품. 하지만 공업 생산품은 별 것이 없다. 프랑스가 다게레오타입 사진기를, 독일이 절연체와 강철 대포를 내놓아 체면치레를 한 정도다.

미국의 전시실은 다른 나라보다 훨

씬 공간이 넓지만 볼 만한 것이라고는 라이플총과 벼수확기 정도.

아시아 쪽 제품은 적다. 중국이 아편전쟁 때문에 불참해 몇몇 수집가들이 기증한 도자기와 일본 그림들 몇점이 전시되어 있을 뿐이다.

투고 ■

파리노동자가 본 런던 박람회

파리를 출발한 지 고작 11시간 만에 도착한 런던. 가스등이 환한 런던 거리는 증기기관차의 칙칙 폭폭하는 소리와 기차역을 향해 달려가는 마차들로 부산했다.

공장 근처의 허름한 숙소에서 하루 쉬고 다음 날 박람회장을 찾았다. 기계관에서 발견한 영국의 산업수준은 정말 놀라운 것이었다. 하지만 공장에서 이 기계와 함께 일하고 있을 노동자들을 생각하자, 나는 오히려 두려워졌다. 어제 숙소에서 만난 피곤한 표정의 런던노동자들은 박람회장에 올 생각은 아예 하지도 못하고 있었다. 바로 지금 그들은 이 기계들 앞에서 일하고 있을 것이다.

우리가 혁명의 깃발을 치켜들고 있을 때도 자본주의는 여전히 몸집을 불려가고 있었다. 런던 박람회장은 그것을 확인하는 자리였다. 하지만 그 자리에 우리 노동자들은 초대받지 못했다는 느낌이었다. 기술의 진보가 곧 인류의 진보는 아닐 텐데. 나는 어쩐지 자꾸 두려워졌다.

파리에서 인쇄공 페브랑

미국, 노예제로 '두 동강' 위기

남부-북부 "노예제 찬성-반대"로 칼끝 대립

〈1850년 뉴욕〉 미국정계에서는 노예제 찬반논쟁으로 들끓는 가운데 멕시코와의 전쟁에서 새로 획득한 텍사스와 캘리포니아에 노예제를 허용할 것인가를 두고 시끄럽다.

의회에서 존 캘로운 의원을 필두로 한 노예제 반대론자들은 일단 강경한 태도로 나왔다. "유럽에서는 노예제가 폐지된 지 오래다. 우리 헌법에도 명백히 어긋나는 노예제를 언제까지 유지할 것인가. 남부 주들이 기어이 노예제를 고수하겠다면 길은 하나밖

에 없다. 그들과 분리해 우리 북부만이라도 인권국가를 이루어야 한다." 남부 의원들도 가만 있지 않았다. "그래, 갈라설 테면 갈라서자"며 맞장구.

연방 분열의 위기 앞에 연방주의자들이 다급히 수습에 나섰다. 다니엘 웹스터 의원은 "자유와 연방은 지금도 앞으로도 하나이고 영원히 떨어질 수 없다"며 의원들의 감정에 호소했다. 그러면서 타협안을 제출해 절충을 시도했다. 캘리포니아 주는 자유주로 해 노예매매를 금지하고 텍사스

주는 노예제를 허용하자는 것.

그런데 문제는 '도망노예에 관한 조항'. 남부 주들의 강력한 요구에 의해 설치된 이 조항은 북부로 도망한 노예들을 남부 노예 소유주들이 붙잡아가는 것을 허용할 뿐만 아니라 그 비용까지 연방재정에서 부담하도록 했다. 지금 북부의 흑인들 중 상당수가 남부에서 도망간 노예가 아닌가. 이번 타협안은 아무래도 거미줄로 방귀 동여매듯 엉성하게 꿰맨 봉합인 듯하다.

▶참조기사 10호 1면

"골드러시 참가" 언론 부채질

〈1851년 미국〉 일확천금의 꿈을 안고 서부로 달려가는 청년들이 늘어나고 있는 가운데 일부 언론들이 이를 부추기고 나서 눈살을 찌푸리게 하고 있다. 최근 〈뉴욕헤럴드〉 지는 "젊은이여 서부로 가라"라는 제하의 기사를 통해 서부 진출을 독려하고 나섰다.

금을 캐기 위해서든, 농사를 짓기 위해서든, 대륙 곳곳으로 모험을 떠나는 청년들의 골드러시 열풍을 이용해 미국의 영토를 넓혀보자는 속셈에 언론이 그 첨병 노릇을 자임하고 나서 뜻있는 이들의 비난을 사고 있다.

세계사신문

"여우 같은 아내 토끼 같은 자식" 오 스위트 홈!

영국 중산층 가정상 새 정립 전업주부도 직업으로 인정

〈19세기 중엽 영국〉 런던의 어느 중산층 가정집. 식당 겸용으로 쓰이는 넓은 거실 중앙에 식탁이 놓여 있고 벽은 중후한 가구들로 장식되어 있다. 모든 것이 가지런히 정리돼 있다.

집주인은 소파에 앉아 흐뭇한 표정으로 식구들을 바라본다. 아내는 설거지에 한창이다. 아들은 학교에서 있었던 일들을 아버지에게 자랑삼아 이야기하고 딸은 피아노 솜씨를 뽐내고 있다. 단란한 모습이다. 두터운 커튼이 쳐진 작은 창문은 햇빛을 막고 있다. 주인은 "집안이 다소 어둡겠지만 오히려 아늑하지 않으냐"면서 "바깥세상과 떨어져 있고 싶어 창문을 작게 냈다"는 설명이다.

영국 중산층 사이에 새로운 가정상(家庭像)이 정립돼가고 있다. 자그마한 공장이나 중소 규모의 상점을 운영하는 이들이 추구하는 가정은 '혼탁한 사회와 격리된 아늑한 휴식처'다. 가장(家長)은 왕처럼 군림할 수 있고, 아내는 다소곳이 주부일에 전념하며, 아이들은 착실하게 교육을 받으며 성장해가는 것이다.

귀족들과 달리 아내든 아이들이든 밥벌이에 나서야 했던 예전과는 달라진 모습이다. 가장의 경제력이 높아진 덕이다. 가장은 이제 전통적 권위 대신 경제력을 바탕으로 하는 새로운 권위로써 가정을 이끌어가고 있으며, 가장이 돈벌이를 하는 동안 아내는 전업 가정주부로서 가정내 분업이 이루어지고 있는 것이다. 전업주부는 국세(國勢) 조사에서도 하나의 직업으로 인정된다.

귀족과 평민으로 양분돼 있던 중세와 달리 이제 자본가와 노동자 사이에 중산층이 두텁게 성장하고 있다.

▶참조기사 14호 3면

"빛의 속도는 초당 31만 킬로미터"

〈1849년 프랑스〉 프랑스의 물리학자 이폴리트 루이 피조가 스스로 제작한 광속측정기를 이용, 빛의 속도를 초당 31만 8천 킬로미터로 측정했다.

피조의 광속측정기는 8600여 미터에 이르는 장대(長大)한 장치로, 광원에서 반짝하고 발사된 빛이 반투명경과 톱니바퀴를 지나 반사경에 의해 반사되어 다시 톱니바퀴를 지나 관측자의 눈으로 들어오도록 한 것이다. 피조는 톱니바퀴의 속도를 조절, 광선이 톱니로 차단되기도 하고 통과하기도 하는 것을 이용해 빛이 톱니바퀴와 반사경 사이를 지나는 데 필요한 시간, 즉 광속을 구할 수 있다고 했다.

지난 1627년 천문학자 뢰머가 천문관측을 통해 광속을 초속 31만 킬로미터로 측정한 바 있다. 또 최근 도플러가 별에서 오는 광선의 편이(偏移)를 통해 빛의 속도를 계산할 수 있음을 밝혔다. 하지만 지상(地上)에서의 측정은 피조가 최초다.

논쟁 ■ '쿠데타 집권' 루이 나폴레옹 어떻게 볼 것인가

세 차례의 혁명을 거친 프랑스에 또다시 황제가 등장한 현상에 대해 해석이 분분하다. 〈세계사신문〉은 자유주의자와 사회주의자 각 1인이 발표한 내용을 소개, 쟁점화를 시도해보았다.

'자유주의 체제에 대한 도전'

▶빅토르 위고 〈소(小) 나폴레옹〉 프랑스 혁명의 역사는 자유주의의 빛나는 승리의 역사다. 대(大) 나폴레옹은 반동을 억누르고 이 흐름에 큰 기여를 했다. 그러나 숙부를 모방하기에 급급한 우리의 '소나폴레옹'은 자유주의의 대의를 거역하고 영웅주의에 들떠 권력을 잡았다. 역사는 이 알량한 개인을 급류로 휩쓸려 보내고 결국 제자리를 찾을 것이다.

'부르주아계급의 독재'

▶마르크스 〈루이 보나파르트의 브뤼메르 18일〉 위고는 루이 나폴레옹을 깎아내리는 것 같지만 실은 그를 계급과 역사를 초월해 '세계사에 유례없는 독창적인 개인권력'을 창조한 영웅으로 만들고 있다. 나는 반대로 루이를 자본가계급의 충복으로 본다. 2월 혁명 이후 프랑스에서 계급투쟁이 강화되자 자본가들은 공화정 같은 순수한 지배형태를 단념하고 반혁명 독재를 결심, 우스꽝스런 한 인물에게 영웅 역할을 맡겼다.

확실히 헤겔의 말처럼 역사는 반복되지만 그 반복은 한번은 비극(나폴레옹 1세), 한번은 소극(笑劇 : 루이 나폴레옹)으로 이루어진다.

소설 〈톰아저씨의 오두막집〉 노예해방에 '기름'

〈1852년 미국〉 소설 하나가 전쟁을 몰고 올지도 모른다. 비처 스토(여·41세)가 얼마 전 발표한 〈톰아저씨의 오두막집〉이 수많은 미국인들의 심금을 울리면서 노예제 반대운동의 불길에 기름을 붓고 있다. 미국은 노예제를 둘러싸고 폐지론의 북부와 고수론의 남부가 팽팽하게 맞서고 있는 상황.

이 작품은 흑인 노예 톰이 아들은 노예상인에게 팔리고 아내는 탈출, 가족들과 뿔뿔이 헤어져 살면서 스스로도 이리저리 팔리며 백인의 잔학한

손길에서 헤어나지 못한다는 고발적 내용이다. 발간 1년 만에 30만 부라는 폭발적인 판매고를 올리고 있다.

---

internet 세계사 여행

▶페어뱅크 도서관 중국사 홈페이지 http://www.cnd.org/fairbank 청제국부터 현대중국까지
▶골드러시 http://www.malakoff.com/gorh.htm 샌프란시스코 골드러시를 비롯한 세계 골드러시의 역사 링크
▶쿠르베 http://www.artchive.com/artchive/ftptoc/courbet_ext.html 서양 명화들을 모아놓은 인터넷 갤러리의 한 사이트. 쿠르베 그림 링크.

세계사 신문

태평천국, 남경 점령
청나라 두 개의 제국으로 쪼개지나

〈1853년 3월 19일 중국〉 작년 4월부터 영안 거점을 떠나 북상하던 태평천국이 강남의 중심도시 남경을 무너뜨렸다. 수륙 양군으로 편성돼 양자강을 따라 호남성, 호북성 일대를 휩쓸며 올라온 50만 대군은 오늘 아침 남경 외곽에서 완강한 저지선을 뚫는 데 성공했다.

이번 공성전에서 관군의 저항은 미미했으나 중국전통을 사수하려는 향신 중심의 향촌무장대가 결사적으로 항전하며 태평천국군을 괴롭혔다. 그러나, 최근 태평천국에 합류한 반청 비밀결사 천지회(天地會)가 돌격대로 나서면서 팽팽하던 전선은 일거에 허물어졌다.

홍수전은 입성 즉시 남경을 태평천국의 수도인 '천경(天京)'으로 선포하고 만주족 지배의 청산이라는 대의에 향신을 포함한 한족 전체가 동참해줄 것을 호소했다. 성 안을 순무(巡撫)하고 있는 총사령관 양수청은 '태평천국군은 비적이 아니라 해방군'이라는 격문을 붙이면서 남경주민에게 동요 없이 상업(常業)에 종사할 것을 당부하고 있다.

천경의 수립으로 청에 견줄 만한 국가의 면모를 갖추게 된 태평천국 지도부는 곧 체제의 이념과 정책을 정립하는 작업에 들어갈 것으로 알려졌다. 아편전쟁 때도 내주지 않았던 남경이 함락됐다는 급보를 접한 청황실은 당황하는 가운데 대규모 정벌군 편성을 서두르고 있으며, 서구 열강은 개항 무역에 미칠 영향을 타진하며 정보수집에 열을 올리고 있다.

▶참조기사 15호 1면

일본 총 한번 못 쏴보고 개항

미국 개방압력 무력시위에 굴복

〈1854년 3월 일본〉 동아시아 각국이 서구 열강의 파상적인 개항요구에 시달리는 가운데 이 지역의 동쪽 관문인 일본의 빗장이 풀렸다.

일본 전권대신 하야시와 미국 대통령의 특사 페리 제독은 지난 3일 에도만 가나가와 앞바다에서 '미일 화친조약'을 맺고 일본의 쇄국정책 포기를 최종 확인했다.

이에 따라 일본은 미국에 시모다항·하코다테 항을 개방하고 '최혜국 대우'를 보장하며 미국선박에 식량·연료를 공급해야 한다. 개인 상거래는 금지되지만 미국상품이 곧 일본 열도를 누빌 것을 의심하는 사람은 없다.

페리는 이미 지난해 7월, 네 척의 군함을 이끌고 일본의 우라가(浦賀) 항에 들어와 대통령 친서를 들이대며 개항을 요구한 바 있다. 무력을 쓸 수도 있다는 위협 앞에서 에도 바쿠후는 일단 친서를 접수한 뒤 시간을 줄 것을 요청했으며, 페리는 "내년에 더 많은 군함을 이끌고 오겠다"는 말을 남기고 돌아갔다.

일본 각지의 번(藩)들이 개항파와 쇄국파로 반분돼 아무런 결론도 내리지 못한 상황에서 페리는 약속대로 돌아왔다. 일곱 척으로 늘어난 군함과 함께 지난 달 가나가와 앞바다에 입항한 것이다. 초읽기에 몰린 바쿠후는 국론이 통일되지 않은 상태로는 싸울 수 없다는 판단을 내리고 페리 앞에 무릎을 꿇었다.

미국에 이어 영국, 러시아 등이 일본 진출을 서두르는 가운데, 현재 일본은 사쓰마 번, 조슈 번 등이 바쿠후에 반기를 들고일어나는 등 굴욕적인 개항의 후유증을 앓고 있다. 동아시아 각국들은 향후 열강의 통상압력이 가속화될 것으로 보고 사태의 추이를 예의주시하고 있다. 지금까지 이 지역에서 총 한방 안 쏘고 구미 열강에 굴복한 나라는 일본이 처음인 것으로 알려졌다.

▶참조기사 5호 4면

일본은 미국의 무력시위 앞에 '미일 화친조약'을 맺고 개항요구에 굴복했다.

"지중해 관문을 러시아에게 넘겨줄 순 없다"
영-프 연합군, 크림 반도서 러시아 공격

〈1854년 10월 러시아〉 영국과 프랑스 연합군이 크림 반도 끄트머리 세바스토폴에 있는 러시아 해군기지를 공격하기 시작했다.

연합군은 이번 공격에 대해 지난해 러시아가 투르크의 영토를 침략한 데 대한 응징이라고 밝혔다. 러시아는 그리스정교도를 보호하겠다며 도나우 강변의 투르크영토를 침범했다가, 연합군이 결성될 조짐이 보이자 군대를 철수시켰다.

두 나라가 이례적으로 '대리응징'을 표명하고 나선 것은 러시아가 지중해와 연결되는 다르다넬스 해협을 차지할 것을 우려했기 때문으로 풀이된다.

▶참조기사 8호 2면

긴급입수 ▣ 태평천국군 개혁청사진 '천조전무제도'

파격적 내용 불구 현실화 가능성 회의적

〈1853년 가을 중국=황중화 특파원〉태평천국 봉기와 함께 가부장적 전통에 얽매여온 중국 여성들에게도 희소식이 들려오고 있다. 태평천국이 최근 국가체제의 규범으로 발표한 '천조전무제도(天朝田畝制度)'가 전족의 폐지를 선언했기 때문이다. 객가들이 자신들의 전족을 안 해오던 풍습을 이번에 제도화한 것이다.

'제도'에는 이밖에도 전통 중국사회에서는 상상도 할 수 없던 조항들이 가득하다. 토지는 남녀에게 일률적으로 균등하게 분배되며 최저의 필요한 식량을 뺀 나머지 생산물은 25가 단위의 공동체가 공유한다. 여성도 재산권과 관직에 오를 기회를 갖는다. 관혼상제, 노약자·과부의 부양, 교육 등은 공동체 전체의 의무다.

천경의 관측통들은 태평천국이 보이는 이 같은 진보적 면모의 요인으로 두 가지를 든다. 하나는 기독교를 차용하면서 스며든 원시기독교사상이고 또 하나는 중국 전통의 대동사상이다. 이 두 가지는 만인이 세상 모든 것을 공유한다는 원시공산주의를 공동의 특징으로 갖고 있다.

그러나 태평천국이 과연 이 같은 이상을 현실에서 이룰 수 있을까에 대해서는 회의적인 시각이 만만치 않다. 우선 '제도'에 나타난 국가형태는 역대 왕조 뺨치게 전제적이다. 관직에 따른 신분구별도 엄격하다. 태평천국의 관료제도가 자리를 잡아가면 이 같은 조항들은 혁명성과는 거리가 먼 독소가 될 가능성이 많다는 것.

따라서 태평천국이 중국사회의 진정한 대안이 되려면 정부와의 싸움 못지않게 내부를 더욱 혁신하려는 노력도 함께 벌여 나가야 할 것으로 보인다.

"마리아는 원죄 없는 순수한 처녀다"

교황 피우스 9세
'무원죄잉태설' 공식화

〈1854년 로마〉교황 피우스 9세는 수백년 동안 논란이 돼온 성모 마리아 논쟁에 마침표를 찍었다. "마리아는 원죄 없는 처녀로 예수를 낳았"으며 따라서 마리아는 기독교교리상 예수의 동반자 위상을 갖는다고 '무원죄잉태설'을 공식화했다. 아울러 피우스는 교황은 예수의 직접적인 사도로서 "오류를 저지르지 않는 존재"라고 힘써 강조해 반론을 봉쇄했다.

로마정가에서는 피우스의 속셈이 '무원죄잉태설'보다는 오히려 이 '교황 무오류성'에 있다고 분석한다. 지난 46년 자유주의자로서 교황에 즉위한 그는 로마 교황령에도 의회를 설치하는 등 진보적인 조치를 취해왔으나 1848년 대혁명 이후 교황은 세속권력에 간섭하지 말아야 한다는 주장이 나오자 일거에 자유주의 신조를 내던져버렸다.

동서고금 이은홍

하나 팔아주세요~네?

사주시면 감사!
안 사주면 즉사!!

MADE IN U.S.A

더욱이 최근 각국에서 보수화로의 회귀바람이 불자 이 기회에 교황령에 대한 자유주의 개혁에 쐐기를 박기 위해 일련의 발표를 들고 나왔다는 것이다.

세바스토폴 함락…
크림전쟁 영·프 승리로

〈1855년 크림 반도〉영국-프랑스 연합군이 러시아 흑해함대 기지 세바스토폴을 함락시켰다. 이로써 러시아의 지중해 진출에 제동이 걸렸다.

전투는 애초부터 연합군의 전력이 러시아를 압도했으나 1년 동안 연합군의 공조 미비와 작전 실수로 많은 사상자를 냈다. 마침내 세바스토폴이 함락되자 프랑스군 사령관 펠리시에 장군은 너무 기쁜 나머지 영국군 사령관 제임스 심슨 경을 껴안고 키스를 했다. 심슨 경은 "피할 새도 없이 순식간에 당했군"이라며 얼떨떨한 표정을 지었다는 후문.

휴지통 ▣ "생선회칼 한번 못 써보고 당했다"

○…태평천국 지도자 위창휘는 정보 탐색차 자신을 찾아온 홍콩 총독 조지 보햄을 만나고는 깜짝 놀랐다. 위창휘가 한창 배상제회의 교리를 늘어놓으면서 상제를 칭송하자, 보햄이 무릎을 탁 치면서 "기독교가 바로 그런 평등·박애의 종교이며 상제와 하느님은 닮았다"고 했다는 것. 배상제회의 원천이 기독교인 줄을 일반신도는 물론 핵심 지도자인 위창휘조차 까맣게 모르고 있었던 것이다.

○…앞으로 일본에는 "생선회칼 한번 못 써보고 당했다"는 말이 유행할 듯. 1853년 페리가 일단 물러간 뒤 바쿠후는 널리 이양선 격퇴의 아이디어를 공모했다. 온갖 황당한 안 가운데 그나마 사무라이 냄새라도 나는 것이 '생선회칼' 안. 어선으로 가장한 배들을 타고 접근해 선물을 주는 척 하면서 생선회칼로 공격하자는 것이다. 물론 기각됐고 바쿠후는 톡톡히 망신만 당한 채 페리를 맞아야 했다.

화제 ▣ '지하철도'의 활약

흑인 노예들 탈출 돕는 지하조직
탈출경로 등 철도용어 사용

〈1850년대 미국〉도망친 노예들을 체포해 원래 있던 곳으로 돌려 보내려는 '도망노예송환법'이 거센 반발을 불러일으키고 있다. 1850년 발효된 이 법에 반대해, 도망친 노예들을 미국 북부의 안전한 자유주나 캐나다로 탈출시키고 있는 비밀조직 '지하철도(underground railroad)'의 활약은 특히 눈부시다.

1793년 발효된 1차 도망노예송환법에 반대해 1810년부터 활동을 시작한 이 조직의 이름은 비밀활동을 지칭하는 말로 철도용어를 사용했기 때문에 얻은 것. 각종 탈출경로는 노선,

이탈리아 통일 빠른 행보

수상 카보우르, "부국강병-국제정세 이용" 통일정책 수립

〈1855년 이탈리아〉 476년 서로마제국이 멸망한 이래 1400여 년간 조그만 공국들로 분열되어 있던 이탈리아가 통일의 조짐을 보이고 있다.

최근 이탈리아 북부 사르디니아 왕국 수상 카밀로 벤소디 카보우르(사진)는 "부국강병을 이룩해 국내의 주도권을 잡고, 국제정세를 이용해 외세의 지배를 물리친다"는 내용의 통일정책을 수립했다.

이를 위해 세금을 늘리고 자유무역을 선포하는 국정개혁을 실시하는 한편, 크림전쟁의 연합군을 지원하기 위해 1만 명의 군대를 파견하기로 했다. 크림 반도와 아무런 이해관계도 없는 사르디니아 왕국의 참전은 이례적인 것으로, 전쟁 자체보다는 연합국인 영국과 프랑스에게 추파를 던지는 것이라는 해석이 우세하다.

실제로 외교술에 의한 통일을 강조하고 있는 카보우르는 "이탈리아 통일의 가장 큰 적인 오스트리아를 물리치려면 프랑스와 영국의 지원이 필요하다"는 말로 내각을 설득한 것으로 알려졌다. 오스트리아는 18세기 이후 이탈리아 영토 대부분을 지배해왔다. 게다가 카르보나리와 마치니의 통일운동도 오스트리아의 반동적인 탄압으로 좌절된 바 있다.

결국 이탈리아 통일을 위해서는 오스트리아 축출이 우선인 셈. 하지만 사르디니아의 힘만으로는 대적하기 어려운 상대이기 때문에, 강대국을 끌어들여 몰아내겠다는 것이다. 과연 연합국이 카보우르의 의도대로 해줄지는 알 수 없지만, 이탈리아 통일이 그 어느 때보다 현실적인 수위로 논의되고 있는 것만은 분명해 보인다.

칭찬합시다 ■ 크림전장의 등불 나이팅게일
크림전쟁 부상병 치료에 맹활약

오늘 우리가 찾아갈 곳은 포연이 쏟아지고 있는 크림전쟁 터입니다. 생사가 오락가락하는 그곳에서 부상병을 치료하기 위해 혼신의 힘을 쏟고 있는 간호사가 있거든요. 지금까지는 개념도 별로 없던 간호를 생명의 고귀함을 지키려는 전문직업으로 생각하게 만들어준 여인이죠.

이곳 스쿠타리의 영국군 야전병원에 있는 나이팅게일이라는 여자 간호사가 바로 오늘 칭찬의 주인공입니다. 전쟁이 터지자마자 38명의 간호병을 모집해 이곳을 찾아왔답니다. 물론 처음에야 고생이 많았죠. 간호사가 병동에 들어가는 걸 허락하지도 않았다니까요. 그뿐입니까. 숙소에는 벼룩이 들끓죠, 부상병들은 오물이 흐르는 복도에 지푸라기를 깔고 누워 있는 등 말이 아니죠.

그래서 나이팅게일이 제일 먼저 한 게 병원 청소였습니다. 그리고 사재를 털어 약품과 침대를 사들였죠. 직접 치료도 하기 시작했답니다. 간호사가 의료를 담당하는 건 드문 일이죠? 하지만 독일에서 전문 간호사 교육을 받고 온 나이팅게일은 간호사 교육을 강조하고 있답니다.

야전병원의 환자들은 그녀를 '등불을 든 천사'라고 부른답니다.

자, 이제 간호사 나이팅게일을 한번 만나보시죠.

중간 대기장소는 역, 탈출을 돕는 사람은 차장이라고 하며, 탈출한 흑인 노예들은 화물이나 소포라고 부른다.

특히 지하철도는 이미 탈출한 노예를 이동시키는 일뿐만 아니라 노예들에게 총을 들이대며 탈출을 '격려'하는 일까지 해 남부의 농장주들로부터 최고의 적으로 꼽힌다. 그 자신도 노예 출신이면서, 벌써 300명의 노예를 탈출시킨 해리엇 터브맨이라는 흑인 여성에게는 4만 달러의 현상금이 걸려 있다.

▶참조기사 15호 3면

황하 대홍수 천재 아닌 인재

〈1855년 중국〉 황하 하류지방이 크게 범람해 수백만 명의 이재민이 발생하고 수만 명이 기아상태에 빠지는 대재앙이 닥쳤다. 황하 범람은 거의 매년 있는 일이지만 이번의 경우는 500년 만에 발생한 대참사다.

이번 참사의 규모가 얼마나 큰지는 산동반도 남쪽으로 흐르던 강이 반도 북쪽으로 물줄기를 바꾼 데서도 알 수 있다. 조선에서 대동강이 물줄기를 바꿔 한강으로 흐르게 된 것과 비슷한 규모다.

이러한 대범람은 최근 태평천국의 봉기가 전국을 휩쓸면서 중앙정부가 제방공사에 소홀한 것이 주원인으로 분석되고 있다. 역대 중국정부는 범람을 막기 위해 지속적으로 강변에 제방을 쌓아왔다. 그 결과 강 수면이 주변지역보다 높아진 것은 물론 심지어 강바닥까지도 주변평지보다 높아졌다. 이런 상태에서 관리를 소홀히 한 제방이 무너지자 시뻘건 황토물이 광활한 평야지대를 뒤덮은 것이다.

물줄기를 바꾼 황하는 현재 발해만으로 흘러 들어가면서 엄청난 규모의 삼각지를 새로 만들고 있는 중이다.

세계사 신문

'신 앞에 선 단독자' 키에르케고르 서거

불안·절망 통한 개인실존 탐구…철학계선 이단아 취급

〈1855년 덴마크〉 기성 교회를 거세게 비난해온 철학자 죄렌 키에르케고르가 서거했다. 향년 42세. 교회 권력의 부패와 타락을 통렬한 문장으로 비판하는 1인 잡지 〈순간〉 제9호를 준비하던 중 노상에서 의식을 잃고 쓰러진 후 다시 일어나지 못했다.

키에르케고르는 지난 1849년 〈죽음에 이르는 병〉을 발표하면서 자신만의 독특한 사상을 선보였다. 당시 이미 그의 저작은 난해한 것으로 유명했다. 평론가들은 그의 아버지가 첫 아들을 재혼 후 5개월 만에 출산한 것, 키에르케고르 자신이 30대 중반에 14세 소녀 레기네 올센과 사랑에 빠졌던 일 등이 그의 원죄의식을 자극했고 이러한 암울한 자의식을 전제하지 않고는 그의 저작을 해독하기 힘들다고 말한다.

그는 이러한 자신의 불안과 절망을 화두로 삼아 인간내면의 깊은 곳까지 파고들었다. 초기 저작 〈이것이냐 저것이냐〉에서 인간이성이 파악할 수 없는 불확실성에 대해 언급했고, 이 불확실성이 인간실존에 '불안'을 안겨다 준다는 것을 〈불안의 개념〉에서 설파했다. 그리고 이 불안에서 배태되는 '절망'이 〈죽음에 이르는 병〉이라는 것이다. 비평가들은 이러한 그를 거의 미치광이로 취급, 조롱했지만 그는 막무가내의 비관주의자는 아니었다. 심연의 절망 속에 빠진 인간은 곧 '신 앞에 선 단독자'이며 이때의 진실한 신앙이 한 줄기 구원의 빛이라는 것.

임종 때 그는 이렇게 말했다. "내 죽음을 바라보며 내가 절망으로부터 해방될 수 있기를 바란다. 그러나 이것만은 알고 싶다. 죽음이 언제 오는지를, 그 조금 전에라도 알 수 있기를…."

철학으로 들여다본 두 얼굴의 유럽

헤겔 이성에 의한 진보 확신 키에르케고르 혼탁한 현실에 절망

지난 51년 런던 만국박람회는 이 시대의 물질적 진보가 이룬 엄청난 생산력을 과시했다. 한편으로 48년 전 유럽을 뒤흔든 민중혁명은 극도의 혼란이었다. 두 얼굴의 유럽이다.

헤겔과 키에르케고르는 각각 이 상반된 두 얼굴을 반영한다. 헤겔은 인간에겐 이성의 힘이 있기에 진보의 길로 나아가리란 것을 낙관한다. 하지만 키에르케고르는 중세 질서가 해체되고 개인주의의 광야에 홀로 내던져진 인간실존의 불안과 공포를 대변한다.

헤겔이 보기에 본질은 실존에 우선한다. 목수는 책상을 짜기 전에 머릿속에 책상의 형상을 갖고 있다. 책상의 실존에 앞서 본질이 존재하는 것이다. 하지만 키에르케고르에게 인간은 다르다.

인간은 태어난 순간 실존하지만 그는 아직 '이성을 가진 인간', 즉 본질이 아니다. 인간의 본질은 실존 이후에 실천을 통해서 형성된다.

그리고 이 본질 획득과정은 개인마다 다를 수밖에 없다. 즉 주관적이다. 중세와 같이 정형화된 신분체제, 신앙체제가 모두 해체된, 그래서 모든 개인이 자유방임 상태에 놓인 오늘날 인간은 고독하고 불안하다. 절망이다!

하지만 키에르케고르는 구원을 말한다. 절망의 절정, 죽음의 순간에 한 줄기 구원의 빛이 쪼인다는 것. 신앙이다. 다만 이 신앙은 제도와 체제로서의 교회가 가져다 주는 것이 아니다. 실존의 극한까지 밀고 나간 한 개인이 주관적으로 결단하는 성질의 것이다. ▶참조기사 8호 6면

리바이 슈트라우스 진바지 열풍

〈1853년 미국〉 '진'바지 열풍이 불고 있다. 골드러시의 꿈을 안고 서부로 달려온 금광 채굴꾼들이 입던 진바지가 미국 곳곳으로 전파되고 있는 것이다.

독일인 리바이 슈트라우스가 만든 이 진바지의 유행 비결은 우선 튼튼하다는 것. 원단이 군용 텐트천이다. 본래 군대에 납품하려고 만든 천이지만 군용 녹색이 아니라 갈색으로 염색되는 '사고 덕분'에 납품을 거절당하고 옷이 됐다. 두 번째 인기 비결은 주머니가 튼튼하다는 것. 호주머니 네 귀퉁이에 구리못을 박아, 주머니에 작은 도기나 광석 같은 것을 넣어도 뜯어지지 않는다.

요사이 남서부 목장의 소몰이들 사이에서도 주문이 밀려오자, 리바이는 갈색 염료 대신 좀더 싸면서도 뱀이 싫어하는 색깔인 인디고블루로 염색해 바지를 만들 계획이다. 리바이의 청바지가 미국을 휩쓸게 될 날도 머지않은 것 같다. ▶참조기사 15호 2면

Transatlantic Art

▶Cover Story : La Traviata
— an opera that drove Venice to zenith
Verdi enchanted La Dame aux camelias with magic of music
▶World's Best Sellers: Uncle Tom's Cabin — the tornado of emancipation snatched a million souls Scarlet Letter — the most powerful 'A' ever
▶Focus : Ralph Waldo Emerson and the contemporary American thoughts

지금 서점에서 판매중 Event : Any subscriber will gain free admittance to the opera 〈La Traviata〉

---

internet 세계사 여행

▶크림전쟁 http://www.hillsdale.edu/dept/History/War/19Crim.htm 전쟁 개관, 각 전투 상보, 평가 등
▶전쟁의 역사 http://www.geocities.com/ancestors4/otwars.html 영-아프간 전쟁, 레판토해전, 크림전쟁, 태평양전쟁 등 전사(戰史)들을 다룸
▶키에르케고르 http://jollyroger.com/zz/yphilo1d/Kierkegaard,Sorenhall/shakespeare1.html 키에르케고르 관련사이트 모음

세계사 신문

지금 한반도에선

1857년/ 최한기, 〈지구전요〉 지음
1858년/ 작자 미상 〈장풍운전〉, 〈당태종전〉, 〈양풍전〉 간행
1859년/ 〈대명률〉, 〈대전통편〉, 〈무영록〉, 〈삼국지〉 간행

"기다림이 오래되면 독이 된다"

인도, 200년 영국 지배 딛고 민족해방전쟁 '포문'
세포이 봉기가 순식간에 민족적 항쟁으로 번져

〈1857년 11월 인도〉 영국의 식민 침략에 200년간 속수무책으로 당해만 오던 인도 '대륙'이 마침내 벌떡 일어섰다. 발단은 세포이(영국 동인도회사의 인도용병)들의 반란이었지만, 이는 삽시간에 인도민중의 민족해방 전쟁으로 비화되고 있다.

진원지는 델리 근교 메루트였다. 지난 5월 세포이들이 이곳 구치소를 급습, 항명죄로 수감됐던 동료 85명을 구출하면서 시작됐다. 민족적 차별에 분노해온 이들은 닥치는 대로 영국인을 살해했다. 이튿날 무굴제국의 수도인 델리에서 영국군이 지키는 황궁을 공격할 때 이들은 더이상 일개 반란집단이 아니었다. 델리의 상인과 농민들이 구름처럼 가세했던 것이다. 황궁을 점령한 해방군은 영국의 보호

인도의 독립을 요구하는 세포이들의 반란이 인도 전역으로 거세게 번지고 있다.

를 받던 바하두르 샤 황제를 압박, 명목상의 지도자로 내세우고 '인도인의 나라'를 선포했다.

보복에 나선 영국은 군대를 투입, 가까스로 델리를 탈환했다. 처절한 복수극이 벌어져 이번엔 인도인들이, 여자와 아이들을 포함해 닥치는 대로 살해됐다. 영국군은 내친 김에 바하두르 샤를 랑군으로 추방하고 무굴제국을 공식 소멸시켰다.

현재의 전황은 대체로 영국군이 유리하다. 그러나 인도는 첫 민족적 항거에서 엄청난 저력을 발휘, 강력한 민족국가로 거듭날 가능성을 내외에 과시했다.
▶참조기사 10호 1면

"오 하느님, 왜 다윈을 만드셨나이까"
다윈, 창조설 부정 '진화설'에 지성계 발칵

〈1859년 런던〉 사람이 원숭이로부터 갈라져 나왔다면? 나아가 신이 세상 만물을 창조했다는 성경이 거짓말이라면? 생물학자 찰스 다윈이 발표한 〈자연선택에 의한 종의 기원〉이 발간되자마자 당일로 1250부가 모두 매진되며 논란을 불러일으키고 있다.

"모든 생물은 창조된 것이 아니라 진화된 것"이라고 주장하는 이

충격적인 저작은 다윈이 20여 년간 자연계의 생태를 연구한 결과를 정리한 것이다. 지금의 다양한 생물은 하나의 조상이 세대를 거듭하면서 변이를 일으키고 이것이 유전되어 갈라진 결과라는 것. 사람들이 충격을 받은 것은, 다윈이

인간을 진화의 대상에서 제외시키지 않았기 때문. 그렇다면 인류는 신의 창조물이 아니라, 가장 적합한 변이를 일으킨 진화의 산물이란 말인가? 이 책을 두고 각계가 "미친 소리"라는 반대파와 "코페르니쿠스의 지동설에 비견될 놀라운 발견"이라는 찬성파로 양분된 가운데, 19세기 최대의 논쟁이 시작되고 있다.
▶참조기사 11호 4면

중국 또 동네북
영-프 북경 진격

〈1860년 중국〉 영국-프랑스 연합군이 중국군을 연파하며 북경으로 진격하고 있다. 연합군은 무역항 추가개방·내륙여행권 허용 등을 요구하고 있다.

이번 사태는 2년 전 청 관리가 상선 애로 호에 타고 있던 중국인 해적을 체포하면서 불거졌다. 애로 호는 선적(船籍)이 홍콩이었지만 유효기간이 만료된 상태였다. 그러나 영국은 단지 선장이 영국인이라는 이유로 문제를 제기했다. 이에 중국이 정당한 법집행이라며 일축하자 전쟁에 돌입한 것이다.
▶참조기사 13호 1면

세포이 반란 도화선, 탄약통 사건

세포이 반란은 영국의 인도 지배가 낳은 필연적 귀결이지만 그 발단은 의외로 사소한 문제에서 시작됐다.

영국군이 세포이들에게 지급한 소총의 탄약통이 문제였던 것. 영국인들은 탄약통이 녹슬지 않도록 쇠기름이나 돼지기름을 발라두곤 했다. 그런데 소는 힌두교도들에게 신성시되는 존재였고, 반면 돼지는 이슬람교도들이 불결하게 여기는 것이었다. 자연히 이것이 자신들의 신앙을 모독하고 기독교로 개종시키려는 음모라는 소문이 밑도 끝도 없이 퍼져나갔다.

마침내 1857년 5월 10일 메루트의 기병대 세포이들이 탄약급 사용을 거부했고 이들은 군법회의에 넘겨져 10년형이라는 중형을 선고받았다. 이날 쇠고랑을 차고 끌려가는 동료들을 본 세포이들이 일제히 봉기한 것이다.

인도 완전 식민지화

〈1858년 인도〉 인도가 빅토리아 여왕의 직접 지배를 받는 영국의 완전한 식민지로 그 지위가 '격상' 됐다. 영국정부는 최근 인도를 사실상 대리 통치해온 동인도회사의 기능을 정지시키고 인도정청(Indian office)을 통해 인도 전역을 직접 통치하기로 결정했다.

이 같은 결정은 작년에 일어난 인도민중의 봉기가 동인도회사의 미숙하고 전근대적인 대리통치에 상당 부분 기인한다는 인식 때문이다. 북인도 일부를 상징적으로 관할해온 무굴제국은 작년에 바하두르 샤가 유배되면서 공식 소멸됐기 때문에 이제 인도에서 영국정부를 대리하는 권위는 존재하지 않는다. ▶참조기사 10호 1면

▶참조기사 10호 1면

사설 ■ 영국인의 '무서운' 착각

1857년부터 일어난 인도인의 반영항쟁을 바라보는 영국의 시각은 단일하고 단호하다. '인도의 반란(Indian Mutiny)'이다. 그리고 "모든 교수대가 (반군의) 피로 물들고 모든 대포가 찢긴 살과 부서진 뼈로 범벅이 되면 그때 자비를 말하라"는 〈더 타임스〉지 논설처럼 피의 응징을 군에 주문하고 있다.

세포이의 반란은 그렇다치고 자기 땅에서 외세를 배척한 인도민중의 항거까지 '반란'일 수 있을까? 여기엔 최근 1세기 사이에 생긴 영국인의 선민사상이 반영돼 있다. 즉, 영국인은 신에게서 후진지역에 서구문명을 전파하는 사명을 받았다는 것이다. 따라서 인도는 당연히 영국의 지도를 받아야 하며, 이를 거부한 인도의 행위는 괘씸한 반역이 아닐 수 없다.

우리는 영국이 유럽 각국의 반나폴레옹 투쟁을 '민족해방 투쟁'으로 찬양한 사실을 알고 있다. 그러나 이번 인도 사태를 '민족해방 투쟁'이라고 부르면 영국은 질색할 것이다. 저열한 인도인은 현대적인 '민족(nation)'을 이룰 수 없으며, 그들은 영국 여왕의 은총 아래서만 해방될 수 있다고 주장할 것이다. 그래서 영국인은 즐겨 이번 사태를 '인종(race) 반란'으로 묘사한다. 열등하고 사악한 인종이 선진 유럽인종에게 덤볐다는 뜻이다.

우리는 앞서 세계통합은 서구든 누구든 했어야 할 필연으로 인정하면서, 동시에 서구의 오만이 가져올 비극도 경고한 바 있다. 영국은 확실히 인도에 많은 것을 주었다. 분열된 국토를 통합해 한 '민족'으로 일어날 바탕을 주었고, 과학기술과 현대적 제도들도 선사했다.

그러나 인도가 당당히 자립할 수 있고 또 자립해야 한다는 당위를 무시함으로써, 영국은 진짜 무서운 선물을 인도인에게 안긴 셈이다. 내 자유와 발전을 가로막는 외세는 그 외세가 내게 가한 것과 똑같은 폭력을 써서라도 쫓아내야 한다는, 이번 '인종 반란' 속에서 피어난 '민족해방 투쟁'의 사상이 바로 그것이다.

취재수첩 ■ "3보(寶)냐 3악(惡)이냐" 홍콩 풍경

영국에 할양된 지 10여 년이 지난 오늘, 홍콩의 발전상은 눈이 부실 정도다. 서구의 온갖 문물이 쏟아져 들어오고 이를 향해 중국 각지의 사람들이 불을 향해 달려드는 나방처럼 밀려들고 있다.

사람이 모여 살다 보면 새로운 문화가 태동하는 법. 요즘 홍콩에선 '3보(寶)'를 모르면 바보다. '마시고(飮), 치고(打), 사는(買) 것'을 말하는데 술 먹고 싸우는 것을 연상한다면 구세대. '아편연기를 마시고, 카드를 치고, 여자를 사는 것'을 말한다.

홍콩이 아편전쟁을 계기로 영국에 할양된 만큼 임칙서 당시의 아편 금지조치는 사라진 지 오래. 비공식 통계로 50만 홍콩인구 중 1할이 중독자라는 말이 돌 정도다. 원래 도박을 좋아하는 중국인들인 데다 외국인들이 주사위나 카드 같은 신종 도박을 소개하자 금세 퍼졌다. 요즘 거리 어디를 가나 도박에 열중하는 이들을 볼 수 있다.

창녀촌의 번성 또한 홍콩의 명물(?)이 돼가고 있다. 공창을 설치하고 세금까지 부과하다가 거센 비판에 곧 폐지하기는 했지만 어디서나 매춘업이 버젓이 활개를 치고 있다.

그러나 지난 아편전쟁에서 중국군이 아편에 쩔어 싸워보지도 못하고 패한 것을 생각해보면 이런 것들을 과연 3보라고 할 수 있을까. 기자의 눈에는 3악으로만 비치는 홍콩 풍경이다.

태평천국 이상기류

양수청 등 권력핵심 암투로 내분…토지·민생개혁 등은 지지부진

〈1859년 중국〉 파죽지세로 청제국을 위협하던 태평천국에 난기류가 흐르고 있다.

지도자 홍수전을 상징적 지위로 밀어내고 서열 2위 그룹인 양수청, 석달개 등 사이에 내분이 심화되고 있는 것이다. 그러나 더욱 심각한 것은 이로 말미암아 '천조전무제도'에서 야심차게 선언했던 토지와 민생분야의 개혁이 실천되지 못하고 있다는 점이다. 종래의 토지사유제도는 조금도 고쳐지지 않고, 지방정권(鄕官)도 신변 안전과 기득권을 지키기 위해 태평천국에 '귀순'한 지주세력에게 점거돼 있는 상황이다. 태평천국의 존재 의의를 의심케 하는 사태가 잇달아 전개되고 있는 데 대해 우려의 목소리가 높아져가고 있다. ▶참조기사 16호 2면

▶참조기사 16호 2면

화제 ■ 네안데르탈 유골 수수께끼

"인간의 조상 아니냐" 학계 수군수군

지난 1856년 독일 네안데르 계곡의 한 광산동굴에서 발견된 신원불명의 두개골과 뼈조각이 학계의 관심을 끌고 있다. 초점은 이것이 과연 인간의

자본주의 '자폭장치' 공황 폭발

뉴욕은행 파산선고 이어 유럽 등지로 공황 도미노

번영을 구가하던 서방의 자본주의 세계가 비틀거리고 있다. 공황 소식에도 불구하고 서민들의 일상은 빠듯하기만 하다.

〈1857년 미국〉 미국 뉴욕은행이 파산을 선언하자 이를 신호탄으로 미국, 영국, 프랑스, 독일 등 각국의 공장이 연쇄도산하고 있다.

이에 따라 생산은 격감하고 실업자가 대량발생하며 파업이 속출하고 있다. 미국은 올 들어 파산한 기업체가 4900개에 이르며, 영국의 철강재 생산은 4, 5년 전의 56만 9천 톤에서 41만 3천 톤으로 떨어졌다. 독일은 선철 소비량이 지난해 81만 3천 톤에서 올해 64만 9천 톤으로 떨어졌으며, 실업에 따른 대규모 파업이 67건이나 보고되고 있다.

공황(恐慌)이라 불리는 사태가 서방세계를 휩쓸고 있는 것이다. 6년 전 영국에서, 그리고 2년 전 프랑스에서 대대적인 만국박람회를 열면서 발전을 과시했던 자본주의가 나락으로 떨어진 모습이다.

이번 공황은 미국 철도회사들의 과잉투자에서 비롯되었다. 1850년에 9천 마일이던 철도는 이후 이른바 '골드러시'에 따른 건설붐으로 최근 3만 마일 이상으로 늘었으며 뉴욕센트럴, 볼티모어&오하이오, 뉴욕&에리 등의 대규모 회사가 설립됐다. 이들의 자본금은 2천만 달러 이상으로, 여타 부문 대기업의 자본금이 100만 달러임을 볼 때 상상을 초월하는 것이다.

미국뿐 아니라 영국, 프랑스, 독일 등의 투자자들까지 총지원한 이들 철도회사들은 그러나 철도건설 등 고정자본이 지나치게 많이 소요된 반면 과다한 이자비용, 투자에 훨씬 못 미치는 승객과 화물수요 등으로 적자를 면치 못하는 상황이었다. 뉴욕은행을 비롯해 이들 철도회사에 투자한 수많은 미국 및 유럽의 은행과 투자자들이 자본을 회수치 못해 파산을 선언하고 이들 은행으로부터 대출을 받거나 거래관계에 있는 미국 및 유럽의 수많은 기업과 공장들이 연쇄적으로 쓰러지게 된 것은 당연한 귀결이라는 분석이다.

기업가들과 투자자들은 이에 대한 대책으로 더 많은 자본을 투자하는 한편 식민지정책 강화를 통한 시장확대를 꾀하고 있는 것으로 알려졌다.

나폴레옹 3세 베트남에 선전포고 식민지 야욕

〈1858년 베트남〉 지난 1802년 창건된 베트남 구엔 왕조의 운명이 '바람 앞의 등불' 신세다. 프랑스의 나폴레옹 3세는 최근 구엔 왕조에 대해 선전포고를 발령했다. 프랑스군(軍)은 현재 구엔 왕조 제1의 항구(?) 다낭을 공략하고 있으나 구엔군에 비해 화력이 월등 우세, 쉽게 이를 함락시킬 것으로 보인다. 프랑스군은 다낭이 함락되면 곧바로 수도 사이공으로 진격한다는 계획이다.

프랑스는 "구엔의 2대 명명제가 프랑스 선교사들을 박해했다"는 명분을 내세우고 있지만 구엔의 식자들은 "프랑스가 식민지 침략 속셈을 적나라하게 드러내고 있다"며 울분을 터뜨리고 있다.
▶참조기사 4호 2면

일본 개항 '후유증'
양이파 - 개국파 대립 내부갈등 심각

〈1859년경 일본〉 일본정계가 소란하다. 개국을 결정한 에도 바쿠후에 대해 천황과 재야세력이 강력히 비난하고 있으며, 바쿠후는 재야세력을 대대적으로 탄압하고 있다.

바쿠후의 실력자 이이 나오스케는 "서양과 어깨를 겨누려면 서양문물을 적극 받아들이는 개방적 자세가 필요하다"며 "바쿠후를 중심으로 부국강병에 힘써야 할 때"라는 입장이다. 나오스케는 나아가 "민간인이 함부로 정치에 개입하고 있다"며 조슈 번의 요시다 쇼인 등을 처형했다. 그러나 고메이 천황은 "나의 칙허 없이 이루어진 개국은 무효"라며 분노하고 있으며 쇼인의 제자 이토 히로부미 등은 "천황이 권위를 되찾아 서양 오랑캐 타도에 앞장설 것"을 요구하고 있다. 존황양이(尊皇攘夷) 주장이다.

에도 바쿠후는 5년 전 '미일 화친조약'을 체결한 데 이어 지난해에는 미국의 압력에 굴복, '미일 수호통상조약'을 체결했다. ▶참조기사 16호 1면

공황이란

미국의 이번 공황은 1825년 영국서 최초로 기록한 이래 1837년, 1847년에 이어 또다시 10년 만에 발생한 것이다. 공황이 이렇듯 주기적으로 발생, 이에 대한 관심과 두려움이 증폭되고 있다. 공황이란 무엇인가?

공황은 모든 경제질서가 폭발적 괴력으로 일거에 교란(攪亂)되는 현상이다. 상품은 산적해 있지만 팔리지 않는다. 과잉생산이다. 그러니 공장이 문을 닫고 기업이 도산한다. 주가는 폭락한다. 주가의 연쇄폭락으로 견실하던 기업마저 자금난에 허덕인다. 이 여파로 임금은 삭감되고 실업자가 대량배출된다.

문제의 시발점은 과잉생산이다. 개별 기업체는 자유경쟁 명목 아래 생산을 계속한다. 그러다 어느 시점에서 사회 총체적으로 과잉생산 지경에 도달한다. 그러나 막대한 고정자본을 투자한 공장은 갑자기 생산을 멈출 수 없다. 공황이란 총의 방아쇠는 자동으로 당겨지는 것이다.

유골이냐는 것.

두개골 각 부분이 인간의 것보다 더 길거나 짧고, 전반적으로 두께가 두껍다. 특히 눈두덩이 부분이 유달리 튀어나와 도저히 인간의 것으로는 볼 수 없다는 것이 학자들의 공통된 의견. 문제는 다른 어떤 동물의 것도 아니라는 데 있다.

일단 네안데르탈인(人)으로 이름 붙인 학자들은 늙은 네덜란드인의 유골일 것이라거나 단지 특이한 병에

걸렸던 사람의 유골일 것이라는 등 갖가지 해석을 내놓았다. 그 중에 가장 설득력 있게 받아들여진 것은 프랑스 학자 프뤼너 베이의 의견. 지난 나폴레옹 전쟁 때 길을 잃은 코사크 병사의 유골이라는 것. 유럽인종과 유난히 구별되는 코사크인에게 화살이 돌려진 셈이다.

하지만 다윈의 진화론이 발표된 지금 학자들은 이 유골이 혹시 먼 옛날 인간의 조상은 아닌지 조심스런 의문을 제기하기 시작하고 있다.

세계사신문

'뜨거운 감자' 진화론 갈수록 공방 치열

종교계 등 거센 반발 불구 진화론 점차 대세로…각종 분야 새로운 시각 요구

〈1859년 6월 29일 영국〉 옥스퍼드는 며칠 전부터 옥스퍼드 주교 새뮤얼 윌버포스와 토머스 헉슬리 교수가 진화론을 두고 결전을 벌일 것이라는 소문으로 시끄러웠다. 어디서나 그 논쟁이 화제였다. 윌버포스는 진화론에 대해 "천박한 힉자 디를 풍기는 자의 파렴치한 지껄임"이라며 맹렬하게 비난해왔다. 반면 헉슬리는 스스로 "다윈의 충견"임을 자처하는 진화론의 지지자다.

오늘 영국 고등과학협회가 주최한 토론회의 열기는 대단했다. 사람들이 너무 많이 몰려 강당에 마련된 토론장을 박물관의 도서실로 옮겨야 했다. 포문은 윌버포스가 먼저 열었다. "당신은 원숭이가 친척이라는 것 같은데, 할아버지 쪽이 그렇습니까, 아니면 할머니 쪽이 그렇습니까?"

헉슬리는 "하느님이 윌버포스를 내 손에 넘겨주셨군"이라고 중얼거리며 일어났다. "여러분처럼 능력과 지

'진화론' 탄생의 과정

'진화론'의 모티브는 다윈이 비글 호를 타고 남반구를 일주했던 지난 1835년에 얻은 것이다. 5년간의 이 항해중에 다윈은 서로 다른 종들간의 공통점을 발견하고 의문에 사로잡혔다. '한 조상에서 종이 갈라져 나온 건 아닐까?' 하지만 어떻게 '갈라져' 나온단 말인가?

혼란스러운 머리로 런던에 도착했을 때, 다윈의 시선을 끈 것은 '교배'였다. 예를 들어 말을 당나귀와 교배시켜 나귀를 얻는 식이다. 이렇게 다른 종과의 교배, 또는 생식과정에서 새로운 변종이 생길 수 있지 않을까? 하지만 그렇게 따지

자면 너무나도 많은 종이 생겨야 한다.

이런 다윈의 의문을 풀어준 것은 맬서스의 〈인구론〉이었다. 식량부족에 따라 빈곤층이 도태된다라는 〈인구론〉의 주장처럼, "자연에서도 환경에 적합하지 않은 변종은 도태되고, 유리한 변이를 일으킨 것만이 '선택'되어 종을 형성한다!"

이 학설은 지난해 개최된 린네학회에서, 남미와 서인도 지역에서 독자적으로 진화론을 연구해온 A. 월리스와의 공동논문 형식으로 발표됐다. 진화론이 인류 앞에 등장한 것이다.

다는 생각이 드는군요."

헉슬리가 자리에 앉자 토론장은 전율에 사로잡혔다. 청중들은 혼란에 빠졌다.

얼마 전까지는 현재의 동식물이 천지창조 때 만들어진 것과 똑같다는 것은 상식이었다. 최근 공룡의 화석이 발견되어 잠시 논란이 빚어지기는 했지만, 종교계는 지금 세상이 창조되기 전에 몇 차례의 커다란 창조가 있었다는 식으로 설명해왔다.

하지만 다윈의 진화론은 그런 어정쩡한 봉합을 불가능하게 하는 것이다. 진화론은 인류에게 세계에 대한 자신의 시각을 완전히 교정할 것을 요구하고 있다. 과학뿐만 아니라 철학과 종교, 문화와 사회가 완전히 바뀔 수도 있다.

사람들은 어쩌면 진화론 자체보다도 바로 그 혼란을 두려워하고 있는지도 모른다.

위를 가지고도 그 힘을 진리의 탐구자라는 명예를 더럽히는 데 쓰는 사람의 후손이 되기보다는, 지능이 낮은 원숭이의 후손이 되는 편이 낫겠

파스퇴르, 저온살균법 개발

〈1859년 프랑스〉 그간 맥주나 포도주 등의 맛이 금세 상해 이를 안타까워했던 애주가들은 기뻐할 일이다. 프랑스의 미생물학자 루이 파스퇴르가 최근 "맥주 등의 맛이 변하는 것은 세균 때문"이라면서 "저온살균법으로 맥주, 우유 성분 자체를 파괴하지 않고도 세균만 살균할 수 있다"고 발표했다.

저온살균법(pasteurization)은 섭씨 60도 안팎의 낮은 온도로 살균하기를 여러 차례 반복하는 방법이다. 처음의 살균으로는 성장이 끝난 세균만 죽이지만 그 뒤 '알' 상태의 세균이 다시 성장하기를 기다려 다시 살균, 완전멸균이 가능한 방법이다.

19세기는 '가짜' 사랑의 시대?

플로베르 〈마담 보바리〉…개인내면-정신적 빈곤상태 묘사

〈1857년 7월 프랑스〉 지난해 〈르뷔 드 파리〉 지에 두 달 반 동안 연재되며 정부에 의해 풍기문란죄로 기소까지 당했던 귀스타브 플로베르의 화제작 〈마담 보바리〉가 단행본으로 최근 출판됐다.

시골 부르주아인 엠마 보바리는 낭만주의적인 감상에 빠져 로맨스 소설이 현실에서도 이뤄질 것이라는 꿈에 사로잡힌 여인. 그녀는 결국 평범한 남편을 버리고 제비족 로돌프와 간통에 빠진다. 하지만 결국 환멸을 느끼

고서는 자살한다는 내용.

플로베르는 이 소설에서 낭만주의적인 감상을 거부하고 현실의 어두움과 부르주아의 허황된 정신세계를 묘사하는 데 집중했다. 마치 화가 쿠르베의 그림을 보는 것처럼 냉정한 이 묘사는 〈마담 보바리〉를 사실주의 문학의 전형으로 세워냈다.

하지만 이 작품이 가장 돋보이는

대목은 작가의 눈이 단지 엠마에 대한 탄핵에 머물러 있지 않다는 데 있다. 플로베르는 누구도 엠마와 같은 욕망에서 자유롭지 못하다는 점을 잊지 않았다.

"가엾은 보바리는 이 순간에도 프랑스의 수많은 마을에서 울고 있다." 작가의 말이다.

〈마담 보바리〉는 단행본으로는 플로베르의 첫소설이다. "가장 적합한 단어는 하나뿐"이라는 것이 작가의 신조.

---

internet 세계사 여행

▶인도 1857 http://www.geocities.com/Broadway/Alley/5443/indmut.htm 세포이 봉기의 배경, 전개, 영향 등을 포괄
▶다윈과 진화론 개요 http://www.stg.brown.edu/projects/hypertext/landow/victorian/darwin/darwinov.html 각종 해설 및 〈진화론〉 전자텍스트
▶파스퇴르 http://www.pasteur.fr/externe 박테리아 발견, 저온살균법과 백신 개발 등 파스퇴르의 다양한 업적을 보여주는 사이트

세계사 신문

"만국의 노동자여 단결하라"

국제노동자협회 창설

〈1864년 9월 28일 영국〉 산업 부르주아지의 착취에 눌려 참담한 생활을 면치 못했던 유럽 각국의 노동자들이 마침내 '만국 노동자단결'의 첫걸음을 내디뎠다.

영국, 프랑스, 독일, 이탈리아 등 각국의 노동자 대표들은 오늘, 영국 런던의 세인트 마틴즈 홀에 모여 집회를 갖고 국제노동자협회(약칭 인터내셔널)의 창립을 결의했다. 2년 전 런던 만국박람회에 참석한 프랑스노동자들이 영국노동자들을 만나 국제조직 건설을 제의한 데 따른 것이다. 회의결과, "노동계급의 보호, 진보 및 완전한 해방추구" "노동자단체들의 연대와 협력을 위한 중심 건설" 등이 결정됐으며 32명의 임시위원회 위원이 선출됐다. 임시위원회는 공산주의 운동으로 국제적 명성을 날리고 있는 독일 대표 카를 마르크스에게 협회의 '창립 선언문'과 '잠정규약' 초안을 맡겼다.

각국 노동자들은 "협회 창설은 노동운동 역사의 결실이자 그간 험난한 길을 걸어온 노동운동에 새 지평을 열어주는 이정표가 될 것"이라며 쌍수를 들고 환영하고 있다.

▶참조기사 14호 1면

노예제 폐지를 주장하는 북부와 존속을 주장하는 남부가 전쟁에 들어갔다.

노예제 공방 결국 내전으로

미국 남부-북부 전쟁에 돌입…승패 점치기 어려워

〈1861년 4월 미국〉 노예제 폐지를 놓고 극한 대립으로 치닫던 미국의 남부와 북부가 급기야 포성을 울리며 내전(civil war)에 돌입했다. 자유를 찾아 '같이' 북아메리카 땅을 밟았고, 자유의 이름으로 '힘을 합쳐' 영국으로부터 독립을 쟁취했던 남과 북이었다.

포성은 지난 12일 남군(南軍)의 피에르 보어가드 장군이 사우스캐롤라이나 주(州) 찰스턴에 남아 있던 북부측의 섬터(Sumter) 요새를 공격하면서 울리기 시작했다. 요새의 존 에머슨 소령이 연방정부에 요청한 지원병력과 보급물자가 열차편으로 도착하는 날이었다. 제16대 연방정부 대통령으로 갓 취임한 에이브러햄 링컨은 3일 후 "3개월 기한으로 7만 5천의 병력을 소집한다"며 비상동원령을 발동, 전쟁을 공식 선포했다.

전쟁이 어느 쪽에 유리할지 판단하기는 쉽지 않다. 현재 북부는 의회의 대다수 의석을 차지하고 있으며 총인구는 2200만으로 남부의 2.3배, 공장 10만 개소로 다섯 배, 철도 2만 마일로 두 배, 은행예금 1억 9천만 달러로 네 배에 달한다. 물량면에서 절대 유리하다. 반면 남부는 대다수 주민이 말타기와 사격에 능하고 군대의 요직을 차지했던 경력 장교가 월등히 많다. 병력면에서 유리하다.

지주의 남부와 산업 부르주아지의 북부는 그간 노예제를 둘러싸고 이해 대립을 넘어 지역적 감정대립까지 보여왔다. 이것이 전쟁으로 비화된 계기는 노예제 반대론자인 에이브러햄 링컨이 지난해 선거에서 대통령으로 당선되면서 마련됐다. 정치, 경제 등 모든 면에서 갈수록 위축되고 있다는 남부주민들의 위기감이 극대화된 것이다.

선거 이후 연방 탈퇴를 선언한 사우스캐롤라이나, 앨라배마, 플로리다, 조지아, 루이지애나, 미시시피 6개 주는 '아메리카 남부연합'을 결성하고 노예제를 인정하는 헌법을 채택, 새 국가를 선언했다. '남부연합'은 곧바로 섬터 요새를 포위하기 시작했고 이에 에머슨은 연방정부에 지원을 요청, 전쟁의 서막이 오른 것이다.

▶참조기사 15호 3면

중국, 영-프와 '굴욕적' 북경조약

〈1860년 11월 중국〉 수도 북경 곳곳에 '개나 중국인은 출입하지 말라(No dogs or Chinamen)'는 모욕적인 경고가 나붙고 있다. 영국과 프랑스가 북경에 자국 외교관을 상주시키면서 생긴 외국인 거리의 한 풍경이다.

이 같은 사태는 청제국이 영-프 연합군에게 북경을 함락당한 뒤 러시아의 중재로 조인한 북경조약에 따른 것이다. 이번 조약에는 홍콩섬에 이어 구룡반도 추가할양 등이 포함됐다. 특히 아편무역이 합법화돼 이번 조약은 '제2차 아편전쟁'이라는 비아냥도 나오고 있다. 한편, 러시아도 중재의 대가로 우수리 강 동쪽의 연해주를 차지하고 국경에서의 자유무역권을 챙겼다.

열강의 전방위 경제침략에 속수무책으로 당하는 중국의 모습이다.

▶참조기사 17호 1면

인터뷰 ■ 국제노동자협회 창립 주역 마르크스

"국가는 노동자 탄압기구…국제적 단결만이 살 길"

국제노동자협회의 '창립선언문'과 '잠정규약'을 기초한 마르크스는 현재 임시위원회 위원장으로서 협회의 총괄 책임까지 맡고 있다. "〈자본론〉 저술 때 바빠서 식음을 전폐했는데, 지금은 그때보다 훨씬 바쁘다"는 마르크스를 어렵사리 만나 협회가 나아갈 길 등에 대해 물어보았다.

― '선언문'을 "만국의 프롤레타리아여, 단결하라"는 말로 끝맺음했는데….

"국제적 단결만이 노동자가 살 길이다. 영국의 선거법 개정 투쟁이나 프랑스의 1848년 혁명은 노동계급이 신흥 자본계급과 제휴, 옛 지주계급을 물리친 성공적 사례다. 하지만 이는 자본계급의 권력을 강화시켰을 뿐이다. 각국 정부가 자본가에 의한 계급지배의 도구가 되어 노동계급을 탄압하는 것이다. '국제노동자협회'는 노동계급의 정당, 각국 노동조합의 중심이 되어 탄압을 분쇄하고 '노동계급의 해방'을 성취해야 한다.

― '노동계급의 해방'이란?

"노동계급의 생활은 비인간성의 극에 달해 있다. 노동은 부자에게 경이로운 것과 궁전과 아름다움을 만들어주지만 노동자에게는 가난과 오두막집과 추한 모습만 남겨줄 뿐이다. 노동자가 생산한 것 대부분을 자본가들이 빼앗아가기 때문이다. 이를테면 노동자가 빵을 10개 생산하면 3개만 임금으로 주고 나머지는 모두 자본가가 가져간다. 노동자의 노동력을 '상품처럼 돈 주고 샀으니 내 맘대로'라는 주장이다. 노동의 산물은 이제 자본계급의 힘이 되어 오히려 노동계급을 지배·착취하는 수단이 된다. 노동계급의 해방은 이 같은 사회적 조건을 철폐하는 일이다."

― 철학자로서 노동운동에 뛰어든 이유는?

"프롤레타리아계급의 참상이 나를 변혁운동에 뛰어들게 만들었다. 그간 철학자들은 세계를 여러 가지로 해석해왔을 뿐이다. 그러나 중요한 핵심은 세계를 변화시키는 일이다. 이제 철학은 프롤레타리아에게서 물질적 무기를 발견하고 프롤레타리아는 철학에서 지성적 무기를 발견해야 할 때다."

태평천국 막내리다

〈1864년 중국〉 증국번·이홍장 등이 이끄는 회군과 영국의 고든 소령이 이끄는 다국적 상승군이 태평천국군의 최후 거점인 상주를 함락시켰다.

그동안 중립을 지켜온 구미 열강은 청제국을 굴복시킨 1860년 이래 총부리를 태평천국으로 돌렸다. 그러나 태평천국의 반격도 만만찮아 오히려 전보다 더 넓은 지역으로 진출하면서 2년 전에는 상해를 위협하기도 했다. 그러나 상해 향관들로부터 자금 지원을 받은 상승군이 태평군과의 상해 결전에서 승리, 전세는 급격히 기울고 말았다.

홍수전은 공교롭게도 패색이 짙어진 작년에 사망했으며, 흩어진 태평군은 염군(捻軍) 등 반청 무장조직에서 산발적인 저항을 펼치고 있다. 또 태평천국이 보여준 반제 반봉건 정신은 중국민중에게 깊은 영향을 미칠 것이란 평이다. ▶참조기사 17호 2면

이탈리아 왕국 수립

〈1861년 3월 17일 이탈리아〉 이탈리아가 서로마제국 멸망 후 1400년 만에 통일됐다.

오늘 토리노에서는 이탈리아 공국 대표들이 모여 사르디니아 공국의 왕 비토리오 에마누엘레를 왕으로 하는 통일 이탈리아의 출범을 선언했다. 이번 통일은 북부 이탈리아를 아우르고 있던 사르디니아 왕국과 남부 이탈리아를 아우르고 있던 주세페 가리발디가 손을 잡음으로써 이뤄진 것이다.

특히 청년이탈리아당 출신으로서 1천여 명의 의용군인 '붉은 셔츠단'을 이끌고 있는 가리발디는 자신이 점령한 시칠리아 섬 및 나폴리 공국을 사르디니아 왕국에 양도해 통일의 결정적인 계기를 마련했다.
▶참조기사 16호 3면

동서고금 이은홍

끙!

"어영차… 영차!"

국제 적십자가 출범합니다

크림 반도의 포연 속에서 부상병을 위해 헌신하던 나이팅게일을 기억하십니까. 이제 부상병은 적군이든 아군이든 똑같이 치료합니다. 각국의 약속에 따라 붉은색 십자가로 표시된 치료 시설물을 점령하거나 파괴해서는 안 됩니다.
――― 1864년 스위스 제네바에서 앙리 뒤낭

간추린 소식

베트남, 프랑스에 3개 성 할양

○…〈1862년 6월 베트남〉 프랑스가 베트남의 3개 성을 할양받아 인도차이나 반도에 첫 거점을 마련하게 되었다.

최근 양국은 사이공과 코친차이나 등 베트남 남부의 3개 주를 프랑스령으로 하고 항구 세 곳을 개항한다는 내용의 사이공조약을 맺었다. 이로써 프랑스의 새로운 아시아 진출로가 열리게 됐다.

러시아, 농노해방령 선포

○…〈1861년 러시아〉 유럽에서는 이미 사라진 봉건제를 고수하고 있는 러시아에 드디어 개혁바람이 불고 있다. 알렉산드르 2세는 4천만 명에 이르는 농노를 해방, 자유민으로서의 신분을 인정한다고 발표했다.

이번 조치는 러시아가 크림전쟁에서 서구 열강에 패배한 이후, 근대적 개혁만이 살 길이라는 판단에서 마련된 것이다.

위기의 청에 가느다란 회생의 빛

서태후 집권 민심수습 주력…사회안정 가닥

<1860년대 중국> 영국과 두 차례에 걸친 전쟁에서 참패를 당하고 휘청거리던 청에 가느다란 회생의 빛이 쪼이기 시작했다. 최근 전국을 들끓게 한 태평천국의 봉기가 완전히 진압되면서 모처럼 사회안정 분위기가 잡히고 있는 것. 여기에 게걸스레 달려들던 서양 제국주의 세력들도 현 동치제 정권을 인정하고 지원해주겠다고 속속 밝히고 있다.

이 같은 상황 호전의 계기는 서태후(西太后)가 61년부터 수렴청정(垂簾聽政)의 형태로 사실상 중국 통치자로 군림하기 시작하면서 마련됐다.

서태후는 남편 함풍제(咸豊帝)가 죽자 함풍제의 측근들을 체포, 처형하고 정권을 장악한 여걸.

서태후는 집권하자 곧바로 "월등한 무력과 문물을 가진 서양세력과 섣부르게 싸워선 안 된다"며 내정을 안정시키는 데 주력했다. 그 적임자로 선출한 인물이 한족 출신의 증국번과 이홍장. 이들은 태평천국군을 진압하는 한편 민심수습에도 적극 나서고 있다. 현재 각 지방에서 세금감면이 이루어지고 황폐화된 토지의 개간작업이 활발하게 펼쳐지고 있다.

한편 러시아와 영국 등 청에 진출한 서양세력들은 이러한 새 정권의 정책이 중국 민중의 반제국주의 풍조를 잠재울 것으로 보고 서태후 정권을 적극 지원하기로 결의했다. 외교가에서는 어느 한 열강이 중국을 배타적으로 차지하는 것을 막기 위해서도 이런 정책이 불가피한 것으로 본다.

그러나 서태후는 정치력은 있으나 집권 후 사치가 부쩍 늘고 애인을 끌어들여 중책을 맡기는 등 개혁군주로서의 면모는 보여주지 못하고 있다는 평이 늘고 있다.

프로필 ■ 서태후

1835년생 만주족. 함풍제의 후궁으로서 마침내 중원을 호령하게 된 여걸. 하지만 그녀의 나이는 이제 꽃다운 스물일곱 살.

하급관리 집안 출신이지만 용모가 뛰어난 데다 어려서부터 유교경전을 독파하는 등 총명했다. 16세 때 궁녀로 들어오자마자 함풍제의 눈에 들었다. 더구나 당시 황비인 자안황후(동태후)는 아들을 낳지 못하고 있었는데 그녀는 떡두꺼비 같은 아들 재순(동치제)까지 낳았다. 이로써 일약 자희황후(서태후)의 자리에 올랐다.

마차조합, 증기버스에 판정승
증기버스 거리질주 제한조치

<1861년 영국> 런던 거리를 요란한 소리와 시커먼 연기를 내뿜으며 달리던 증기버스가 풀이 죽게 됐다. 의회는 증기자동차의 거리질주를 제한하는 '적기법(赤旗法)'을 통과시켰다.

이 법에 따르면 앞으로 증기자동차는 "차 앞에 빨간색 기를 든 사람을 앞세우고 운행"해야 한다. 자동차를 마차쯤으로 생각한 사람들이 겁없이 길을 건너다 사고당하는 일이 부쩍 늘었기 때문이다.

하지만 의회 주변에서는 마차조합의 끈질긴 로비가 있었다는 얘기가 나돌고 있다. 자동차 때문에 자신들의 생계가 심각하게 위협받자 갖가지 구실을 붙여 증기자동차의 부당성을 홍보했다는 것이다. 이를테면 증기기관이 배출하는 재와 연기로 도시 전체가 시커멓게 돼가고 있다는 것.

이번 법안에 대해 자동차 업주들은 "자동차가 사람 뒤를 쫓아가느니 아예 모두 내려서 걷는 것이 나을 것"이라며 "버스를 해체하고 증기엔진은 농업용이나 공업용으로 팔아버릴 작정"이라고. ▶참조기사 7호 3면

계산된 '노예해방 선언' 효과 만점

링컨, "노예해방" 선언…탈출노예들 북군 의용군에 속속 가담 전세역전

<1862년 9월 미국> "남부의 노예들은 1863년 1월 1일을 기해 영원히 자유의 몸이 될 것임을 선포한다." 미국 대통령 링컨이 지난 22일 각료회의에서 노예해방을 공식화하는 선언문을 발표했다. 링컨은 이와 함께 "그들의 자유를 인정하고 지켜줄 것"을 약속하는 한편 이들에게 "적합한 임금을 벌기 위해 충실히 노동할 것과 일부는 군에 입대할 것"을 권고하고 있다.

이 선언은 "모든 노예의 즉각적 해방을 선언한 것이 아닌 반쪽 해방선언"이라는 비판에도 불구, 그 효과가 벌써부터 나타나고 있다. 남부의 숱한 노예들이 도주해 북군의 의용군에 가담함으로써 북군에 불리했던 전세가 역전의 기미를 보이고 있으며, 전황이 유리한 남부를 국가로 인정하려던 영국과 프랑스가 이를 철회한 것이다.

링컨은 <뉴욕 트리뷴> 지 등이 "왜 우물쭈물하는가"라며 노예해방 선언을 촉구했어도 일부 주(州)의 반발을

프로필 ■ 링컨

미국 역대 대통령 가운데 농담을 가장 잘하고 언변이 좋다는 평. 노예제를 반대하지만 남부의 여론을 의식, "노예를 해방 않고 연방을 수호할 수 있다면 그리 하겠으며, 노예를 해방해야 연방을 수호할 수 있다면 그러겠다"고 대답할 만큼 정치적 감각이 뛰어나다.

1858년의 공화당 전당대회서 "둘로 나뉘어 서로 적대하는 집안은 영속적으로 유지될 수 없다"는 '분열된 집' 연설로 일약 대통령 후보가 됐다. 대통령 선거 당시, "수염을 길렀으면 좋겠다"는 한 소녀의 편지대로 수염을 길러 이미지 쇄신, 대통령에 당선될 수 있었다는 일화도 유명하다.

1809년 켄터키 출신으로 1842년 결혼한 메리 토드와의 사이에 두 아들이 있다.

우려, 이를 늦추어 왔으나 최근 전세를 뒤집기 위해 선언을 결심한 것으로 알려졌다.

이제는 땅 밑으로 달린다 세계 최초로 지하철도 개통

패딩턴에서 파링던까지 6킬로미터 구간에 5개 정거장 완비. 도로를 따라 굴착해 벽과 천장을 시공하고 다시 그 위에 도로를 덮는 최첨단 컷 앤 커버(cut and cover) 공법 시공.

교통체증은 이제 안녕 1863년 런던 메트로폴리탄 철도회사

세계사신문

"세계는 넓고 여행은 즐겁다"

'토머스쿡앤선' 등 대규모 여행사 대호황

〈1864년 영국〉 사람들에게 '발'과 '잠 자리'를 빌려주는 것만으로 고부가가 치를 창출하는 '굴뚝 없는 산업'이 팽 창하고 있다. 과거엔 상상도 할 수 없 던 싼 값과 짧은 시간에 이븐 바투타 나 마르코 폴로보다 넓은 세상을 보 게 해주는 여행업이 열띤 호응을 얻 고 있는 것이다.

23년 전 사상 최초로 여행업을 시 작한 영국의 토머스 쿡은 아들과 함 께 토머스쿡앤선(Thomas Cook & Son Ltd.)이란 여행사를 차리고 전세계로 가는 단체여행객을 모집하고 있다. 미 들랜드 철도회사와 제휴한 할인 철도 왕복권, 피앤오(P&O) 해운회사와 제 휴한 증기여객선 할인권, 르 그랑 호 텔 등 각국 호텔과 제휴한 할인 숙박 권, 피라미드나 타지마할 등 유적지 관람권 등이 이 회사에서 발행한 쿠 폰 하나로 해결된다.

철저한 서비스 정신의 토머스 쿡은 여흥을 위해 고적대 공연이나 각종 쇼의 주선도 빠뜨리지 않는다. 고객이 선물을 사거나 유흥가에서 엉뚱한 짓 을 하다가 현금이 떨어질 경우에 대 비해서 신용카드도 발급한다. 1854년 창업한 미국의 아메리칸익스프레스 사가 발행하기 시작한 신용카드는 각

국 제휴업체에 제시하기만 하면 현금 대신 결제가 가능하다.

토머스 쿡은 술에 찌든 노동자들에 게 건전한 여가를 마련해주기 위해 고심하다 최초의 단체여행을 창안했 다. 무개열차로 레스터와 러프버러를 1실링에 왕복하는 여행이었다. 그러 던 게 지금은 일본·중국·인도·오 스트레일리아·미국 등 못 가는 곳이 없을 만큼 확대되고 행사참가·학술 탐사·음식기행 등 종류도 매우 다양 해졌다.

백발의 토머스 쿡은 성공의 비결을 이렇게 밝히고 있다. "여행업은 값을 내리기만 하면 무조건 수요가 늘어나 요. 또 열차나 호텔같이 고정비용이 높은 시설은 값을 내려도 수요가 늘 어나면 무조건 이익이죠. 고객은 값 싸서 좋고 사업자는 돈 벌어 좋은 게 여행업이죠."

알고 계십니까? 여행과 관광

여행은 일반적으로 한 지역에서 다른 지역으로의 이동을 일컫는 개념이고, 관광은 위락(recreation)을 목적으로 하는 여 행의 일종이다.

서양에서 travel(여행)은 travail(고행)과 어원을 같이하며 고문기구를 뜻하는 라틴어 tripalium에서 유래했다. 즉 travel은

본래 〈걸리버 여행기(Gulliver's Travels)〉처럼 고통스럽고 위 험한 여행을 의미했다. tourism은 turn과 뿌리가 같은 tour를 바 탕으로 만든 말. 따라서 travel이 단순한 이동을 가리키는 반면 tourism은 '출발한 지점으로 돌아오는 여행'을 의미한다. 동양 의 '관광'은 〈주역〉에 나오는 觀國之光(나라의 좋은 점을 보 러 가다)'의 줄임말이다.

점잖은 〈타임스〉, 황색저널 〈로이즈〉에 참패

〈1800년대 말 영국〉 전국 신문만 12종, 주간 신문은 8종, 지방 신문은 120종 이상, 영국이 인쇄매체의 황금기를 구 가하고 있다. 1855년과 1861년에 지식 과세, 즉 신문 인지세와 종이 세금이 폐지되면서 신문 창간과 수요가 다함 께 늘어난 덕분이다.

하지만 늘어난 신문의 상당수가 선

정적인 상업지여서 매체의 증가가 곧 지적 황금기와 연결되는 것은 아니라 는 지적이 나오고 있다. 부수 역시 정 론지인 〈타임스〉와 〈데일리 텔레그래 프〉가 각기 10만 부와 20만 부를 찍는 데 반해, 주간 상업지의 부수는 수십 만 부를 넘어선다. 특히 일요신문 〈로 이즈〉의 인기는 놀라울 정도다. 처자

식 여섯 명을 살해한 살인사건을 머 릿기사로 올리는가 하면, 런던 암흑가 르포와 상류사회의 가십을 주로 다루 는 이 신문은 무려 100만 부를 찍어낸 다. 일요일에 성경 대신 〈로이즈〉를 읽는다는 말이 나올 정도. 주된 독자 층은 평소 신문 읽을 시간도, 경제적 여유도 없는 하층 노동자들이다.

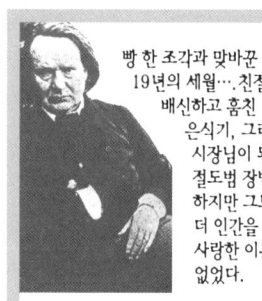

빵 한 조각과 맞바꾼 19년의 세월…. 친절을 배신하고 훔친 은식기, 그리고 시장님이 된 철도범 장발장. 하지만 그보다 더 인간을 사랑한 이는 없었다.

빅토르 위고 신작소설

레 미제라블

---

internet 세계사 여행

▶남북전쟁 http://memory.loc.gov/ammem/cwphtml/cwphome.html 관련문헌, 화상자료 등 링크
▶가리발디 http://www.historyplace.com/speeches/garibaldi.htm 가리발디의 유명 연설 http://www.sc.edu/library/spcoll/hist/garib/garib.html 가리발디 약전
▶링컨 온라인 http://www.netins.net/showcase/creative/lincoln.html 연설·논설 모음, 전기, 교육자료, 사적(史蹟) 등 수록

세계사 신문

일본, 아시아 최초로 서구식 정치변혁

봉건제 폐지-삼권분립 등 '메이지 유신' 선포

〈1868년 3월 14일 교토〉 아시아 최초로 서구의 정치 제도를 도입하는 변혁이 일어났다. 일본의 메이지 천황과 개혁파 관료들은 오늘 낡은 봉건제도의 폐지와 신국가 건설을 표방한 5개조의 고세이몬(御誓文:선언문)을 선포했다.

이에 앞서 사이고 다카모리, 기도 다카요시 등 젊은 관료와 무사계급은 작년 말 왕정복고를 내걸고 '토막(바쿠후 토벌)' 투쟁을 감행, 300년 바쿠후 시대를 청산하고 메이지 천황을 내세워 정권을 장악한 바 있다.

'메이지 유신'으로 불리는 이번 정변은 1860년 반바쿠후파인 존왕양이 세력이 사쿠라다문에서 바쿠후 관료 나오스케를 암살하면서 불붙었다. 그러나 서구 열강은 일본의 권력투쟁이 일본내의 논리로만 전개되도록 놔두지 않았다. "존왕(尊王)은 너희들 마음이나, 양이(攘夷)는 어림도 없다"는 것이었다. 존황양이파의 중심인 사쓰마 번과 조슈 번은

1863년 각기 서구 열강의 함선들에 공격을 가했다가 반격을 받아 요코하마와 시모노세키가 전소(全燒)될 뻔한 곤경을 치렀다.

혼쭐이 난 존황양이파는 영국 유학에서 돌아온 이토 히로부미, 기도 다카요시 등의 주도 아래 '대외무역을 스스로 확대한다'는 정책으로 전환했다. 이것은 서양세력에 정면으로 대들기보다는 우선 선진문물을 받아들여 부국강병을 꾀하자는 현실노선이었으며, 덕분에 그들은 열강의 묵인 아래 바쿠후에 대한 공격을 강화할 수 있었다.

현재 바쿠후는 교토에서 존황양이파에게 패한 뒤 에도에서 농성중이다. 이에 대한 최종 토벌전이 내일로 예정된 가운데, 유신 정부는 곧 삼권분립 등 서구식 정치제도와 지조(地租) 개정 등을 시행해 봉건 바쿠후 체제와 단절하고 서구식 현대화로 나아갈 방침으로 알려졌다.

▶참조기사 16호 1면

'서구화·현대화만이 살 길'. 일본의 메이지 유신은 동아시아 최초의 서구화 운동이다.

청 "우리도 한다"

상해에 대규모 서구식 생산기지 등 서양 따라잡기 '양무운동' 본격화

〈1865년 상해〉 '양무(洋務)', 즉 서양 것을 배워 근대화에 힘쓰자는 목소리가 높은 가운데, 대규모 서구식 생산기지가 신흥관료 이홍장(44세)의 주도 아래 상해에 들어섰다. 강남제조총국이란 이름의 이 기지는 서구의 기술을 지원받아 각종 무기와 기계들의 생산뿐 아니라 어학·과학의 교습, 대규모 번역 출판 등 문화사업도 기획하고 있다.

양무운동이 일어난 것은 북경조약 후 달라진 지배층의 인식 때문이다. 서양의 선진문물을 익혀야만 내외의 위협으로부터 정권을 지킬 수 있다는 것.

그러나 안보를 우선하는 탓에 강남제조총국은 주로 무기제조에 매달리고 있다. 사회·정치 개혁 없이 무력강화만으로 내외의 도전을 물리칠 수 있을 것인지 귀추가 주목된다. ▶참조기사 18호 1면

여성운동 가속도 붙었다

중국 전족 폐지 이어 인도도 순장풍습 폐지

〈1865년 영국〉 여성들의 권리찾기운동이 다방면에 걸쳐 성과를 거두고 있다.

영국의 저명한 학자 존 스튜어트 밀은 '여성참정권 국민협회'를 결성하기 위해 분주하게 뛰어다니고 있다. 올해 하원의원에 출마한 존 스튜어트 밀은 남성이면서도 '여성 참정권'을 선거공약으로 제시해 파문을 일으키며 당선됐다.

지난 세기말, 울스톤크래프트가 "여성은 더이상 남성의 쾌락을 위한 도구가 아니다"며 여권운동을 시작했을 때만 해도 그녀는 시대를 한참 앞선 선구자로 보였다. 10여 년 전, 블루머 부인이 남성의 전유물로만 여겨졌

던 바지를 여성 의상으로 디자인해 선보였을 때의 여론은 차가웠지만 지금은 거부감 없이 받아들여지고 있다. 울스톤크래프트의 이념이 반세기 만에 현실화되고 있는 것이다.

중국 대륙을 뒤흔든 태평천국 운동이 내건 구호 중의 하나가 '전족(纏足)' 풍습의 폐지였다. 인도에서도 남편이 죽으면 부인을 산 채로 같이 화장하는 전통풍습인 사티가 폐지됐다. 바야흐로 세상의 절반인 여성들의 권리에 대한 주장이 날로 거세지고 있다. 하지만 아직도 남성 우월주의적인 제도와 관습은 엄존하고 있어 여권운동의 앞날이 순탄치만은 않은 실정이다.

"유럽-아시아 한달음에" 수에즈 운하 개통

지중해-홍해 연결 10년 대공사 완공…이집트 막대한 비용부담에 경제 흔들

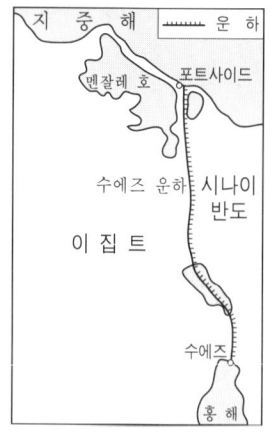

〈1869년 11월 17일 이집트〉세계 최초로 두 대양이 연결됐다. 오늘 이집트에서는 지중해와 홍해를 잇는 거대한 수에즈 운하가 개통됐다. 아프리카 북동부의 수에즈 지협을 횡단하는 이 운하는 유럽과 아시아를 잇는 최단 거리의 통로다. 영국에서 인도로 가려면 전에는 아프리카 케이프 식민지를 경유하던 것을, 이 운하를 이용하면 6천 킬로미터의 거리를 절약해 통행할 수 있다.

이집트정부는 162.5킬로미터의 길이에 공사기간 10년, 4천 억 프랑의 공사비가 들어간 이 운하의 개통을 축하하기 위해 대규모 개통식을 마련했다. 공동 투자국인 프랑스와 영국이 함께 참여한 가운데, 한 발의 포성을 신호로 운하에 각국 사절들이 탄 배가 입장했다.

오늘 저녁에 있을 만찬을 위해서 500명의 요리사와 3천 명의 웨이터가 대기하고 있으며, 최고급 포도주가

마련됐다. 아쉬운 것은 베르디가 축하용으로 작곡한 오페라〈아이다〉의 악보가 도착하지 않아 연주가 취소된 것. 하지만 지금까지 들인 공사비용과 개통식 준비만으로도 이집트정부는 파산할 지경이라는 말이 나돌고 있다.

이집트정부는 수에즈 운하의 건설을 처음 제안했던 프랑스 영사 페르디낭 드 레셉스에게 감사를 표했다. 하지만 탐욕스러운 유럽 앞에 대문을

활짝 열어준 꼴이 된 아시아와 아프리카에게도 이 운하가 복음이 될지는 알 수 없는 노릇이다.

영국 2차 선거법 개정
도시 노동자도 참정 허용

〈1867년 영국〉선거법이 다시 개정돼 투표권이 노동자층 일부에게까지 확대됐다. 디즈레일리가 주도하는 보수당 정권은 최근 연간 10파운드 이상의 구빈세나 집세를 내는 도시의 남성과 12파운드 이상의 지대를 내는 시골의 소작농에게 투표권을 주는 내용의 선거법 개정안을 발표했다.

이번 개정안으로 유권자수는 현재의 두 배인 93만 8천 명으로 늘어나게 됐다. 지난 1832년 의회를 통과한 1차 선거법 개정안은 부르주아들에게만 투표권을 허용하고 노동자들을 소외시켜 불만을 샀었다.

▶참조기사 10호 1면

인터뷰 ■ 양무운동 진두지휘 이홍장

"기술만 앞섰을 뿐 서양은 오랑캐…
중국 저력으로 곧 위기극복 낙관"

양무운동으로 청제국이 회춘의 기미를 보이고 있다. 어린 황제의 연호를 따 '동치중흥'이라 불리는 이 시대의 주역 이홍장을 상해의 탄약공장에서 만났다.

―궁정의 보수 배외파를 물리치고 서구 열강의 지원을 받는 걸로 아는데 그럴수록 더욱 그들에게 종속되지는 않을까요?

"(코웃음) 기술만 앞섰다 뿐 그들은 오랑캐요. 이이제이 전술로 이

권을 다투게 하고 그동안 그 기술로 우리의 산업을 일으키면, 중화의 저력이 곧 놈들을 능가할 거요."

―태평천국 봉기군들은 당신이 같은 한족이면서도 자신들을 탄압한다며 비난하고 있는데….

"장발적(변발 대신 머리를 기른 태평군의 별명)은 청이 아닌 중화의 전통에 도전했소. 청은 만주족이 세웠으나 중화에 흡수됐고, 이번 중흥으로 향후 천년을 이어갈 거요."

―무기생산에 치중하는데, 당신

의 군벌을 키워 장래에 대비할 속셈 아닌가요?

"(껄껄 웃다 정색하며) 정권을 노린다 이 말씀이오? 서태후와 나는 공동운명체요. 청 정부가 무너지면 내 군벌이 가만 있지 않을 거요. 그런 점에선 장래의 대비겠지."

향후 중국에 미칠 그의 영향을 예고하듯 석양빛에 그의 그림자가 길게 퍼지고 있었다.

남북전쟁 종결

〈1865년 4월 미국〉미국 남북전쟁이 북부의 승리로 종결됐다. 남군의 로버트 리 장군은 지난 8일, 북군의 그랜트 장군에게 항복했다. 포로로 잡힌 남군 병사들을 석방, 식량과 함께 고향으로 보내준다는 조건이었다.

전쟁 초기에 남군은 예상과는 달리 북군에 연전연승, 독립국가 건설 전야까지 이르렀었다. 남군은 그러나 1863년 9월 병력과 물자수송의 통로인 미시시피 강 유역의 빅스버그를 빼앗긴 이후 전세를 뒤집지 못했다.

▶참조기사 18호 1면

프로이센, 오스트리아에 대승

오스트리아 배제 '소독일주의' 노선으로 가닥

〈1866년 8월 23일 프라하〉독일 연방의 떠오르는 신흥세력 프로이센이 구(舊) 맹주 오스트리아에게 도전장을 내민 지 불과 7주 만에 케이오(KO)승을 거뒀다. 몰트케 장군이 지휘하는 프로이센 군대는 최근 프라하 근처의 쾨니히그라츠에서 오스트리아군에게 4만 명의 전사자를 내게 하는 궤멸적인 타격을 입힌 후, 오스트리아를 독

일 연방에서 빼는 조건의 휴전협정을 맺었다. 이로써 독일과 오스트리아는 완전히 분리됐으며, 프로이센이 주도하는 소독일주의가 오스트리아를 포괄하는 대독일주의를 누르고 새로운 통일 노선으로 채택되게 됐다.

프로이센은 7주 전 오스트리아와 공동으로 관리하고 있던 슐레스비히-홀슈타인 지역의 행정권을 빌미로 전

쟁을 건 후, 뒤로 장전할 수 있는 신형 총과 강철 대포, 그리고 철도를 이용한 신속한 이동력으로 오스트리아를 제압했다.

프로이센은 "지금의 문제는 이론이나 다수결에 의해서가 아니라 오직 피와 쇠로써만 해결될 수 있다"는 수상 오토 폰 비스마르크의 주장에 따라 무장력을 강화해왔다.

해설 ■ 메이지 유신 어떻게 진행돼나

민중 소외시킨 채 서구화 '벼락치기'

바쿠후를 타도한 메이지 정부는 봉건영주들로부터 영토와 주민을 회수하고(판적봉환) 봉건적 행정조직인 번(藩)을 중앙정부 직속의 현(縣)으로 바꿨다(폐번치현).

이 같은 체제는 강력한 중앙집권국가를 통해 상공업 진흥을 꾀한다는 점에서 17, 18세기 유럽의 절대주의를 연상시킨다. 그러나 메이지 정부는 여기서 한걸음 더 나가고 있다. 무사계급의 특권을 없애고 봉건적 신분질서인 사농공상을 폐지하는 '사민평등' 정책이 신흥관료들에 의해 의욕적으로 추진되고 있다.

이 같은 사회개혁과 더불어 입헌왕정과 의회정치를 확립하기만 한다면 메이지 유신은 오랜 시간에 걸쳐 절대주의에서 시민혁명으로 나아간 유럽의 발전과정을 단숨에 이룩하는 쾌거일 것이다.

그러나 메이지 유신은 프랑스 혁명 같은 광범위한 민중의 지지 위에서 전개되고 있지는 않다. 오히려 민중은 바쿠후의 압제로부터 자신들을 해방시켜줄 줄 알았던 정부에게 배신당했다는 분위기다. 유신 정권은 농민의 세금을 반으로 줄여준다는 약속을 뒤집었고, 자신들에 협조한 농민군 '세키호타이(赤報隊)'를 진압해버렸다. 메이지 정부는 한편으로 열강의 눈치를 보고 한편으론 민중을 누르면서 부국강병으로 나가야 하는, 좁디좁은 길을 가고 있다. 길이 좁은 만큼 샛길도 많아 보인다. 메이지 유신의 앞길을 세계인, 특히 아시아인은 주목하고 있다.

링컨, 연극관람 도중 피격 사망

범인은 극렬 남부주의자

〈1865년 4월 미국〉 14일 금요일, 백악관 부근 포드 극장. 〈우리 미국의 사촌〉이라는 연극이 진행되던 중 갑자기 "탕, 탕" 하는 총성과 함께 "독재자는 죽었다, 남부 만세"라는 한 사내의 외침이 들렸다. 술렁이며 무슨 영문인지 몰라 하던 관객들은 곧 대통령 링컨이 피격됐다는 사실을 알았다.

긴급치료에도 불구, 링컨은 이튿날 사망했다. 범인은 열렬한 남부 지지자이자 남군에 참가해 싸웠던 존 윌키스 부스로 밝혀졌다.

남북전쟁은 끝났으나 미국의 앞날

이 밝지만은 않다는 불길한 징조로 미국은 일순 침울한 분위기다.

▶참조기사 18호 3면

▶참조기사 18호 3면

휴지통 ■
미국 알래스카 구입

○…평당 0.0016센트. 미국 앤드루 존슨 대통령 내각의 국무장관 윌리엄 헨리 슈어드가 러시아로부터 사들인 알래스카의 가격이다. 거저나 다름없는 이 가격에 대해 미국인들이나 미국언론은 "그래도 결코 싼 것이 아니다"며 벌떼처럼 들고일어나 슈어드를 비판하고 있다.

○…슈어드는 1867년 3월 30일, 주미 러시아 공사 에두아르트 데 슈퇴클 남작과 알래스카 매매계약에 조인했다. 153만여 평방킬로미터, 약 4630억 평에 이르는 북아메리카 북서부의 동토 알래스카를 720만 달러에 사고판다는 계약이었다.

○…슈어드는 러시아에서 쓸모없는 곳으로 여기고 있는 이 땅을 구입했으나, 미국에서조차 쓸모없는 땅이라며 비판하고 있는 것. 하지만 누가 알아? 캘리포니아에서처럼 대규모 금광이 발견될지? 슈어드의 생각은 다른 듯하다.

"흑인들을 왕따 시켜라"
골수 남부주의자들 KKK단 결성
테러·방화 등 일삼아

장대끝에 해골을 걸고 세모꼴 흰 두건에 흰색 수의를 입은 사람들이 흑인 집 문을 두드린다. 물을 청해 3통이나 마시고는 "지옥은 너무 더워…"라며 은근히 겁을 준다. 그리고는 "아메리카동맹에 가입하면 죽어"라는 협박을 던진다. 기괴한 유령 같은 자들의 이러한 소행에 흑인들은 공포에 질린다.

KKK단(團)은 남부 백인들의 권력을 분쇄코자 공화당 급진파가 해방노예들을 끌어들여 아메리카동맹을 결성하자 이에 대항키 위해 지난 1866년 남부 테네시의 소도시 플라스키에서 만들어진 단체다. 남북전쟁에서 패배한 남부 백인들의 분노에 편승, 흑인들을 위협하던 KKK단이 이제는 흑인들을 살해하거나 흑인들의 집을 방화하는 폭력단체로 변모해가고 있는 것이다.

KKK는 '집단'이라는 뜻의 그리스어 'kyklos'를 변형시킨 'Ku Klux Klan'의 이니시얼이다. 남군의 장군이었던 포레스트가 현재 최고 수령인 대마왕(grand wizard)이다.

"발가락이 닮았다고? 천만에!"

멘델 "유전인자 결합 따라 형질 결정" 유전법칙 발표

〈1865년 3월 오스트리아〉 유전은 유전을 책임지는 인자에 의한 것이며, 이 인자가 어떻게 조합되느냐에 따라 나타나는 형질이 달라진다는 연구결과가 나왔다. 오스트리아 수도사인 그레고어 요한 멘델이 최근 브뢴 자연과학협회에서 주장한 내용이다.

멘델은 순종의 키 큰 완두콩을 순종 키 작은 완두콩과 교배했더니 자손대에서는 모두 키 큰 완두콩만 나온다는 사실을 발견했다. 이상하다. 왜 그럴까? 그런데 이렇게 얻은 키 큰 완두콩을 서로 교배하자 이번에는 키 큰 완두콩과 키 작은 완두콩이 3대 1의 비율로 나왔다.

멘델은 여러 번의 실험에서 계속 같은 결과가 나오자 여기에는 일정한 법칙이 있을 것이라고 생각하게 됐다. 만약 키 큰 인자와 키 작은 인자가 하나의 쌍으로 묶여서 키에 관련된 성질을 결정하게 된다면 어떨까?

즉 순종의 키 큰 완두콩의 인자를 AA라 보고, 키

작은 순종 완두콩의 인자를 aa라 보면, 자손은 유전물질이 Aa로 조합되기 때문에 모두 키가 크다. 하지만 이 완두콩 Aa끼리 교배하면 자손의 유전물질은 AA, Aa, Aa, aa로 조합되기 때문에 키가 큰 쪽이 작은 쪽의 세 배가 된다.

멘델은 이 법칙을 정리해, 하나의 특징을 나타내는 유전물질은 우성과 열성이라는 두개의 인자로 존재하며, 이것이 어떻게 조합되느냐에 따라 장차 드러날 형질이 결정된다고 결론을 내렸다. 그러니, 아버지가 대머리인 아들들은 더이상 걱정하지 않아도 좋을 것 같다. 혹시 대머리가 우성이라고 하더라도, 자식대에서는 대머리가 안 나올 확률이 엄연히 있으니 말이다. ▶참조기사 17호 1면

낡은 대륙 러시아에 문학 '신대륙' 우뚝

〈1860년대 러시아〉 도스토예프스키의 장편소설 〈죄와 벌〉(1866)에 이어 톨스토이의 〈전쟁과 평화〉(1869)가 발표되면서 러시아 문학에 대한 찬사가 쏟아지고 있다. 이들 작품은 모두 불합리한 사회와 그 속에서 고통받는 인간을 그리고 있다는 점에서 유럽의 사실주의 작품들과 비슷하다.

하지만 유럽의 사실주의가 물질문명의 발전을 배경으로, 그 화려함 밑에 감춰진 소외와

부정을 그리고 있는 데 비해, 러시아의 문학은 농노제의 잔재가 채 가시지도 않은 봉건의 땅에서 태어났다는 점에서 그 세계가 서로 같지 않다.

위의 두 작가를 비롯, 금세기 러시아의 대표적 시인인 알렉산드르 푸슈킨이나, 고골리, 이반 투르게네프 등의 작품에는 러시아만의 특유한 체취가 있으며, 인간의 어두운 내면을 집요하게 탐색한다. 그들이 찾으려는 것은 인간구원에 대한 간절한 희망. 설사 이들의 소설이 두껍고 지루하기까지 할지라도 사람들을 사로잡는 것은 그 때문이다.

▶표도르 도스토예프스키 〈죄와 벌〉 라스콜리니코프는 "인도적인 목적은 악한 수단을 정당화한다"며 '사회악'인 사채업자 노파를 살해한다. 추리소설에 철학적·종교적 성찰을 담은 이 소설은 강렬한 문체와 탁월한 심리묘사로 문단에 충격을 주었다.

▶레오 톨스토이 〈전쟁과 평화〉 1812년 나폴레옹의 모스크바 침공이 배경. 당시 귀족의 일대기를 통해 러시아사회를 웅장하게 그려냈다. 주요 등장인물만 60명, 보조 인물이 200여명. 회화적 묘사와 감각적인 필체로 정교하고 매력적인 세계를 완성했다. ▶참조기사 11호 4면

노벨, 다이너마이트 발명

폭발력 대폭 강화된 폭약

〈1866년 10월 독일〉 터널과 운하 건설붐이 일어나면서 암석 폭파를 위한 화약의 수요가 급증하고 있는 가운데, 안전하면서 폭발력은 훨씬 강화된 폭약이 발명됐다. 스웨덴의 화학자 알프레드 노벨에 의해 제조된 이 폭약은 다이너마이트로 이름지어졌다.

지금까지 화약은 폭발력이 강하면 너무 위험해서 쉽게 사용되지 못했다. 하지만 노벨은 폭발력이 강한 니트로글리세린을 다공성 규조토에 섞어 고체상태로 만드는 데 성공함으로써 충격에 안전하면서도 강력한 폭약인 다이너마이트를 만들어냈다.

한편 이 소식이 알려지자 각국에서의 주문 요청이 쇄도하는 가운데, 노벨은 다이너마이트의 특허 출원에 들어갔다.

〈자본론〉 1권 발간

자본주의 메커니즘 과학적 분석

'공산당선언'의 초안자이자 인터내셔널의 창설자인 마르크스의 역저 〈자본론〉 1권이 나왔다. 이 책은 그동안 유럽에서 애덤 스미스에서 리카도에 이르기까지 끊임없이 논쟁거리가 돼왔던 자본주의 경제의 모든 측면을 일목요연하

게, 그의 표현을 빌리자면 '과학적'으로 해명하고 있다. 특히 자본주의 생산과정에서 노동자의 노동이 어떻게 상품가치에 구현되며 자본가의 이윤은 어떻게 창출되는가를 '명쾌하게' 제시한다.

나아가 자본주의의 소멸을 예언하고 있다. "소유의 사유화와 노동의 사회화라는 모순은 결국 폭발할 것이고 이 때문에 자본주의는 종말을 고하게 될 것이다." 바로 과학적 사회주의 선언이다. ▶참조기사 14호 1면

internet 세계사 여행

▶메이지 유신 http://www.japan-guide.com/e/e2130.html 메이지 시대 약사 및 관련링크. 일본 메이지무라(明治村) 박물관과 연결돼 있다.
▶러시아문학 온라인 http://www.namdar.dircon.co.uk/links.htm 도스토예프스키, 마야코프스키 등 연결 ▶수에즈 운하 http://www.lethsuez.com/ 운하 관리회사 홈페이지. 약사도 수록 ▶KKK http://www.kkklan.com/ 역사, 현황 등 소개

세계사 신문

"게르만의 영광이여" 독일제국 출범

보불전쟁 승리 여세 몰아 '철혈재상' 비스마르크 주도

〈1871년 1월 19일 프랑스〉 프로이센 중심의 북독일 연방과 작센, 바이에른 등 남부의 영방들로 나뉘어 있던 독일이 드디어 통일, 독일제국을 수립했다. 프로이센 군대가 파리를 다섯 달째 포위하고 있는 가운데 등장한 독일제국의 초대 황제로는 프로이센의 빌헬름 1세가 즉위했다.

빌헬름 1세의 황제 즉위식은 프랑스 왕가의 상징인 베르사유 궁전에서 개최됐다. 프랑스의 자존심을 뭉개버리고, 동시에 독일제국의 출범을 더욱 극적으로 부각시키기 위한 것이었다. 사실 애초 프로이센이 프랑스를 상대로 전쟁을 일으킨 목적 또한 이것이기도 했다.

독일 연방은 이미 1834년 관세동맹을 체결해 경제적 통합을 이룩하고, 오스트리아를 연방에서 몰아내기는 했지만, 프로이센을 싫어하는 남부의 영방들 때문에 프로이센이 주도하는 통일이 실현되기까지는 어려움이 많았다. 이 난관을 돌파하기 위해 프로이센의 수상 비스마르크가 선택한 방법이 프랑스와의 전쟁이었다. 강력한 적과의 전쟁은 독일 영방들간의 결속력을 가져올 것이며, 더구나 프랑스와 싸워 이긴다면 전유럽에서 독일의 위치는 완연 달라지리라는 계산이었다. 비스마르크는 프랑스를 자극하기 위해 공작을 꾸몄다.

이렇게 해서 전쟁이 시작되자 프로이센 군대는 강철 대포와 철도망을 이용해 신속하게 프랑스로 진격했다.

프로이센의 빌헬름 1세는 베르사유 궁전에서 독일제국의 수립을 선포하고 황제로 즉위했다.

개전 한 달 만에 메스 요새가 함락됐고, 다시 한 달 후에는 나폴레옹 3세가 포로로 잡혔다.

현재 파리가 임시정부를 구성, 항전하고 있기는 하지만 공식적으로 프랑스는 이미 패배했다. 유럽 각국은 강력한 국민적 통합을 이룬 독일이 과연 유럽의 질서에 어떤 변화를 가져올지 주목하고 있다.

▶참조기사 19호 2면

프랑스민중들 다시 한 번 일어섰다
노동자 중심 사회주의 코뮌 수립
반정부-반프로이센 투쟁 선포

〈1871년 3월 28일 프랑스〉 파리 시청 앞에 운집한 20만 군중은 "코뮌 만세" "사회주의 만세"를 외쳤다. 이틀 전 선출된 90명의 코뮌 위원들은 손에 손을 맞잡고 연단에 올라 사상 최초로 노동자와 애국민중의 혁명적 사회주의 정부 수립을 선언했다.

이번 혁명의 도화선은 보불전쟁에서 싹튼 파리민중의 애국심이었다. 이 전쟁에서 패색이 짙어지자 프랑스 공화주의자들은 작년 9월 나폴레옹 제정을 폐지하고 제3공화정 임시정부를 수립했다. 이 정부가 프로이센과 굴욕적인 강화조약을 맺자, 안 그래도 대자본가 위주의 정부 구성에 불만이던 파리민중은 반정부·반프로이센 투쟁을 선포했다.

시민들의 파리 코뮌은 시청을 점거하고 자신들의 '중앙위원회'를 결성했다. 임시정부가 파리를 떠나 베르사유로 도피한 가운데 혁명은 신속하고도 평화롭게 진행돼왔다.

코뮌은 재산의 국유화, 노동자의 최저생활 보장 등 사회주의적 혁신을 공언하고 있다. 프로이센과 임시정부군이 언제 들이닥칠지 모르지만 오늘만큼은 파리시민과 노동자에게 최고의 순간임에 틀림없어 보인다.

▶참조기사 15호 2면

'세계로 가는 편지'
만국우편연합 결성

〈1874년 스위스〉 세계 주요 22개국이 참가한 가운데 베른에서 열린 제1차 국제우편회의가 만국우편연합(UPU)을 결성하기로 결의하고 폐회됐다.

만국우편연합은 회원국 사이의 자유로운 우편 교환을 보장하기 위해 결성된 조직으로 이를 위해 요금 및 중량단위가 통일된다. 그동안 개별 국가들 사이의 조약에 의해서만 우편이 통용돼 국제우편 사용자들이 많은 불편을 겪어왔으나 이제 이웃집에 편지 보내듯 먼 이국땅에도 소식을 전할 수 있게 됐다.

회의에 참석한 한 대표는 "세계는 점점 더 단일 권역으로 묶여가고 있다. 통신장벽의 제거는 이를 더욱 가속화시키는 역할을 하게 될 것"이라고 내다봤다.

세계사신문

"힘 없이는 모든 게 불가능…쇠와 피만이 최고 해결책"

프로이센의 수상으로서 통일 제국의 초대 수상자리에 오른 비스마르크. 프로이센의 힘을 키워 독일을 통일해야 한다고 주장했던 철혈재상. 독일 통일의 실질적인 주역으로서, 또 제국의 기초를 다지는 작업으로 분주해 보이는 그에게 비위를 건드리는 질문을 던져보았다.

—수상의 철혈정책이 과연 통일을 위한 최선이었는지에는 의문이 있습니다.

"내가 처음 프로이센의 수상이 됐을 때 군비확장에 대해 반대하는 의회를 4년 동안 정지시켜버렸지요. 왜? 힘 없이는 통일이고 뭐고 불가능하니까. 나는 우리의 과제가 이론이나 다수결에 의해서가 아니라 쇠와 피에 의해서만 해결될 수 있다고 믿고 있소."

—하지만 자유주의자들의 반대가 거셌죠.

"독일이 원하는 것은 프로이센의 자유주의가 아니라 바로 힘이오. 군대가 있었기에 오스트리아를 박살내고, 프랑스를 누를 수 있었소."

—하긴 그렇죠. 그럼 앞으로가 문제로군요. 독일은 전쟁을 계속할 생각인가요?

"아니, 내가 원하는 것은 통일이었을 뿐, 약탈이 아니오. 이제 중요한 것은 독일을 중심으로 한 힘의 균형이오. 유럽은 질서를 찾을 것이오. (어두운 표정으로) 하지만 이것은 내 생각일 뿐, 빌헬름 황제의 뜻은 잘 모르겠소. 황제는 야망이 큰 사람이오."

파리 코뮌의 모체는 1870년 9월 파리 20구(區)의 노동자·시민이 결성한 '20구 중앙위원회'였다. 1871년 2월 이 위원회가 발표한 다음 선언은 사회주의 혁명노선을 천명하고 있다.

"우리는 혁명적 사회주의당에 속한다. 가능한 온갖 방법으로 부르주아의 특권폐지, 노동자의 정치적 성장 등 요컨대 사회평등을 획득하고자 노력한다. 이젠 고용자계급도 프롤레타리아계급도 없다. 사회구성의 유일한 기초는 노동이며 그 성과는 모두 노동자에게 돌아가야 한다.

우리는 공화제를 다수결 원리보다 우위에 둔다. 국민투표를 통하든 의회를 통하든 다수파가 인민주권을 부정할 권리는 없다. 따라서 현 사회구성의 기초가 정치·사회 혁명의 방법으로 완전 변혁될 때까지 어떤 제헌의회나 국민의회의 소집에도 반대한다. 혁명이 성취될 때까지는 파리 코뮌 외에는 정부로 인정하지 않는다…."

세계사에 거대한 '문화역류'

〈1871년 동아시아〉 역사상 중국이 아편전쟁처럼 서쪽 '오랑캐'에게 침략당한 적은 많이 있지만, 오랑캐에게 배움의 사절을 보낸 적은 없었다. 인도로 간 당승(唐僧)들이 있었지만 그것은 불교에 국한됐고, 또 인도는 중국을 침략한 오랑캐도 아니었다.

따라서 서구 각국으로 가는 중국 유학생 물결은 아편전쟁보다 큰 역사적 의미가 있다. 양무론자들은 서양기술을 응용, 중화의 기본을 다진다는 '중체서용(中體西用)'론에 입각, 인재들을 영국·프랑스 등에 파견하고 있다.

일본도 이 대열에서 예외가 아니다. 최근 이와쿠라 참의(參議)를 전권대사로 하는 미국 시찰단에는 50명의 유학생이 포함됐다. 이들은 정부가 발벗고 나서서 선발한 각 분야의 인재들로, 그 가운데는 8세의 천재 소녀 쓰다 우메코(津田梅子)도 포함돼 있어 눈길을 끌었다. 쓰다는 요코하마에서 열린 환송식에서 "미국의 여성계를 돌아보고 일본여성들을 개화의 주체로 길러내기 위한 여성 고등교육기관을 만드는 게 꿈"이라고 당찬 포부를 밝힌 것으로 알려져 놀라움을 자아내고 있다.

인쇄술·나침반 등 중국의 선진기술을 받아들인 서유럽에서 르네상스가 일어난 지 400년. 바야흐로 세계사의 흐름에 거대한 '문화역류'가 일어나고 있는 것이다.

▶참조기사 19호 1면

작은 성금, 큰 자유정신!

미국의 독립정신은 우리 프랑스 혁명의 정신과 상통합니다. 재단법인 프랑스·아메리카연맹은 미국독립 100주년을 맞아 역사학자 에두아르 라블라예 씨의 제안을 받아들여 '자유의 여신상'을 제작, 미국에 선사키로 했습니다. 자유를 사랑하는 프랑스국민 여러분, 작은 성금으로 혁명정신을 이어 나갑시다.

여신상 제작에는 조각가 오귀스트 바르토르디, 건축가 구스타브 에펠 등이 참여합니다.

프랑스·아메리카연맹

○…1870년 7월 13일, 신문을 펴든 프랑스국민의 표정이 굳어졌다. 자국 대사가 프로이센의 빌헬름 1세를 만나러 온천 휴양지 엠스로 찾아갔다가 노골적인 모욕만 당하고 쫓겨났다는 기사가 실려 있었던 것. "건방진 프로이센"이라며 분노가 들끓었고 결국 양국간 전쟁으로까지 비화됐다.

○…하지만 이는 비스마르크의 교묘한 여론조작 전술이었음이 밝혀졌다. 프랑스 대사가 빌헬름 1세를 찾아간 것은 스페인 왕위계승 문제에 프로이센에게 개입하지 말아 달라는 부탁을 하기 위해서였다. 빌헬름 1세는 이를 부드럽게 거절했고, 프랑스 대사는 정중한 태도로 물러났다. 빌헬름 1세는 이 회담내용을 비스마르크에게 전보로 알렸다.

○…비스마르크는 웃었다. "프랑스라, 좋은 상대지…." 그는 전쟁을 원했다. 전쟁만이 독일을 하나로 결속시켜줄 것이었다. 프랑스를 자극하는 데 특별한 노력이 필요치 않았다. 그는 엠스의 전보내용을 프랑스인들이 열받도록 손질해 언론에 보냈던 것이다.

기발한 정치술수까지 나오는 '민족국가' 세상이다.

초점 ■ 파리 코뮌 최후의 순간

일주일 동안 3만 명 사살…
"그날은 하늘에서 비가 내렸다"

〈1871년 5월 27일 파리〉 이틀째 쏟아지는 비와 자욱한 안개 속에 토요일 아침이 밝았다. 부르주아 공화파가 이끄는 정부군이 파리민중들을 향해 진격을 개시한 지 꼭 일주일.

페르라쉐즈 묘지에서 농성하던 200명의 코뮌 수비대는 정부군과 육박전을 벌이다 쓰러져 갔다. 죽지 않은 수비대원은 묘지 한쪽 벽에 일렬로 세워진 채 총살당했다. 일주일 동안 세워진 총 600여 개 중 마지막 바리케이드는 단 한 명의 무명용사가 지키고 있었다. 그가 정부군과 벌인 15분간의 격렬한 총격전을 끝으로 파리 코뮌은 종말을 고했다.

두 달의 파리 코뮌은 참으로 평화로웠다. 도둑도 없고 싸움박질도 없고 추악한 소송도 없었다. 처음으로 자신의 정부를 가진 민중들은 맡은 바 임무를 다하며 질서정연한 사회를 유지했다.

그랬기에 파리민중은 오늘에 이르기까지 항복을 모르고 코뮌과 운명을 함께할 수 있었다. 블랑슈에서는 120명의 여성부대가 바리케이드를 쌓고 저항하다 전멸했으며, 전황이 기운 수요일에는 수많은 시민들이 무기고에 불을 지른 후 탄약과 함께 장렬히 산화했다.

'피의 일주일' 동안 발생한 사망자 수는 3만에 달했고 5만 명이 체포됐다. 프랑스 대혁명 때 약 1만 9천 명이 죽은 것과 비교해보라. 이 같은 대학살의 주체는 지난 1세기 내내 혁명의 주체였던 부르주아지였다. '파리 코뮌'은 부르주아지를 반혁명세력으로 전락시키고 그들과 맞서 싸운 최초의 민중혁명으로 기록될 것이다.

타임머신 "파리 코뮌 어떻게 볼 것인가"

파리 코뮌에 대한 역사적 평가는 이념적 지향에 따라 크게 두 가지로 갈린다. 그 대표적인 견해들을 소개한다.

▶블라디미르 레닌 파리 코뮌과 더불어 프롤레타리아 혁명의 시대가 열렸다. 코뮌은 혁명적 프롤레타리아트의 낭만적 '질풍노도' 시대가 맞이한 찬란한 절정이었다. 그러나 그것은 무엇보다도 역사상 최초로 거행된 노동계급 사회주의 혁명의 예행연습이었다. 노동계급이 피억압 민중의 선두에서 자신의 권력을 세운 코뮌의 교훈은 프롤레타리아 혁명의 전략전술을 더욱 성숙된 형태로 다듬기 위한 출발점이었다.

▶데이비드 톰슨 파리 코뮌은 프랑스 혁명 이래 계속돼온 낡은 폭력적 전통의 절정이었다. 그후 프랑스는 혁명적 전통을 돌아볼 때면 코뮌의 쓰라린 경험을 되씹지 않으면 안 되었으며 폭력에 호소하는 것을 불신하게 됐다. 결국 코뮌은 공화적 혁명 전통에 종지부를 찍고 사람들을 평화적 타결과 화해에로의 길을 모색케 하는 전환점이었다.

"인민 속으로(브 나로드)"
러 지식인들, 농촌운동 활발

〈1874년 러시아〉 모스크바 대학의 유리 알렉세예브나(19세·여)는 짐을 쌌다. 아빠는 화가 치밀어 서재에서 꼼짝 않고 엄마는 울고불고다. "농사일 시키려 대학 보냈느냐"는 한탄이다. 알렉세예브나는 그러나 요지부동이다. 숱한 나날을 친구들과 토론, "조국의 미래가 없으면 나의 미래도 없다"는 결론을 내린 터였다.

러시아에서 숱한 인텔리겐치아들이 "농민을 계몽, 사회주의를 건설한다"며 농민자치공동체(미르)로 향하고 있다. '인민 속으로(브 나로드)' 들어가자는 운동이다. 지난해 말 이후 농촌에 들어간 사람은 2500명이나 된다. "1861년 농노해방령이 내려졌지만 농민들은 오히려 땅을 빼앗겨 더욱 참담한 삶을 살고 있다" "알렉산드르 2세의 개혁으로 자본주의가 도입됐지만 노동자들은 장시간 노동과 저임금에 시달리고 있다"는 것이 이들의 현실 인식이다.

이들은 러시아의 희망을 농민과 전통적인 농촌공동체 미르에서 찾고 있다. "잘못은 그 잘못으로 가장 큰 고통을 받는 사람들만이 고칠 수 있다"는 것이다. 반세기 전, 군인들에 의한 데카브리스트 봉기가 실패한 것은 이 사실을 몰랐기 때문이란다. 소설 〈무엇을 할 것인가〉의 작가 니콜라이 체르니셰프스키를 뒤따르는 이들은 "기존 봉건제나 전제정치는 어림도 없고, 최근 유럽을 보니 자본주의도 아니다"며 사회주의를 유일한 대안으로 삼고 있으며, 미르가 사회주의에 가까운 형태라고 주장한다.

이들은 경찰로부터 탄압을 받고, 농민들로부터도 의심의 눈길을 받는 등 고난의 길을 가고 있다.

동서고금　이은홍

형제들 ~~~! 나~ 맞았어!

나폴레옹 Ⅲ세

비스마르크

이제 주문은 카탈로그로!

방문판매의 인건비를 돌려드립니다. 서부의 개척민, 오지의 인디언에게도, 철도로 100퍼센트 배달을 보장합니다! 가슴 확대기, 크림 등 상품 다양.

시어즈 로벅 백화점

'지상 최대의 쇼' 흥행 "넘버 원"

바넘, 기존 서커스에 각종 볼거리 가미 흥행몰이

서커스에 각종 볼거리를 더한 공연이 폭발적인 인기를 끌고 있다. 사진은 유럽의 서커스 공연 포스터.

〈1871년 미국〉 수백 평 대지 위에서 크고 작은 천막들이 울긋불긋 현란함을 자랑한다. 흥겨운 음악이 연주되는 사이사이 "크르릉" 사자 울음소리가 들린다. 중앙의 초대형 천막 안, 20미터도 넘는 높이에서 공중그네와 줄타기를 하는 애크러배트(곡예사)들이 관객의 마음을 졸이게 하고 있다. 아래에선 말, 물개 등이 나와 별재주를 다 부린다.

일반 서커스와 다를 게 없다고? 이 '지상 최대의 쇼' 서커스단(團)을 운영하는 흥행의 귀재 피네아스 바넘(61세)은 '흥' 하고 코웃음이다. 우선 스케일부터가 다르단다. 기존 서커스의 10배, 20배 규모에 대대적 광고로 수백 석 자리가 매회 꽉 찬다. 무엇보다 몸무게 6500킬로그램의 코끼리 '점보'가 관객 동원의 최대 공로자. 사람 100명에 해당되는 괴물이다.

바넘은 스스로를 "일상 삶에 지친 사람들에게 흥미거리를 제공하는 사람"이라 소개한다. 1834년에는 한 흑인 여성을 "161세로서, 조지 워싱턴 장군의 간호사"로 거짓 선전, 큰 돈을 모은 바 있다. 1842년 아메리칸 박물관을 인수한 이래, 각종 기형생물 전시와 미인대회, 쇼킹한 이벤트 등으로 26년 동안 8200만의 관객을 동원했다.

가짜 인어와 63센티미터의 난쟁이로 20만 장의 티켓을 팔기도 했다.

바넘은 자신을 사기꾼이나 돈만 아는 사람으로 여기지 말라 주문한다. "상층계급의 독점물이었던 음악회 등을 개최, 예술의 대중화에도 크게 기여했다"고 자부하는 것이다.

갤러리 ■ "빛을 그리는 화가들" 인상파

〈1874년 프랑스〉 모네, 르누아르, 피사로, 드가, 세잔느 등 39명의 젊은 화가들이 기성 화단인 살롱전(展)을 무시하고 독자적인 전시회를 열어 프랑스 미술계에 작은 파란을 일으키고 있다. 물론 이들의 그림은 살롱측이 전시를 거부했을 정도로 파격적.

이들이 펼치는 화면은 밝은 톤이 특징이지만 형체는 몽롱하다. 색채마저도 희뿌연한 느낌이다. 평론가 루이 르로이가 모네의 〈인상 : 해돋이〉(사진)를 보고 '인상주의자'라고 이름붙인 것은 다름아니라 "이것도 그림이라고 그렸느냐"는 조롱이다.

하지만 아틀리에를 박차고 나와 현장에 이젤을 차려놓고 빛이 쪼이는 각도에 따라 변화하는 사물의 어느 한순간을 포착하려는 이들의 시도는 자연주의를 극한까지 밀고 나간 첨단에 서 있다. 이들은 이렇게 외계 사물이 주는 인상에 아프도록 민감하게 반응한다.

이것은 파리 코뮌의 격동이 지난 뒤 방황하는 지식인의 파탄일까, 아니면 틀에 박힌 현재를 깨부수는 아방가르드(avant garde : 전위)일까.

문화광장 ■

알퐁스 도데의 〈마지막 수업〉 유감

"여러분, 내가 수업을 하는 것은 이게 마지막입니다. 이제 알자스와 로렌에서는 독일어만 가르쳐야 합니다."

요즘 나온 알퐁스 도데의 단편소설집 〈월요이야기〉에 나오는 〈마지막 수업〉의 한 장면이다. 프랑스는 프로이센과의 전쟁에서 패함으로써 알자스, 로렌 지방을 빼앗겼다. 프랑스인들은 이를 갈며 복수를 꿈꾸고 있다. 도데도 〈마지막 수업〉을 통해 그러한 민족감정을 표현하고 있다.

그러나 유감스럽게도 도데는 사실을 왜곡하고 있다. 아멜 선생이 "프랑스어가 세계에서 가장 아름다운 언어"라고 말한 것은 문제가 아니다. 그런데 이어서 "저 지붕 위의 비둘기들마저 이제부터는 독일어로 울어야만 하다니…"라며 마치 독일어가 전혀 낯선 언어인 것처럼 비장하게 표현한 것은 아무래도 사리에 맞지 않는다.

독일과 프랑스의 접경지역인 알자스·로렌 지방은 역사적으로 양국으로부터 번갈아 가며 지배를 받아왔다. 문화적으로는 오히려 독일어권에 가깝다. 알자스어 자체가 독일어와 거의 비슷하다. 따라서 이제부터 학교에서 독일어만 가르치라고 해도 이 지역 학생들은 실제 아무 혼란도 느끼지 않을 터이다.

도데가 프랑스 남부 출신이어서 북부지방 사정을 잘 몰랐던 것일까. 〈마지막 수업〉은 작가의 의도가 아무리 좋더라도 현실을 자의적으로 왜곡해서는 안 된다는 귀중한 교훈을 주는 '마지막 수업'이 되었으면 한다.

▶참조기사 15호 2면

---

internet 세계사 여행

▶파리 코뮌 기록 http://www.pitzer.edu/~dward/Anarchist_Archives/pariscommune/Pariscommunearchive.html
▶웹박물관 네트워크 http://www.oir.ucf.edu/wm/net/ 미술, 과학기술 등 전세계 가상박물관 링크
▶인상주의 화가 모네 http://webpages.marshall.edu/~smith82/monet.html 모네의 작품세계와 인상주의 미술을 심층적으로 다룬 우수 사이트

3권 21호 1875—1877

[조선 개항]

세계사 신문

지금 한반도에선

1876년/ 강화도조약 맺음
김기수, 〈일동기유〉 3권 발행
1877년/ 조선 교구 주교 리델 및 두세, 로베르 체포

조선, '아시아의 케이크'로 전락?

일본 무력시위에 '강화도조약' 개항
청-서구 열강 등 잇속다툼 각축장화

〈1876년 조선〉 유라시아 대륙 동쪽 끝에 자리잡은 '은둔 왕국(Hermit Kingdom)' 조선이 마침내 자본주의 세계체제를 향해 문을 열었다. 최근 강경 쇄국론자인 대원군을 퇴진시킨 개화 세력은 무력으로 개항을 요구하는 일본에 굴복, 강화도에서 서구 기준에 따른 수호통상조약을 체결했다.

모두 12개조로 이루어진 이번 조약은 미일 통상조약을 본떠 일부 항구의 개방과 개항장의 일본 조계지(租界地) 설치 등을 규정하고 있다.

그러나 가장 눈에 띄는 것은 "조선은 자주국으로서 일본과 평등한 권리를 가진다"는 제1조의 규정이다.

형식적으로는 호혜평등을 강조하는 것 같지만, 국제문제 전문가들은

이 조항이야말로 일본의 조선 침략에 최고의 무기라며 입을 모으고 있다. 전통적인 동아시아 국제관계에서 청은 조선에 대한 종주권을 주장해왔고 조선도 청에 조공을 바쳐왔다. 제1조의 '자주국' 규정은 바로 이 같은 청의 기득권을 조선에서 걷어내고 일본의 자유로운 진출을 확보하는 데 목적이 있다는 것이다.

일본은 자국을 개항시킨 페리 제독의 방법을 그대로 되풀이, 이 같은 실질적인 불평등조약을 관철시켰다. 일본군함 운요 호가 조선 근해에서 마음대로 해로를 측량하고 함포 시위를 벌이다 강화도 앞바다에서 조선 수비대의 대포 공격을 받자, 일본은 이를 빌미로 즉각 군사압력을 가하기 시작

일본의 침략에 굴복해 조선의 개항을 허락하는 강화도 조약이 맺어졌다.

했다. 지난 2월 전권변리대신 구로다 기요타카가 군함 두 척, 병력 400명을 이끌고 강화도 갑곶에 상륙했을 때, 조선의 개화파 정부는 큰 저항 없이 개항요구에 응했다.

앞서 조선에 군함을 파견했다가 대원군의 무력저항에 물러났던 프랑스·미국 등 구미 열강은 일본의 '개

가'에 환영을 표시하면서도 일본의 독식을 저지하기 위한 조선 진출을 서두르고 있다. 이에 따라 조선에서는 개항에 반대하는 목소리가 커지면서 다시 권력투쟁의 양상이 나타나고 있어 향후 조선정세에 세계의 관심이 쏠리고 있다.

▶참조기사 16호 1면

러시아-오스만 투르크 또 전쟁

러시아, "슬라브민족 총단결" 명분 내걸고 선제공격

〈1877년 발칸 반도〉 흑해와 발칸 반도를 둘러싼 러시아와 오스만 투르크의 해묵은 전쟁이 또다시 도졌다. 지난 1764년 이후 벌써 여섯 번째.

러시아는 최근 오스만 투르크에 대해 선전포고를 하고 발칸 반도와 카프카스 등지로 군대를 파병했다. "오스만 투르크에게 지난해 추진하던 내정개혁을 계속할 것을 요구했으나 오스만이 이를 거부했다"는 것이 선전포고의 이유였다. 러시아군(軍)은 강력하게 저항하는 오스만군을 맞아 6개월간 고전을 면치 못했으나 최근 플레브나 요새 공략에 성공, 아드리아노플을 점령한 뒤 현재 이스

탄불로 진격중이다.

그러나 유럽 정치계의 이를 보는 시선은 곱지 않다. "러시아의 선전포고는 흑해에서 발칸 반도와 지중해로 이어지는 무역에 진출코자 하는 남진정책의 일환"이라는 것이다. 이에 러시아는 "억울하다"는 반응이다. 자국이 "모든 슬라브민족은 단결하자"는 슬로건 아래 1875년부터 계속된 보스니아, 헤르체고비나, 세르비아 등 슬라브민족의 대(對) 오스만 항전을 지원, 이들 민족의 독립과 유럽 대륙으로부터의 오스만 투르크 축출이 낙관된다는 것이다.

▶참조기사 16호 1면

오스만 투르크, 아시아 최초로 헌법제정

〈1876년 12월 오스만〉 오스만 투르크가 아시아 대륙 최초로 성문헌법을 제정했다. 지난 5월 쿠데타를 성공시킨 미드하트 파샤(54세)의 지지로 새 술탄에 오른 압둘 하미드 2세는 최근 성문헌법을 공표했다.

이 헌법은 벨기에 및 프로이센의 헌법을 본뜬 것으로, 내각 구성과 상원의원 임명을 술탄의 권한으로 인정하면서도 하원의원의 선출, 사법부의 독립, 국민의 자유와 공무 담임권 및 피선거권 인정 등의 내용을 지니고 있다.

불가리아 등지의 지사를 역임한 바 있는 미드하트 파샤는 "우리를 몰아내려는 유럽 각국의 간섭에서 벗어나려면 전제정치를 버리고 입헌군주제를 실시해야 한다"며 술탄 압둘 하지즈를 무혈혁명으로 몰아냈다.

사설 ■
개항시대 조선의 앞날을 경계함

조선의 쇄국론자들은 개국 전의 중국·일본처럼 자본주의 체제를 서양 오랑캐들의 것으로 보고 극력 거부해왔다. 그러나 조선을 열어젖힌 것은 '서양 오랑캐'가 아니라 먼저 자본주의를 받아들인 이웃 일본이다.

재빨리 각종 산업화 조치를 취한 일본이 유럽의 선발 자본주의 국가들이 그랬던 것처럼 상품 소비지와 원료 공급지를 찾아 조선의 문을 두드린 것이다.

이처럼 자본주의는 서구에서 먼저 시작됐을 뿐 서구의 것만은 아니다. 서양의 봉건제든 동양의 전호제든 '구'자급자족 사회는 속속 자본주의로 대체되고 있다. 서구의 사회·경제를 순식간에 몇십 배나 크고 자유롭게 만든 자본주의의 힘이 동양에서도 발휘되지 말라는 법은 없다.

그러나 일본의 요구에 응한 개화파를 전폭 지지할 수만도 없는 데 고민이 있다. 열강의 요구로 문을 연 아시아 각국을 보면 자본주의의 면모는 나타나고 있지만, 이 나라들이 왕년의 서구처럼 자유로워지고 부유해질 조짐은 보이지 않는다. 일본의 함포와 무력에 의해 강제로 문을 연 조선 앞에도 같은 운명이 기다리고 있을지도 모르는 일이다.

물론 여기서 다시 문을 닫아 걸고 옛시절로 돌아간다면 구더기 무서워 장 못 담그는 격이 될 터이다. 조선의 선택은 분명하다. 기왕 개방을 시작했으면 과감하게, 조선이 주도해서 선진문물을 받아들여야 한다. 개항과정에서처럼 외세의 압력에 마지못해 굴복하는 식이면 결국 모든 과정이 그들의 요구에 따라 이루어지게 될 뿐이고 그들의 배만 채워줄 뿐이다.

또 한 가지 명심해야 할 점은 최대한 백성의 합의를 이끌어내려는 노력이 필요하다는 것이다. 그래야만 조신이 주도하는 개방과 산업화 과정에서 외세의 부당한 간섭이 있을 경우 의연하고 당당하게 대처할 힘이 생긴다.

어렵고 복잡한 때일수록 '민심이 천심'이라고 했던 성현의 지혜를 되돌아볼 일이다.

"이슬람 총단결로 제국주의에 맞서자"
아프가니, 범이슬람권 단결 호소

〈1870년대 서아시아〉 유럽 각국이 식민지 획득 경쟁에 열을 올리는 요즈음, 종파와 민족을 뛰어넘어 모든 피압박 이슬람교도들의 단결을 외치고 다니는 이가 있다.

주인공은 페르시아의 사상가 자말 앗딘 알 아프가니(32세). 아프가니는 이슬람권 각지를 다니면서 "모든 이슬람교도들은 단결하여 서유럽 제국주의의 침략에 맞서 싸울 것"을 호소하고 있다. 아울러 "유럽인들은 우리 이슬람교도들이 오랜 세월 구축해온 상업망을 이용, 이만큼 강해진 것"이라며 "이제는 우리가 이슬람 고유의 자산과 문화를 바탕으로 세계를 변혁할 때"라고 목소리를 높인다.

주장뿐만이 아니다. 각지를 순방하며 광범위한 계층을 결집, 비밀결사를 조직하고 정치적 연대를 성사시키며 혁명적 대중운동을 지도하고 있다. 그의 발자취는 이란, 아프가니스탄, 오스만 투르크, 이집트, 인도 등 이슬람권 전체에 걸쳐 있다.

1857년 9월 인도에서 '세포이 봉기'를 지켜본 뒤 "아시아인은 영국 제국주의자들의 달콤한 사탕발림에서 벗어나야 한다"고 말했다. 이후 아프가니스탄에서도 반영운동을 추진했고 최근 이집트에서는 청년들을 모아 혁명적 서클을 조직하기도 했다.

이슬람권 지도자들은 처음엔 그를 받아들였지만 이제는 그의 혁명적 사상이 자신들의 권력에 위협이 된다고 봤는지 기피하고 있다.

이런 이유 때문인지 그는 최근 세계의 정보가 집중되고 있는 영국, 프랑스 등지로 떠날 생각인 것으로 알려졌다.

이 사람 ■ 아프가니

아프가니는 도깨비 같은 인물이다. 전이슬람권을 누비며 이슬람의 단결을 외치고 있지만 출신도, 성장과정도, 종파도 분명치 않다.

이름으로 보자면 아프간 출신인 것처럼 여겨진다. 하지만 학자들은 그가 시아파가 득세하고 있는 하마단 근교 출신으로 보고 있다. 순니파 지역에서 활동키 위해 개명, 자신의 출신을 은폐하고 있다는 것이다. 그는 또 청년시절, 메소포타미아 남부의 카르발라, 안나지프 등지에서 신학과 철학을 공부한 듯하지만 이 또한 확실치 않다. 다만 이때부터 종교적 회의론자가 됐다고 알려졌을 뿐이다.

그러나 출신이 의문이라는 것은 큰 문제가 아닐지 모른다. 그의 사상과 주장이 현재 수많은 이슬람교도들에게 깊은 공명을 일으키고 있기 때문이다.

이집트 파산선고

경제정책 잇단 실패
유럽 금융자본이 국정운영

〈1876년 이집트〉 이집트가 유럽 기업인들의 손에 국정을 맡기는 처지로 전락했다. 1억 파운드에 달하는 외채를 갚지 못해 국가경제가 파산한 것이다. 이집트에 자본을 투자했던 프랑스, 영국, 오스트리아, 이탈리아의 금융업자들은 공동채무위원회를 구성, 앞으로 이집트 국정에 적극 개입하게 된다. 이집트의 파산은 총독 이스마일 파샤의 경제정책 실패 때문이다. 미국 남북전쟁의 군복 수요에 대비, 면화농장에 과다하게 투자했으나 전쟁이 끝나자 면화수요가 뚝 떨어졌고, 수에즈운하에 투자했으나 운영권을 프랑스에 빼앗겨 투자비용을 회수하지 못했다. 이 때문에 이스마일은 즉위 당시 700만 파운드였던 외채를 1억 파운드로 늘려놓았던 것이다.

▶참조기사 19호 2면

초점 ■ 일본 서구화 어떻게 진행돼나

사회 전반 큰 반발 없이 서구화 성큼성큼

〈1877년 일본〉짧은 머리에 기름을 바른 신사가 양복에 가죽구두 차림으로 전신국에 들어간다. 전보를 친 신사는 긴 양산을 짚으며 걷다가 마차를 잡아 탄다. 마차는 2층짜리 빨간 벽돌 건물들이 늘어선 거리를 달려가다 증기기차역 앞에 신사를 내려준다.

런던이나 파리의 풍경이 아니다. 미일 통상조약 이래 일본의 문호(門戶) 요코하마에서는 요즘 이런 모습을 쉽게 볼 수 있다. 메이지 정부의 정력적인 현대화 정책이 일본의 모습

메이지 정부 철도-전신 등 정력적 추진
언론자유-인권 등 '자유주의' 목소리도

을 5년 전, 아니 1년 전과는 전혀 다르게 바꾸어놓고 있는 것이다.

요코하마와 도쿄 사이에 전신이 설치된 1869년만 해도 어떤 사람들은 봇짐을 전선에 걸어놓고 도쿄까지 보내 달라고 졸라대기도 했다. 1872년, 영국기사들의 지원을 받아 신바 시와 요코하마 사이에 철도가 개통되고 우

편제도가 실시되면서 그런 촌티는 사라졌다.

1871년에 단행된 단발령은 "상투 자른 머리를 두드리면 문명 개화의 소리가 난다"는 우스갯소리를 유포시키며 유생들의 반발을 눌렀다. 전통 복식도 후퇴하고 활동하기 편한 양장이 급속히 퍼졌다. 금년엔 전화도 개

통됐다.

이 같은 양식(洋式) 바람 속에 유신 정부는 서구식 체제를 모방하려 애쓰고 있다. 국민들도 언론 출판의 자유와 인권신장 등 서구적 자유주의를 요구하는 목소리를 점차 높이고 있다. 특기할 만한 일은 이같은 서구화에 대한 일본인의 거부감이 크지 않다는 것이다. 유교문화의 뿌리가 깊지 않은 탓일까? 동아시아 최초의 서구화 실험은 순조롭게 진행되고 있다.

▶참조기사 20호 2면

일본 정계가 정한론 논쟁에 휩싸여 있다.

정한론자 대대적 숙청 불구 '정한론' 술술
정한론은 일본의 히든 카드?

〈1877년 9월 일본〉정한론을 둘러싼 일본의 권력투쟁은 '세이난(西南) 전쟁'으로 치달은 끝에 정한론자 사이고 다카모리(50세)의 패배로 끝났다. 일본 서남쪽 가고시마에서 사족(士族)들과 함께 반란을 일으킨 사이고는 24일 정부군의 총공격을 받고 시로야마에서 마지막까지 저항하다 전사했다.

메이지 유신의 영웅 사이고가 정한론을 주장한 것은 자신의 정치적 기반인 무사계급을 유지하려는 속셈에서였다. 유신 이후 신흥관료들에게 밀리던 무사계급이 살아 남기 위해서

는 임진왜란 같은 정복전쟁을 기획해야 했던 것이다. 이에 따라 이토 히로부미, 이와쿠라 등 신흥관료들은 권력투쟁 차원에서 정한론에 반대하고 사이고를 무력으로 제압하지 않을 수 없었다.

그러나, 이들의 정한론 반대가 불변이라고 믿는 사람은 일본내에도 드물다. 일단 무사계급을 제압한 이들이 통상로 확보, 시장확대 등을 이유로 대대적인 조선 침략에 나서는 것은 시간문제라는 데 많은 사람이 동의하고 있다.

카우보이 전성시대

〈1870년대 미국〉카우보이, 그 거친 세계에 미국 젊은이들이 매료되고 있다. 셔츠 위에 가죽조끼와 덧바지를 입고, 박차가 번쩍이는 장화를 신은 채 차양 넓은 모자 밑에서 담배를 질겅질겅 씹는 소몰이들이 낭만과 자유의 상징으로 부각되고 있는 것이다.

이들의 생활이 알려지기 시작한 것은 1860년대. 번성하는 북부의 공업도시에 고기를 팔기 위해 남부 텍사스의 목장에서 소를 몰고 대륙을 종단하면 서부터였다. 소떼 2, 3천 마리를 이끌고 8명에서 12명으로 짜여진 카우보이들이 지나가고 남은 소문과 전설들은 신문과 10센트짜리 싸구려 소설에 의해 극적이고 낭만적인 형태로 가공되어 전파되고 있다.

하지만 중부의 대평원을 지나 북부의 카우타운에 도착한 카우보이들은 그런 현상에는 별로 관심이 없는 듯. 이들은 목장주로부터 100달러 내외의

타임머신
서부영화, 그 허구의 드라마

〈OK목장의 결투〉〈황야의 무법자〉〈쉐인〉〈용서받지 못한 자〉. 이 서부영화들은 1920년대부터 수십년 동안 미국영화계의 대표적인 상품이었다. 배우 존 웨인, 클린트 이스트우드 등은 이 서부영화로 '떴다'.

하지만 이 영화를 보면서 역사를 찾을 생각은 일찌감치 접어둘 것. 영화처럼 소떼를 몰고 서부로 향하는 경우는 현실에는 없었다.

카우보이들은 동부에서 서부로가 아니라, 남부의 목장지대에서 북부의 공업도시로 이동했다.

임금을 받아 실컷 놀기 위해 카우타운으로 열심히 향한다. 거기에는 이들이 돈을 맘껏 뿌릴 수 있는 바와 살롱, 도박장과 매춘굴이 가득하다.

서부시대에 총은 필수

윈체스터 라이플
남북전쟁에서 위력 입증. 최신 73년형. 탄창식 15연발. 인디언, 마차강도가 횡행하는 서부길에 반드시 지참해야 할 자위수단 —윈체스터 연발총제작회사

콜트 45구경 권총
서부 사나이의 허리춤에 반드시 걸려 있어야 하는 것. 45구경 자동. 원형 탄창이 자동으로 돌아가며 6연발 발사. 일명 '피스 메이커' —콜트 민간병기공장

세계사신문

"사람에 대한 봉사가 곧 신에 대한 봉사"

종교간 벽 허물기-금욕주의 등 인도에 라마크리슈나 '열풍'

〈1870년대 인도〉 "모든 길은 하나로 통한다." 인도가 라마크리슈나 열풍에 휩싸였다. 힌두교, 기독교, 이슬람교도 모두 방식만 다를 뿐, 같은 신을 섬기는 종교라는 라마크리슈나의 주장이 많은 지지를 얻고 있는 것이다.

그는 물에 대해 "힌두교도는 잘이라고 부르고, 모슬렘은 파니라고 부르고, 기독교인은 워터라고 부르지만 본질적으로는 같은 물인 것처럼" 모든 종교는 하나의 진리에 도달하기 위한 다양한 방법이라고 설파한다. 일면 황당하기도 한 그의 말이 설득력을 갖는 데는 인도의 특수한 사회 분위기가 자리잡고 있다.

인도에는 전통적인 힌두교 외에도 이슬람교와 기독교가 퍼져 있지만, 종교를 둘러싼 갈등은 별로 없다. 인도인의 의식 깊숙이 뿌리내리고 있는 힌두교의 특성 때문이다. 힌두교에서는 여러 신이 수많은 모습과 수많은 이름으로 섬겨지는 것. 이슬람교와 기독교까지도 포용할 정도로 폭이 넓다.

라마크리슈나는 사람들에게 봉사할 것을 권유한다. 사람에 대한 봉사가 곧 신에 대한 봉사로 합일된다는

이 사람 ■ 라마크리슈나

라마크리슈나는 최상층 브라만 계급 출신이면서도 일찍이 영어나 산스크리트어 교육을 거부했다. "책이 아니라 신을 직접 체험해 얻는 믿음"만이 의미 있었기 때문.

23세 때 다섯 살 난 사라다 데비와 결혼하는 기이한 경력을 쌓지만, 곧바로 12년간의 고행에 들어

갔다. 카스트와 같은 인위적인 계급을 부정하며, 철저한 금욕생활을 해왔다. 여자에 관한 것뿐만이 아니라, 심지어 돈에 대한 혐오 때문에 금속에 닿기만 해도 알레르기 반응을 일으킬 정도.

힌두교에 통달했고, 한때 이슬람교와 기독교에도 심취했으며, 이런 모든 체험의 결과, 모든 종교는 하나라는 결론을 내리게 됐다고.

것이다. 인도민중들이 그의 말에 귀기울이고, 캘커타에 있는 그의 집으로 몰려드는 것은 그런 권유 덕분일 것이다.

아우구스트 오토, 4사이클 내연기관 개발

〈1876년 독일〉 내연기관이 개발됐다. 독일의 아우구스트 오토와 랑겐이 선보인 이 내연기관은 실린더 안에서 가스를 폭발시켜 그 에너지를 동력장치로 전달하도록 한 것이다.

흡입, 압축, 폭발, 배기의 4단계를 거치는 이 4사이클 기관은 출력이 기존 증기기관에 비해 훨씬 높기 때문에, 자동차의 개발에 활용될 것으로 예상된다.

"언제 어디서나 동일한 규격과 가치를"
미터법 등 도량형 통일 미터회의 열려

〈1875년 5월 20일 파리〉 프랑스 대혁명의 가장 주요한 성과 중 하나였던 미터법이 국제적으로 통용되는 수순에 들어섰다. 유럽 각국이 참가해 파리에서 열린 '미터회의(Convention of Meter)'는 길이·질량·부피 등의 표준을 국제적으로 통일하고

완성하기 위한 심도 있는 논의를 벌였다.

길이는 미터, 질량은 킬로그램을 표준단위로 합의한 대표단은 각종 도량형의 국제적 표준을 정하고 검사하는 도량형 만국중앙국(局)을 프랑스에 두고, 그 운영비는 가입국이

인구비례로 분담하기로 했다.

한편, 중앙국에는 측정기준이 되는 물질인 원기(prototype)를 비치키로 했다. 원기는 오래 변하지 않고 한 단위를 표시해야 하므로 백금 이리듐 합금이나 카드뮴 등이 거론되고 있다.

말은 달릴 때 두 다리를 동시에 든다?

〈1877년 영국〉 영국의 사진작가 에드워드 마이브리지는 이 사진들을 찍기 위해 12개에서 24개의 카메라를 차례로 늘어놓고 말이 달려나갈 때 셔터가 차례차례 눌려지도록 장치했다. 그 결

과, 말이 실제로 달리는 모습이 지금까지 우리가 그림에서 보아오던 모습과는 전혀 딴판임을 알 수 있다. 혹자는 사진이 잘못됐다고 비난하기도 한다.

---

internet 세계사 여행

▶ 오스만 투르크 http://turkyigitleri.com/goster.php?harf=O 오스만 투르크의 모든 것. 역사, 대학 등에서 영화, 음악, 코믹한 만평까지
▶ 미국 서부 시대 http://www.isu.edu/~trinmich/home.html 황금을 찾아 미국 서부 캘리포니아 주로 몰려가던 사람들에 관한 모든 정보
▶ 라마 크리슈나 http://www.digiserve.com/mystic/Hindu/Ramakrishna/ 힌두교 성자 라마 크리슈나의 금언록, 사상, 힌두교의 모든 것

3권 22호 1878—1882

[아메리칸 드림]

세계사 신문

지금 한반도에선

1879년/ 원산항 개항
1881년/ 신사유람단, 영선사 파견
1882년/ 임오군란

"우리는 지금 약속의 땅으로 간다"

미국 노동이민 급증…40년간 300만 명

'약속의 땅' 미국으로 이민오는 유럽과 아시아인들로 북아메리카 대륙의 동서 해안이 북적대고 있다.

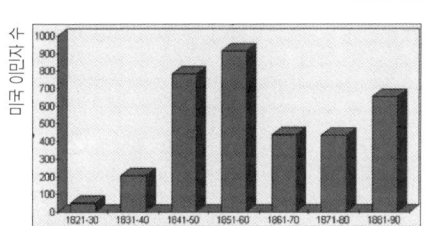

〈1880년대 미국〉 신천지를 찾아 미국으로 가는 제2, 제3의 메이플라워 호들로 대서양과 태평양이 만원이다. 뉴욕, 보스턴 등 전통적인 항구는 유럽 이민을, 서해안의 샌프란시스코는 아시아 이민을 맞아들이면서 인종 전시장을 방불케 하고 있다.

이 같은 미국으로의 이민은 특히 40년대 골드러시 이후 미국산업이 급성장을 보이면서 급증했다. 최근 40년간 세계 각국에서 쏟아져 들어온 이민자가 벌써 300만 명을 넘어섰다.

이민자의 구성도 1840년 이전과는 현격히 다른 양상을 보이고 있다. 영국, 프랑스 등 서유럽 선진국 출신에 국한돼 있던 것이 이제는 유럽의 주변인 아일랜드나 이탈리아, 동유럽의 폴란드·헝가리·그리스, 중국 등으로 확대됐다. 70년대 후반 이후로는 이 같은 저개발국가의 노동이민이 선진국 출신의 이민을 앞지르는 추세마저 보이고 있다.

이들 노동이민은 한결같이 자기 나라의 지긋지긋한 가난에서 벗어나기 위해 '약속의 땅'을 찾아오는 사람들이다. 실제로 남북전쟁 이후 팽창일로에 있는 미국의 광공업은 이들에게 많은 일자리를 제공해왔다. 지난 1869년에 미국의 동서를 관통한 대륙횡단열차는 중국인 노동자들의 작품이라고 해도 과언이 아니다.

그러나 이들 앞에는 예기치 못한 시련도 적잖이 놓여 있다. 일자리를 놓고 미국인 노동자들과 '노-노' 갈등이 빚어지는가 하면 인종차별에 시달리기도 하고, 매춘이나 범죄에 휩쓸리기도 한다. 또 열심히 일해도 미국 시민권을 얻기란 하늘의 별 따기다.

최근 미국정부가 미국인의 기득권을 지키기 위해 이민을 제한하려는 움직임을 보이는 가운데, 이민자들에게 미국은 '약속의 땅'일 뿐 아니라 '시련의 땅'으로도 다가오고 있다.

조선 개화정책 '소화불량'
민비 '일본판' 위로부터의 개혁에 민중들 반발
청, 원군 요청 받아들여 무자비한 탄압 자행

〈1882년 7월 서울〉 민씨 일파의 개화정책에 반기를 들고 일어난 구식군인들과 영세민들의 봉기인 임오군란이 한 달여 만에 청군의 개입으로 무자비하게 진압당하고 있다. 봉기군들의 집결지인 왕십리에 들이닥친 마건충 휘하의 4천 청군들은 주민들에 대해 폭력적인 진압작전을 펼쳐, 150명 이상의 주민이 체포됐고 주민들의 생업터전인 채소밭은 '똥파리만 날아다니는' 쑥대밭이 됐다.

이에 앞서 지난 6월 군인들은 자신들의 급료로 지급된 쌀에 겨와 모래가 태반인 데 분노해 일제히 봉기했으며 도시 영세민들이 이에 가담해 대규모 폭동으로 번졌다. 특히 군인들은 민씨 정권이 개화정책의 일환으로 군대를 '구조조정'한다며 자신들을 대량해고하자 정부에 대한 분노가 극에 달했었다.

봉기민들이 개화정책의 배후인물로 지목돼온 일본군 중위 호리모토를 때려 죽이고 궁궐에까지 들이닥치자 민비는 황급히 몸을 피해 달아나고 민씨 정권은 일거에 무너졌다. 봉기민들은 민비에게 축출당했던 강경 쇄국론자 대원군을 재추대했다.

그러나 청군이 들이닥친 현재 대원군은 청군에 납치돼 행방이 묘연하다. 민씨 일파는 일본에 기대 개화정책을 실시하려다 민중의 저항에 부딪치자 민중들의 반감이 적은 청에게 구원을 요청한 것으로 분석된다. 청은 지난 몇 년간 일본과 사사건건 충돌해온 터라 민비의 요청에 기꺼이 응했다.

▶참조기사 21호 1면

베트남,
프랑스 보호령으로

〈1883년 8월 25일〉 베트남이 프랑스의 보호령이 됐다. 오늘 베트남의 후에서 통킨과 안남 지방을 프랑스의 보호령으로 넘겨주는 조약이 맺어졌다. 반도 남부 코친차이나는 이미 지난 1862년 사이공조약에 의해 프랑스의 보호령으로 넘어간 바 있다.

이 소식이 전해지자, 베트남인은 물론 베트남을 속국이라고 주장해온 청나라가 거세게 반발하고 있다. 하지만 프랑스는 베트남에 이어 라오스와 캄보디아를 포함한 인도차이나 반도의 나머지 지역까지 모두 식민지로 삼겠다고 벼르고 있는 것으로 알려졌다.

▶참조기사 18호 2면

슬라브민족에 신새벽이 밝았다

러시아 -오스만 투르크 평화협정…세르비아 · 루마니아 등 독립

〈1878년 3월 발칸 반도〉 발칸 반도 남(南) 슬라브민족의 국가들이 마침내 400년 오스만 투르크의 지배에서 벗어나게 됐다. 러시아와 오스만 투르크의 대표들이 지난 3일 콘스탄티노플 근교의 산스테파노에서 회동, 지난해 시작된 전쟁을 종결하는 평화조약을 조인한 데 따른 것이다.

이는 "세르비아, 몬테네그로, 루마니아의 독립을 인정한다" "불가리아의 자치를 승인한다" "오스만 투르크는 러시아에 영토 일부를 할양하고 다르다넬스 해협을 개방한다"는 등 투르크 세력권을 대거축소시킨 반면 러시아의 남하를 인정하는 등 러시아에 절대 유리한 조약이다. 러시아군(軍)이 오스만 투르크의 수도 이스탄불까지 위협할 만큼 이번 전쟁에서 러시아가 일방적 우세를 보인 결과다.

정치평론가들은 그러나 "이 조약이 그대로 지켜질지는 두고볼 일"이라는 반응이다. 러시아 세력의 팽창과 남슬라브의 민족주의를 경계하는 서유럽 열강들 특히 "전쟁도 불사하겠다"는 영국과 오스트리아 등이 반대하고 있기 때문이다.

▶참조기사 21호 1면

"이집트는 이집트인에게" 민족운동 폭발 영-프 등 촉각

〈1881년 이집트〉 사실상 영국과 프랑스의 공동통치를 받아온 이집트에서 마침내 민족주의 세력의 반격이 시작됐다. 군 내부의 민족주의 세력을 대표하는 우라비 대령은 "이집트는 이집트인에게"라는 구호를 내걸고 봉기, 정부를 접수했다. 현재 국민은 그에게 열광적인 지지를 보내고 있다.

우라비는 국왕 무하마드 타우피크에게 자주권을 회수하라고 강력하게 요구하는 한편 헌법제정과 의회선거 등 국정개혁안을 제출했다. 영국과 프랑스의 꼭두각시 놀음을 해와 국민의 신망을 잃은 타우피크는 우라비의 개혁안을 수용할 수밖에 없는 입장이고 앞으로 이집트의 국정은 사실상 우라비에 의해 좌우될 것으로 보인다.

한편 영국과 프랑스는 사태의 진전에 극도의 우려를 표명하며 타우피크에게 민족주의 세력을 제거할 것을 요구하고 있다. 하지만 타우피크가 실권을 잃은 상태라 양국 공동으로 군대를 출동시킬 것을 논의중이다.

▶참조기사 21호 2면

긴급투고 ■ 밀란 오브레노비치

"제2의 독립운동 서둘러야"

우리 남(南) 슬라브인은 지난 3월 독립을 이룩했다. 감격스런 일이다.

돌이켜보면 500년 가까이 투르크의 압제에 시달린 세월이었다. 1389년 '코소보전투'에서 투르크에게 패배, 정복당한 우리는 종교 지도자들을 잃었고 농민은 가혹한 수탈에서 벗어날 길이 없었다.

우리는 독립을 쟁취했지만 자축하기엔 이르다. 14세기의 통일제국

세르비아로서가 아니라, 세르비아와 몬테네그로로 갈라진 독립이기에. 뿐더러 서유럽 열강은 최근 8월 베를린에서 회합, 보스니아와 헤르체고비나마저 빼앗아 오스트리아에게 넘겨주었다. 범(凡) 슬라브주의를 내세우던 러시아도 자국의 이익을 위해 베를린조약에 조인했다.

우리는 어떻게 해야 하는가? 소국으로 분열되어서는 결코 살아 남을 수 없다. 우리의 살 길은 오직 단

결과 통일뿐이다. 주류를 차지하는 세르비아를 중심으로 뭉쳐 몬테네그로와 보스니아 등까지 포괄했던 옛 세르비아제국을 재건하는 것만이 강국들과 어깨를 겨룰 수 있는 길이다. 세르비아의 초대 국왕으로서, 나는 외친다. "남슬라브인들이여, 단결하자."

수단에서도 강력한 민족주의 봉기

아흐메드 주도로 마흐디 운동 열띤 호응

〈1885년 수단〉 이집트에 이어 이집트의 일부로 편입돼 있는 수단에서도 강력한 민족주의 봉기가 일어났다. 무하마드 아흐메드를 지도자로 하는 마흐디 봉기군은 수도 하르툼을 점령하고 이슬람 독립국임을 선포한 상태다. 이 지역 총독인 영국군 장성 고든 장군은 이 과정에서 살해됐다. 고든은 일찍이 중국에서 태평천국 봉기군을 무찌른 전력이 있는 자다.

이번 봉기의 원동력은 아흐메드가 이끄는 마흐디 운동이다. 마흐디란 이슬람교에서 '부패와 압제의 뒤에 나

마흐디 운동의 깃발 아래 모여 투쟁하고 있는 수단민족.

타나 이 세상을 정의로 충만하게 할 지도자'를 뜻한다. 아흐메드는 수단인들에게 자신이 마흐디라는 것을 믿으면 이전의 종교나 부족에 상관없이 '우리 편'이며 이를 믿지 않으면 비록 오스만제국의 술탄이라도 '지하드(성

전)'의 대상이 된다고 역설한다.

그의 이러한 주장이 아랍인과 흑인, 이슬람교와 전통신앙, 기독교로 복잡하게 분열돼 있는 수단인들을 하나로 묶는 결정적 계기로 작용한 것으로 분석되고 있다.

'사회주의자탄압법' 제정에 즈음하여

최근 독일제국 황제 빌헬름 1세에 대한 암살기도가 두 차례나 있었다. 이에 단호한 조치를 취한다.

앞으로 사회주의적인 의도를 갖고 현존 국가와 사회질서의 전복을 기도하는 조직은 일체 금지된다. 이러한 의도를 갖고 진행되는 모든 집회와 출판물 간행도 금지된다. 경찰국은 사회주의자들을 추방할 권한을 갖는다.

다만 노동자들의 복지에 대해서는 정부에서 획기적인 개선책을 마련할 예정이니 노동자들은 사회주의자들에게 현혹되지 말라.   -1878년 10월

독일제국 재상 비스마르크

초점 ■ 아메리칸 드림에 대해 알고 싶은 두세 가지 것들

한결같이 밑바닥에서 출발 '바늘구멍' 성공

〈1882년 미국〉▲앤드루 카네기(47세) 스코틀랜드에서 수직공의 아들로 태어난 그는 열두 살 때 가족과 함께 피츠버그로 이주했다. 방적공·기관원 조수·전보배달원·전신기사 등을 전전하던 소년 카네기에겐 꿈이 있었다. '인생의 전반에는 큰 돈을 벌고, 후반에는 번 돈을 사회복지에 투자하겠다.'

이 꿈을 달성하기 위한 그의 무기는 탁월한 예측력. 펜실베이니아 철도회사에 취직해 있던 18세의 카네기는 당시 벤처기업이던 침대차 회사에 투자, 거액의 이윤을 챙겼다. 그렇게 번 돈으로 철도기재회사, 운수회사 등에 잇따라 투자하던 카네기는 30세 되던 해 철강업의 밝은 미래를 내다보고 철도회사를 사직, 피츠버그 유수의 철강 재벌로 성장했다.

▲조지프 퓰리처(35세) 헝가리 출신으로 17세 때 미국으로 이주한 그는 대학을 졸업하자마자 세인트루이스의 독일어 신문 〈베스틀리헤 포스트〉의 기자로 언론인 생활을 시작했다. 그는 선정적인 보도와 정·관계 인사들과의 끈끈한 인간관계로 성공의 발판을 마련했다.

신문사 경영을 시작한 뒤로는 화끈한 선정주의, 자사(自社) 주도의 각종 캠페인 등으로 발행부수를 늘려갔다.

경영난을 겪는 신문사를 합병해 세를 불리는 방법도 병행했다.

카네기와 퓰리처의 성공담은 모든 아메리카 이주자들의 꿈이다. 그러나

이민의 어두운 그림자 '차이나타운'

〈1882년 미국〉샌프란시스코의 차이나타운이 중국인들의 배타적인 생활권으로 자리를 굳혀가고 있다. 차이나타운이 형성된 것은 중국인의 미국 이민이 시작된 제1차 중영전쟁(아편전쟁) 직후의 일이지만, 최근 중국계 노동이민을 금지한 '중국인배제법'이 공포되는 등 박해가 심해짐에 따라 단순 거주지라기보다는 오히려 피신처다.

중국인은 무거운 인두세를 내고 시민권을 발급받지 못하며 자녀를 공립학교에 보내지 못하는 등 극심한 차별을 받고 있다. 심지어 1877년 결성된 캘리포니아 노동자당은 '중국인 추방'을 강령으로 내걸고 차이나타운에서 시위를 벌이기도 했다. 중국인에겐 재판 참석권이 주어지지 않아 법에 피해를 호소할 수도 없었다.

이 같은 미국의 처사는 산업발전에 기여한 중국노동자들의 공로를 생각할 때 심각한 도덕적 문제를 안고 있다는 것이 뜻있는 사람들의 한결같은 지적이다.

1870년대 미국 이민자들의 출신국 분포

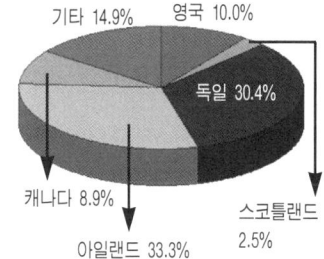

기타 14.9% / 영국 10.0% / 독일 30.4% / 캐나다 8.9% / 스코틀랜드 2.5% / 아일랜드 33.3%

인구이동의 역사는 100년 전 미국의 독립과 더불어 근본적인 전환을 이루었다. 고대 그리스부터 메이플라워 호에 이르는 이주는 그 지역에 자기 나라 사람을 '심는' 식민(植民)이었다. 그러나 미국이 독립하면서 이젠 나라에서 나라를 옮겨가는 '이민(移民)'으로 개념이 바뀌었다. 그림에서 보듯 아직 미국 이민은 서유럽 출신이 압도적으로 많지만 타지역 출신이 점차 늘어나는 추세다.

이들이 숱한 경쟁자를 물리치거나 합병하는 방법으로 성공했기 때문에 대다수에게 그 꿈은 너무 크고 너무 먼 것인지도 모른다.

알렉산드르 2세 폭탄테러로 사망

개혁정책 보수화에 불만
인민의 의지당 폭탄 투척

〈1881년 3월 1일 러시아〉농노해방령을 단행하는 등 러시아에 개혁바람을 일으켰던 알렉산드르 2세가 테러단의 습격으로 사망했다.

군대 열병식을 마치고 페테르부르크의 대황후 궁전으로 가던 알렉산드르 2세는 두 번의 폭탄투척으로 치명적인 부상을 입고 급히 겨울 궁전으로 옮겨졌으나 결국 사망했다. 경찰은 이번 사건이 비밀결사체인 '인민의 의지당'에 의해 저질러진 일로 보고, 조직원들에 대한 대대적인 검거에 들어갔다.

테러단의 폭탄 투척으로 숨진 알렉산드르 2세.

인민의 의지당은 알렉산드르 2세의 개혁노선이 최근 들어 지방자치권을 제한하고 언론에 대한 검열을 강화하는 등, 보수화되자 노골적으로 비난을 퍼부어왔다. 특히 이들은 차르를 제거하면 정부가 붕괴되고 사회혁명의 불이 당겨질 것이라며 이미 여러 번 테러를 감행한 바 있다.

"선도적 테러로 사회혁명"

'인민의 의지당'은 브 나로드(인민 속으로) 운동에 뿌리를 두고 있다. 브 나로드 운동가들 가운데서도 계몽주의에 반대하고 사회주의 혁명을 주장하던 '토지와 자유' 당원들이 중심이다. 브 나로드 운동이 별 성과를 못 거두자 1879년, 국가에 대한 가장 효율적인 투쟁방법은 역시 "선도적 테러"라고 주장하며 인민의 의지당을 조직했다. 왕실 기차를 폭파하는가 하면, 황제의 접견실에 다이너마이트를 장치하기도 했고, 마차에 폭탄을 던져 정부 고관을 살해하기도 했다.

이들은 테러에 대해 "정부가 전능(全能)이 아니라는 것을 보여줌으로써 인민의 혁명열정을 고취하려는 것"이라고 주장한다.

세계사 신문

"언제 어디서도 시들지 않는 태양이 세상을 밝힌다"
에디슨, 전등 발명…실용화엔 좀더 시간 걸릴 듯

〈1879년 12월 3일 미국〉 눈이 하얗게 깔린 뉴저지 주의 멘로파크에는 긴장이 감돌았다. 사람들의 시선이 집중된 속에서 에디슨이 전기스위치를 올리자 전등에 불이 들어왔다. 1초, 2초… 1분, 2분… 불빛이 어둠을 환하게 몰아내는 것을 지켜본 사람들은 가슴 벅찬 환성을 올렸다. 인류는 이제 전기로써 빛과 어둠을 조절하고, 밤도 낮으로 바꿀 수 있게 된 것이다.

토머스 앨바 에디슨. 학교교육이라고는 초등학교에 '가끔씩' 나갔던 것이 전부이고, 그나마 성적은 꼴찌를 면치 못했던 학습 부진아. 열차 신문 판매원으로 일하다 전신기사가 되고,

에디슨이 발명한 탄소 필라멘트 전구와 이 시대 최고의 발명가 에디슨.

스스로 전신기를 개발한 것이 계기가 되어 본격적인 발명가가 된 그가 드디어 실용적인 전등을 발명한 것이다.

에디슨은 이 전구가 45시간은 족히 켜질 것이라고 자신있게 말했다. 전등의 아이디어는 이전에도 있던 것이지만, 불을 밝힐 적당한 내열재료가 없어 5, 6초 이상 켤 수가 없었다. 내열재료로 백금 필라멘트를 사용하면 오래 가기는 하지만 너무 비싸다.

이 때문에 에디슨은 작년부터 값싸고 수명이 긴 전등을 개발하는 데 전념해왔다. 이미 자동 전신기와 다중 송신기, 각종 인쇄기를 발명한 그이니만큼, 그가 가스등을 대체할 전등을 개발중이라는 소식이 전해지자 런던의 가스회사 주식값이 12퍼센트나 떨어지기도 했다.

에디슨이 선보인 전등은 용기의 내부를 진공으로 만들고, 불을 밝히는 내열재료로 무명실을 태운 탄소 필라멘트를 사용한 것이다. 에디슨은 누구나 편리하게 사용할 수 있는 전등을 만들어내기 위해 연구를 계속할 것이라고 밝혔다.

아프가니, 평론지 발간
각국 정치상황 분석

〈1884년 프랑스〉 범이슬람권의 단결을 외치며 서유럽의 제국주의적 침략을 비판해온 아프가니가 평론잡지 〈끊을 수 없는 끈〉을 발간했다. "우라비 운동의 배후"라는 이유로 이집트 당국으로부터 추방당한 아프가니는 최근 파리에서 동지 무하마드 아브두프와 함께 만나 〈끈〉을 간행했다.

〈끈〉은 이집트, 인도, 아프가니스탄 등 이슬람 국가뿐 아니라 아일랜드, 베트남, 수단, 소말리아 등 각국의 정치문제를 해설하는 정치평론집이다. 아프가니는 이 잡지를 통해 이들 모든 피억압국가들이 연대, 단결해 "영국 제국주의에 항거할 것"을 호소하고 있다.

〈끈〉은 현재 인도네시아와 중앙아시아, 모로코 등지에서까지 널리 읽히고 있으며 특히 수단의 마흐디 운동가들에게 인기가 높은 것으로 알려지고 있다. ▶참조기사 21호 2면

"질병을 미리 막는다"
파스퇴르, 탄저병 백신 개발 성공

〈1881년 프랑스〉 질병으로 죽는 가축들이 많아 손해가 크던 축산업계가 한숨 돌리게 됐다. 저온살균법의 개발로 양조업계에 혁신을 일으켰던 프랑스의 화학자 파스퇴르가 이번에는 동물 질병을 막을 수 있는 백신을 개발한 것이다. 파스퇴르는 지난해 닭 콜레라의 백신을 만들어낸 데 이어, 올해는 탄저병 백신 개발에 성공했다.

파스퇴르는 탄저병 백신의 효과를 증명하기 위해 원숭이 48마리를 대상으로 공개 실험을 진행했다. 24마리에게는 백신을 미리 접종해 면역성을 갖게 하고, 나머지 24마리에게는 아무런 접종도 하지 않은 상태에서 치명적인 양의 탄저병균을 모든 원숭이에게 접종했다. 결과는 백신을 접종한 원숭이들만 생존.

파스퇴르는 동물뿐 아니라 사람에게도 백신이 활용될 수 있을 것으로 기대하고, 동물과 사람이 모두 걸리는 광견병 연구에 착수했다. ▶참조기사 17호 4면

현상공모
빛이 전자파임을 증명하라

제임스 클럭 맥스웰은 전기와 자기는 밀접한 관계가 있다는 것을 이론적으로 밝혔다. 또 맥스웰은 이 관계에서 전자기파가 검출된다는 것을 수식으로 증명했다. 이 전자기파를 실제로 검출하라. 베를린 과학 아카데미

이 한 권의 책
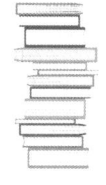
랑케 〈세계사〉

"한시대의 가치는 그것이 몰고 온 결과에 있지 않고, 그것이 존재했다는 사실 자체에 있다." 역사학자 레오폴트 폰 랑케의 〈세계사〉 제1권이 나왔습니다. 그리스에서 15세기까지의 유럽역사를 중심으로 다루는 〈세계사〉는 총 9권으로 발행될 예정입니다.

internet 세계사 여행

▶ANCESTORS in the AMERICAS http://www.cetel.org/ 미국의 아시아계 이민의 뿌리와 유산을 찾는 PBS 방송 시리즈
▶Exodus as it was http://www.angelfire.com/ns/bkeddy/HIES/1.html 아일랜드계 미국 이민의 역사와 현황 ▶샌프란시스코 차이나타운 http://www.sfchinatown.com/ 차이나타운의 역사·풍물·상가 안내 ▶아메리칸 드림 http://www.pfaw.org/ 이민자들의 완전한 시민권 획득 등 아메리칸 드림을 지원하는 활동

3권 23호 1883—1885

세계사 신문

[청—프랑스 전쟁]

지금 한반도에선
1883년/ 태극기 국기로 제정
1884년/ 우정국(최초의 우체국) 설립
1885년/ 거문도 사건

청, 이젠 '동네북' 신세로

프랑스에 참패로 베트남 넘겨줘…동아시아 관계 새 틀로

〈1885년 6월 베트남〉 지난해부터 베트남 북부와 대만 일대에서 벌어진 청-프랑스 전쟁이 프랑스의 승리로 끝났다. 이로써 전통적으로 중국에 조공을 바쳐온 베트남은 완전히 프랑스의 식민지로 넘어갔고 중국을 중심으로 하는 동아시아 국제질서는 급격히 와해될 계기를 맞았다.

이번 전쟁은 2년 전부터 격렬하게 일어난 베트남의 반서양 운동에 프랑스가 무력진압으로 맞서면서 바다와 육지에서 전면적으로 전개됐다. 지상전에서는 청-베트남 연합군이 압도적 우세를 지켰다. 특히 태평천국에 가담했다가 베트남으로 망명한 농민들로 구성된 흑기군(黑旗軍)은 통킹만 일대를 주름잡으며 프랑스 육군에게 심대한 타격을 입혔다. 청이 파견한 정규군과 베트남의 '항불군(抗佛軍)'도 승승장구했다.

프랑스의 베트남 총독 리비에르는 이에 대한 대응으로 해군을 강화, 대만의 기륭, 복주 및 민장강 연안을 맹폭한 데 이어 금년 초에는 영파를 봉쇄하고 팽호군도를 점령했다. 청은 해군이 남중국해를 프랑스에 내주고 전멸하다시피 되자 타협으로 돌아섰다. 천진에서 프랑스와 회담을 시작한 청정부는 잘 싸우던 흑기군 지도자 유영복을 설득해 귀국시킨 뒤 굴욕적인 강화조약에 조인했다.

이번 청-프랑스 전쟁은 외견상 어느 나라가 베트남을 차지하느냐 하는 다툼 같지만, 그 내용은 서구 제국주의의 침략에 대한 아시아 측의 대응에 더 무게가 있다는 것이 전문가들의 중평이다. 베트남의 자주독립 세력이 흑기군, 청의 정부군과 합세해 싸운 데서도 드러나듯이 전통적인 조공관계는 제국주의의 식민지 침략처

프랑스가 청과의 전투에서 승리함으로써 베트남은 프랑스 식민지로 전락했다.

럼 압제와 경제적 착취를 목적으로 하지는 않기 때문이다.

프랑스는 이번 전쟁 승리의 여세를 몰아 베트남은 물론 인도차이나 일대에 대한 세력확대에 박차를 가할 태세다. 그동안 중국은 비록 제국주의 열강의 침략은 받아왔으나 반(半)식민지 상태다. 그러나 베트남은 프랑스라는 한 나라에 완전히 먹히는 비운을 맞고 있다. ▶참조기사 22호 1면

개화파 '갑신정변' 3일 천하로 끝나

"자주-근대화" 표방 불구 외교적 수단에 의존 한계 노출

〈1884년(갑신년) 10월 19일 조선〉 청에 대한 종속타파와 문벌폐지·토지세개정 등 근대화 개혁을 시도한 개화파의 정변이 불과 사흘 만에 실패로 돌아갔다.

개화파에 의해 경우궁에 억류됐던 민비는 오늘 오후 3시 창덕궁으로 피신, 조선주재 청 대사 원세개에게 원병을 요청했다. 원세개는 청군 1500여 명을 이끌고 조선군 50명, 일본군 200명이 지키는 경우궁의 개화파 정부에

대한 공격을 개시했다. 개화파를 지원하던 일본은 전세가 불리해지자 즉각 자국군을 철수시켰다. 혁명정부의 홍영식과 박영교는 사살되고 김옥균·박영효·서재필 등 9명은 인천을 통해 급히 일본 망명길에 올랐다.

이번 정변은 서구적인 개혁을 추진하던 개화파가 김옥균을 중심으로 정치세력화하면서 싹이 텄다. 민비 주위의 민씨 정권이 개항 이후에도 개화에 소극적인 태도를 보이자 개화파는

이를 타도하기로 결심하고 일본에 군사적·재정적 지원을 요청했다. 일본 공사 다케조에의 지원 약속을 얻어낸 개화파는 즉각 행동에 돌입, 지난 17일 오후 6시경 우정국 축하연을 이용해 민씨 세력을 제거했다.

개화파는 자주와 근대화를 목표로 14개 정강을 내걸고 개혁에 착수했으나, 외교적 노력만으로는 대업을 이룰 수 없다는 교훈만 남기고 힘없이 무너지고 말았다. ▶참조기사 22호 1면

독일, 아프리카 진출

〈1884년 아프리카〉 아프리카에 식민지를 건설하려는 독일의 욕심이 노골화되고 있다. 독일 수상 비스마르크가 상인들에게 식민지 개척을 독려하고 있는 가운데, 독일식민지협회의 카를 패터스가 동아프리카 해안의 추장들을 찾아다니며 "독일의 보호를 받으라"고 설득하고 있는 것으로 알려졌다.

현재 아프리카는 영국과 프랑스가 이미 진출해 여러 곳을 식민지로 개척하고 있는 상태. 여기에 독일이 가세함으로써 제국주의 열강이 아프리카에서 맞붙게 된 셈이다.

인도 "이제는 뭉쳐서 싸워야 할 때"

전인도국민협의회 발족…"독립-개혁 추진" 한 목소리

〈1883년 12월 인도〉 인도인들이 영국의 식민지 수탈에 저항, 조직적으로 독립운동에 나서기 시작했다. 언어가 수백 종으로 갈린 탓에 한번도 통일을 맛보지 못했던 인도가 제국주의의 침략을 맞아 오히려 통일된 모습을 보이고 있는 것이다.

인도 각지에서 모인 지식인, 중산층 등 수많은 인도인들은 최근 캘커타에서 회합을 가졌다. "총독부가 일버트 법안을 폐기하는 등 식민지 통치와 우리 인도인에 대한 차별을 강화하려 한다"고 비난한 뒤 이들은 "종교와 사회 전반에 걸쳐 개혁을 추진, 조국의 발전과 독립을 앞당기자" "이를 위해 전인도인은 힘을 뭉쳐야 한다"고 선언했다.

회합을 소집한 사람은 봄베이의 다다바이 나오로지와 벵골의 스렌드라나트 바네르지 등. '전인도국민협의회'로 명명된 이 회합은 앞으로 인도 전역을 순회하며 개최될 예정이어서 모든 인도인의 역량을 모으는 독립운동 단체로 성장할 것으로 기대되고 있다. 나오로지는 그동안 "인도인을 관리로 임용하라"는 운동을 펴왔으며 바네르지는 국산품장려 운동을 펴온 사람이다.

'협의회'의 결성은 최근 영국인 일버트가 기초한 법안에 의해 촉발된 분쟁이 계기가 됐다. 일버트 법안은 "인도인 판사도 영국인 판사와 동등한 위치에서 판결에 임할 수 있다"는 진보적인 내용. 이에 인도 거주 영국인들이 격렬히 반발하고 총독 리폰도 이를 철회할 태세를 보이자 인도인들이 격분, 협의회 설립을 서두르게 된 것.

'협의회' 설립의 바탕은 1857년 '세포이 봉기' 이후 영국이 동인도회사 대신 인도를 직접 통치하면서부터 준비된 것으로 보인다. 영국이 식민지 수탈을 쉽게 하고 이를 정당화하기 위해 영어교육을 실시하고 신문과 출판을 활성화시켰으나 이것이 오히려 지식인들에게 독립사상을 고취시키고 전파하는 역할을 했던 것이다.

▶참조기사 17호 2면

기자수첩 ■ 갑신정변 실패에 부쳐

빈대 잡으려다 초가삼간 다 태우려나

〈1885년 4월〉 갑신정변의 실패를 지켜본 조선민중의 반응은 싸늘했다. "국왕을 감금한 천하의 역적놈들"이라거나 "양놈 흉내내다 나라 망칠 놈들"이라는 태도가 다수긴 했지만, 개화파의 한계를 지적하는 목소리도 적지 않았다.

"지주들한테 그냥 땅을 갖게 하면서 세금만 낮추는 건 율곡 선생도 하던 건데, 그게 무슨 놈의 개화냐"며 지조 개정의 문제점을 꼬집는 농민도 있었고, "붙어먹을 놈이 없어 왜놈이냐"고 한 역관도 있었다. 가장 인상적인 것은 "빈대 잡으려다 초가삼간 다 태울 뻔했다"는 한 동학교도의 말이다. 낡은 체제라는 '빈대'를 잡을 필요는 있지만, 외세라는 '불'을 끌어들여 빈대를 태우려다간 나라가 홀랑 타버릴 수도 있다는 뜻이다.

최근 일본의 태도를 보면 탄복스런 선견지명이다. 개화파 편을 들었으니 당연히 정변에 책임이 있는 일본이 도리어 자기네 피해에 대한 조선정부의 사과와 배상금 10만 원을 받아냈다. 또 청과는 조선에 파병할 때 상대방에게 알린다는 조약도 맺었다. 일본은 조선에 대해 독점적인 영향력을 행사하려고 갑신정변을 지원했을 뿐인데, 그게 실패하자 이런 보완조치를 취한 것이다.

바야흐로 제국주의 시대다. '자주독립'을 외친 개화파가 과연 일본의 침략에 대해 자주독립을 견지할 수 있었을지 생각해보면 거듭 동학교도의 지적에 고개가 숙여진다.

"때를 기다려 사회주의 건설" 페비언협회 결성

〈1884년 영국〉 영국에 독특한 노선의 사회주의 단체가 결성됐다.

사회학자 부부인 시드니 웹과 베아트리체 웹, 소설가 버나드 쇼와 허버트 웰스 등은 최근 "의회정치를 통한 점진적인 방법으로 사회를 개량하면서 생산수단을 공유하는 사회주의를 실현한다"를 모토로 하는 단체를 결성했다.

"혁명은 필요없으며, 노동 입법과 사회보장제도 등을 통해 부(富)와 소득의 평등화를 실현한다"는 것이다. 단체명도 그래서 "끈질기게 기다리다 마침내 때가 되면 과감히 돌진한다"며 페비언협회로 결정됐다.

'페비언'은 진지를 구축해 지구전을 펴다 마침내 카르타고의 한니발을 격파한 고대 로마의 장군 파비우스의 이름을 딴 것이다.

영국, 3차 선거법 개정…선거권 확대 요구는 꾸준

〈1884년 영국〉 이제 농촌의 남성들도 선거를 할 수 있게 된다.

자유당의 글래드스턴 내각은 최근 선거법을 개정, 10파운드 이상의 집세를 내는 도시민에게까지 부여했던 선거권을 "10파운드 이상의 집세를 내는 농민"으로 확대하기로 했다. 이번의 법개정은 1832년과 1862년에 이은 세 번째로, 영국 전체 성인 남성의 4분의 3인 280만 명이 선거권을 갖게 됐다.

사회 일각에서는 그러나 "아직 25퍼센트에 달하는 남성과 모든 여성들이 선거권을 갖고 있지 않다"며 "선거권은 더 확대돼야 한다"는 주장이 제기되고 있다.

▶참조기사 13호 2면

서부 액션물 인기 '짱'

'버펄로 빌' 등 서부개척 영웅담 공연 '성황'

〈1883년 5월 미국〉 장총을 든 카우보이들과 온몸을 붉게 칠해 섬뜩함을 자아내는 인디언들이 서로 죽고 죽이는 혈투를 벌이고 있다. 갑자기 한떼의 버펄로를 몰고 나타난 장발의 사내가 혼자서 이들을 몽땅 처치해버린다. 이름하여 버펄로 빌. 선혈이 낭자하고 단말마의 비명이 허공을 가른다.

하지만 이는 현실이 아니다. 네브래스카 주(州)의 오마하에서 지난 17일 이후 인기리에 공연되고 있는 〈버펄로 빌의 와일드 웨스트〉 쇼다. 애크러배트들이 공중곡예를 하고 동물들이 묘기를 부리는 기존 서커스에 식상했던 관객들은 "차마 눈 뜨고 볼 수 없다"면서도 눈을 밝히 뜨고 구경한다. 〈버펄로 빌의 와일드 웨스트〉는 공연기획자 윌리엄 코디가 서부개척사를 극으로 만들어 대중들에게 선보이고 있는 엔터테인먼트다. 일부 관객들은 이를 관람하며 안타까움과 흥분과 긴장 속에 빠져든다.

어떤 이는 그러나 "시시하다"는 반응이다. 최근 신문지상을 통해 알려진 서부개척의 현실은 〈와일드 웨스트〉보다 훨씬 극적인 때문이다. 1876년 어느 비겁자에게 등뒤에서 총을 맞고 죽어간 보안관 히코크, 1881년 툼스톤의 OK목장에서 명성을 날린 와이엇 어프가 영웅 역이었다면 1881년 죽기 전까지 21명이나 살해한 윌리엄 보니, 1882년까지 은행강도로 악명 높았던 제시 제임스 일당은 악당 역이었다. ▶참조기사 21호 3면

"어메, 하느님이 놀라시겠네"

시카고에 40미터 초고층건물 잇단 등장
도시 현대화 일환…새 제강법도 한몫

〈1885년 미국〉 이제는 건물 꼭대기를 보려면 목이 아프게 됐다. 미국 일리노이 주(州) 북동부에 있는 시카고 시(市)에 들어선 초고층빌딩 때문이다. 가정보험회사의 사옥(社屋)으로 쓰이는 이 빌딩은 건축가 배런 제니가 설계한 것으로, 12층에 높이가 40미터에 이른다. 1857년에 세워진 뉴욕의 호우트백화점이 5층에 엘리베이터까지 설치, 최고층과 초현대식 빌딩임을 자랑했지만 이제 그도 옛이야기가 돼버렸다. 시카고에서는 이외에도 마천루로 불리는 고층빌딩 건설이 다수 예정돼 있다. 이는 시카고 시가 지난 1871년 대화재를 겪은 뒤 고층건물과 대형공원 등 도시를 현대식으로 재건하려는 계획의 일환이다.

하지만 1856년에 개발된 베서머 제강법(製鋼法)이 없었다면 이는 불가능했을 것. 그간의 건축은 무거운 하중(荷重)을 견디게 하고자 두꺼운 석조를 사용, 5층(?) 이상의 건물은 짓기 어려웠으나 새 제강법에 의해 생산된 가벼우면서도 강한 강철(鋼鐵)은 훨씬 큰 하중도 견뎌 높은 건물을 세울 수 있게 된 것이다.

고속 자동차 시대 열린다
벤츠, 가솔린자동차 개발

〈1885년 독일〉 자동차의 경량화와 고속화가 예상된다.

독일의 기술자 카를 벤츠가 가솔린엔진을 이용한 가솔린자동차 1호 제작에 성공했다. 벤츠의 가솔린자동차는 785시시에 4분의 3마력(馬力)의 힘을 낼 수 있는 4사이클 가솔린엔진을 장착, 최고시속 15킬로미터로 달릴 수 있는 3륜차다. 벤츠는 내년에 이에 대한 특허를 출원할 예정이지만 벌써부터 주문이 쇄도하고 있어 즐거운 비명이다. ▶참조기사 21호 4면

영국군함, 거문도 점령 파문

〈1885년 조선〉 영국 도월 제독이 이끄는 세 척의 군함이 조선 남해안 거문도를 점령, 동북아시아 정세에 돌연 긴장이 고조되고 있다.

영국은 러시아가 동해를 통해 남하할 태세를 보이자 이를 저지하기 위한 작전의 일환으로 거문도를 점령한 것으로 확인되고 있다.

그러나 이는 오히려 러시아도 일방적으로 조선 땅을 점령할 명분을 제공할 수 있고, 그렇게 되면 일본도 개입할 것이 뻔해 이해당사국들이 빈번히 접촉하며 사태의 원만한 수습을 논의하고 있다.

특히 청정부가 영국, 러시아와 3국 교섭을 진행하고 있는데 이 자리에서 영국은 다른 나라들이 개입하지 않는다는 조건으로 철수할 의사를 내비친 것으로 알려졌다.

한편 거문도주민들은 외국군의 점령에 대해 가타부타 말이 없는 정부에 대해 분통을 터뜨리고 있다.

휴지통 ■ 영국인은 과연 신사?

○… 거문도에 상륙한 영국군의 주민에 대한 행동은 자못 정중했다고…. 영국군들은 포대와 막사 공사에 주민들을 동원했는데 꼬박 일당을 계산해 지불했으며 종군 의사가 주민들의 질병도 치료해줬다. 이에 따라 주민들도 경계심을 풀고 각종 편의를 제공하고 있다는 후문.

○… 이런 분위기에서 웃지 못할 일화도 일어나고 있다. 영국군은 때마침 빅토리아 여왕의 생일을 맞아 기념식을 거행하며 수십 발의 예포를 발사했다. 물론 주민들에게는 미리 놀라지 말라고 예고했다. 그런데 예고를 받지 못한(?) 개들이 난생 처음 듣는 예포 소리에 놀라 모두 산속으로 도망쳐버리는 사건이 발생.

○… 영국군은 긴급 회의를 열어 개들을 찾아주기로 하고 수병들을 모두 풀어 산을 샅샅이 수색하는 소동을 벌였다. 이젠 개들도 제국주의의 함포 소리에 면역이 됐을는지….

〈1880년대〉 세계사에 제국주의 시대의 막이 올랐다. 그 옛날 로마 공화국이 정복자 카이사르를 앞세워 제국으로 변모한 것처럼, 자유와 평등을 부르짖던 유럽 각국이 디즈레일리나 빌헬름 2세 같은 팽창론자들을 앞세워 제국의 길을 가고 있다.

이 새로운 제국들은 로마제국뿐 아니라 몽골제국·이슬람제국 등 이전의 어떤 제국과도 근본적으로 다르다. 이들은 이미 만들어진 세계시장의 토대 위에서 일부 지역이 아닌 전 세계를 세력권으로 삼고 있다. 또 과거의 제국들이 느슨한 정치군사적 지배에 머물렀다면 현대 제국들은 자본주의적 수탈의 그물망 속에 식민지들을 단단히 옭아넣고 있다.

제국주의 시대는 어떤 의미에서 진정한 세계사의 시작이다. 전세계가 한줌의 구미 열강에 통합돼 '하나의 세계'를 실현하고 있기 때문이다. 바로 그 때문에 다른 한편에서 제국주의는 이전과는 비교도 안 되는 전세계적인 투쟁의 장을 연출하고 있다.

본국 독점자본에 대한 노동자들의 투쟁과 외세침략에 대한 식민지 민중의 투쟁이 제국주의의 '영광' 이면에서 불타오르고 있다.

심화된 상호연관, 심화된 상호투쟁 속에 들끓는 제국주의 태동기의 세계를 살펴본다.

제국주의

"지구는 한 개의 파이, 힘센 자가 차지"
세계를 무대로 자본주의 무한확대-팽창
자본 대 노동자, 외세 대 민중투쟁 격화

제국주의 세계분할도

▲구미 열강 "1페니 은화가 영국 제국주의의 기초"라는 영국인 말처럼 불과 몇 퍼센트 지분의 독점자본이 기업합병을 통해 거대기업군을 지배하는 현상이 일반적이다. 독점은 '보이지 않는 손'의 자유경쟁원리를 배척하고 소수가 다수를 통합하고 조종한다.

독점자본은 국내경제의 독점에서 나아가 세계경제의 독점을 위해 자본을 수출할 식민지를 요구한다. 이런 조건에서 각국 정부는 대외팽창으로 나가지 않을 수 없다. 디즈레일리는 빅토리아 여왕에게 대영 '식민지' 제국 황제의 관을 씌워주었고, 빌헬름 2세는 현상유지를 꾀하는 비스마르크를 수상직에서 쫓아냈다. 바야흐로 독점과 팽창의 신화가 세계를 뒤덮고 있다.

▲아프리카 프리타운(자유도시), 리브레빌(자유도시), 라이베리아(자유국)… 유럽인이 개척한 이곳들은 이제 식민 침략의 거점으로 그 이름의 낭만성을 빼앗긴 지 오래다.

1885년 구미 열강은 베를린에 모여 콩고 분지를 중심으로 하는 아프리카 분할 문제를 협의, 아프리카를 본래의 생활권과 관계없이 직선분할선으로 나누었다. 열강은 이 선에 따라 과거의 노예사냥 대신 영토사냥에 앞다투어 뛰어들고 있다.

▲서아시아와 발칸 반도 화려한 이 슬람제국의 후예인 오스만 투르크가 '유럽의 병자'로 전락하면서 그들의

강력한 대국으로 떠오른 미국의 제국주의를 풍자(왼쪽), 러시아 곰과 영국 사자가 터키를 상징하는 칠면조를 가운데 두고 서로 으르렁대고 있다.

구미 열강 **독점자본 식민지 진출 필연적**
발칸반도 **열강다툼에 유럽 화약고 전락**
동아시아 **문명 자존심 건 반제투쟁**

세력권이던 이 지역은 제국주의 세력들의 최대 격전지로 떠올랐다. 특히 독일의 범게르만주의와 러시아의 범슬라브주의의 거센 충돌은 날카로운 파열음을 빚고 있다. 이에 따라 이 지역 민족들은 오스만 투르크 제국으로부터의 독립이라는 기쁨을 누리기도 전에 구미 열강의 침탈에 신음해야 하는 비극을 맞이하고 있다.

▲동아시아 영국이 터줏대감으로 버텨왔으나 최근 들어 동남아시아에서는 프랑스가, 중국·조선에서는 일본이 도전장을 내밀고 있다. 지난 세기까지만 해도 세계 일류문명권이던 이 지역은 높은 교육수준과 많은 인구, 빼어난 노동력을 보유하고 있어

자존심을 건 반제국주의 투쟁의 기운도 대단히 높다는 평이다.

▲태평양-라틴아메리카 오스트레일리아와 뉴질랜드는 이미 영국이 확보했고 나머지 지역에 서로 갈퀴를 뻗치는 열강의 열기로 이곳은 지금 '태평양'이 아니라 '태란양(太亂洋)'이다. 라틴아메리카는 주민들만 라틴계 언어(스페인어·포르투갈어)를 쓸 뿐 더이상 '라틴'이 아니다. 각국의 독립으로 스페인의 영향력은 일찌감치 축소됐고 대신 앵글로색슨(영국·미국)의 독점자본 군단이 진군해 들어오고 있다. 특히 미국은 앞마당인 이 지역에 대한 무력사용이 쉬워 매우 유리한 입장이다.

타임머신
제국주의를 어떻게 볼 것인가

제국주의는 사회주의-민족해방 운동 진영뿐 아니라 자유주의자들로부터도 비판받아왔다. 두 진영의 제국주의론을 대표해온 저서를 소개한다.

▶레닌 〈자본주의의 최고 단계로서의 제국주의〉(1916)

제국주의는 단지 식민지 침략을 위해 자본주의 국가가 취하는 '정책'이 아니다. 제국주의는 독점단계의 자본주의 그 자체다. 자유경쟁이 무너지고 독점이 형성되면 독점시장을 확보하려는 목적에서 식민지에 대한 철저한 지배가 추진된다. 이것은 자본주의 발전의 필연적 결과이며, 사회주의에 의해서만 극복될 것이다.

▶슘페터 〈제국주의의 사회학〉(1919)

대내억압과 대외팽창을 특징으로 하는 제국주의는 자유와 합리성에 기반한 자본주의와는 기원을 달리한다. 제국주의는 근대에 남아 있는 봉건요소가 대외팽창, 국제대립이라는 환경변화에 대응한 격세유전현상이다. 즉, 제국주의는 청산되지 못한 절대주의이며, 자본주의의 정상적인 발전에 따라 사회는 합리화되고 제국주의는 소멸될 것이다.

17세기에 뉴턴이 중력법칙을 내놓았을 때 그것은 혁명이었다. 세계가 더이상 '신의 뜻'이 아니라 자연법칙에 따라 움직인다는 것은 당시 사람들에게 엄청난 충격이자 하나의 혁명이었다. 그런데 이제 그 혁명을 뛰어넘는 제2의 과학혁명이 진행중이다.

사실 17세기의 과학혁명은 철학혁명이기도 했다. 자연을 바라보는 사람들의 시각을 180도 바뀌게 하기는 했지만 "사과가 나무에서 떨어지는 이유"를 알았다고 해서 당장 생활이 바뀌는 것은 아니었다. 그러나 19세기 중반을 뒤덮고 있는 이번 과학혁명의 파도는 사람들 일상생활의 구석구석까지 그 여파가 미치고 있다. 말하자면 그동안 별개였던 과학과 기술이 서로 밀접하게 결합된 상태로 진행되고 있다.

이를테면 전기현상의 발견과 원자구조에 대한 이해는 그 자체에 그치지 않고 전기분해를 통해 칼륨, 마그네슘, 나트륨, 크롬, 알루미늄 등 산업에 유용한 원소를 추출하는 데로 곧바로 이어지고 있다. 분자구조에 대한 이해의 증대로 유기화학분야가 새롭게 발전하고 있는데 이 역시 인조비료라는 아주 실용적인 목적에 활용된다. 지난 1830년 훅이 세포를 처음 발견하자 이는 새로운 약품개발을 자극했다. 파스퇴르가 생물의 '자연발생설'이 허구임을 실험 ↘

과학혁명

"생활을 바꿔라" 기술과 결합 또 한 번의 혁명
유전법칙에서 통조림까지 잇단 새 경지
힘의 논리와 결합 왜곡된 우월심도 공공연

과학혁명 주요 분야

▲통신혁명 패러데이가 자석에서 전류를 유도해내고 맥스웰이 전자기파의 존재를 이론적으로 논증했을 때만 해도 이것은 순수과학의 범주 안에 있는 것으로 보였다. 하지만 헤르츠가 전자기파의 실체를 검출해내자 이는 곧바로 무선통신이라는 엄청난 파급력을 가진 실용기구로 변신했다.

한편 유선통신은 모스의 전신체계에서 최근 벨이 발명한 전화체계로 대전환중이다. 통신혁명은 무엇보다도 언론매체에 획기적인 변화의 바람이 몰아닥치고 있다. 세계 각국의 통신사들은 실시간 보도를 위해 치열한 경쟁을 벌이고 있다.

▲수송혁명 제임스 와트가 증기기관을 실용화함으로써 산업혁명의 발단을 제공한 것은 지난 18세기 중반. 이후 수송수단은 비약적인 성장을 이룩했다. 그 총아는 단연 철도.

철도 덕분에 싱싱한 우유가 매일 아침 도시의 각 가정에 배달되고 있다. 출판계도 때아닌 호황. 영국의 한 출판업자는 플랫폼에 설치된 가판대 덕분에 발행부수가 최소 두 배는 늘었다며 즐거워했다.

한편 대형 철제증기선이 속속 건조됨으로써 대륙간 화물과 승객 이동이 활발하게 이루어지고 있다.

▲공작기계혁명 과학기술혁명은 기계를 토대로 이루어지고 있다. 증기기관을 만들어내기 위해서는 기계를 만드는 기계가 필수적. 따라서 선반(旋盤)의 발달이 눈부시다. 1862년 미국의 브라운이 만든 만능선반은 나사에서 실린더에 이르기까지 복잡한 기계부품을 정밀하게 가공할 수 있는 성능을 자랑한다.

이를 위해서 각국의 과학기술자들은 고강도 철과 정밀한 계측기 개발에 몰두하고 있다.

↗ 적으로 증명하자 곧이어 통조림이라는 새로운 식품저장법이 개발됐다.

이렇게 과학이 산업혁명과 결합해 일상생활을 지배하고 있으니 사람들이 이제 '신' 대신 '과학'을 숭배하게 됐다면 지나친 표현일까. 하지만 다윈의 진화론이 거의 대세로 굳어지고 있고, 거기에 멘델의 유전법칙까지 가세한 상황은 분명히 사람들에게 과학만능심리를 부추기고 있다. 오늘도 전장에 나가는 병사들은 하느님보다는 손에 들린 최신식 총기에 더 의지한다.

데스크 칼럼 ■ 제국주의와 과학혁명

과학의 열매는 인류 복지증진에 이용돼야 마땅

조선의 대표적인 청년 개화론자인 유길준이 최근 〈서유견문〉을 저술했다. 이 책에서 그는 "인류사회가 미개, 반(半)개화, 개화의 3단계를 거쳐 진화한다"고 주장한다. 이는 그가 존경하는 일본의 후쿠자와 유키치에게서 전수받은 내용이다. 그렇다면 이 '사회진화론'의 진원지는 누구일까.

영국의 허버트 스펜서다. '적자생존(適者生存)'이란 말은 다윈이 아니라 그가 처음 사용한 단어다. 그는 인간사회도 정부, 산업, 도로·전신 등의 분야가 진화한다고 본다. 이 점에서 요즘 서유럽 사회가 가장 고도로 발달한 유기체 사회다.

여기까지는 고개가 끄덕여진다. 그런데 서유럽의 제국주의적 침략행위는 어찌 된 일일까. 그는 그것이 침략이 아니라 문명의 전파에 지나지 않는다고 말할지 모른다. 우월한 문명은 보다 열등한 문명으로 전파되는 것이 '과학적 법칙'이니까.

그러나 '과학적 법칙'이 전쟁과 살육을 통해 전파된다는 것은 어째 좀 이상하지 않은가. 스펜서 자신도 군사형 국가보다는 산업형 국가가 더 진보된 사회라고 주장한 바 있다. 스펜서는 자신의 주장이 제국주의적 침략을 정당화시키고 있다는 점을 자각해야 할 것이다.

19세기의 과학기술혁명은 전인류 개개인의 행복을 증진시키는 방향으로 활용되어야 한다. 지구의 역사에서 수많은 생물이 잘못된 방향으로 진화하다 멸종됐다. 인간이 그 중 하나가 돼서는 안 된다.

세계사신문

이 한 권의 책 ▌ '차라투스트라' 라는 이름의 돌연변이

니체, "신은 죽었다"며 서유럽 지성계 공격

〈1885년 독일〉 세계 지성사상 유례를 찾기 힘든 돌연변이가 독일철학에서 일어났다. 칸트와 헤겔로부터 합리주의 형질을 대물림하던 독일철학계에 느닷없이 '비합리주의' 변종이 나타난 것이다. 이 변종의 이름은 프리드리히 니체(41세).

그의 신작 산문시 〈차라투스트라는 이렇게 말했다〉에서 주인공 차라투스트라는 숲속에서 만난 한 성자를 가리켜 이렇게 말한다. "저 늙은이는 아직 모르는군. '신은 죽었다'는 사실을."

여기서 '신'은 이 세상을 합리적으로 이끌어가는 존재나 법칙을, '숲속의 성자'는 세계의 합리성을 믿는 기존 유럽의 철학자나 종교인들을 가리킨다. 니체는 이들이 힘없고 우둔한 군중에 대한 쓸데없는 '연민' 때문에 합리주의 신화에 빠졌다고 지적한다. 세상의 부자유와 불평등을 바라보면서 그들은 자꾸만 이렇게 기도해왔다는 것이다. "신이여, 이성적인 신이여! 이 불합리한 세상을 그냥 놓아두지 마소서!"

니체는 그러한 '합리적인' 믿음이 과연 유럽에 무엇을 가져왔는가 반문한다. 오만해진 군중의 도전으로 프랑스 혁명, 사회주의 운동과 같은 파괴행위들만 일어나지 않았던가? 계급투쟁과 침략전쟁으로 가득 찬 세상을 보건대 '신'은 확실히 죽었다!

따라서 니체는 합리성에 대한 기대일랑 버리고 "당신이나 잘하라"고 한다. 세상은 언제나 창조적 소수(초인)와 하찮은 다수로 나뉘는 법이니까.

이 같은 돌연변이가 과연 지성계의 새로운 진화로 자리잡을 수 있을까? 계급투쟁을 파괴 아닌 역사의 동력으로 보는 사회주의와의 격렬한 생존경쟁을 거치면서 그 운명은 결정될 것이다.

문화광장 ▌ 유령과 슈퍼맨

진보에의 열망과 뿌리깊은 절망, 그 극단

마르크스 타계

1883년 3월 14일 런던 자택에서 친구 엥겔스가 지켜보는 가운데 숙환으로 별세. 향년 64세. 장지는 하이게이트 공동묘지. 그가 정초(定礎)한 과학적 사회주의는 사회의 밑바닥 계급을 역사의 주인으로 자리매김한 최초의 이론으로 그의 이름과 함께 영원히 빛날 것이다.

장차 유럽의 지성계를 대표할 대조적인 두 캐릭터가 여기 있다. 하나는 남들이 '유령'이라고 부르는 공산주의자고 하나는 스스로 '초인'이라고 부르는 허무주의자다. 고안자는 마르크스와 니체라는 두 독일인이다.

기독교적 구원, 그리스적 완전함에의 열망을 상실한 이 시대에 이들은 말한다. 세상에는 신과 같은 절대자도 없고 인간이 궁극적으로 도달해야 할 절대적인 진선미 같은 것도 없다고.

유령, 즉 마르크스는 말한다. 세계는 무한히 진보하며 인간은 자기 시대에 얻을 수 있는 최대한의 것을 얻을 수 있을 뿐이다. 현단계에서 그것은 사회주의 사회다.

슈퍼맨, 즉 니체는 유령의 따귀를 후려갈기며 맞받아친다. 세계가 진보한다는 것은 사기다. 세계는 언제나 하찮은 인간과 초인들로 나뉘어 왔으며, 인간의 최대치는 주체에 내장된 '권력에의 의지'를 한껏 발휘해 하찮은 인간들 위에 슈퍼맨으로 군림하는 것이다!

마르크스는 사회주의 사상이 과거의 가치있는 사상을 비판적으로 계승했다고 주장하지만, 니체는 인류를 미망으로 이끈 사상의 전통 위에 사회주의가 서 있다며 이 전통과의 단절을 선언한다. 유럽사회가 새로운 국면을 맞고 있는 지금, 유령과 슈퍼맨의 한판 승부는 유럽사상계의 판도를 가늠하는 풍향계가 될 것이다.

마크 트웨인, "미국문학이란 바로 이런 것"

〈1884년 미국〉 마크 트웨인의 화두는 "전통은 없지만 진취적이어서 좋은 나라 미국"이다. 조국에 대한 그의 사랑은 올해 출간된 〈허클베리 핀의 모험〉에서 유감없이 빛을 발한다. 〈톰소여의 모험〉 속편의 성격을 띤 이 소설은 톰과 허클베리가 보물을 발견, 떼부자가 되는 데서 시작한다. 허크는 돈으로 얻은 문명생활에서 도피해 미시시피 강을 따라 뗏목을 타고 내려간다.

문명은 개척의 산물이기는 해도 안주하면 더이상의 진보도 자유도 없다. 작가는 허크가 육지에 오를 때마다 벌어지는 사건들을 통해 현실에 안주하는 사람들의 이기심과 위선을 고발한다. 그리고 끝에서 안정된 생활의 기회를 잡은 허크가 다시 대자연 속으로 떠나는 장면을 연출, 부단한 개척정신에 미국의 미래가 달려 있음을 강조하고 있다.

내용도 내용이려니와 문법에 신경쓰지 않고 방언도 자유롭게 구사하는 문체가 압권이다. 영어로 씌었으되 영국문학과는 완전히 다른 문학의 탄생이다. 뭔가 새로운 것, 신나는 것, 웃기는 것을 천박하지 않게 즐기고 싶은 독자들에게 일독을 권한다.

internet 세계사 여행

▶레닌 인터넷 문헌 http://www.marxists.org/archive/lenin/index.htm 레닌의 저작, 이미지 등 검색
▶니체 http://www.fns.org.uk/ 영국 프리드리히 니체학회 홈페이지
▶마크 트웨인 http://marktwain.miningco.com/ 저작 소개, 명언, 서한 등. 미 마이닝 사 제공

세계사 신문

미 노동자 "8시간 노동제 실시" 함성

평화 대행진에 34만 노동자 참여…정부-자본가는 대반격 준비

〈1886년 5월 1일 미국〉 노동자들의 함성이 우레가 되어 노동시간의 단축을 촉구하고 있다. 샌프란시스코에서 뉴욕에 이르기까지 미국 전역에서 34만에 달하는 노동자들이, 그리고 시카고에서만 8만의 노동자들이 오늘, "8시간 노동제를 법제화하라"며 대대적 시위를 벌였다. "장시간 노동은 노동자의 육신을 파괴한다" "노동시간 단축은 인간적인 삶을 위해, 그리고 노동력의 재충전을 위해 절대 필요하다"는 주장이다.

전국 최대 규모로 벌어진 시카고에서의 행진은 밤 늦게까지 계속됐지만 어디까지나 평화적이었다. 집회가 열리고 대중연설이 이어졌다. 노동운동

가 오거스트 스파이스의 연설을 끝으로 노동자들은 자진해산했다. 강경 진압을 위해 대기했던 경찰은 맥없이 돌아섰다. 행진이 끝난 지금, 시위를 이끌었던 '8시간 노동제 추진동맹'에는 전국에서 "8시간제의 실시가 낙관된다"는 보고가 속속 접수되고 있다.

이번 대행진은 오래 전부터 준비된 것이다. 1869년 설립, 현재 미국 노동운동의 구심역을 하고 있는 노동기사단(Knights of labors)이 2년 전부터 오늘의 대행진을 예고했으며, 올해 설립된 미국노동총동맹(AFL) 또한 노동자들에게 대행진 참가를 촉구했다. 노동자들은 2년 전부터 직장마다 파업을 벌이며 오늘을 준비해왔으며 2

5월 4일, 헤이마켓 광장에서의 집회. 노동기사단을 검거하기 위한 폭탄테러가 발생했다.

달 전부터는 격렬한 시위와 투쟁으로 분위기를 고조시켜왔다.

각국 노동계에서는 "짧은 미국 노동운동의 역사를 볼 때 대단한 쾌거"

라며 놀라워하는 분위기며, 경찰 당국과 기업가들은 "주동자를 색출, 반드시 엄벌에 처하겠다"는 반응이다.

중국 '개혁' 제2라운드
"의회제 등 과감한 개혁 실천해야"
강유위, '양무파'식 개혁 맹공

〈1888년 북경〉 중국정계에서도 입헌군주제 및 의회제도를 도입할 것을 주장하는 목소리가 나왔다. 강유위(30세)가 황제에게 올린 '상소'에서 이런 주장을 펴 정계에 파문이 일고 있다.

소식통에 따르면 관료들이 "너무 과격하다"며 황제에게 전달하지도 않았다는 이 상소는 그동안의 양무운동을 거세게 반박하는 내용인 것으로 알려졌다. 강유위는 "외국인들이 협박하는" 상황에서 중국은 "병력이 약하고 재력이 궁한 비정상적인 정세에 직면해 있다"고 중국의 현실을 질타했다. 얼마 전 프랑스와의 전쟁에서 무력하게 패했고 역사적으로 조공을 받아왔던 일본의 대만 침공에 대해서도 제대로 대응하지 못한 채 사실상 무릎을 꿇은 상황을 개탄했다.

강유위는 이러한 난국이 서양식 무기나 만들면 근대화된다고 생각하는 양무파들의 순진한 생각에서 비롯된 것이라고 주장한다. 따라서 "더이상 옛법을 고집할 것이 아니라 신법을 실시해야 한다"며 서양식 정치제도 도입을 주장하는 것이다. 물론 강유위도 "중국 것을 중심으로 하되 서양 것을 활용한다"는 중체서용(中體西用)론을 부정하는 것은 아니다.

하지만 현재 중국에서는 그가 미온적이라고 공격하는 양무파 정도도 상당히 급진적인 세력으로 치부되고 있는 상황이다. 따라서 그의 주장이 실현될 가능성은 그리 커 보이지 않지만 이번 상소를 계기로 청년 지식인들 사이에서 서양식 공화제 정치체제에 대한 논의는 활발해질 전망이다. ▶참조기사 19호 1면

요하네스버그에 대규모 금광

〈1886년 남아프리카〉 남아프리카의 정치·경제적 지형을 뒤바꾸어놓을 거대한 금광이 트란스발공화국의 내륙고원(해발 1900미터)에서 발견됐다. 매장량이 엄청난 것으로 알려진 이곳에 요하네스버그라는 대규모 도시가 형성, 그간 남아프리카의 중심지였던 케이프타운을 능가할 정도로 고속 성장하고 있다.

트란스발공화국은 한때 영국에 합병됐다가 보어인의 격렬한 반영투쟁 끝에 5년 전 되찾은 나라다. 따라서 영국이 이번 금광 발견을 계기로 트란스발의 재합병을 시도하리라는 게 대다수 관측통의 견해다.

영국은 인근 오렌지 자유국에서 다이아몬드 광산이 발견되자 지난 71년 합병한 바 있다. 이에 트란스발의 크뤼거 대통령은 군비를 강화하는 등 경계를 강화하고 있다.

세계사신문

"만국의 노동자여 다시 한 번" 제2인터내셔널 결성

20개국 사회주의 정당-노조 대표 등 참석
강령 등 미채택 "약화된 것 아니냐" 우려도

〈1889년 파리〉 프랑스 대혁명 100주년 기념일인 7월 14일, 파리에서 '국제노동자협회'가 재건됐다. 지난 76년 해체된 뒤 13년 만에 재건을 결의한 이날 집회엔 20개국에서 391명의 사회주의 정당 및 노동조합 대표가 참석, 시종 대회를 뜨거운 열기로 메웠다.

대회에 참가한 각국 대표들은 각자 나라에서 비약적으로 성장하고 있는 노동운동에 대해 보고했다. 이를 통해 제1인터내셔널에서의 "만국의 노동자여 단결하라"는 구호는 여전히 유효한 구호임을 확인했다. 특히 미국 대표가 내년 5월 1일 메이데이 시위에 각국이 동참해줄 것을 호소하자 프랑스 대표가 아예 '90년 메이데이'를 세계 노동자 해방투쟁의 날로 선포할 것"을 제의해 만장일치로 통과됐다.

대회는 이밖에도 노동자들은 노동조합 운동에만 머물 것이 아니라 반드시 사회주의 정당을 창설해야 하며, 이를 통해 노동자계급이 직접 권력을 획득해야 한다는 결의도 다졌다. 그러나 몇 가지 결의만 있었을 뿐 강령은 채택되지 않았다.

이날 대회는 굳이 조직명칭을 내걸지 않았지만 지난 1864년 런던에서 결성된 '국제노동자협회' 정신을 계승한다고 밝혔기 때문에 통칭은 '제2인터내셔널'로 정해질 전망이다. 조직을 이끌 사무국도 설치되지 않았는데, 앞으로 강령을 제정하거나 전체 회원을 이끌어갈 사무국을 하루빨리 구성하는 것이 당면과제이다.

▶참조기사 19호 1면

"인도차이나가 어디야"

〈1887년 베트남〉 베트남의 구엔 왕조, 캄보디아의 크메르 왕조, 샴 왕국의 지배를 받아온 라오스 등 세 민족이 한지붕 아래서 살게 됐다. 프랑스가 청과의 전쟁에서 승리한 뒤 이 지역에 대한 식민통치를 본격화하기 위해 '프랑스령 인도차이나 연방'을 결성한 것이다.

인도차이나란 이 지역이 인도와 중국의 사이에 있다고 해서 유럽인들이 붙인 이름이다. 따라서 역사와 전통이 각기 다른 세 지역 주민들은 정작 자신들이 왜 도매금으로 인도차이나인으로 불려야 하는지 의아해한다. 하지만 베트남의 한 지식인은 "이 기회를 역이용해 한지붕 아래 단결해서 제국주의와 맞서 싸워 본때를 보여주자"고 별렀다. ▶참조기사 23호 1면

"이게 바로 진짜 노동자의 힘"

영국 노조 미가입 미숙련 부두노동자들이 총파업 승리
'노동귀족화' 노동운동 지도부에 일대 충격

〈1889년 9월 런던〉 최하층 부두노동자의 파업이 극적인 승리를 쟁취했다. "한 시간당 6펜스 임금을 보장하라"며 런던부두 하역작업을 한 달 동안 중지시킨 파업에 자본가측이 완전히 두손을 들었다.

파업은 지난 8월 미조직 부두노동자들이 임금인상 '투쟁'을 결의하면서 시작됐다. 파업이 벌어지자 3일 이내에 10만 명 가담, 일주일 만에 전런던부두 하역작업 중지 등으로 사태가 확산됐다.

소식은 얼마 전 결성된 제2인터내셔널을 통해 전세계로 타전됐다. 그러자 뜻밖에도 영국 각 계층은 물론 전세계인들로부터 뜨거운 지원이 쇄도했다. 파업중 모금된 파업기금이 무려 5만 파운드에 달했고 그중 절반 이상은 해외로부터의 지원금이었다. 일찍이 노동운동사상 없었던 호응이었다.

영국 노동운동을 이끄는 노동조합회의(TUC)는 파업에서 철저히 소외당했다. TUC는 숙련노동자 중심으로 조직돼 정치투쟁보다는 공제기금 확보 등에 열을 올려 하층 노동자들로부터 '노동귀족'이라는 비아냥을 받아왔기 때문이다.

이에 따라 벌써부터 TUC 지도부에 대한 탄핵요구가 빗발치고 있고, 노조의 정치투쟁을 요구하는 목소리가 커지고 있다. 한편 이번 파업을 현장에서 지휘한 사람 중에는 마르크스의 딸 엘리노어 에이블링이 있는 것으로 알려졌다.

일본, 근대적 헌법제정

〈1889년 도쿄〉 오스만 투르크에 이어 아시아에서 두 번째로 일본에도 근대적 헌법이 만들어졌다. 이번 헌법은 입헌군주제와 의회제를 뼈대로 한 것으로 내년 11월, 사상 처음으로 총선거를 실시해 의회를 구성하게 된다.

헌법을 기초한 자는 이토 히로부미로 그는 최근 독일을 방문하고 돌아왔다. 따라서 천황제 일본 헌법은 황제체제인 독일식을 거의 그대로 모방한 것이다. 한편 그동안 일본정계에서는 자유당을 중심으로 '자유민권운동'이 격렬하게 진행돼왔다.

비스마르크의 '일그러진' 복지정책
사회복지 잇단 좌절로 겨우 체면치레만
사회주의자들도 "자립심 훼손" 시큰둥

〈1889년 독일〉 지난 1878년 '사회주의자탄압법'으로 노동자들에게 채찍을 갈겼던 비스마르크가 마침내 당시 약속한 '당근'을 선보였다. 지난 6년 동안 순차적으로 실시해온 산재보험과 의료보험에 이어 그 완결편인 노령연금과 신체장애보험을 내놓은 것.

그러나 노동자들을 사회주의에서 떼어내 자기 편으로 끌어들이려던 비스마르크의 속셈은 충족되지 못할 듯. 우선 이들 정책을 시행할 복지부를 중앙정부에 신설하려고 했으나 실패, 그 실시권한이 지방정부 차원으로 격하됐다. 우익 '가톨릭 중앙당'이 "비대한 정부는 안 된다"며 반대하고, 자유주의자들은 "너무 사회주의 냄새가 난다"며 반대했기 때문이다.

노동자들도 시큰둥하다. 최소한의 사회보장 혜택을 받게 됐지만 그에게 감사하기보다는 사회주의자들의 공으로 돌리는 분위기. 정작 사회주의자들도 "이런 정책은 노동자의 자립심을 빼앗고, 국가에 대한 의존심만 키운다"며 눈을 흘긴다. 비스마르크는 말에게 당근은 주었지만 그 말이 자신에게 고분고분해지길 바랄 수는 없게 됐다.

르포 ■ 시카고 노동자 대행진의 현장을 가다

"그날은 마치 화창한 봄날의 피크닉 같았다"

강경진압 빌미 노리던 경찰은 전전긍긍

'아름다운 봄날', 시카고의 미시간 거리(街). 외출복 차림의 사람들이 속속 모여들고 있다. 오늘 5월 1일은 토요일인 만큼 일을 해야 할 터인데 사람들은 흥겨운 마음으로, 피크닉 가는 양 즐겁게 떠들고 있다. 부인네들과 아이들도 적잖이 눈에 띈다.

거리 주변의 건물 옥상은 그러나 한겨울이다. 소총 등으로 무장한 수천의 경찰, 사설 구사대 조직인 핀커튼 단원들, 주민 자위조직인 민병대 대원들이 언제든 투입될 태세다. 시(市) 외곽에서는 1천이 훨씬 넘는 군인들이 대기중이라는 소식이다.

하지만 이를 아는 듯 모르는 듯 노동자들은 행진을 시작했다. 수천 명씩 무리를 지어, 의기양양하게, "노동기사들이여, 돌진하라! 만인의 평등을 위해" "여덟 시간만 일하세! 여덟 시간은 휴식하고, 남은 여덟 시간에는 하고픈 일 해보세"라고 노래부르면서.

끝없이 이어지는 행렬 속에서 "벅찬 감격과 뜨거운 동지애를 느낀다"던 노동자들은 마침내 프런트 호반(湖畔)에 도착했다.

곧이어 노동운동 지도자들의 연설이 시작됐다. 앨버트 파슨즈는 8시간제의 필요성을 역설했고, 그밖의 많은 인사들이 영어로, 보헤미아어로, 독일어로, 폴란드어로 연설했다. 스파이스는 "부자들이 딸에게 60만 달러짜리 목걸이를, 강아지에게조차 1만 5천 달러짜리 목걸이를 사주는 동안 노동자들은 네 식구가 연간 겨우 150달러로 살아가야 하는 현실"을 고발하면서 노동자의 단결을 호소했다.

아무런 폭력사태 없이 자진해산한 노동자들은 "우리에게도 힘이 있다는 것을 실감했다"며 모두들 상기된 표정들이다.

한편 잔뜩 긴장해 있던 경찰은 당황했다. '꼬투리잡아 강경진압하려 했는데….'

"노동운동 싹을 잘라라"

미 노동운동 지도부에 검거선풍…"사건조작" 의문도 제기

〈1886년 5월 미국〉 노동운동 지도부에 대한 경찰의 검거선풍이 미국 전역을 강타하고 있다. 시카고 시경 당국은 최근 오거스트 스파이스를 비롯한 노동기사단 지도자 7명을 구속했다. 이를 기점으로 피츠버그에서는 노동기사단 간부 4명이, 뉴욕에서는 노동기사단 집행부 75명이, 밀워키에서는 노동기사단 집행부 전원이 폭동죄와 음모죄 등의 혐의로 체포되는 등 검거선풍이 전국으로 확산되고 있다.

검거선풍의 시발점은 지난 4일 시카고 헤이마킷 광장에서 발생한 폭탄테러 사건이었다. 전날인 3일, 파업이 진행되던 '맥코믹 농기계공장'에 난입해 총기를 발사, 6명의 노동자를 학살한 경찰의 만행을 규탄하는 노동자 대회가 열린 자리였다. 밤 10시가 넘어 경찰서장이 집회해산을 명령하는 순간, 어둠 속에서 갑자기 누군가가 폭탄을 던진 것이다. 이 사건으로 경찰 1명, 노동자 6명이 사망하고 60명이 부상을 당했다.

시카고 경찰은 "스파이스 등이 이 폭탄테러의 주범이거나 최소한 배후조종을 했다는 심증이 간다"고 발표했으며, 언론은 "평소 사회질서를 교란해온 이들에게 사형(死刑)이 마땅하다"고 주장하고 있다. 노동계에서는 그러나 "5월 1일 대행진에 대한 보복과 노동운동 분쇄를 노려 경찰이 폭탄사건을 조작했을 가능성이 높다"는 반박이다.

범인이 잡히지 않은 현재로선 어느 쪽 주장이 옳다고는 판단내릴 수 없다. 하지만 심증만 갖고 노동운동 지도자들을 검거하는 지금의 경찰대처는 문제가 많다는 게 여러 사람들의 주장이다.

휴지통 ■

오클라호마 땅따먹기 경주

○…새싹이 파릇 돋는 1889년의 4월, 텍사스 주(州). "피융" 총소리와 함께 수천의 사람이 정신없이 내닫는다. 말을 탄 사람, 포장마차를 모는 사람, 자전거 페달을 열심히 밟는 사람, 맨몸으로 달리는 사람. 모양은 가지각색이며, 새싹이 죽든 말든이다.

○…미국 연방정부가 "일정 시간 동안 달려 도달하는 거리만큼 땅을 주겠다"며 주최한 '땅따먹기 달리기' 대회다. 서부개척을 활성화시키기 위해서란다. 실제 이 달리기 대회를 통해 20만 명이 넘는 사람들이 텍사스와 캔자스를 넘어 오클라호마까지 달려 80억 평방미터, 1인당 평균 4만 평방미터의 땅을 얻었다.

○…인디언들은 그러나 기가 막히다. 자신들이 조상대대로 살아온 땅이 말도 안 되는 방법으로 백인들의 손으로 넘어가게 됐으니 말이다. 이제 이 지역에 살던 7억 5천의 인디언들은 또 어디로 쫓겨가야 할 것인가?

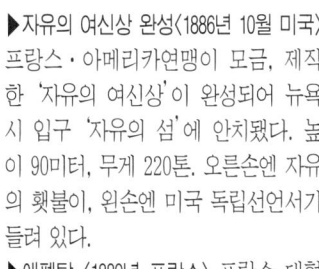

▶자유의 여신상 완성(1886년 10월 미국) 프랑스·아메리카연맹이 모금, 제작한 '자유의 여신상'이 완성되어 뉴욕시 입구 '자유의 섬'에 안치됐다. 높이 90미터, 무게 220톤. 오른손엔 자유의 횃불이, 왼손엔 미국 독립선언서가 들려 있다.

▶에펠탑 〈1889년 프랑스〉 프랑스 대혁명 100주년을 기념하는 탑이 프랑스 수도 파리의 세느 강변에 우뚝 세워졌다. 조각가 구스타브 에펠이 설계, 에펠탑으로 명명된 이 탑은 289미터 높이의 철골 구조물.

'세계어' 에스페란토, 언어 제국주의에 맞선다

자멘호프, 철자·문법 등 단순화시켜 선봬…동유럽 등지서 큰 호응

〈1887년 폴란드〉 폴란드 총각 미로비치(24세)와 헝가리 처녀 이리나(22세)는 파리에서 만나 사랑에 빠졌다. 석양을 받으며 퐁네프 다리를 건너던 두 남녀는 격정을 이기지 못하고 서로를 얼싸안으며 동시에 외쳤다. "Mi amas vin(미 아-마스 빈)!"

이 말은 폴란드어도 헝가리어도 프랑스어도 아니다. 그밖의 어떤 나라의 언어도 아닌, 한 사람의 머리에서 만들어져 나온 100퍼센트 인조어다.

발명자는 '에스페란토(희망) 박사'란 필명으로 알려진 폴란드인 안과의사 자멘호프(28세)다.

에스페란토, 즉 '희망의 언어'는 인도유럽어족 언어들의 철자·문법 등을 단순화시켜 28개의 자모가 각각 한 음만 갖고, 문법규칙도 16개에 불과하다. 위 연인의 말은 'I love you'에 해당하지만, 영어와 달리 각 단어의 위치를 어떻게 바꿔도 뜻은 같다. 또 기본단어만 가지고 얼마든지 융통성 있게 어휘를 조합할 수 있다.

그렇다면 이 인조어가 왜 희망어인가? 여러 개의 언어가 뒤섞여 쓰이는 지방에서 자라난 자멘호프는 고등학교 시절부터 인류가 쉽게 배워 의사소통을 할 수 있는 '보편어'를 구상했다고 한다. 사람들이 자기 나라에서는 모국어를 쓰고 외국과의 교류에서는 쉬운 에스페란토를 쓴다면, 남의 나라 언어를 강제로 배워야 하는 데 따른 갈등도 없어지고 민족간 이해도 증진될 것이라는 희망이 그에게는 있었다.

이런 이유로 에스페란토는 동유럽 약소국에서 인기를 누리고 있다. 그러나 자기 나라 언어를 쓰면서 세계의 식민지들을 돌아다닐 수 있는 영국인과 프랑스인이 '희망어'에 관심을 기울일 희망은 그리 커보이지 않는다.

영국 프로축구 개막

〈1888년 영국〉 돈 받고 축구하기. 동네 사람들끼리 벌이는 내기축구 얘기가 아니다. 영국 축구협회 산하 클럽들은 상금을 걸고 벌이는 리그전을 연중 개최하기로 합의했다.

선수들에게 능력과 성과에 따라 수당을 지급할 수 있다는 데도 의견을 모았다. 이에 따라 선수들은 연습과 경기참가로 직장을 비워도 생계 걱정을 덜게 된다.

리그전은 홈 앤 어웨이 방식으로 이루어지며 클럽들은 항상 최상의 팀을 구성해 경기에 임해야 한다.

헤르츠, 전자파 실증

〈1888년 독일〉 전자파는 있다. 그것도 파도처럼 물결치면서 빛과 같은 속도로 공간을 헤치고 나간다. 맥스웰이 이론적으로 증명한 이 같은 사실이 올해 31세의 천재 물리학자 헤르츠에 의해 실증됐다.

이에 따라 과학자들은 전자파의 주기, 곧 주파수를 헤르츠(Hz)란 단위로 표시하기로 했다. 이것이 실용화되면 수많은 주파수의 전자파가 하늘을 뒤덮을 듯. ▶참조기사 22호 4면

타임머신 홍명희가 〈임꺽정〉을 에스페란토로 썼다면

홍명희는 1920년 서울 YMCA에서 열린 에스페란토 강좌에 참가한 이래 에스페란티스트(에스페란토 사용자)로 활발한 활동을 전개했다. 오산학교에서 에스페란토를 가르치고 〈개벽〉지(誌)·조선일보·동아일보 등에 강좌가 연재되도록 힘썼다.

조선의 말과 글에 무엇보다 관심을 기울였을 민족작가가 왜 에스페란토의 보급에 이토록 열심이었을까? "각 민족이 하나의 민족어와 하나의 국제어(에스페란토)를 갖자"는 에스페란토의 평등한 1국 2언어주의가 식민지 조선의 실정과 맞아떨어졌기 때문이다.

당시에는 '조선프롤레타리아예술동맹'도 에스페란토(Korea Artista Proleta Federatio)로 표기될 만큼 이 언어는 진보 진영의 뜨거운 관심을 받았다.

만약 홍명희에게 자신의 최대 걸작인 〈임꺽정〉을 에스페란토로 번역할 시간이 있었다면, 에스페란토는 지금보다 훨씬 다듬어진 국제어로 보급됐을지 모를 일이다.

화제 ■ '코카콜라' 성공비결

이름은 듣기에 좋고 광고는 보기에 좋고 대중 파고들어 '돈벼락'

〈1889년 미국〉 이름 하나가 상품과 제조회사의 운명을 좌우할 수도 있다.

애틀랜타의 약제사 펨버턴이 코카 잎에서 추출한 음료수를 개발한 뒤 야심만만하게 붙인 이름은 '프렌치 와인 오브 코카'였다. 그러나 이 이름도 긴 데다 술을 마시지 않는 소비자는 공략할 수가 없었다.

당황한 펨버턴은 이 음료에 콜라 열매 추출물을 첨가한 뒤 새로운 이름 만들기에 들어갔다. 각고끝에 '코카콜라'란 간단명료한 이름을 생각해낸 그는 이 이름을 보기 좋은 로고로 만들어 광고를 냈다. 그 결과는 미국인이라면 모르는 사람이 없을 정도의 대성공이었다.

---

internet 세계사 여행

▶메이데이 http://www.mayweek.ab.ca/ 메이데이의 역사, 현황, 링크 등 ▶에스페란토 넷 http://www.esperanto.net/ 한국어 관련은 http://www.esperanto.or.kr/로 연결 ▶세계의 볼거리 http://www.viewfrom.com/ 자유의 여신상, 에펠탑 등 관광명소의 이미지 제공
▶에스페란토 링크 홈페이지 http://ttt.esperanto.org/internacia/espringo/webring.html 에스페란토 관련사이트 총연결

세계사 신문

미, 무차별 인디언 박멸작전 '충격'

85만 인디언이 5만으로…보호구역내에서도 학살 자행

〈1890년 12월 29일 미국〉 미군이 정부의 박해에 저항하던 수(Sioux)족 인디언 수백 명을 몰살시킨 비극이 발생했다. 북아메리카에서 가장 많았던 수족은 이제 영원히 사라질 운명이며, 85만에 달했던 인디언을 5만으로 '처치한' 미국은 인디언의 조직적 저항을 더이상 받지 않게 될 전망이다.

미 9기병대는 오늘, 사우스다코타 남서부 '파인리지 인디언 보호구역'의 운디드니(Wounded Knee) 지역에서 수족 인디언 300명을 총공격했다. 정부탄압과 전(前) 추장 '앉아 있는 황소'의 피살에 항의하던 인디언들이었다. 미군의 공격은 7기병대 대장 조지 커스터 피살에 대한 보복을 겸한 것이었다. 기관총과 대포에 몇 정의 총과 화살로 저항하던 인디언 대오는

한순간에 무너졌다. 눈덮인 들녘에 선홍색 피를 흩뿌리며 쓰러져 언 땅에 매장된 이들 가운데는 추장 '커다란 발'과 숱한 아녀자, 어린이가 포함돼 있었다.

이 사건은 멀리는 300년 이상 계속된 백인과 인디언 사이의 투쟁을 종결짓고, 가까이는 남북전쟁 이후 강화된 박해정책에 대한 인디언의 저항을 마무리짓는 싸움이었다. 1868년 커스터는 샤이언족을 몰살시켰고, 1876년 '앉아 있는 황소'가 커스터를 살해했으며, 보름 전 다시 '앉아 있는 황소'가 기병대에게 살해되는 등 끊임없는 살육전이 정부군의 승리로 끝났다. 현재 미국정부는 "가장 강인한 반도(叛徒)를 없앴다"며 안도하는 분위기지만 인디언들은 "생존 자체를 포

미군은 인디언 보호구역인 운디드니에서 수족을 공격, 처참히 살해했다.

기하거나 인디언으로서의 삶을 포기하라는 미국정부의 강제 아래서 살아

갈 일이 막막하다"며 울분을 터뜨리고 있다.
▶참조기사 24호 3면

유럽에 사회민주주의 정당 창설붐

마르크스주의가 지도이념…독일 영향권 동유럽에서 특히 활발

〈1890년대 유럽〉 제2인터내셔널이 본격적인 활동에 들어가면서 마르크스주의가 급속한 신장세를 보이고 있다. 특히 독일 사회민주당이 지난 1891년 마르크스주의에 입각한 사회민주주의 강령을 채택하면서 이 같은 추세는 더욱 가속화됐다.

이런 경향은 특히 독일의 영향이 강한 동유럽에서 두드러진다. 90년대 들어 폴란드·루마니아·크로아티아·세르비아 등 거의 모든 동유럽 민족들이 사회민주당을 출범시켰다. 러시아에서도 인터내셔널 대표인 플레하노프의 지도 아래 사회민주주의자들이 결집하고 있다.

이들 동유럽 사회민주주의자들은 의회투쟁과 노동조합 운동 등 계급투쟁에 집중할 수 있는 서유럽과는 달리 계급문제와 민족문제를 함께 풀어

야 하는 복잡한 상황에 놓여 있다. 나라가 분할된 폴란드는 프로이센령·러시아령에서 각각 다른 사회민주당이 결성됐는가 하면, 세르비아 사회민주당은 범발칸주의를 내세우며 크로아티아·보스니아-헤르체고비나 등의 사회민주당과 통합하려는 시도를 하고 있다. 또 똑같이 오스트리아-헝가리 제국의 지배를 받으면서도 슬로바키아 사회주의자들은 본국 사회민주당에 소속돼 활동하고, 체코 사회민주당은 독립해 나왔다.

마르크스주의는 프루동주의·바쿠닌주의 등과의 투쟁 끝에 사회주의의 지도이념으로 올라섰지만, 그 앞에는 이 복잡한 정세 속에서 효용성을 입증해야 하는 난제가 놓여 있다는 평이다.
▶참조기사 24호 2면

영국 식민지 뉴질랜드
세계 최초로 여성에 선거권

〈1893년 뉴질랜드〉 영국의 식민지 뉴질랜드에서 세계 최초로 여성에게 선거권을 주는 법안이 통과되었다.

이번 법안은 뉴질랜드 여성들의 끈질긴 탄원에 의회가 굴복한 것이다. 8년 전 '여성 기독교인 금주(禁酒) 동맹'이 처음 여성 선거권을 주장했을 때만 해도 그들의 말에 귀기울이는 의원은 거의 없었다. 그러나 금주동맹 산하 선거권 분과를 맡고 있는 캐서린 셰퍼드가 정력적인 서명운동을 펴면서 분위기가 달라졌다. 3년 전 1만 명 서명운동으로 시작한 그녀는 해마다 1만 명씩 늘려가 올해엔 뉴질랜드 여성인구의 3분의 1에 해당하는 31,872명의 서명을 받아냈다.

의회는 이런 추세라면 대세는 이미 결정된 것으로 보고 법안을 통과시켰다.

"카리브 해가 불탄다"

쿠바 독립운동 불붙여

〈1895년 5월 쿠바=속보〉호세 마르티와 막시모 고메스가 이끄는 쿠바 반군이 쿠바 남부 산티아고데쿠바에 상륙, 스페인 식민군대와 교전중이다.

쿠바 전역에서 이 소식을 들은 독립운동가들과 흑인들이 동요하고 있어 10여 년 전의 제1차 독립전쟁 당시를 방불케 하고 있다.

'쿠바혁명단'으로 알려진 이번 반군의 지도자 호세 마르티는 스페인 식민정권 치하에서 17년형을 복역하고 미국으로 망명했던 인물로, 시인이자 화가로서 라틴아메리카 일대에서 폭넓은 존경을 받고 있는 것으로 알려졌다.

쿠바에서는 지난 1871년 '독립의 아버지'로 불리는 마누엘 데 세스페데스가 흑인 노예들과 함께 독립전쟁의 봉화를 올린 바 있었다. 이 전쟁은 10년 만에 식민정부를 굴복시켜 정치·경제의 개혁과 노예해방을 약속받았으나, 스페인은 이 약속을 위반하고 지금까지 대대적인 독립운동가 말살작업을 벌여왔다.

독일 제국주의가 간다

빌헬름 2세, 비스마르크 '현상유지' 꺾고 팽창주의로 무장

〈1890년 독일〉독일 황제 빌헬름 2세(31세)가 2년 전 즉위하면서부터 사사건건 충돌해온 재상 비스마르크(75세)를 마침내 파면했다. 표면적인 이유는 실패로 돌아간 가톨릭 교회와의 문화투쟁, 사회주의자탄압법 등 내정문제지만, 근본적으로는 비스마르크의 '현상유지' 노선이 황제의 팽창주의에 걸림돌이 됐기 때문으로 알려졌다.

이로써 지난 19년 동안 통일 독일제국의 실권자로서 독일뿐 아니라 유럽 전역에서 막강한 영향력을 행사해왔던 비스마르크의 시대가 공식적으로 막을 내렸다. 그는 강력한 지도력으로 독일을 유럽의 강국으로 이끈 뒤 '현상유지(satatus quo)'라는 철저한 현실주의 노선으로 국력의 누수를 막았다. 이 같은 바탕에서 실시한 보호관세정책은 독일 자본주의를 급성장시켜 영국에 근접시키는 위업도 이루었다.

그러나 협상과 동맹에 의한 비스마르크의 평화주의 노선을 비판해오던 제국주의자들은 독일제국의 팽창을 추구하는 빌헬름 2세의 즉위와 더불어 총공세를 펴왔다. 이들의 지지를 등에 업고 비스마르크를 제거한 빌헬름 2세는 해외시장 획득, 아프리카 진출, 해군력 강화를 밀어붙이고 있다. 이 같은 독일의 변화는 서쪽의 영국·프랑스, 동쪽의 러시아를 다 같이 긴장시키고 있어, 경우에 따라서는 독일이 고립될 수도 있는 것으로 전문가들은 내다보고 있다.

▶참조기사 20호 2면

독일 사회주의가 간다

사회민주당, '사회주의자탄압법' 꺾고 마르크스주의로 무장

〈1891년 독일〉독일 사회주의 운동이 1848년 3월 혁명 이후 가장 의미있는 승리를 거두었다. 지난해 '사회주의자탄압법(Sozialistengesetz)'의 12년 족쇄에서 벗어나 합법화된 독일 사회민주당은 최근 에르푸르트에서 당대회를 갖고 사상 최초로 순수 마르크스주의 강령을 채택했다.

'사회주의자탄압법' 폐지의 직접적인 계기는 이 법을 만든 비스마르크의 퇴진이지만, 사회민주당의 치열한 투쟁이 없었으면 결코 실현될 수 없었다는 게 중론이다. 출판금지 1200종, 추방 900명, 구금 1500명에 달하는 탄압 속에서도 사회주의자들은 순교자적 정신으로 활동을 계속했다. 기관지는 국외에서 인쇄해 국내로 교묘하게 배포했고, 당대회는 모두 국외에서 개최했다. 이 같은 노력으로 도리어 세력을 키운 사회민주당은 지난해 제국의회 선거에서 무려 142만 표(지지율 19.7퍼센트)를 획득, 35명의 의원을 국회에 내보내기까지 했다.

사회민주당은 이렇게 강력해진 세력을 바탕으로 국가사회주의적 편향의 고타강령을 폐기했다. 국가사회주의란 국가를 중립체로 보며 체제야 어쨌든 국가가 노동조직만 지원하게 되면 그것이 사회주의라는 라살레의 견해였다. 이에 대해 카우츠키와 베른슈타인이 기초한 에르푸르트강령은 마르크스주의에 입각, 자본주의 국가를 포함한 그 체제의 소멸을 사회주의 운동의 목표로 명시하고 있다. 마르크스가 사후 8년 만에 독일 사회주의 운동을 평정한 것이다.

▶참조기사 24호 2면

프랑스경찰, 노동절 시위대에 발포

아동 2명도 피살 충격…참가자들 강력 규탄

〈1891년 5월 1일 프랑스〉노동절을 맞아 시위를 벌이던 노동자 약 70명이 경찰의 발포로 죽거나 다치는 유혈사태가 발생했다. 특히 9명의 사망자 중에는 2명의 아동도 포함돼 있어 총선을 앞둔 정국이 발칵 뒤집어졌다.

마르크스의 사위인 폴 라파르그를 비롯한 시위 참가자들은 즉각적인 진상규명과 책임자 처벌을 강도 높게 촉구하고 나섰다.

5월 1일은 2년 전 제2인터내셔널이 미국노동자들의 8시간 노동쟁취 대파업을 기념해 노동절로 선포한 날이며, 유럽과 미국 전역에서 하루종일 노동자들의 시위가 끊이지 않았다.

▶참조기사 24호 1면

"거울아, 거울아! 독일에서 가장 쎈 사람은…?"

초점 ■ 인디언 보호구역의 실상

보호는 명목…죽음의 수용소 방불

인디언 보호구역은 '무늬만' 보호구역이다. 백인이 서부로 진출코자 인디언 땅을 빼앗고 이들을 더 척박한 서부로 내몰기 위한 구실일 뿐.

1763년, 카타우바족은 식민정부로부터 캐롤라이나 남부의 땅을 지정받았다. '첫' 인디언 보호구역이다. 그곳은 그러나 사냥도 농사도 불가능한 땅이었다.

1860년, 파이우트족은 치열한 전투 끝에 네바다에서 피라미드 호(湖)로 쫓겨났다. 송어로 생계를 잇던 이들은 호수마저 빼앗겼다. 여성 전사 사라 위네무카는 "우리가 판 운하를 빼

백인 서부진출 걸림돌 제거장치 불과

앗은 백인은 대신 집을 지어준다 했지만 정부지원금 2만 5천 달러는 누군가 '몽땅 꿀꺽' 했다"고 고발했다.

1870년대, 수족의 영웅적 추장 '붉은 구름'은 "보호구역에 갇힌 채, 우리 오랜 전통과 관습은 죽어가고 희망은 보이지 않는다"라며 한탄했다. 사냥터를 빼앗은 백인은 식량과 가축

오랜 삶의 터전을 잃고 척박한 서부로 밀려난 인디언들. 인디언 보호구역은 분노의 땅이 되고 있다.

을 주겠다 했지만 식량은 턱없이 부족했고 가축은 오지 않았다. '인디언 사무국' 직원의 횡령 탓이다.

이런 상황에서 예언가의 등장은 어쩌면 필연이었다. 파이우트족의 예언가 와우오카는 "봄이 오면 위대한 영혼이 나타나 사냥감도 돌려주고 죽은 형제들도 살려낼 것"이라며 희망을 노래하고 있었다. '영혼의 셔츠'를 입고 영혼의 춤을 추면 백인의 총알도 비켜 지나간다는 것이었다.

타임머신

운디드니에 등장한 FBI와 장갑차

〈1973년 봄 미국〉한 무리 인디언이 71일째 초라한 묘역을 지키고 있다. '상처 입은 무릎' 운디드니. 83년 전, 수족 전사(戰士)들이 미군에 저항하다 장렬히 전사(戰死)했던 곳.

1968년 데니스 뱅크스 등이 시작한 아메리카인디언운동(AIM)의 대원으로 밝혀진 이들은 "우리 인디언은 미국내 연간소득 최저, 평균수명 최하, 자살률 최고, 알코올 중독률 최고를 기록하며 참담하게 살고 있다"고 외쳐댔다. "백인사회에 동화하거나 서서히 죽어갈 것"을 강요하는 정부의 '인디언 보호구역' 정책에 항거하는 목소리였다.

하지만 열네 살의 어린 할란 스카이조차 "총소리도 무섭지 않다"며 당당했던 이 점거는 오래 가지 못했다. 정부가 경찰, FBI, 군대, 장갑차로 철저히 진압했기 때문이다.

"영국이 독점판매하는 한 담배거부"

이란, 반영투쟁 포문

〈1891년 12월 이란〉"영국인이 독점판매하는 담배, 피울 수 없다."

영국의 아랍 지역 경제침탈이 이란 카잘 왕조에서 제동이 걸렸다. 영국인의 담배 판매를 이란인들이 전면거부하기 시작한 것이다. 담배거부 운동은 지난해 나시르 웃딘 샤(국왕)가 영국인에게 50년간 담배 재배, 판매, 수출에 대한 전권을 양도하면서 이란 민족운동의 핵심사안으로 떠올랐다.

아랍 민족주의 운동의 선구자 아프가니의 충언으로 이슬람 종교지도자 하산 쉬라지가 나시르 웃딘에게 특허권 취소를 요구했으며, 현재 상인계층 등 전(全)이란인이 전국 곳곳에서 대규모 항의집회를 열고 있다. 이에 나시르 웃딘은 영국인에게 부여했던 담

배 전매권을 철회할 계획이라는 소식이다.

한 시위 참가자는 그러나 "우리 싸움은 단순한 담배거부에 그치지 않는다"고 말하고 있다. 영국이 그간 불평등조약을 강요하고 철도부설을 이유로 각종 권리를 강탈해갔던 만큼, 담배거부 운동은 이란경제의 대영 종속화를 거부하는 상징이라는 이야기다.

한편 영국은 담배 전매권이 철회되면 다른 방식으로라도 이란경제를 뚫겠다는 입장이다. 이집트와 아프가니스탄 등지를 이미 경제적으로 지배하고 있는 영국이 이란마저도 '잡아먹겠다'는 야욕을 노골적으로 드러내고 있는 것이다.

릴리엔탈 형제 '비상'

〈1893년 독일〉사람이 하늘을 날다니! 새의 비상(飛翔)에 대해 연구해온 독일의 오토 릴리엔탈 형제가 마침내 하늘을 나는 데 성공했다. 릴리엔탈 형제는 날개 면적 14평방미터, 무게 20킬로그램의 비행체 제작에 성공, 스스로 이에 올라타 15미터를 나는 데 성공했다. 글라이더로 명명된 이 비행체는 가솔린기관과 프로펠러를 이용해 추진력을 얻고, 양력(揚力)을 이용해 위로 뜰 수 있게 만들었다. 양력은 '유체(流體)의 속도와 압력은 반비례한다'는 베르누이의 정리를 응용, 비행날개 위아래의 공기 속도 차이를 유도해 얻은 압력 차이에서 생기는 힘이다.

"땀과 여유…바로 이 기분이야" 스포츠 열풍

자전거타기-테니스 등 폭발적 인기…근로시간 단축 등도 한몫

〈1890년대 유럽〉 지난 1887년에 열린 말과 자전거의 경주는 당시 "귀족사회(말) 대 시민사회(자전거)"의 대결로 사람들의 폭발적인 관심을 끌었다. 그런데 이제 스포츠는 더이상 구경거리만은 아니다. 누구나 직접 즐길 수 있는 여가활동이 됐다.

요즘의 최고인기 스포츠는 자전거타기. '사이클로매니아(cyclomania)'란 신조어가 등장할 정도로 대단한 인기를 누리고 있다. 축구는 클럽 대항전이 생기면서 흥미를 더해가고 있고, 테니스와 크로케도 대단한 열기를 내뿜고 있다.

영국의 한 사이클로매니아는 이렇게 말한다. "자전거를 타고 바람과 같이 달릴 때의 그 기분은 이 세상 무엇과도 바꿀 수 없을 것"이라고. 스포츠가 사람들에게 사회적 속박으로부터의 해방감을 안겨주기 때문일까.

크로케 경기장에서 빨래방망이 같은 것을 휘두르던 한 여인은 이렇게

미국의 새로운 스포츠

'자유와 기회의 땅'답게 스포츠에서도 미국은 유럽과 달리 전통에 얽매이지 않은 신종 스포츠를 만들어내고 있다. 유럽인들은 낯설어하지만 미국인들은 아랑곳하지 않고 계속 새로움을 추구할 태세다.

▲농구 YMCA 체육학교 교사인 제임스 네이스미스가 1891년에 창안한 스포츠(사진). 장대에 매달린 바구니에 공을 던져넣는 단순한 게임이다. 하지만 공을 들고 뛸 수는 없으며 신체접촉도 금지된다. 겨울

철에 실내에서 할 수 있는 안전한 경기로 고안한 것이기 때문. 바구니는 과수원에서 사용하는 것을 가져다 쓴다. 그래서 명칭이 '배스킷 볼 (basket-ball)'.

▲야구 지난 1876년부터 내셔널 리그가 매년 열리고 있는 인기 절정의 프로 스포츠. 영국에서 18세기 중반에 만들어진 라운더스(소프트볼)라는 경기가 원조로 알려져 있으나 미국인들은 자신들이 독창적으로 만든 경기라고 우기고 있는 형편.

▲미식축구 유럽의 축구와 럭비를 혼합한 경기로 인명사고가 가장 잦은 스포츠. 그래서인지 미국 이외에서는 즐기지 않는다. 미국인들의 인디언에 대한 무지막지한 밀어붙이기를 연상케 하는 경기.

말한다. "지긋지긋한 코르셋을 벗어던지고 햇볕 아래 마음껏 뛰노니 가슴 속까지 후련하다." 스포츠는 여성에게는 억압된 성으로부터의 해방이기도 한 것이다.

나이 든 귀족들은 이런 현상을 두고 "세기말적 현상"이라며 한숨을 내쉰다. 하지만 지난 1871년부터 영국에서 일요일 이외에 연간 8일을 법정 공휴일로 하면서 여행붐을 조장했고,

최근에는 근로시간을 단축함으로써 여가활동을 부추기고 있다. 아무래도 스포츠 열기는 '새 세기의 대세'인 듯하다.

'해바라기'의 화가 고흐 자살

〈1890년 네덜란드〉 화폭 속의 모든 실체가 마치 살아 꿈틀대는 듯한 독특한 붓의 터치로 유명한 화가 빈센트 반 고흐가 자살로써 생을 마감했다.

후기 인상파로 분류되는 그는 화단과 평론가들의 주목을 거의 받지 못한 불우한 일생을 보냈다.

하지만 그가 죽은 뒤 오히려 그의 독특한 화풍에 대한 재평가가 조심스레 일고 있다.

고흐 자화상 속에 웬 일본화

고흐가 왕성한 창작의욕을 불태울 때인 1887년에 그린 자화상. 그런데 뒷배경에 기모노를 입은 일본여인이 묘사된 것이 보인다. 이것은 우연이 아니다. 1860년대부터 인상파 화가들 사이에 일본그림인 우키요에가 유행했다. 그들은 유럽의 전통적 시각

(angle)과 전혀 다른 각도에서 사물을 바라보는 일본화가들로부터 신선한 충격을 받았다고 한다.

갤러리 ■

뭉크 〈절규〉

뭉크(노르웨이·30세)의 그림은 음산하다. 쇼펜하우어의 염세주의 철학을 그림으로 보는 느낌. 뭉크는 "삶, 사랑, 죽음에 대한 시적 의사소통을 목표로 그렸다"고 한다. 아마도 삶의 절망, 사랑의 결핍, 죽음의 공포인 듯. 휘황찬란한 산업과 쭉쭉 뻗어나가는 제국주의가 위력을 뽐내는 요즘 유럽에서 이런 감성이 뿜어져나오다니! 1893년 작.

internet 세계사여행

▶운디드니의 대학살(1890) http://www-personal.umich.edu/~jamarcus/ammmy.html ▶운디드니의 대학살(1973) http://www.dickshovel.com/lsa7.html
▶아메리카 인디언 링크 http://www.ilt.columbia.edu/k12/naha/nanav.html
▶FIFA 뮤지엄 컬렉션 http://www.fifamc.com/ 국제축구연맹 보관 축구 관련기록 및 사진

3권 26호 1894—1896

[청일전쟁]

세계사 신문

지금 한반도에선

1894년/ 갑오경장
최초의 반일 의병 서상철, 안동서 봉기
1896년/ 독립협회 설립

조선 농민봉기군 전주성 점령

조정선 청에 원군요청

〈1894년 4월 27일 전주〉 조선 호남지방의 관문인 전주성이 농민봉기군에게 함락됐다. 전봉준을 지도자로 하는 농민봉기군은 부패한 관리들에 대한 처벌은 물론 신분제 폐지와 토지의 균등한 분배를 요구하고 있다. 이는 왕조 자체를 뒤흔드는 사회변혁 운동으로 왕실을 초긴장상태로 몰아넣고 있다.

농민들은 지난 1월 고부지방에서 봉기한 이래 3개월여 동안 호남지방 일대를 휘젓고 다니며 부패한 관리들을 응징하는 한편 농민에 대한 선전을 통해 봉기군을 늘려왔다.

한편 정국을 장악하고 있는 민씨 일파는 농민군의 서울 진격 소문에 허둥대며 청에 원군을 요청하는 등 비상상황에 돌입했다.

일본 웃고 청 울고 조선은 피멍

일본, 동학농민봉기 빌미로 청과 전투서 완승

동아시아 새 맹주로 발돋움

〈1895년 2월 11일 중국〉 청이 조선에 대한 종주권을 지키고 동아시아의 강국으로 남을 것인가, 일본이 조선을 탈취해 새로운 지역 맹주로 발돋움할 것인가를 놓고 이목을 집중시켜온 전쟁이 막을 내렸다. 승부처는 사상 최초의 증기기관 함대간 격돌로 관심을 모은 해전이었으며, 오늘 요동반도에서 청군이 무조건 항복함으로써 일본의 완승으로 끝났다.

정여창 제독이 이끄는 14척의 북양함대와 이토 중장이 이끄는 12척의 연합함대는 작년 9월 17일 황해상에서 충돌, 여섯 시간의 혈전을 벌였다. 여기서 북양함대는 초용호·치원호 등 세 척을 잃고 요동반도로 철수했으며, 기세가 오른 일본은 중국의 해안과 내륙으로의 진격을 감행했다. 지난 1월 30일부터 위해위를 공격하기 시작한 연합함대는 기선(旗船)인 정원호를 비롯, 적함을 잇따라 침몰시키고 정여창이 자살한 북양함대와 위해위를 접수했다.

이번 전쟁의 계기는 작년 조선에서 일어난 동학농민의 봉기였다. 농민군이 전주성을 점령하자 위기의식을 느낀 조선정부가 청에 지원군을 요청했고, 일본정부가 조선에 대한 자국이익의 수호를 내세워 군대를 파견하자 사태는 엉뚱하게 확산됐다. 농민군은 곧 진압됐으나, 이 기회에 청과 승부를 가를 속셈이던 일본이 7월 조선 중부의 풍도 앞바다와 성환에서 청군을 공격하면서 전쟁을 도발했다.

패전의 비보를 접한 북경은 책임소재를 둘러싼 내홍에 휩싸인 반면, 일본 열도는 동경에 수만 군중이 집결해 "천황 만세"를 외치는 등 열광의 도가니다. 한편, 러시아의 남하를 견제하기 위해 일본을 지원하던 영국은 환영 속에 사태를 주시하고 있고 청은 러시아의 개입을 요청할 움직임을 보이고 있어 향후 한반도에서는 일본의 주도 아래 더욱 뜨거운 열강의 이권게임이 펼쳐질 것으로 보인다.

"보다 빠르게, 보다 높게, 보다 강하게"

제1회 근대올림픽 아테네서 열려

〈1896년 4월 그리스〉 그리스 수도 아테네의 판아테나익 스타디움. 6만의 관중이 운집한 가운데 팡파레가 울려퍼지고 새로운 국제대회의 시작이 선언됐다. 393년을 끝으로 1500년 동안 중단됐던 고대 그리스의 올림픽 경기가 국제적 제전이 되어 다시 열리게 된 것이다.

축제분위기의 식전 행사가 끝나자 그리스 선수단을 필두로 프랑스, 영국, 헝가리 등 13개국 311명의 선수들이 스타디움에 입장, 간단한 개막식을 가졌다. 선수들은 오늘부터 열흘 동안 육상, 사이클, 수영, 체조, 역도, 레슬링, 펜싱, 사격, 테니스, 마라톤 10개 종목에서 메달 경쟁을 하게 된다. 개막 첫 경기는 100미터 달리기 예선전.

올림픽은 무엇보다도 프랑스의 교육가 피에르 쿠베르탱 남작(33세)의 노력으로 부활의 빛을 보게 됐다. 쿠베르탱은 "스포츠는 청소년의 희망이며 세계평화의 지름길"이라며 1894년

세계 평화의 잔치로 부활한 아테네 올림픽 개막식 장면.

국제올림픽위원회(IOC) 설립을 주도, 금년의 제1회 올림픽 개최를 성사시켰다.

"보다 빠르게(Citius), 보다 높게(Altius), 보다 강하게(Fortius)"를 표어로 하고 "승리자가 되기보다 정정당당히 최선을 다한다"는 정신을 이상으로 삼는 올림픽은 앞으로 4년마다 열리게 된다. 2회 대회는 1900년 프랑스 파리에서 개최될 예정.

긴급조명 ■ 일본은 어떻게 용이 되었나

제국주의 세례자에서 집행자로 맹렬한 변신

"아시아는 우리 몫" 산업화-군비확장 동시진행

지난 1891년 청의 북양함대가 일본을 친선 방문했을 때 일본의 충격은 대단했다. 200발의 포탄을 맞아도 끄떡없다는 기선 정원호의 위용 앞에서 이토 히로부미는 속으로 이렇게 외쳤다. '북양함대를 넘어서지 않고 탈아(脫亞)는 불가능하다!'

'탈아론'은 후쿠자와 유키치가 주창한 것으로, 서구화를 가속화해 "아시아를 벗어나야 한다"는 내용이다. 일본은 이를 위해 유럽식 입헌 의회 체제를 완비하고 산업화에 박차를 가해왔다.

그러나 일본의 탈아에는 많은 장애가 따랐다. 국내에서는 민중들의 광범위한 반서구화 저항이 있었다. 국외에서는 제국주의로 변신한 서구 각국이 닥치는 대로 아시아 각국을 독점해버려 일본 자본주의의 발전을 위한 시장이 남아나지 않고 있었다.

일본이 열강의 대열에 끼려면 내정개혁도 내정개혁이지만 군사력에 의존한 식민지 쟁탈전에 뛰어드는 길밖에 없었다. 이 길에서 청은 반드시 무너뜨려야 할 장애였다. 지난 몇 년간 급속한 군비확장에 매달려온 일본은 갑오 농민봉기를 계기로 청이 조선에 파병하자 내심 쾌재를 올렸고 시끄러운 의회를 해산한 채 사활을 걸고 전쟁 승리를 향해 돌진한 것이다.

크게 보면 청이 거대한 과거의 유산을 쉽게 떨쳐버리지 못하고 개혁과 수구의 기로에서 헤매는 동안, 일본은 바쿠후 체제를 가볍게 던져버리고 서구화에 매진한 데 원인이 있을 것이다. 그러나 서구화가 가지는 긍정적인 의미를 무시한 채 대외침략에만 의존해 '아시아를 벗어난' 일본이 아시아민중에게 결코 바람직한 모범은 아닐 듯싶다.

미국계 이주민들 "미국과 합병" 하와이 전복

〈1894년 7월 4일 하와이〉 태평양 한복판의 하와이 왕국에서 이상한 '혁명'이 일어났다. 하와이국민 대부분의 지지를 받는 릴리우오칼라니 여왕을 미국계 이주민들이 강제로 퇴위시키고 미국 독립기념일인 오늘 '하와이 공화국'의 수립을 선포한 것이다.

이번 '공화제 혁명'을 주도한 세력은 하와이에서의 농장경영과 무역 활동의 이익을 위해 미국과의 합병을 추진해오던 이른바 '합병클럽'이다. 작년 1월, 릴리우오칼라니 여왕과 민족주의 세력이 이 같은 시도에 저항하자, 이들은 미국 순양함 보스턴 호가 호놀룰루 만에서 무력시위를 하는 가운데 전격적으로 이올라니 궁을 점령하고 하와이 왕국을 전복해버렸다.

파인애플 농장의 소유주로 '혁명정부'를 이끌고 있는 샌퍼드 돌(Dole)은 매킨리 미국 대통령에게 신속한 합병을 간청했다는 후문이다.

흥중회를 결성할 당시 손문은 하와이에서 의학공부를 하고 있었다. 사진은 손문(왼쪽에서 두 번째)과 의과대학 동창생들.

"낡고 병든 청제국으론 안 된다"
손문, 서구적 민주국가 표방 대중봉기 주도

〈1895년 10월 중국〉 "양무도 변법도 비켜라. 문제는 구체제의 완전한 타도다." 이 같은 기치 아래 중국 사상 최초로 서구적 민주국가 건설을 목표로 한 대중봉기가 광주에서 일어났다. 손문(29세)이 이끄는 비밀결사 '흥중회(興中會)'와 정사량이 이끄는 국내 반청 무장조직 '삼합회(三合會)'의 주도 아래 시내를 꽉 메운 광주민중 수천 명은 "청조 타도" "민주적 혁명정부 결성"을 외쳤다.

충격을 받은 청정부는 즉각 병력을 동원해 시위 군중을 해산시키고 손문을 비롯한 흥중회 지도부 검거에 나섰지만, 손문은 광주를 빠져나가 일본으로 망명한 것으로 알려졌다.

손문은 하와이 유학중 서구의 발전된 문물을 접하는 한편 청일전쟁을 지켜보며 낡고 병든 청제국의 타도를 결심, 교민들을 규합해 흥중회를 결성했다. 패전 후 홍콩과 광주 일대로 확산된 흥중회는 국내 각 반청조직과 연대하면서 그 세력이 급속히 확대돼왔다.

▶참조기사 24호 1면

에티오피아, 이탈리아군 격파… 유럽 팽창에 일격

〈1896년 3월 1일 에티오피아=속보〉 에티오피아군이 아도와에서 이탈리아 침략군을 물리치고 팽창하던 유럽 제국주의에 일격을 가했다.

에티오피아군은 어젯밤 바라티에리 장군이 지휘하는 1만 6천 이탈리아군을 기습, 절반에 가까운 7천 명을 살해했다.

리소르지멘토(이탈리아 통일운동) 당시 전체 희생수보다 많은 사망자를 낸 이번 참패는 이탈리아뿐 아니라 유럽 전역에 큰 충격으로 받아들여지고 있다.

미니 타임머신

100년 걸린 사과

"미국은 하와이 왕국을 불법적으로 전복한 것을 사과하며 하와이인민의 고유한 주권과 자결권을 인정합니다." 1993년 11월 23일 미국의회가 택한 결의안의 내용이다. 그리고 1999년 가을 하와이에서는 독립을 논의하기 위한 '민족의회'가 열릴 예정이다. 아름다운 와이키키 해변, 낭만적인 알로하오에 노래와 훌라 춤의 이미지로만 하와이를 알고 있던 많은 사람들에게는 낯선 얘기다.

그러나 관광낙원 하와이의 이면에는 강제로 주권을 빼앗긴 하와이 원주민들의 눈물과 한숨이 자리잡고 있다. 매킨리 대통령이 의회의 비준도 거치지 않은 채 하와이를 합병한 지 1세기 만에 공론화된 하와이 독립문제. 아시아와 미국 사이에 위치한 하와이가 참다운 동서양의 교차로로 거듭나는 계기가 돼야 할 것이다.

"아! 조선이여 왕비여"

일본폭도들 경복궁 난입 민비시해 참극

〈1895년 8월 20일 서울〉 조용한 아침의 나라 조선의 왕비가 닛본도(日本刀)로 무장한 일본군인들과 낭인들의 습격을 받아 살해되는 상상도 못할 폭거가 발생했다.

오늘 새벽 5시경 일본공사관 수비대의 지휘 아래 30여 명의 낭인들이 경복궁을 급습했다. 폭도들은 지휘관 오카모토의 "여우를 베어버려라"는 호령과 함께 일제히 왕비 침전인 건청궁으로 난입했다. 혼란한 와중에 왕비는 흰 속적삼과 속치마만 입은 상태로 살해됐고 폭도들은 경복궁 뒤뜰 녹원으로 시신을 옮겨 석유를 붓고 불에 태워버렸다.

조선정국이 발칵 뒤집힌 가운데 일본이 왜 이렇게 뻔뻔스러운 만행을 저질렀는가에 대한 해석이 구구하다. 정가에서는 최근 민비가 친러시아로 기울자 일본은 조선에서의 기득권을 일거에 빼앗겨버릴 것을 우려한 나머지 이성을 잃은 폭거라고 분석하고 있다.

한편 이번 사건에는 왕비와 사사건건 마찰을 빚어온 시아버지 대원군이 개입한 것으로 드러났다. 일본공사 미우라는 이미 대원군과 접촉, 왕비를 제거하고 그를 실권자로 앉혀주겠다는 약속을 한 것으로 알려졌다. 그러나 이런 식으로 친일적인 정부를 구성해봤자 주변 강대국들의 견제는 물론 일반대중들의 저항감으로 결코 오래 가지는 못할 것이라는 게 정가의 대체적인 여론이다.

기자방담 ■ 조선은 지금 어디로 가고 있나

"국가 구조조정보다는 정권유지에 급급"

1896년 2월 11일 새벽, 국왕 고종이 새벽에 궁궐을 탈출해 정동에 있는 러시아 대사관으로 피신하는 웃지못할 사태(아관파천)가 발생했다. 지난 94년의 갑오 농민봉기 이래 조선은 하루도 편할 날이 없는 대격변을 겪고 있다. 기자방담을 통해 사태의 배경에 있는 시대의 흐름을 짚어봤다.

김 기자 아관파천은 외국사람들에게 얼굴 들기도 힘든, 참으로 창피한 일이다. 하지만 작년에 왕비가 비명횡사한 사건이 그의 머리를 떠나지 않았을 것이니 이해 못할 바도 아니다. 실제로 국왕은 작년 사건 이후 궁궐에 밤새 불을 켜놓도록 할 정도로 불안해했다고 한다.

박 기자 왕비는 친러파로 기울면서 일본으로부터 보복을 당했다. 그러고 보면 왕비는 처음 개항 때는 일본과 손잡았고, 갑신정변과 갑오 농민봉기 때는 청군을 끌어들이고, 청일전쟁 이후에는 러시아 손을 빌리는 갈짓자 행마를 해왔다.

최 기자 왕비 나름으로는 치밀한 계산이 있지 않았을까. 개항 당시에는 낯선 서양보다는 그래도 이웃 일본을 통해서 개화하는 것이 낫다고 생각했다. 그런데 임오군란을 기점으로 일본식 개화에 대한 백성들의 반감이 커지자 파트너를 청으로 바꿨다. 그러나 대국 청이 일본과의 전쟁에서 맥없이 무너졌다. 이때 일본은 자신이 점령한 요동반도를 러시아, 독일, 프랑스의 압력으로 다시 내놓게 된다. 이를 본 왕비는 러시아에 희망을 갖게 되었던 것이다.

진 기자 외교노선이 그렇게 오락가락하는 가운데 94년부터 진행돼온 근대화 개혁이 그 본뜻은 좋음에도 백성들로부터 철저하게 외면받은 것은 아쉬운 일이다. 왕비를 죽인 일본이 앞장서서 백성들에게 강제로 머리칼을 자르라고 하니 그 누군들 반항하지 않겠나.

이 기자 단발령이 개화정책의 핵심이 아닌데도 위로부터 강제로 하려니까 오해가 빚어지는 것이다. 지난 농민봉기 때 농민들도 "신분제를 철폐하라. 과부의 재가를 허용하라"고 요구했다. 이런 농민들의 요구를 들어주는 수순을 밟았더라면 문제가 없었을 텐데….

박 기자 하지만 뒤늦게 개화를 하는 나라들, 이를테면 오스만 투르크, 청, 일본 등이 모두 위로부터의 개화를 하는 추세임을 인정해야 하지 않을까. 다만 자기 중심을 확고히 하지 않은 채 외세에만 전적으로 의존해 정권부터 유지하고 보자는 위정자들의 태도가 문제다.

중국 각지에서 반기독교 테러

〈1896년 중국〉 최근 강소성에서 기독교 교회를 공격한 13명의 대도회(大刀會) 무리가 체포되는 등 전국 각지에서 서양인 기독교 선교사들에 대한 테러가 빈발하고 있다.

대도회는 돼지를 십자가에 묶어놓고 활로 쏴 죽이는 것으로 밝혀졌다. 예수를 가리키는 말인 '쭈(主)'의 발음이 돼지 '쭈(猪)'자와 발음과 같기 때문이라고 한다.

대도회와 같은 민간 테러조직이 활개를 치는 것은 청이 프랑스와의 전쟁에서 패한 뒤 서구 열강들이 앞다퉈 중국 내륙으로 진출하는 데 따른 민족적 저항인 것으로 풀이된다.

프랑스, '드레퓌스 사건'으로 떠들썩

〈1894년 12월 파리〉 간첩행위로 재판을 받아온 육군정보부 소속 드레퓌스 대위에게 마침내 종신형이 선고됐다. 그러나 그의 유무죄에 대한 논란은 판결과 상관없이 계속되고 있다.

사건은 지난 10월 프랑스 정보요원이 독일 대사관에서 간첩이 작성한 것으로 보이는 정보문서를 빼내면서 시작됐다. 정보부는 이 문서의 작성자로 드레퓌스 대위를 지목했다. 언론도 일제히 드레퓌스를 유죄로 몰아갔다.

그러나 드레퓌스의 변호인은 재판부가 그가 유대인이라는 이유로 유죄의 예단을 가졌다고 주장한다. 일부에서는 "이성을 잃은 민족주의가 한 개인의 삶을 짓밟았다"며 우려했다.

세계사 신문

"화면 속 사진이 움직인다"
뤼미에르 형제, 영화 발명

뤼미에르 형제의 영화 〈아기의 식사〉의 한 장면.

〈1895년 12월 28일 프랑스〉 산더미 같은 파도가 덮쳐오고 있었다. 로베르(23세·가명)는 반사적으로 고개를 숙이고 두 팔로 머리를 감쌌다. 순간적으로 머리가 아득해지고 아무 생각도 할 수 없었다. 잠시 후 고개를 든 로베르에게는 그러나 아무 일도 일어나지 않았다. "아참, 이것은 실제가 아니라 영화지!" 겸연쩍게 웃으며 옆을 보니 모두들 같은 표정이다.

프랑스의 발명가 오귀스트 뤼미에르(33세)와 루이 뤼미에르(31세) 형제가 오늘, 전혀 새로운 타입의 대중예술, 영화(cinema)를 선보였다. 파리

'그랑 카페'의 인디언 살롱에서 상영된 〈바다〉〈열차 도착〉이라는 1분짜리 영화들이다. 1프랑을 내고 이를 본 관객은 33명. 움직임을 뜻하는 그리스어 키네마(kinema)처럼 평평한 화면에서 사람, 자동차, 마차, 기차, 배, 구름, 파도 따위들이 생생하게 살아 움직인다. 사람들은 깜짝깜짝 놀라면서도 이를 보려고 관람료를 내는 것이다.

화면 속 사람 등을 '살아 움직이게 하는 마법'의 비밀은 그러나 의외로 간단하다. 어떤 사물을 보고 난 뒤에 아주 잠깐 그 상이 남아 있는 잔상(殘

像) 현상을 이용한 것이다. 하나하나의 움직임을 찍은 정지된 사진을 1초에 24장씩 화면에 투영(投影)하면 사람의 눈이 이를 연속된 움직임으로 느낀다는 원리다.

1889년 미국의 토머스 에디슨(48세)이 이 같은 원리를 이용, 연속된

동작을 볼 수 있는 키네토스코프를 발명했으며 뤼미에르 형제는 혼자 보는 키네토스코프를 발전시켜 시네마토그래프라는 촬영기와 영사기를 발명, 대중이 같이 즐길 수 있는 영화를 창조한 것이다.

화제 ■ 잇단 스캔들의 작가 오스카 와일드

"예술은 예술 그 자체일 뿐"

"스포츠의 기본은 좋은 자세로부터"

올림픽의 100미터 예선전 광경. 왼쪽에서 두 번째 선수(미국)를 주목하시라! 독특한 출발자세 덕분에 1위로 골인! IOC는 앞으로 이를 100미터 달리기의 공식 자세로 정할 움직임이다.

〈1892년 영국〉 예술은 현실과 어떤 관계에 있어야 하는가? 최근 소설을 놓고 "무책임하며 부도덕하다"는 비난조 평론이 나오는가 하면 리허설중이던 연극의 공연이 금지되는 등 문화계에 평지풍파가 예상되고 있다. 특히 문제는 아일랜드 작가 오스카 와일드의 작품들.

영국정부는 최근 와일드가 무대에 올리려 했던 〈살로메〉에 대해 "변태적 내용에 성서의 인물이 등장한다"는 이유로 공연금지 조치를 내렸다. 지난해에는 와일드의 신작소설 〈도리언 그레이의 초상〉이 "너무 부도덕하다"는 비난을 받은 바 있다. 더구나

지난해 그는 앨프레드 더글러스라는 귀족청년과 동성애에 빠진 일로 피소, 현재 재판중이어서 "삶이 저러하니 작품도 그렇지"라는 비난을 모면하기 힘든 상태다. 와일드는 하지만 이에 "예술을 모르는 무식함의 소치" "예술작품은 현실이 아니며, 따라서 도덕적일 이유가 없다"며 흥분한다. 과거 예술은 디포의 〈로빈슨 크루소〉처럼 교육적 내용이거나 혁명기 작품들처럼 혁명에 이용돼왔으나 이제는 예술을 그 자체, 예술 자체의 아름다움으로만 보아야 한다는 항변이다. 1830년대에 등장했던 탐미주의, 즉 '예술을 위한 예술' 운동이 부활하고 있는 것이다.

"뼈를 볼 수 있다" 뢴트겐, X선 발견

〈1895년 독일〉 "끼아악, 내 손을 어떻게 했기에 이렇게 뼈만 남았어요?" 독일 물리학자 뢴트겐(50세)의 아내가 괴성을 질러댔다. 뼈만 찍을 수 있는 특수한

방사선을 발견하는 순간이다.

뢴트겐은 진공 방전을 실험하다 기존 광선보다 투과력이 훨씬 크며 쉽게 굽거나 굴절하지 않는 성질이 있는 이 방사선을 발견했다.

뢴트겐은 이 정체불명의 방사선을 우선 'X선'이라 이름붙였다. 의학계에서 골격이상의 진단에 유용하게 쓰일 수 있을 것으로 보인다.

---

internet 세계사 여행

▶일본역사 링크 http://web.uccs.edu/~history/index/japan.html 세계 각 대학 일본사, 일본문화 관련사이트들 연결 ▶인터넷 영화 데이터베이스 http://www.imdb.com/ 총 17만여 영화와 작가, 제작자 일체 검색 가능 ▶하와이의 역사와 문화 http://www.bishopmuseum.org/research/nwhi/history.shtml ▶이탈리아 역사 http://www.lupinfo.com/encyclopedia/categories/ithistbio.html 이탈리아 역사에 관한 종합 백과 사전 ▶뢴트겐과 X선 http://www.softcode.com/X__ray.html

[중국 개혁 운동]

세계사 신문

"중국 개혁 갈수록 꼬인다"

권력내 암투 등으로 '변법자강' 무산…서태후, 개혁조치 폐기처분

〈1898년(무술년) 중국〉 젊은 황제 광서제(27세)가 '변법자강'의 기수들과 손을 잡고 추진하던 중국판 메이지 유신이 100일 만에 좌절됐다. 개혁을 지원하기로 약속했던 직예안찰사 원세개(39세)가 태도를 바꿔 북양군벌을 이끌고 북경으로 난입, 변법 주체들을 공격하기 시작한 것이다.

대중의 지지나 군사적 기반을 확보하지 못했던 강유위(40세·사진)·양계초(25세) 등 변법 지도층은 속수무책으로 권좌에서 밀려나 일본으로 망명하고, 끝까지 저항하던 담사동(33세)은 체포돼 사형에 처해졌다. 돌아온 서태후(63세)는 아들인 광서제를 자금성에 유폐하고 모든 개혁정책을 폐기했으며 제국의 수구노선을 한층 노골화했다.

이번 '변법자강'은 광서제의 스승 옹동화가 강유위의 상소를 받아 황제에게 추천하면서 그 봉화가 올랐다. 이홍장(75세) 같은 관료층의 양무파와 서태후 세력의 수구파를 모두 비판하고 메이지 유신처럼 황제가 헌법의 틀 위에서 직접 개혁정치를 펴야 한다는 변법파의 주장은 이모의 그늘에서 벗어나려는 광서제의 입맛에 꼭 맞았다. 짧은 시간이었지만 변법 정권은 입헌군주국 수립에 초점을 맞추고 헌법제정·국회개설·과거제 혁파 및 서양식 학교 설립·산업의 보호육성 등 개혁정책을 내걸었다. 이 개혁으로 정치적 기반을 잠식당할 것을 우려한 수구세력은 광서제가 부패관리 척결의 포고를 내리면서 파멸의 위기에 처하자 다급히 원세개를 설득, 대대적인 반격에 나선 것이다.

일본에서 이번 정변 소식을 접한 손문(32세)은 "중국이 기존의 국체를 유지하면서 시대에 적응할 수 있는 마지막 기회를 잃었다"고 평가하면서 "이제 중국이 살 길은 혁명뿐"이라며 결의를 다지고 있는 것으로 알려졌다.

▶참조기사 26호 2면

미국-스페인 전쟁

〈1898년 5월 필리핀〉 지난 4월 쿠바에서 충돌한 미국-스페인 전쟁이 태평양 건너 필리핀으로까지 번지고 있다. 쿠바에서의 전투는 싱거웠다. 지난 2월 쿠바 아바나 항에 정박해 있던 미국함선 메인 호가 원인모를 사고로 침몰하자 미국이 이를 스페인의 음모로 규정하면서 발단이 됐다. 스페인은 미국의 자작극이라고 항변했지만 지리적으로 멀리 떨어진 스페인은 미국의 상대가 되지 못했다. 미국은 이번 기회에 스페인 식민지를 모두 빼앗고 제국주의 강국 대열에 오르겠다는 의도로 필리핀에 대한 전면공격을 감행하고 있다.

▶참조기사 25호 2면

영국, 남아프리카에서 놀라운 식욕 과시

금광 채굴권 거부하자 트란스발에 아예 선전포고

남아프리카를 공격하고 있는 영국군.

〈1899년 12월 남아프리카〉 제국주의 영국이 남아프리카를 통째로 집어삼키려 하고 있다.

영국의 케이프 식민지 장관 알프레드 밀너는 지난 10월 보어인의 트란스발(남아프리카공화국)과 오렌지 자유국에 대해 선전포고했다. 밀너는 그러나 영국군이 현지사정에 어두운 데다 원주민들의 반발로 두 달 동안 열세를 면치 못하자 최근 "이를 뒤집기 위해 병력을 대폭 증강하겠다"고 발표했다. 병력을 50만으로 증강시켜 총인구 55만에 군병력 8만여의 양국을 '완전 박살낸다'는 전략이다.

영국이 많은 희생을 무릅쓰고 이같이 남아프리카에 집착하는 이유는 이 지역의 금광과 다이아몬드 광산을 차지하려는 야욕 때문이다.

1870년을 전후해 발견된 트란스발의 금광과 오렌지 자유국의 다이아몬드 광산은 세계 최대 규모인 만큼 영국의 국제경제 주도권을 유지해줄 주요 기초가 된다는 것이다. 이에 영국은 광산 채굴권을 요구했으나 트란스발의 파울 크뤼거 대통령이 이를 거부하자 아예 양국을 식민지화할 것을 결정했었다.

▶참조기사 24호 1면

사설 ■

서구 열강의 식민지 탐욕과 암울한 세기말

미국의 유명한 문필가인 조시아 스트롱(Josiah Strong)은 얼마 전 그의 베스트 셀러 〈우리나라(Our Country)〉에서 이렇게 말했다. "힘이 넘치는 우리나라는 멕시코, 중남미 그리고 아프리카 대륙과 그 너머까지 뻗어나갈 것이다." 과연 그의 말대로 미국은 태평양 건너 필리핀까지 진출하고 있다.

그가 이렇게 자신감에 넘쳐 주장하는 근거는 무엇일까. 그 스스로 말한다. "여러 민족간 경쟁의 결말은 오직 '최적자'의 생존이란 것을 의심할 사람이 있겠는가?" 아마도 현재 아프리카와 아시아 각지에서 식민지 획득에 여념이 없는 유럽 국가들 대부분이 이러한 '다윈주의'를 근거로 자신들의 행위를 정당화시키고 있을 것이다.

이러한 다윈주의적 정당화 논리는 그럴 듯해 보이지만 실은 모래 위에 세워진 탑처럼 위태로운 것이다. 자연계에서는 열등한 종이 스스로 도태된다. 그런데 지금 세계 각지의 식민지들이 스스로 도태돼가고 있는가? 중국인들의 태평천국 봉기에 이은 의화단 투쟁, 인도인들의 세포이 봉기에 이은 국민회의 투쟁, 아프리카 이집트와 수단민중들의 제국주의자들에 대한 강력한 저항을 유럽인들 자신이 목격하고 있지 않은가.

제국주의는 최적자를 위한 생존경쟁이 아니다. 오히려 반대로 역사의 최적자를 위한 경쟁을 파괴하고 교란시키는 역행행위이다. 오늘날 유럽문명이 중국문명이나 인도문명과 대등한 조건에서 경쟁하고 있다고 말할 수 있는가? 유럽인들은 혹시 자연계에는 약육강식의 법칙이 있다고 강변할지 모른다. 하지만 사슴은 사자를 향해 투쟁하지 않지만 인류는 부당한 침략에 대해 목숨을 걸고 투쟁한다.

유럽인들은 섣부른 진화론으로 자신의 제국주의 야욕을 포장해서는 안 된다. 오늘날 유럽문명은 산업혁명과 시민혁명을 통해 인류의 삶을 일찍이 경험해보지 못한 수준으로 끌어올렸다. 그 혁혁한 공을 제국주의의 피로 적셔 반감시키는 우둔한 일을 즉각 중지해야 한다.

수단 마흐디 정권 장렬한 최후

〈1898년 9월 수단〉 키치너 장군이 이끄는 영국·이집트 연합군이 수단의 수도 하르툼을 점령했다. 이로써 지난 14년 동안 제국주의 침략에 맞서온 수단의 마흐디 정권은 붕괴됐다.

하르툼 외곽 옴두르 만에서 격돌한 양측은 치열한 접전을 펼쳤으나 영국 창기병의 용맹과 멕심 대포 등 우월한 무기에 마흐디군은 1만여 전사자를 낸 채 장렬한 최후를 맞았다.

수단의 함락으로 이제 아프리카에는 식민지가 되지 않은 곳이 거의 없게 됐다. 수단 함락은 아프리카 대륙 전체의 식민지화를 애도하는 조종으로 울리는 듯하다. ▶참조기사 22호 2면

"더이상 전쟁은 그만" 헤이그서 만국평화회의

국제중재재판소 설치 등 합의…실질적 기능 여부는 미지수

〈1899년 네덜란드〉 러시아 황제 니콜라이 2세의 제안으로 26개국 대표가 참가한 가운데 열린 만국평화회의가 별성과 없이 폐회됐다.

회의는 세계 각지에서 벌어지고 있는 무력분쟁을 해결하기 위해 참여국가들의 군사력 감축을 논의했으나 합의에 이르지 못했다. 특히 독일이 극력 반대했다.

그러나 참여국가들 사이에 국경분쟁 등이 발생했을 때 이를 해결하기 위한 중립적인 중재재판소를 설치하는 데는 합의했다. 이 국제중재재판소는 헤이그에 설치될 예정이다. 하지만

사진은 내년 준공예정인 국제중재재판소. 오른쪽은 만국평화회의를 주도한 니콜라이 2세.

판결에 대한 강제력을 갖추고 있지는 않아 효력을 발휘할지는 미지수다.

니콜라이 2세는 자국의 대외팽창이 유럽 각국 및 일본에 의해 저지당하는 상황을 원만하게 해결하기 위해 이번 회의를 소집했다. 따라서 회의는 애초부터 한계를 지니고 있었다.

앞으로 필요할 때 다시 회의를 소집하기로 했지만 서구 국가들의 아귀다툼을 말릴 길은 쉽지 않아 보인다.

 타임머신   수단 남북내전, 제국주의가 남긴 유산

수단은 대표적인 빈곤국이다. 팔다리와 가슴뼈가 마른 나뭇가지처럼 앙상하고, 단백질 부족증으로 배만 볼록 튀어나온 어린아이 모습이 20세기 수단을 상징한다.

이는 수단에 자원이 없거나 산업이 낙후되었기 때문만은 아니다. 지난 1960년대 이래 그칠 줄 모르고 계속되는 남북내전이 참상의 근본원인이다. UN 등이 구호물자를 대량으로 갖다 줘도 상황이 나아지지 않는 것도 내전으로 인해 물자가 주민들에게 전달되지 않기 때문이다.

다 굶어 죽어가는 마당에 왜 내전을 그치지 않는 걸까. 바로 영국 식민통치가 남긴 뿌리깊은 유산 때문이다. 1899년 마흐디 운동을 진압한 영국은 이후 정책의 초점을 마흐디 운동 근절에 집중한다. 마흐디 운동이 종교와 부족에 구애받지 않는 전체 수단인의 단결을 목표로 했기 때문에 식민정책은 이에 정반대 방향을 취했다. '자치'라는 이름 아래 북부인에게는 이슬람교를 장려하며 아랍인 의식을 심어주고, 남부인들에게는 기독교를 전파하며 북부 아랍인과는 다르다는 흑인의식을 심어준다. 남북 각 내부에 대해서도 부족장들에게 전근대적 특권을 유지시켜줌으로써 민족 단위로의 결집을 철저하게 막았다.

그 결과 수단인들은 근대적인 민족의식을 키울 기회를 갖지 못했고 오늘날까지도 전근대적인 부족의식이 기승을 부리고 있는 것이다. 따라서 수단인에게는 구호물자보다도 근대적 민족의식이 더 시급하다.

중국에 태평천국 이래 최대 농민봉기

"청을 받들고 양이(洋夷)를 멸한다" 외치며 대대적인 외국인 공격

〈1899년 중국〉 '위로부터의 개혁'인 무술변법(변법자강)이 실패로 돌아가자 '아래로부터의 혁명적 사태'가 중국을 휩쓸고 있다. 기독교회와 외국인을 닥치는 대로 습격하는 농민봉기가 화북 지방을 강타, 중국 주재 서양인들을 공포의 도가니로 몰아넣고 있다. 태평천국 이래 최대 규모인 이번 봉기는 대운하 연변으로 삽시간에 퍼져 중국 북부지역을 진동시키고 있다.

의화단이라는 비밀결사의 기치 아래 빨간색과 노란색의 천을 몸에 감은 농민들은 중앙조직 없이 지역별로 몰려다니며 철도와 전신을 파괴하고 석유 램프·성냥 등 외국제품을 불태우고 있다.

태평천국의 '멸만흥한' 구호와 달리 이들은 '부청멸양(청을 받들고 서양세력을 멸한다)'을 내걸어 유럽인을 직접적인 표적으로 삼고 있다.

의화단은 작년 산동성 관현에서 염서근·조삼다 등이 수천 명을 이끌고 교회를 불태우면서 관심의 초점으로 떠올랐다. 기독교의 토지침탈에 분노한 농민들과 철도건설로 일자리를 잃은 운송노동자 등이 대거 합류하면서 급팽창한 의화단은 최근 평원에서 주홍등의 지도 아래 관군과 교전을 벌이기도 했다.

이에 대한 청정부의 대응은 혼란스럽다. 서태후(64세) 중심의 수구파는 이들을 열강과 양무파에 대한 견제카드로 보고 진압에 소극적이며 심지어 물밑에서 그 활동을 부추기고 있는 것으로 알려졌다. 반면 의화단으로부터 '매판'이라는 비난을 받고 있는 양무파는 무술정변의 주역인 원세개(40

의화단이란

농민층에 기반한 비밀결사 의화단의 모체는 산동성 부근의 의화권이다. 의화권에 대해서는 전통 비밀종교인 백련교의 한 분파라는 설과 최근에 형성된 반제투쟁 조직이란 설이 엇갈리고 있다.

삼장법사·관운장 등 전설적인 중국영웅을 숭배하고 기독교와 서양세력을 배격하는 민족주의 무예수련단인 것만은 확실하다. 주문을 외면 신통력이 생겨 칼이나 총포에도 상처를 입지 않는다는 믿음으로 유명하고, 또 그 덕분에 많은 단원을 모을 수 있었다.

의화단에는 혈기왕성한 10대 소년이 많고 10대 소녀들도 홍등조(紅燈照)라는 조직을 만들어 참여하고 있다. 동네별로 대사형이 이끄는 권단이 조직돼 있지만, 전체를 통괄하는 중앙지도부는 없다.

세)를 산동순무에 임명, 적극적인 진압에 나서고 있다.

그러나 원세개에게 밀려난 의화단은 민중의 광범위한 배외 열기를 모아 화북지방을 휩쓴 뒤 다시 북경을 위협하고 있다. 이런 가운데 서구 열강이 청제국의 미온적인 대처를 강력히 비난하며 군사적 대응을 검토하고 있어 중국은 다시 한 번 전운에 휩싸이고 있다. ▶참조기사 26호 3면

"시온으로 돌아가자" 제1회 시오니스트 대회 개막

〈1897년 스위스〉 2천 년이 넘도록 조국을 잃고 유럽 전역에서 유랑생활을 해온 유대인들이 스위스 바젤에서 역사적인 모임을 가졌다. 헝가리 출신의 오스트리아 유대인 작가 테오도르 헤르츨이 주도한 이른바 '제1회 시오니스트 대회'는 유대인의 민족국가를 옛 가나안인 팔레스티나에 건설할 것과 이를 위해 '국제시오니스트연합'의 결성을 결의했다.

헤르츨은 빈에서 발간되는 〈신자유신문(Neue Freie Presse)〉의 통신원으로 파리에 체류하던 중 유대인인 드레퓌스가 간첩으로 몰리는 사건을 목격하고 이번 대회를 구상한 것으로 알려졌다. 그는 지난해 〈유대인 국가(Der Judenstaat)〉를 저술하고 본격적인 시온주의 운동의 보급에 나섰다. '시온(Zion)'은 유대인들이 성지로 여겨온 팔레스티나의 언덕 이름이다.

현재 헤르츨은 팔레스티나를 영유하고 있는 오스만 투르크와의 협상을 위해 이스탄불을 방문하고 있으나, 오스만 투르크가 이 지역을 유대인 자치구로 선포하는 데 동의할지 여부는 불투명하다.

동서고금 이은홍 / 서태후 / 수구 / 꽝 / "자, 덤벼!!"

이날부터 조선은 황제가 다스리는 제국이 된다. 국호는 삼한의 정통을 이어받아 대한으로, 연호는 광무로 한다. 고종께서는 열강의 간섭을 우려해 황제 즉위를 사양해왔으나 최근 각도 유생, 정부 관원, 시전상인, 독립협회 등이 칭제건원을 강력하게 건의해와 이들의 충정을 받아들이기로 했다. 황제 즉위식은 10월 12일 회현방 소공동 원구단에서 거행한다.
— 1897년 조선

에밀 졸라, 드레퓌스 관련 '고발장' 화제

프랑스를 뒤흔들고 있는 '드레퓌스 사건'에 대해 에밀 졸라가 1898년 대통령에게 보낸 항의서한이 그 독특한 문체로 화제를 불러일으키고 있다.

나는 고발합니다, 악의적인 사법적 판단을 내린 군사재판소의 중령을….

나는 고발합니다, 이 같은 죄악을 공모한 메르시에 장군을….

나는 또 고발합니다, 드레퓌스가 무죄라는 명백한 증거들을 은닉한 비요 장군을….

내가 고발한 이 사람들을 나는 본 적도 없고 알지도 못하며 그들에게 어떤 악의도 갖고 있지 않습니다. 그들은 오도된 사회적 신념을 지닌 무리일 뿐입니다. 그리고 이 서한은 진리와 정의를 표현하기 위해 부득이 택한 혁명적 수단임을 알려드립니다.

▶참조기사 26호 3면

"지금-여기가 아니라면 그 어딘들 어떠랴"

프랑스시단에 현실도피적 '데카당스' 풍미…혁명좌절 등 여파로

〈1890년대 프랑스〉 귀족 후예 출신의 시인 데 제상트는 밤과 낮을 거꾸로 산다. 세기말 유럽의 답답하고 무료한 현실에서 벗어나고 싶기 때문이다. 그는 사회를 등지고 자신만의 세계에 몰두, 꽃과 식물·색채·보석·회화·조각·문학 등을 감상하며 소일한다. 보들레르가 말했던 '인공낙원'을 구축한 셈이다. 데 제상트는 현실의 인물이 아니라 작가 위스망스의 소설 〈거꾸로 서서〉(1884)의 주인공이다.

그러나 지금 프랑스의 현실에서는 데 제상트의 생활태도를 의식적으로 실천하려는 시인들이 활동하고 있다.

보들레르의 맥을 잇는 모레아스·블래시 등 상징파 시인들은 로마제국 말기 병적인 문예의 특징을 가리키던 '데카당(decadent : 퇴폐)'을 표어로 삼는다. 그들은 일상적인 것보다는 진기한 것, 자연보다는 인공적인 것에 탐닉하고 추악함 속에서 새로운 미를 찾는다.

도대체 현실이 어쨌길래? 그들은 말한다. 시민혁명의 이념은 쇠퇴했고 시민사회는 타락했다. 새 진보의 희망도 보이지 않는다. 구체제에 대한 합리적 비판이 가져다 줄 것으로 여겼던 자유의 왕국은 끝내 오지 않았다. 그래서 그들은 외친다. "이런 현실을 또다시 합리적으로 비판하는 것은 무의미하다. 차라리 현실을 포기하고 관념 속의 인공낙원으로 도피하자!"

이들이 현실의 일면을 바로 진단하고 있는 것은 사실이다. 그러나 일각에선 이들이 시선을 부르주아 사회 안에만 고정시킨 채 노동자와 식민지 민중을 고의적으로 외면하고 있다는 비판도 제기한다. "잘 보면 (희망이) 보이는데, 안 보려고 하니까 못 보는 것"이라고.

퀴리 부부 라듐 방사선 발견

〈1898년 12월 프랑스〉 폴란드 출신 물리학자 피에르 퀴리와 마리 퀴리(사진) 부부가 라듐과 폴로늄이라는 물질에서 우라늄보다 훨씬 강력한 방사능이 나온다는 것을 발견했다. 원자핵이 분열하면서 나오는 입자인 방사능은 자연계의 모든 물질에서 나오지만 특히 우라늄에서 강한 방사능이 방출되는 것으로 알려져왔다.

폴로늄은 러시아의 압제 아래에 있는 마리의 조국 폴란드에서, 라듐은 그리스어 라디우스에서 따왔다.

"온전한 종교와 사랑을 위하여" 톨스토이, 〈부활〉 발표

〈1899년 러시아〉 〈전쟁과 평화〉 〈안나 카레니나〉로 불후의 명성을 얻은 러시아의 세계적 문호 레프 알렉세예비치 톨스토이(71세)가 최근에 새 소설 〈부활〉을 발표했다. '젊은 귀족 네프류도프는 자신이 임신시켰던 하녀 카튜사가 해고돼 끝내 범죄까지 저지르자, 스스로 종교를 통해 속죄하며 카튜사를 구원코자 온갖 노력을 기울인다'는 줄거리다. "예술적으로 원숙하고 심리묘사에 뛰어나다"는 평이다.

〈부활〉은 1870년대 말 이후 톨스토이 자신의 변화된 모습을 반영하고 있다. 그간 '삶의 의미'를 찾으려 하면서 정신적·도덕적 고통을 겪게 된 톨스토이는 종교에 귀의, 이를 해소코자 했다. 〈부활〉 또한 주인공이 종교에 의탁, 새 삶을 찾는다는 도덕적 교

이 사람 ■ 톨스토이

톨스토이는 단순한 소설가가 아니다. 사회 모순을 비판하고 새 사회상을 제시한 사상가이자 이를 실현코자 하는 실천가다.

지주 집안에서 태어나 한때 방탕한 생활을 하기도 했으나 40대 초반 〈전쟁과 평화〉를 발표하면서 '세계적 문호'로 떠올랐다.

그는 끈질기게 삶의 의미를 찾

고자 고뇌한다. 50줄에 이르러서는 "선을 행할 것"과 "사랑으로 맺어지는 사회"를 주장했다. 정부, 사유제 등을 부정하며 도덕적 삶을 강조했던 것. 그가 요즘 농민생활 개선, 기아구호 등의 활동을 전개하고 있는 것도 "남의 노동에 의지해선 안 된다"는 신조 때문이다.

그러나 "재산을 포기할 수 없다"는 아내와 계속 갈등을 겪고 있는 실정이다.

훈을 담고 있다. 〈부활〉은 또 그리스정교를 신랄하게 공격하는 등 사회적 성격도 드러내고 있다. 그리스정교회는 그 자체도 독점적 특권을 누리며 타락에 빠져들고 있지만, 특히 봉건적 전제정치를 펴는 차르 체제를 옹호하는 방패역을 담당하고 있다는 비판이다.

▶참조기사 19호 4면

독일인 브라운, 브라운관 개발

〈1897년 독일〉 전자를 화면에 투사, 영상을 볼 수 있는 장치가 발명됐다. 발명자는 독일 물리학자 카를 페르디난트 브라운. 브라운관으로 불리게 된 이 장치는 전자 다발을 쏘는 전자총, 쏘아진 전자를 화면의 상하좌우로 보내는 편향계, 전자를 받아 점점이 밝게 빛나거나 어두운 면을 유지해 화상을 만들어내는 형광면으로 이루어져 있다.

---

internet 세계사 여행

▶상징주의 프로젝트 http://www.umich.edu/~umfandsf/symbolismproject/ 미시간 대학 제공 상징주의 링크. 상징주의의 모든 것을 사전, 그래픽 등으로 찾아볼 수 있다.
▶미국-스페인 전쟁 http://www.smplanet.com/imperialism/remember.html 미국 제국주의의 기원으로 불리는 1898년 전쟁의 전말
▶필리핀의 역사 http://www.ualberta.ca/~vmitchel/

3장 세계대전을 넘어서

— 20세기의 세계

1897~1946

세계사와 함께하는 영화 1897~1946

⟨10월⟩
1928년작. 감독 : 세르게이 에이젠슈테인
주연 : V. 니칸드로프, N. 포포프
소비에트 권력을 탄생시킨 1917년의 러시아 혁명을
그렸다. ⟨파업⟩ ⟨전함 포템킨⟩ ⟨낡은 것과 새것⟩과 함께
에이젠슈테인이 만든 볼셰비키 혁명의 보고서.
소련 영화의 미래를 열었다는 찬사와 형식주의라는
비판을 동시에 받았다.

⟨송가황조⟩
감독 : 장완정
주연 : 양자경, 장만옥, 오군매
청조 말, 중국을 움직이는 세 남자와 결혼한 송씨 가문의
세 자매. 부호 공상희와 결혼한 송애령, 혁명가 손문과
결혼한 송경령, 국민당 장개석과 결혼한 송미령이
주인공.

⟨랜드 앤 프리덤(Land and Freedom)⟩
감독 : 켄 로치
주연 : 이안 하트, 로사나 파스토르
1931년 스페인 내전은 파시스트와
국제적인 반파시스트 의용군이 맞붙은 이데올로기 전쟁.
사회주의 감독으로 분류되는 켄 로치는
혁명의 열정과 고난, 패배를 딛고 솟아나는 희망을
열심히 그려냈다.

⟨누구를 위하여 종은 울리나⟩
1943년작. 감독 : 샘 우드, 출연 : 게리 쿠퍼
스페인 내전에 참가한 미국인을 주인공으로 하고 있지만,
혁명보다는 영웅의 모험과 로맨스가 초점.
샘 우드와 게리 쿠퍼는 모두 할리우드에서의
'빨갱이' 축출에 앞장섰던 우익 인사들이었다.

⟨라이언 일병 구하기⟩
1998년작. 감독 : 스티븐 스필버그
주연 : 톰 행크스, 에드워드 번즈, 맷 데이먼
2차 세계대전. 노르망디 상륙작전의 일원으로 참가한
밀러 대위 일행에게 라이언 일병을 구해오라는
어이없는 명령이 떨어지자 대원들은 갈등한다.
전쟁의 의미를 묻는 이 영화의 압권은 초반의 전투장면.

⟨캔자스시티⟩
1996년작. 감독 : 로버트 알트먼
주연 : 제니퍼 제이슨리, 미란다 리처드슨, 해리 벨라폰테
금주법과 대공황, 그리고 재즈가 지배하는
1930년대의 미국. 캔자스시티는 마피아와 정치인의
야합, 일자리를 구하려는 실업자들로 혼란스럽다.
이 영화는 우연히 납치범이 된 블론디와 인질 캐롤린을
주인공으로 한 로드 무비.

위에서부터
⟨누구를 위하여 종은 울리나⟩
⟨10월⟩
⟨랜드 앤 프리덤⟩.

3권 28호 1900—1903

[20세기를 맞이하며]

세계사신문

지금 한반도에선
1900년/ 경인선 개통
만국우편연맹에 가입
1902년/ 서울-인천간 장거리 전화 개통

새 세기 새 태양이 밝아온다

영국-미국, "미래는 우리의 것" 낙천적 분위기…일본도 "아시아의 맹주" 우쭐

1900년 1월 1일. 새 달력을 여는 세계인들의 표정은 희망과 기대에 차 있다. 경제적으로나 정치적으로나 격동의 시대였던 1800년대를 접고, 이제 새 시대를 여는 각국 수도는 분주하다.

▲런던 수천 명의 런던시민들이 트라팔가 광장에 모여들어 카운트다운을 하는 가운데, 드디어 화이트홀의 시계가 자정을 알리는 괘종을 울리자 시민들은 환성을 지르며 서로 포옹했다. 세계 최강국 영국다운 낙천적인 풍경이다.

한 시민은 "19세기는 영국이 주도하는 평화(Pax Britainica)의 시대였다"며 뿌듯해했다. 하지만 일각에서는 "독일의 군대는 영국보다 강하고, 미국의 잠재력은 영국을 앞지른다"며 낙관론을 경계했다.

20세기의 도래를 미리 기뻐하는 포스터(왼쪽)와 새해 첫날, 뉴욕의 새벽 거리.

▲뉴욕 워싱턴의 백악관에서 매킨리 대통령이 2천 명의 귀빈과 함께 화려한 신년 연회를 베푸는 동안, 미국경제의 심장부인 뉴욕은 하얗게 내리는 눈속에서 새해를 맞이했다. 중앙발전소에서 공급되는 전기로 불을 밝히고 분주하게 돌아가는 월스트리트의 은행가는 역사 이래 최대의 호황중. 한 은행원은 "20세기는 미국의 것"이라며 자신감을 보였다.

▲도쿄 작년에 난생 처음 창궐한 페스트에 혼쭐이 난 일본인들. 그러나 아시아 최강국 청을 물리친 승전 분위기는 계속 이어지고 있다. 러시아의 개입에 대한 우려가 없는 것은 아니지만 이제 아시아의 맹주자리를 차지한 자부심이 넘쳐나고 있다.

중국 완전 쑥대밭으로

영국 등 의화단 무참히 무찌르며 북경 진입…열강 진출에 무방비상태

〈1900년 8월 중국〉 영국·러시아·일본 등 8개국 연합군 2천 병력이 중국 수도 북경에 진입, 약탈과 방화를 감행하고 있다. 의화단으로 추정되는 중국인들이 처형되는 장면이 곳곳에서 목격되고 있으며, 상가와 주택가는 연합군 사병들이 휩쓸고 지나가는 곳마다 처참한 폐허로 바뀌고 있다.

연합군이 북경 진격을 위해 대고항에 상륙한 것은 6월 중순. 의화단이 북경을 장악하고 각국 공관을 공격하고 있는데도 청조정은 이를 진압하기는커녕 조장하는 듯한 태도까지 보였다. 연합군은 한때 의화단의 반격에 많은 사상자를 내고 퇴각했으나, 곧 우세한 화력으로 대고 포대를 점령했다. 7월에는 조복전이 이끄는 정해 의화단과 양수선의 천진 의화단을 제압했다.

사태가 여기에 이르자 한때 열강에 선전포고를 할 만큼 기세등등했던 서태후는 꼬리를 내리고 양무파의 이홍장이 협상에 나섰지만, 연합군은 진격 속도를 늦추지 않았다. 8월 13일 북경 외관에 도달한 영국·러시아·일본 군대는 이튿날 최후 저지선을 뚫었다. 관군이 무너진 상태에서 의화단은 고군분투했으나 연합군의 총탄은 그들의 몸을 비켜가지 않았다.

직예 총독 유록은 이달 초 연합군이 북경 교외의 양촌을 점령하자 자살했으며, 의화단의 협조를 받아 권좌를 지켜보려던 서태후는 광서제와 함께 서안으로 도피한 상황이다.

현재 연합군은 청에 대해 관세 등을 담보로 한 배상금과 배외 운동 금지 등을 요구하고 있어, 향후 중국은 열강의 식민진출에 재기불능의 상태로 노출될 것이 확실시된다.

▶참조기사 27호 1면

세계사신문

해설 ■ 의화단 운동이 남긴 것

"중국에 남은 것은 이제 혁명뿐이다"

의화단 운동이 내세운 '부청멸양' 구호에는 선배 농민운동 세력인 태평천국이 피로써 남긴 교훈이 담겨 있었다.

태평천국은 '멸만흥한' 구호를 내걸고 청제국에 항거했지만, 정작 서구 열강의 정체에는 둔감했다. 그러다가 막판에 열강의 공격을 받고서야 피를 토하며 반제국주의 투쟁을 부르짖었다.

그로부터 40년. 열강은 기독교와 군대를 앞세워 집요하게 중국의 토지와 산업기반을 잠식해 들어왔다. 최대의 피해자는 토지를 잃고 무거운 세금에 시달리는 농민이었지만, 과거 태평천국의 적이었던 향신들과 정부 관리들도 큰 타격을 입었다.

이런 상황에서 일어난 의화단은 칼끝을 청정부가 아닌 제국주의 열강에게 직접 겨누었다. 전중국적인 반서방 분위기 속에 거세게 휘몰아친 의화단 열풍에 청정부도 일시적으로 제휴의 손길을 내밀었다. 겉으로 보면 완연한 반제 통일전선이었다.

그러나 다시 한 번 열강의 총포에 난타당하고 난 지금, 중국농민들은 뼈저린 교훈을 가슴에 새기고 있다. 수구파든 양무파든 청제국 정부의 누구도 진정으로, 끝까지 반외세를 견지하며 민중편에서 싸울 세력은 없었던 것이다. 그들은 세의 불리를 느낀 즉시 반제전선에서 발을 빼 수도 북경을 버려둔 채 도망가기에 바빴다.

진정한 반제투쟁은 청제국이라는 구체제의 전복과 분리될 수 없음을 깨달은 의화단 '잔당'은 최근 유포한

제국주의 연합군이 북경을 장악, 의화단을 무참히 살해하고 있다.

선전문에서 '소청멸양(청을 쓸어버리고 양이를 멸한다)'을 기치로 내걸기 시작했다. 이에 따라 중국의 희망은 손문 같은 혁명세력과 이들 민중이 손을 잡을 수 있는가에 있다는 진단이 점점 더 설득력을 얻어가고 있다.

영국-일본 동맹체결

조선에 대한 일본 특권 인정

〈1902년 일본=속보〉 영국과 일본이 동아시아에서 러시아에 공동대응하기 위한 동맹을 맺었다.

이번 동맹조약에는 특히 조선에 대한 일본의 배타적 특권을 영국이 인정하는 조항이 있어 관계국들의 비상한 관심을 모으고 있다.

일, 국정교과서 제도 채택

〈1903년 일본〉 문부성은 "소학교 교과목 중 수신(修身), 국사, 지리, 국어에 한해 교과서 저작권은 문부성이 가진다"는 내용의 소학교령 개정안을 발표했다. 따라서 앞으로 민간 출판사는 이들 과목의 소학교 교과서를 출판하지 못하게 됐다.

이는 최근 러시아와의 무력충돌 위험이 높아지는 가운데 국가주의 교육을 강화하기 위한 것으로 풀이되고 있다. 특히 국사교과서의 경우 천황의 조상을 신(神)으로 서술하고, 군국주의적 상무(尙武) 정신을 부추기는 내용이 대폭 보강될 것으로 알려졌다.

오스트레일리아 6개주 연방결성 결의

〈1901년 오스트레일리아〉 50년 이상을 끌어온 통일을 위한 갑론을박이 마침내 종결됐다. 태즈메이니아를 비롯 오스트레일리아의 6개 주는 단일정부를 구성, '영연방(Commonwealth of Nations)'의 일원으로 편입되기로 결의했다. 영연방은 외형상 영국의 일원이지만 정치적으로는 완전히 독립된 국가를 유지하는 체제다.

이번의 통일을 합의하게 된 계기는 외부의 압력이었다. 최근 독일과 프랑스가 뉴기니 등 남태평양 일대에서 식민지를 찾아나서고 있어 오스트레일리아인들의 위기감을 부추겼다. 내부적으로도 북부지방에 중국인 등 아시아인 이주가 증가하면서 자체 방어를 위한 단결의식이 점차 높아져왔다.

앞으로 의회는 멜버른에서 열릴 예정이다. 하지만 수도는 각주의 이해가 엇갈려 어느 곳으로 해야 할지 합의를 보지 못한 상태다.

새 나라 오스트레일리아 첫 법률은 '이리 오지 마'

오스트레일리아가 새 나라로 출범하면서 의회가 통과시킨 첫 법률이 '이민금지법'이어서 주변국들의 빈축을 사고 있다. 새로운 나라의 정책이라면 "무엇을 막겠다"라는 부정적인 것보다는 "무엇을 하겠다"는 긍정적인 것이어야 하지 않느냐는 얘기다.

'이민금지법'에 따르면 유색인종의 영구이민은 완전히 금지된다. 이는 사실상 중국인들을 겨냥한 것이다. 50년 전의 '골드러시' 이후 중국

인 이민은 꾸준히 증가해왔다. 그런데 이들이 때때로 폭동을 일으키는 등 백인들의 신경을 건드려왔다.

반면 중국인들은 할 말이 많다는 분위기다. 골드러시는 옛날 얘기고 요즘은 조선(造船) 산업 등 부문에서 백인들 스스로 저임금 노동자를

조달하기 위해 중국인을 끌어들였다는 것. 한 중국인은 "백인들이 오스트레일리아인의 혼혈화와 그로 인한 정체성 상실을 걱정한다고 하는데 그러면 백인들은 단일 인종이냐? 백인 이민들도 아일랜드계 켈트인, 앵글로색슨 등 서로 앙숙관계인 경우가 많은데 그들 사이의 혼혈은 괜찮으냐"며 반발하고 있다.

원주민들 또한 "우리는 뭐냐"며 볼멘소리다. 백인 자신들도 이주민임을 애써 잊고 있는 것일까.

사회주의 운동 '우회전' 준비중?

베른슈타인 "현실에 맞게 마르크시즘 적용" 수정주의 일파만파

〈1901년 독일〉세계 사회주의 운동에 거대한 변화의 태풍이 불고 있다. 진원지는 독일 사회민주당이고 태풍의 눈에 자리잡은 인물은 거물급 당료 에두아르트 베른슈타인(51세)이다.

스위스에서 활동하다 최근 귀국한 베른슈타인(사진)은 그동안 당 기관지 기고문을 통해 주장해온 사회민주주의의 방향전환을 공론화하고 나섰다. 자본주의 체제의 전복을 목표로 하는 마르크스 이론을 '수정'하자는

것이 그 주장의 핵심이다. 베른슈타인에 따르면 현단계에서는 의회와 노조활동 등을 통해서도 얼마든지 자본주의를 노동자에게 유리하도록 개량할 수 있다는 것이다.

이에 대해 카우츠키·리프크네히트 등 당 간부들과 로자 룩셈부르크 등 젊은 당원들은 즉각 반박하고 나섰지만, 베른슈타인에게 동조하는 세력도 만만찮아 파문은 쉽게 가라앉지 않을 전망이다.

베른슈타인이 이런 주장을 들고 나온 것은 최근 사민당이 총선에서 20퍼센트의 의석을 확보, 집권 가능성이 부쩍 높아진 상황이 배경으로 자리잡고 있다. 다수당으로 도약하기 위해서는 유권자의 약 50퍼센트를 차지하고 있는 농민에 대한 공약을 제시해야 하는

데, 자영농을 겨냥한 정강정책은 마르크스주의에 정면으로 위배되기 때문에 수정이 불가피하다는 것이다. 마르크스주의에서 자영농은 자본가로서 타도 대상이다. 베른슈타인의 주장이 '정통 이론의 수정'인지 '현실에의 적응'인지 논쟁은 갈수록 뜨거워질 전망이다.

▶참조기사 25호 2면

"너희가 혁명을 아느냐" 로자 룩셈부르크 수정주의 맹비난

"노동조합은 단지 자본주의적 착취의 조절과 임금투쟁, 그리고 노동시간의 단축 등만을 목표로 할 수 있을 뿐 생산과정에 대한 영향력 행사는 원천봉쇄된다. 이것은 바위를 산 위로 밀어올리면 그 바위가 도로 산 밑으로 굴러떨어져 끊임없이 다시 시작해야 하는 시지프스의 고역과 같다." 독일의 맹렬 여성혁명가

로자 룩셈부르크(30세)가 베른슈타인을 비판하면서 한 말이다.

그녀는 "정치혁명을 통한 노동자 국가를 수립하지 않는 한 노동자가

참여하는 의회든 노동조합이든 자본가들이 정해놓은 틀 안에서 쳇바퀴 돌듯 움직일 수밖에 없다"고 반박한다. 젊은 패기를 앞세워 베른슈타인을 서슴없이 '배 부른 노동귀족'으로 몰아붙이고 있는 그녀를 많은 사람들은 러시아의 레닌과 더불어 20세기형 신세대 마르크스주의자로 주목하고 있다.

러 사회민주당 창당…레닌, 지도자로 부상

〈1903년 8월 영국〉'러시아사회민주노동당'이 최근 런던에서 당 재건을 선언하는 2차 당대회를 개최했다. 5년 전 창립됐으나 플레하노프 등 지도부가 검거돼, 유명무실해졌던 당이다.

57명의 참석 대의원은 격렬한 토론 끝에 강령과 규약을 채택하고 23일 대회를 마무리했다. 강령은 두 개의 혁명을 목표로 삼고 있다. 1단계로 차

르체제를 전복하는 부르주아민주주의 혁명을 추구하며, 2단계로 '프롤레타리아 독재'를 통해 자본주의를 전복하고 사회주의 혁명을 완성시킨다는 것.

대회를 통해 레닌(사진)이 러시아

사회주의 운동의 새 지도자로 떠올랐다. 레닌은 "당원을 조직에 협력하는 사람"으로 폭넓게 규정, 대중정당을 추구하자는 마르토프안을 강력하게 비판하고 "당을 직업적 혁명가의 조직으로 만들자"는 자신의 초안을 관철시켰다. 그 결과 마르토프파는 소수파(멘셰비키)로, 레닌파는 다수파(볼셰비키)로 불리고 있다.

마르코니의 무선전신 대서양 넘다

〈1901년 12월 12일 이탈리아〉전선 없이도 아득히 먼 대륙 사이의 통신이 가능해졌다.

이탈리아의 발명가 마르코니(27세)는 오늘, 캐나다 뉴펀들랜드 주 세

인트존스에서 영국 콘월 주의 폴듀 지방으로 모스부호를 사용, 무선으로 통신을 보내고 그 회답을 다시 받아보는 데 성공했다. 헤르츠의 파동이론을 응용해 성공시킨 무선통신이다.

마르코니의 무선통신은 해저(海底) 케이블통신 사업계로부터 크게 반발을 사고 있으나 무역업계나 해운업계로부터는 높은 인기를 얻을 것으로 보인다.

세계사 신문

"내 속엔 내가 알지 못하는 또 다른 내가 살고 있다"

프로이트 〈꿈의 해석〉 통해 성적 본능 등 인간 무의식 탐구

〈1899년 오스트리아〉"꿈은 무의식세계로 가는 지름길이다."

정신분석학자 지그문트 프로이트의 신간 〈꿈의 해석〉이 화제를 모으고 있다. 꿈을 정신분석학의 잣대로 해석한 이 책은 무의식의 세계를 학문적 연구대상으로 삼은 초유의 연구서여서 관심을 모으고 있다.

지금까지 사람들이 관심을 가졌던 정신세계는 모두 의식의 세계. 하지만 프로이트는 무의식세계에서 이뤄지는 꿈을 이론적으로 설명하고, 꿈의 해석을 통해 정신질환을 치료할 수 있다고까지 주장한다.

그에 따르면 인간은 성욕과 같은 본능적인 욕망이 사회에 의해 억압당함으로써 고통을 느끼게 되는데, 그 고통을 해소하기 위해 무의식세계에서 욕망을 실현하려 한다는 것이다. 그것이 꿈이며, 제대로 정화되지 않으면 노이로제, 기억상실, 강박증과 같은 정신질환이 나타난다.

현재 〈꿈의 해석〉은 논란에도 불구하고, 초판 600부의 판매는 부진한 것으로 알려졌다. 인간이 잠재된 성욕에 지배된다는 주장에 학계가 동의하지 않는 것이 주요한 이유다.

하지만 사회가 급박하게 변해가면서, 물질적 풍요와는 관계없이 정신적 불안과 억압을 느끼는 사람이 늘

이 사람 ■ 프로이트

유대인, 44세. 오스트리아의 수도 빈에서 개업중인 정신과 의사.

빈은 반유대인 전통이 강한 도시. 또한 오스트리아는 합스부르크 가문의 전제군주와 민주주의 개혁에 대한 요구가 서로 갈등을 빚고 있는 나라. 빈은 겉은 화려하지만, 쇠약한 국력과 답답한 현실에 대한 불안으로 뒤숭숭하다.

프로이트의 정신분석학은 이런 빈의 '신경질'을 배경으로 탄생한 학문. 그가 말하는 '억눌린 성욕'도 이러한 사회적인 맥락에서 이해될 수 있다.

프로이트 그 자신도 신경증 병력이 있는 것으로 알려졌다.

어나는 요즘, 무의식세계에 대한 연구야말로 20세기에 인류가 풀어야 할 과제라는 지적도 나오고 있다.

제1회 노벨상 시상

〈1901년 12월 10일 노르웨이〉다이너마이트 발명가 노벨의 다섯 번째 기일에 맞춰, 스웨덴의 스톡홀름과 노르웨이의 오슬로에서 제1회 노벨상 시상식이 열렸다. 스웨덴 국왕과 노벨위원회는 뢴트겐 등 여섯 명의 수상자들에게 금메달과 상장, 상금을 수여했다.

노벨상은 노벨이 다이너마이트로 벌어들인 수백만 파운드의 재산을 희사해 제정한 상으로, 다섯 부문에서 '인류의 발전에 가장 기여한 자'에게 주어진다. ▶참조기사 19호 4면

물 리 학 상	뢴트겐(독일 · X선 발견)
화 학 상	반트 호프 (네덜란드 · 삼투압 발견)
의 학 상	베링(독일 · 혈청 요법 연구)
문 학 상	쉴리 프뤼돔(프랑스 · 시인)
평 화 상	앙리 뒤낭(스위스 · 적십자 창설), 프리드리히 파시(프랑스 · 국제평화연맹 창설)

라이트 형제 비행기 개발 성공

〈1903년 12월 17일 미국〉라이트 형제가 인류 최초로 동력을 이용한 비행에 성공했다. 오빌과 윌버는 노스캐롤라이나 키티호크 해변에서 실시한 비행 실험에서 최장 59초간을 나는 데 성공했다. 이번 비행에는 7년간의 준비와 1천 달러 이상의 비용이 들었지만, 육상과 해상에 이어 공중까지도 인류의 활동무대로 개척했다는 점에서 결코 아깝지 않은 투자였다는 평이다.

막스 플랑크, 양자론 발표

〈1900년 12월 14일 베를린〉뉴턴 이래 자연의 운동법칙에 대한 확고한 신뢰 아래 발전하던 물리학이 흔들리고 있다. 오늘 베를린에서 개최된 물리학회의에서 독일 물리학자 막스 플랑크는 전자기파가 연속된 파동이라는 통념을 뒤집고 "전자기파의 에너지는 서로 구별되는 불연속적인 덩어리들의 집합체"라는 새로운 이론을 제시했다. 플랑크는 이 에너지 덩어리를 양자(quantum)로 이름지었다.

물리학계에서는 이 양자이론을 고전 물리학의 종막이자, 20세기 물리학의 혁명이라고까지 말하고 있다. 통상적인 고전역학으로는 증명할 수 없는 세계가 열렸다는 것이다.

하지만 양자역학은 미지의 세계가 아니라 지금까지 풀리지 않던 현상을 설명할 수 있는 도구의 세계에 지나지 않는다고 다소 신중하게 표현하는 학자들도 있다.

---

internet 세계사 여행

▶노벨상 기금 홈페이지 http://www.nobel.se/ 스웨덴 한림원 공식 사이트 ▶프로이트 문헌 http://plaza.interport.net/nypsan/freudarc.html 프로이트 관련논문, 프로이트 박물관 등 ▶아프리카민족회의 홈페이지 http://www.anc.org.za/ 남아프리카공화국 최대 정당이며 넬슨 만델라가 이끄는 ANC 공식 사이트
▶러시아 혁명 링크 http://www.fordham.edu/halsall/mod/modsbook39.html 러시아 혁명 전사와 혁명 관련문헌 링크

세계사 신문

동아시아 지배권은 동아시아 제국주의에게?

일본, 동해에서 러시아함대 격파…대한제국·만주 장악 초읽기

〈1905년 5월 28일 동해=속보〉 7개월간 바닷길 3만 7천 킬로미터를 달려온 러시아의 막강 발트함대가 대한해협에서 일본 연합함대와 격돌, 충격적인 참패를 당했다. 로제스트벤스키가 이끄는 38척 대함대 가운데 수몰을 모면한 배는 불과 두 척뿐. 한국·만주의 지배권을 놓고 1년 넘게 러시아와 전쟁을 벌여온 일본은 이번 승리로 절대우세를 확보하게 됐다.

꼬박 하룻밤을 새운 이번 결전에서 도조 헤이하치로(57세) 제독이 내놓은 필승카드는 300년 전 이순신의 '학익진'을 본뜬 '정자(丁字) 전법'이었다. 일자로 돌격하다가 적진 바로 앞에서 두 갈래로 갈라져 순식간에 적

을 포위해버리는 이 전법 앞에 발트함대는 우왕좌왕하다 전멸하고 말았다. 이순신을 바다의 수호신으로 받드는 도조는 이번 해전을 앞두고 그의 영전 앞에서 승리를 기원, 관심을 모은 바 있다.

이번 전쟁은 러시아가 만주를 장악한 데 이어 압록강 이남으로 진출하려 하자 일본이 여순 군항을 기습하면서 시작됐다. 객관적으로 볼 때 전력이나 공업수준·국토·인구 등 모든 면에서 러시아의 상대가 되지 않으리란 일반의 예상을 비웃듯 일본은 처음부터 승승장구했다. 마침내 금년 3월 만주 봉천에서 크로포트킨이 이끄는 32만 러시아군을 격파하기에 이

르렀다. 이번에 달려온 발트함대는 이 같은 육지전의 패배를 만회하고자 투입한 러시아 최후의 보루였다.

청일전쟁에서 동아시아 최강국으로 올라선 일본은 이번 승전으로 서구 열강과 어깨를 견주는 '동아시아 유일'의 제국주의 국가로 자리잡게 될 전망이다.
▶참조기사 28호 2면

일본이 대한해협에서 러시아함대를 대파, 동아시아의 제국주의 국가로 부상하고 있다.

러시아에 '10월 혁명' 발발

러일전쟁 패배에 극심한 경제난 겹쳐 민중분노 폭발

〈1905년 10월 30일 러시아〉 러시아민중이 차르 니콜라이 2세로부터 '항복선언'을 받아냈다. 니콜라이는 오늘, "헌법제정" "이를 위한 제헌의회 창설" 등을 약속한 '10월 선언'을 발표했다. 혁명이 성공한 것이다.

이는 금년 초의 유혈사태 이후 계속된 민중투쟁의 성과다. 1월 9일 일요일, 페테르부르크의 노동자 20만은 "8시간 노동제, 일당 1루블의 최저임금제 실시"를 호소하는 평화집회를 가졌다. 정부는 그러나 시위 군중에게 무차별 발포, 수천의 사상자가 발생했다. '피의 일요일'로 불리는 이 사건 이후 분노한 노동자들은 총파업으로 전국을 뒤흔들었고 5월에는 군대와

10월 혁명의 불길에 휩싸여 있는 러시아. 노동자들은 승리했다.

무력충돌로까지 이어졌다. 특히 최근에는 모스크바의 철도노동자를 비롯, 전국적으로 70만이 넘는 노동자들이 총파업을 단행했다. 러시아는 1880년 이후 경제가 급성장한 반면 노동자들

의 삶은 최악의 상태였다. 또 러일전쟁에서 패배, 민중의 불만이 폭발하게 된 것이다. 이번 사태로 인해 러시아에서 중세적 봉건제는 사실상 붕괴됐다.
▶참조기사 28호 3면

독일 팽창주의 일단멈춤

〈1906년 4월 7일 모로코〉 독일 빌헬름 2세의 팽창주의에 제동이 걸렸다. 대서양과 지중해의 교차로인 모로코에서 프랑스를 몰아내고 대신 이 나라에 진출하려던 계획이 영국, 스페인, 러시아 등의 견제로 수포로 돌아갔다.

지난 1월부터 스페인 알헤시라스에서 열린 회의에서 구미 13개국은 모로코의 치안을 프랑스와 스페인에게 맡기고 독일을 비롯한 각국은 모로코 안에서 동등한 경제적 권리를 누린다는 데 합의했다. 독일은 프랑스가 모로코의 경찰권과 재정권을 차지하고 스페인과 영국이 이를 묵인하는 것을 비난하며, 모로코의 독립과 문호개방을 주장했다.
▶참조기사 25호 2면

세계사 신문

"이날을 목놓아 통곡하노라"

일본, 대한제국 외교권 접수 '을사보호조약' 체결…순국·의병 등 거센 저항

〈1905년 11월 대한제국〉 수도 서울을 비롯한 대한제국 전역이 죽음과 오열과 분노로 뒤덮였다. 일본이 이 나라의 외교권을 접수한다는 내용의 '을사보호조약'을 민족주의 일간지 〈황성신문〉이 통렬히 공격하고 나선 것이 기폭제였다. 이 신문사 사장인 장지연은 '이날을 목놓아 통곡하노라'라는 비장한 제목의 20일자 사설에서 이 조약이 '강도 일본'과 일부 매국노들의 야합에 따른 것임을 지적하면서 범국민적인 저항을 호소했다.

시종무관장 민영환, 전참판 홍만식 등이 울분에 겨워 스스로 목숨을 끊었고 민종식, 최익현 등은 지방으로 내려가 의병을 일으킬 준비를 하고 있다.

문제의 '을사조약'은 지난 17일 어전회의에서 강제 통과된 것으로 알려졌다. 궁중 소식통에 따르면 일본의 전권대사 이토 히로부미는 8대신이 모여 있는 회의장에 수십 명의 일본 헌병을 이끌고 들어가 강압적인 분위기를 조성, 조약안을 5 대 3으로 통과시켰다.

이번 사태는 일본이 러일전쟁에서 승리하면서 이미 일정에 올라 있었다. 일본으로선 전쟁의 성과를 구미 열강으로부터 추인받는 일만 남아 있었다. 지난 7월 영국·미국과의 잇따른 밀약으로 대한제국에 대한 권리를 인정받은 일본은 그 다음 달 미국 포츠머스에서 열린 강화회담에서 패전국 러시아를 동아시아로부터 확실히 '축출'했다.

그러나 최근 한반도 정세를 지켜본 서울의 외교 소식통들은, 일본이 열강과의 전쟁과 외교전에서 승리했지만 그 앞에는 대한제국민중의 저항이라는 만만치않은 도전이 기다리고 있다는 데 견해를 같이하고 있다.

▶참조기사 26호 3면

을사조약으로 가는 길 카쓰라-태프트 밀약과 포츠머스조약

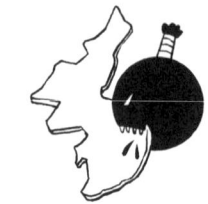

'을사보호조약'은 외교적 강탈 행위다. 고종 황제는 이 조약에 아무런 찬부 표시도 하지 않았고 조약이 양국에서 비준을 받은 일도 없다. 조약서에 찍힌 국새도 위조 시비가 일고 있다.

일본이 이 같은 불법조약을 강행하는 데 큰 힘을 실어준 나라가 미국이다. 1898년 필리핀에 진출한 미국은 의화단 진압에 참가하면서 동아시아 진출에 박차를 가해왔다. 그런 미국으로서는 일본이 러일전쟁의 결과로 만주까지 독식하는 것을 두고볼 수만은 없었다.

1905년 7월 일본을 방문한 미국 대통령 특사 태프트는 일본 수상 카쓰라와 밀약을 맺었다. "미국은 필리핀에 대해 배타권을 갖는 대신 일본이 한국의 외교권을 접수하는 데 동의한다"는 게 밀약의 내용이다. 아울러 만주에는 미국 진출의 여지를 남겨뒀다.

러일전쟁을 종결시킨 포츠머스조약에도 "한국에 대한 일본의 지도·보호·감리권을 승인한다"고 명기해 을사조약으로 가는 길을 열어주었다.

긴급탐방 ■ 아시아 민족의 해방운동

크롬웰이, 로베스피에르가 아시아에서 부활하고 있다. 독립과 혁명을 갈구하는 열기가 18세기 유럽을 능가하는 아시아 각국의 해방운동을 취재했다.

"벵골을 분할하느니 인도를 영국에서 분할하라" 인도 독립투쟁 본격화

○…〈1906년 10월 인도〉 혹서기는 지났지만 북인도는 열기로 후끈하다. 국민회의파가 영국의 벵골 분리 방침에 반발, '스와라지(독립)'를 강령으로 결정하면서 대규모 반영소요로 발전했기 때문이다. 벵골뿐 아니라 펀자브·봄베이 등에서도 수천 수만 군중이 "스와라지" "스와데시(국산품 애용)"를 외치며 영국군경과 충돌, 사상자가 속출하고 있다.

"지금은 동경에 모였지만 다음엔 북경에서 만나자" 중국 '중국혁명동맹회' 결성

○…〈1905년 8월 20일 도쿄〉 일본에서 활동하던 혁명단체들이 중국혁명동맹회를 결성했다. 총리에 손문(39세), 부총리엔 황흥(31세)이 선출됐으며, 집행부·평의부·사법부 등 조직과 전국 18개 성 지부도 결정됐다.

동맹회의 세력은 아직 미미하지만 혁명조직들이 대동단결해 중국 역사상 최초로 명확한 강령을 가진 혁명정당을 탄생시켰다는 점에서 그 의의는 대단히 높다는 평이다.

현재 중국혁명동맹회는 평향·장사·광주 등지에서의 무장봉기 등을

1905년 겨울, 모스크바의 곰은 졸리고 피곤하다.

위한 구체적인 투쟁방침 마련에 골몰하고 있다.

"골목 강아지 주제에 어디에다 짖어?" 이란, 전제왕정 폐지 시동

○…〈1906년 10월 이란〉 레자 샤 팔레비(27세) 등 이란의 입헌세력이 집권 카자르 왕조의 150년 전제왕정에 도전장을 내밀고 제헌의회의 소집을 관철시켰다.

카자르 왕조는 지난 세기말부터 러시아 등에 영토와 이권을 빼앗기고 서아시아의 한쪽 '골목'으로 내몰린 처지가 됐으면서도 국내에서는 전제정치로 일관, 국민들의 분노와 비웃음을 사왔다.

1904—1906 / 29호 3면

"음식 갖고 못된 짓 하는 업자에겐 엄벌"

미국 '청결식품의약법(FDA)' 제정…위생검열 등 식품안전 감독

〈1906년 6월 30일 미국〉 "내가 겨냥한 곳은 대중의 가슴이었는데, 뜻밖에도 위장을 강타하고 말았다."

업턴 싱클레어는 가공육 공장에서의 불결하고 비참한 작업환경을 다룬 자신의 소설 〈정글〉이 베스트셀러로 떠오르자 이렇게 이야기했다. 이 말이 전해지자 한 비평가는 곧바로 이렇게 응수했다. "그는 위장을 뒤집는 방법으로 마음을 뒤집었다."

이 소설이 발표되자 미국은 혼란에 빠졌다. 소시지를 비롯한 가공육의 판매량이 뚝 떨어지고 불량식품에 대한 비난 여론이 일었으며, 급기야 루스벨트 대통령은 '청결식품의약법(FDA)'의 발효에 서둘러 서명했다. 이 법은 모든 종류의 식료품과 음료수, 조미료 일체를 대상으로 하는 것으로, "소비자에게는 깨끗한 음식과 약품을 사용할 권리가 있음"을 천명한 최초의 법률 사례다.

〈정글〉은 작가 싱클레어가 사회주의 계열의 주간지 〈어필 투 리즌(Appeal to Reason)〉에 기고하기 위해 시카고 지역의 육류 가공업체들을 탐방한 결과를 소설로 쓴 것이다.

본래는 이민노동자들이 돼지비계 기름통에 빠져 산 채로 소시지가 되어버리기까지 하는 처참한 노동현실을 고발하려던 것이었지만 독자들은 오히려 지저분한 고기 저장고, 썩은 고기, 생쥐떼, 병든 짐승 고기를 거래하는 정육점, 그리고 작업복 한 조각이 튀어나오는 소시지에 관한 묘사에서 더욱 충격을 받았다. 루스벨트 역시 이 책을 읽고 관련법의 정비를 서두르게 됐다.

내년 1월 1일부터 시행될 '청결식품의약법'에 따르면 모든 고기는 출고 전에 반드시 위생검열을 받아야 한다. 이 법률을 어기면 500달러의 벌금이나 1년 이상의 징역형에 처해진다.

"인간의 양심은 그래도 살아 있다" 드레퓌스에 마침내 무죄선고

〈1906년 7월 12일 프랑스〉 세계적 논란거리였던 드레퓌스 사건이 13년 만에 극적으로 마무리됐다.

오늘 프랑스 최고재판소는 1894년 독일의 스파이 혐의로 체포됐던 드레퓌스 전(前) 대위(사진)에 대한 재심을 열고 최종적으로 '무죄'를 선고했다. 이것은 그동안 유대인인 드레퓌스가 무조건 범인이라고 주장해온 프랑스군의 잘못을 인정하고, 민족주의의 병폐에 철퇴를 가한 것으로서, 정의와 진실은 어떤 이념보다도 강한 것임을 드러냈다는 평가를 얻고 있다.

7년 전, 에스테라지 소령이 영국으로 망명해 자신이 이 사건의 진범이라고 밝혔음에도 프랑스 군사법원의 권위가 떨어질 수 있다는 어이없는 주장 때문에 드레퓌스는 지금까지 범인으로 취급되어왔다.

한편 육군은 이번 무죄판결에 따라 드레퓌스를 육군 소령으로 복귀시키기로 했다. ▶참조기사 27호 3면

러시아에서도 유대인에 백색테러

〈1905년 러시아〉 '유럽의 동네북' 신세로 종종 이유없는 미움과 탄압의 대상이 되었던 유대인이 러시아에서 학살당하고 있다. 러시아인민동맹, 러시아국토동맹, 그리고 검은 백인단(百人團) 등 극우단체가 주동하는 이 학살은 당국도 묵인하고 있어 날로 피해 규모가 커지고 있다.

반유대주의는 원래 예수를 십자가에 못박은 유대민족에 대한 반감에서 시작된 것으로, 최근 유럽에서는 유대인을 자기들의 땅에서 몰아내려는 극우 민족주의적 움직임으로 살아나고 있다. 러시아의 반유대주의는 여기에 정치적 이유가 더해진 것이다.

포그롬(파괴, 학살)이라 불리는 이 유대인 학살은 1881년 차르 알렉산드르 2세의 암살 당시 처음 시작됐다. 당시 암살자와 관련된 유대인이 한 명 관련됐다는 이유만으로 전국 200개 도시와 마을에서 유대인이 공격을 당했다.

포그롬은 2년 전 다시 기승을 부리기 시작했고, 최근에는 유대인이 10월 혁명과 관련되어 있다는 소문과 함께 격렬한 양상으로 변했다. 주로 전과자, 불량배, 깡패와 재정파산자들로 구성되어 있는 극우단체들은 "나는 10월 혁명만 생각하면 짜증이 난다"던 니콜라이 2세가 '혁명에 대한 백색테러'를 목적으로 조직한 것이다. 이 단체의 유대인 학살을 경찰이 묵인하고 있는 것도 이런 이유 때문이다.

간편해서 좋다! 햄버거 등장

〈1904년 미국〉 "같이 먹으면 더 맛있다!" 세인트루이스 박람회장에서 햄버거가 새로운 명물로 떠오르며 대유행이다. 원래 이름은 햄버거 스테이크지만, 고기를 접시 위에 올려놓고 썰어 먹는 것이 아니라 샌드위치처럼 빵 사이에 다진 고기를 넣고 먹기 때문에 스테이크자는 떼고 그냥 햄버거로 불린다.

이 햄버거는 본래 독일 함부르크 지방의 음식으로, 햄버거라는 이름도 함부르크가 변한 것이다. 함부르크 지방의 가난한 사람들은 질 나쁜 쇠고기를 좀더 맛있게 먹기 위해 고기를 다지고 양념을 가해 구워서 야채와 함께 먹었다. 이것이 독일 이주민을 따라 미국으로 전래되면서 빵 사이에 끼워 먹는 간편식으로 변한 것이다.

시베리아를 철도로!

유럽에서 아시아를 육로로 갈 수 있게 됐습니다! 서쪽의 모스크바에서 동쪽의 블라디보스토크까지 장장 9천여 킬로미터를 달리는 대륙횡단 철도.

"만주를 경유하는 이 철도가 조금만 일찍 개통됐더라면 러일전쟁의 역사는 달라졌을 것이다."

1905년 시베리아 국영철도회사

세계사 신문

아인슈타인, 뉴턴역학에 정면도전

"시간-공간의 크기는 상대적" 상대성이론 발표로 물리학계 발칵

〈1905년 스위스〉 열차가 달리고 있다. 열차 안 한가운데 사람이 서 있다. 그의 앞뒤로 같은 거리를 두고 있는 곳에서 동시에 빛을 발사했다. 물론 두 빛은 그에게 동시에 도달한다. 하지만 열차 밖 언덕에서 이를 바라보고 있던 사람에게는? 놀랍게도 두 빛은 그에게 동시에 도달하지 않는다! 그는 열차 진행방향으로 이동하고 있기 때문에 그쪽에서 오는 빛이 먼저 그에게 도달하는 것이다.

26세의 청년, 그것도 대학의 물리학 전공자가 아니라 베른 시의 일개 특허국 직원에 불과한 아인슈타인이 〈운동하는 물체의 전기역학에 대해〉라는 짧은 논문에서 내놓은 '특수상대성이론'이다.

이 이론은 별것 아닌 것처럼 보이지만 이 속에 담겨 있는 과학적 의미는 실로 대단해 과학계가 엄청난 충격에 휩싸여 있다. 한마디로 지금까지의 뉴턴역학적 세계관이 일거에 허물어졌다. 뉴턴역학은 물질과 우주가 마치 정밀한 기계처럼, 언제 어디서 보아도 일정하게 움직인다는 것을 전제로 하고 있다.

그런데 아인슈타인의 주장은 시간의 길이도 공간의 크기도 모두 관측자가 속한 계(界)에 따라 상대적이라는 것이다. 더구나 별개처럼 생각돼 왔던 시간과 공간은 사실 서로 연관돼 있다고 한다. 아인슈타인은 이를 설명하기 위해 시공간(時空間)이라는 초유의 개념을 만들어냈다.

아인슈타인은 여기에서 그치지 않는다. 질량과 에너지도 서로 상관관계를 맺고 있다고 한다. 그는 아주 단순한 공식 $E = mc^2$으로 질량에 빛의 속도의 제곱을 곱하면 그 질량이 변환될 에너지값이 나온다고 밝혔다.

20세기 벽두에 제기된 상대성이론으로 물리학계는 뉴턴 이후 부동의 진리로 여겨온 세계관을 전면수정해야 할 중대한 시점을 맞이하고 있다.

쌍둥이 패러독스

아인슈타인은 '사고실험'으로 추론하고 증명하는 것으로 유명하다. 그의 연구실에는 아무 실험도구도 없다. 유일한 실험도구는 그의 머리. 이 중에 생긴 재미있는 패러독스 하나.

만약 쌍둥이 형제 중 하나가 우주선을 타고 빛에 가까운 속도로 날아갔다고 하자. 상대성이론에 따르면 지상의 형제가 우주선에 탄 형제의 시계를 볼 때 자기 것보다 느리게 간다. 지상의 형제가 빨리 늙게 된다!

한편 우주선의 형제는 자신은 멈춰 있고 지구가 마치 빛에 가까운 속도로 움직이고 있는 것으로 보인다. 따라서 마찬가지로 자신이 빨리 늙는다. 한참 뒤 둘이 만나게 되면 어느 쪽이 더 늙었을까.

〈나비부인〉 초연

〈1904년 2월 이탈리아〉〈마농 레스코〉 등을 작곡한 이탈리아의 자코모 푸치니(46세)가 새 작품 〈나비부인〉을 선보인다. 미군 핑커튼이 나가사키의 아가씨 쵸쵸상을 사랑했다 배신한다는 줄거리. 개항 이후 일본에 오는 미국인들이 이국적 생활에 매력을 느끼지만 동양의 정서를 이해 못 하고 사랑도 장난으로 여긴다는 메시지.

3막. 사랑의 이중창 '평온한 밤'(1막), 프리마돈나의 격정적이며 애절한 소프라노곡 '어떤 개인 날'(2막), 수병들의 '허밍 코러스'(3막)가 압권.

이 한 권의 책 ■ 고리키 소설 〈어머니〉

"자식사랑 넘어 혁명의 어머니로"

"변두리 노동자 부락. 기름냄새에 찌든 새벽녘. 공장의 사이렌이 울린다. 사람들은 잠이 덜 깬 얼굴로 질겁을 한 벌레처럼 어두컴컴한 거리로 기어나온다. 그들은 병든 거리를 지나 높은 담장이 쳐진 우리 같은 공장 속으로 들어간다."

망명중인 고리키가 최근 작 〈어머니〉에서 고발하는 러시아노동자들의 삶이다. 이것은 운명인가. 고리키는 단호하게 말한다. 아니라고. 오히려 노동자의 운명은 이런 비인간적인 자본주의를 뒤엎는 혁명운동이라고.

그런데 왜 하필 노동자가 아니라 '어머니'일까. 소설 속에서 노동자 파벨 블라소프는 파업투쟁의 선두에 서다 감옥으로 간다. 그러나 주인공은 그가 아닌 그의 어머니. 아들과 동료들보다 앞장서서 민중의 어머니로 거듭난다. 발간되자마자 요즘 유럽노동

자들 사이에서 선풍적인 인기다.

하지만 아무리 봐도 고리키의 〈어머니〉는 보통 어머니는 아니다. 추운 겨울 감옥 가는 아들 앞에서 눈물을 흘리기보다 투사로 변신하는 어머니가 이 세상에 몇이나 될까. 사회주의자들은 이것이 '혁명투사의 전형'이라고 한다. 하지만 '어머니의 전형'이라고 하기는 힘들 듯.

갤러리 ■ 로댕의 〈생각하는 사람〉

〈1904년 프랑스〉 "바위 위의 벌거벗은 사내는 무슨 생각을 하는 걸까?" 프랑스 조각가 프랑수와 르네 로댕(64세)이 최근 완성한 〈생각하는 사람〉. 24년 전 정부 의뢰로 제작하던 〈지옥문〉의 일부를 독립된 작품으로 만든 것. 단테의 〈신곡;지옥편〉에서 영감을 얻어 인간고뇌와 비극을 바라보는

시인 단테를 형상화했다. 그간 건축물의 장식적 요소에 머물던 조각을 독립된 예술분야로 발전시킨 로댕의 이 〈생각하는 사람〉은 인물의 본질을 생생하면서도 탁월하게 묘사했다.

▋internet 세계사 여행

▶미국식품의약국 http://www.fda.gov/ FDA 공식 사이트 ▶아인슈타인 온라인 http://www.westegg.com/einstein/
▶전함 포템킨 http://www.cinemaweb.com/ silentfilm/25bpotem.htm 무성영화를 모아놓은 사이트의 일원. 영화 개요에서 화상자료, CD 또는 DVD 구입까지
▶푸치니 링크 http://www.puccini.it/

세계사 신문

"여성은 인간의 최후 식민지"

여성 선거권 투쟁 격렬…방화 등 게릴라식 투쟁도 불사

〈1907년 2월 13일 런던〉"우리는 우리의 행동을 변명하기 위해 이 자리에 선 것이 아니다. 우리는 어제가 우리들의 위대한 날이었다고 생각한다."

여성사회정치동맹(WSPU)의 지도자인 에머린 팬크허스트의 목소리가 56명의 여성들이 함께 피고로 선 법정에 울려퍼졌다. "우리는 우리의 목숨을 걸고 싸울 것이다."

이들은 어제 국회의사당 주변에서 여성의 동등한 투표권을 요구하며 기습시위를 벌이다 끌려온 여성 참정권자들이다.

시위대는 어제 낮 런던홀에서 여성의회 수립을 선포하고 참정권을 요구하는 진정서를 작성해 이것을 웨스트민스터 의사당에 있는 '남성 대표들'에게 전달하려는 행진을 벌였다. 하지만 기마 경찰들의 진압에 가로막혀, 다섯 시간의 격렬한 대치끝에 팬크허스트를 포함한 대표자 전원이 체포되고 말았다. 경찰망을 뚫고 하원에 도착한 15명도 모두 체포됐다.

이번 시위를 주도한 WSPU는 지난 1903년 팬크허스트에 의해 창설된 여성 참정권 운동단체다. "말보다는 행동"을 표방하며, 방화와 투석, 교도소 안에서의 단식투쟁과 같은 게릴라 방식의 치열한 운동을 펼쳐왔다.

지도부 가운데 한 명인 에니 케니는 "프랑스에서는 여성 참정권을 반대하는 의원들의 봉급을 깎자는 운동이 벌어지고 있으며, 미국의 일부 주에서는 이미 여성 투표권을 인정했

격렬히 타오르고 있는 여성 참정권자들의 시위.

다"면서 "만일 이번 회기에도 투표권을 주지 않는다면, 다음에는 1천 명의 여성이 의회에 진입하는 투쟁을 벌일 것"이라고 밝혔다.

오스만 투르크 '기지개'

청년투르크당 봉기…정치개혁 등 파란불

〈1909년 4월 오스만 투르크〉아시아 최초로 헌법을 제정했으나 술탄에 의해 헌법이 정지되는 등 진보와 반동을 거듭하던 오스만 투르크에 마침내 혁명의 바람이 찾아들었다.

혁명의 주역은 젊은 장교들을 주축으로 하는 청년투르크당 세력. 아흐메트 니아지, 엔웨르 베이 등은 지난해 7월 쿠데타를 일으켜 술탄 압둘 하미드 2세로 하여금 "30년간 정지됐던 헌법 복원" "자유선거 실시" 등을 선언케 했다. 청년투르크당(Young Turks)은 그러나 최근 낡은 정치세력, 보수적 교회 등의 지지를 받은 일반군인들이 수도 이스탄불에서 반혁명폭동을 일으키자 이를 진압하고 정권을 장악, 아예 압둘 하미드를 폐위시키고 새 술탄으로 메흐메트 5세를 추대했다. 메흐메트 5세는 헌법복원과 권력분립 등 정치개혁을 약속했다.

청년투르크당은 지난 1889년 사관학교의 청년장교와 이스탄불 대학의 학생들이 조직한 비밀결사대로, "유럽은 내정간섭을 그만두고 술탄은 입헌정치를 실시하라"고 주장해왔다. 보스니아와 헤르체고비나가 오스트리아로 넘어가고 불가리아의 독립 등 유럽의 간섭과 술탄의 무능한 전제정치로 오스만 투르크의 존재 자체가 위협당하고 있다는 인식 때문이다.

사상 최장, 최악의 자동차 경주

〈1907년 북경-파리〉사상 최장, 최악의 자동차 경주가 펼쳐졌다. 중국 수도 북경에서 프랑스 파리에 이르는 장장 1만 3천 킬로미터를 2개월에 걸쳐 주파하는 레이스에는 중간중간 인간의 한계를 시험하는 난코스가 즐비했다. 사진은 레이스 도중 진흙탕 속에 빠진 자동차를 여러 사람들이 달려들어 꺼내고 있는 모습. 최종 우승컵은 62일 만에 완주한 이탈리아의 보르기스 왕자가 차지했다.

세계사 신문

긴급조명 ▌유럽의 '식민지 쟁탈' 지도

"어디든 건드리면 터진다" 3국동맹-3국협상 등 실타래

세계지도를 펼치고 케이프타운·카이로·캘커타를 연결해보자. 아프리카와 아시아에 걸치는 거대한 선이 그려질 것이다. 영국의 식민지들을 잇는 이 선은 세 도시가 C로 시작되기 때문에 흔히 '3C선'으로 불린다.

이번엔 베를린·비잔티움(이스탄불)·바그다드를 이어보자. 3C선에 비하면 형편없이 짧은 이 '3B선'은 독일의 해외진출로이다. 영국에 비해 독일의 세력권이 이처럼 초라하기 짝이 없는 이유는 자본주의 발전이 늦어 식민지 확보 경쟁에 뒤늦게 뛰어들었기 때문이다.

3B선은 3C선을 노려보고 있다. 순수 게르만 혈통을 자랑하는 독일인은 게르만 방계(傍系)인 영국 앵글로색

슨을 추월하고 말겠다는 집념이 강하다. 전통적으로 발칸 반도에서 오스만 투르크와 경쟁해왔던 오스트리아가 그 형제국으로 보조를 맞추고 있다.

문제는 러시아가 페트로그라드와 페르시아 만을 잇는 '2P선'을 긋고 발칸과 중동에서 독일과 대립하고 있다는 점이다. 이 후발 자본주의 국가들끼리의 경쟁은 발칸 반도에서 범게르만주의와 범슬라브주의의 충돌로 나타나고 있다.

러시아는 독일을 견제하기 위해 영국·프랑스와 협상관계를 맺었다. 이른바 '3국협상'이다. 이에 대해 아프리카에서 프랑스에게 튀니지를 빼앗기고 이를 갈던 이탈리아가 독일·오

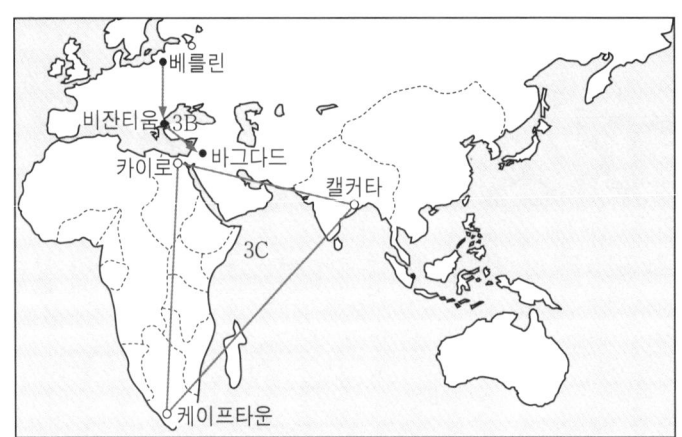

스트리아 쪽에 붙었다. 이것은 '3국동맹'으로 불린다.

식민지 쟁탈을 놓고 3 대 3으로 마주보는 두 진영은 과연 서로를 향해

불을 뿜을 것인가? 오늘도 '유럽의 화약고' 발칸 반도는 그 뇌관을 안은 채 내연하고 있다.

▶참조기사 28호 1면

AP vs UP

통신사 경쟁 치열

〈1907년 미국〉 60년 전통의 AP(Associated Press) 통신에 강력한 맞수가 등장했다. 지난 6월 19일 뉴욕 언론인 스크립스가 '한 단계 빠른 뉴스 서비스'를 모토로 한 석간 전문의 UP(United Press) 통신사를 설립했다.

AP통신이 미국내 여러 신문사들의 발행부수의 비율에 따라 경비를 분담하는 협동조합형식의 비영리단체인 반면, UP는 상업통신을 표방하며 '빠른 뉴스'뿐 아니라 선정적인 뉴스도 전혀 거리낌없이 타전하는 등 공격적인 경영에 나서고 있다. AP측은 UP에 무분별한 경쟁행위를 지양해줄 것을 요구하면서도 회원사들의 이탈을 우려해 통신장비를 강화하고 인력을 늘리는 등 대책마련에 나서고 있다.

화제 ▌과학적 통계가 세상을 바꾼다

마셜, 과학적 분석 제시하며 정치권에 사회복지 설득
학교무료급식법 실시…연금법 등도 뒤따를 듯

〈1907년 영국〉 앞으로 영국 각급 학교의 학생들은 점심식사를 학교에서 무료로 제공받게 된다. 1905년에 출범한 자유당 내각이 마침내 '학교 무료급식법'을 통과시킨 것이다.

수상 애스퀴스는 이번 법률을 필두로 해서 앞으로 노인연금법, 직업소개소법, 국민보험법 등 획기적인 사회보장제도를 만들어나갈 예정인 것으로 알려졌다.

이는 최근 영국국민의 약 30퍼센트가 절대빈곤 상태에 있다는 조사가 발표된 데 충격받아 마련된 조치다. 그동안 빈민에 대한 여러 가지 지적이 있어왔지만 보수적인 토리당은 미봉적인 구제조치만 가끔씩 논의했을 뿐이다.

이번 사회보장법안을 강력하게 주장한 사람은 경제학자 알프레드 마셜이다. 그는 "빈곤은 해결될 수 있는

문제"라는 지론을 갖고 있는 것으로 알려졌다. 하지만 정작 정치인들의 마음을 움직인 것은 그의 의견보다도 그가 제시한 정확한 통계자료였다는 것이 정가의 여론이다. 이에 따라 20세기는 바야흐로 정치와 경제도 정밀한 과학적 분석에 의해 운영돼야 한다는 지적이 설득력을 얻게 됐다.

휴지통 ▌대통령 암살과 들소사냥의 차이

○…통신사가 전세계 뉴스를 앞다퉈 공급하고 있는 요즘, 로이터 통신사에서 웃지못할 사건이 일어났다.

○…통신사 사이의 전문은 최소한의 단어를 사용하는 것이 일반적인데

1901년 어느 날 런던 로이터 통신에 미국으로부터 "Mckinley shot buffalo"라는 지급전문이 도착했다. 편집부의 젊은 기자는 "매킨리 대통령

이 야생 들소를 쐈다고? 별로 중요하지도 않은 기사를 지급으로 보냈군"이라며 휴지통에 넣으려고 했다.

○…바로 이 순간 옆에 있던 베테

랑 기자가 "잠깐만" 하고 외쳤다. "그건 Mckinley was shot in Buffalo(매킨리가 버펄로 시에서 저격당했다)를 줄여 쓴 것이 아닐까." 과연 이것은 사실이었고 특종 뉴스가 됐다.

"라이트 형제, 지금 무슨 짓을 하는 거요"

군용기 개발 거금제의 수락…비행 도중 부상

〈1908년 9월 17일 미국〉 미육군이 야심적으로 추진하던 군용 비행기 개발 계획이 인명사고를 일으키며 기우뚱거리고 있다. 오늘 오후 5시 20분경, 버지니아의 포트마이어에서 실시된 군용 비행기 성능실험 도중, 연병장 주위를 돌던 비행기가 75피트 상공에서 갑자기 추락하는 사고가 발생했다. 이 사고로 조종사 오빌 라이트가 중상을 입고 병원으로 옮겨졌으며, 함께 탑승했던 미육군 통신대의 토머스 셀프리즈 중위(26세)가 사망했다.

이번 비행은 라이트 형제가 지난달 완성한 군용 비행기를 테스트하기 위한 것으로, 미육군은 올 2월 이들에게 군사적 목적으로 사용할 수 있는 비행기를 개발해달라고 의뢰했었다. 5년 전인 1903년 처음 비행기를 개발해 세계적 명성을 날린 라이트 형제는, 육군을 위해 시속 64킬로미터의 속도로 1시간 이상 비행이 가능하며 짐마차로도 수송할 수 있는 크기의 비행기를 개발해주는 대가로 거금 2만 5천 달러의 거액을 받았다.

오늘 사고는 두 개의 엔진을 단 비행기가 이륙한 후 연병장 주위를 세바퀴 돌다가 벌어졌다. 갑자기 왼쪽 프로펠러의 날개가 부러진 비행기는 2천 명의 관객이 지켜보는 가운데서 추락했고, 셀프리즈 중위는 두개골이 파열되어 오후 8시 10분경 사망했다.

이 사고에 대해 일각에서는 "하늘을 날고자 하는 인간의 꿈을 전쟁의 도구로 사용하려고 하는 미육군이 일으킨 사고"라며 비판의 칼날을 세우고 있다. 하지만 국방장관 루크 라이트는 "육군 항공술 실험을 중단하지 않을 것"이라며 눈도 깜짝하지 않는 태도.

간디, 비폭력 저항운동 진두지휘

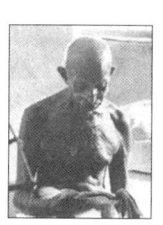

〈1907년 남아프리카〉 인도인에 대한 차별대우에 항의하는 비폭력 저항운동이 벌어지고 있다. 지난해 트란스발에서 발효된 굴욕적인 인도인 등록법에 대해, 등록거부로 나타나고 있는 이 운동은 서른아홉 살의 젊은 변호사인 간디가 이끌고 있다.

'사티아그라하(진실에의 헌신)'라는 이름으로 불리는 이 운동은 폭력에 대해서는 비폭력으로, 제국주의 권력에 대해서는 비협력으로, 불의에 대해서는 정의로 대응하자는 것이다. 1860년대 영국 식민지에서 노예제가 폐지된 이후, 남아프리카에는 흑인 노예 대신 값싸게 부릴 수 있는 인도들이 대거 이주해 있는 상황. 하지만 노예와 다를 바 없는 비참한 처지다. 간디는 이런 상황을 언론과 대중연설을 통해 영국과 인도에 호소함으로써 인도인들의 신뢰를 얻고 있다.

14년 전 한 인도인 회사의 변호사로 고용되어 남아프리카를 찾아온 간디는 인도인에 대한 차별을 몸소 겪은 인물. 1등칸 차표를 가지고도 열차에서 쫓겨나는가 하면, 마차에서 백인에게 자리를 양보하지 않았다는 이유로 두들겨 맞기도 하고, 법정에서 터번을 벗으라는 명령을 거부하자 강제로 퇴장당하기도 했다.

이 사람

대한제국에 대한 일본의 침략으로 을사보호조약이 맺어진 후, 대한제국민중들의 항일투쟁이 치열하게 전개되고 있다.

이준 열사(왼쪽)와 안중근 의사.

이준 열사
만국평화회의 참석 좌절 울분 이기지 못하고 순국

〈1907년 네덜란드〉 헤이그에서 제2차 '만국평화회의'가 열리고 있는 가운데, 대한제국을 침략한 일본을 규탄하고 독립에 대한 열강의 지원을 얻기 위해 고종이 파견한 밀사 이준이 현지에서 순국했다. 이위종, 이상설 등과 함께 헤이그에 도착한 이준은 대한제국 대표로 회의에 참석하게 해달라고 요구했으나, "대한제국은 이미 일본의 보호국이므로 참석할 수 없다"는 답변을 듣고 통분을 참지 못하다 목숨을 잃고 말았다.

안중근 의사
이토 히로부미 저격 살해 "나는 전쟁포로" 기개

〈1911년 3월 26일 하얼빈〉 이토 히로부미(68세) 일본 추밀원 원장을 살해한 대한제국의 독립투사 안중근(32세)이 오늘 여순 감옥에서 처형됐다. 안중근은 지난 1909년 10월 26일, 중국 하얼빈을 방문한 이토 히로부미를 저격, 살해한 후 일본 법정에서 사형을 선고받았다.

그는 재판정에서 "이토는 대한의 독립주권을 침탈한 원흉이며 동양평화의 교란자"라면서 "나는 한국의 병 참모중장으로 독립전쟁을 했고, 참모중장으로서 이토를 죽였으니 이 법정에서 취조받을 이유가 없다"고 주장, 자신을 전쟁포로로 대우해달라고 요구했다. 한국민중들은 안중근을 비폭력적으로 항일운동을 전개하는 열사와 구별해 의사로 부르며 뜻을 기리고 있다.

휴지통 ■ 술 먹고 싸우고, 술 때문에 싸운다

〈1909년 미국〉 ○…청교도의 나라 미국이 술과의 전쟁에 들어갔다. 메인 주를 비롯, 금주법을 시행하는 주가 급속히 늘어나고 있는 것이다. 테네시 주는 술의 제조와 판매를 전면금지시켰으며, 오하이오 주와 콜로라도, 뉴욕 주는 대부분의 술집을 폐쇄시켜 버렸다.

○…본래 금주운동은 금욕과 노예제 폐지를 주장하는 1800년의 신앙부흥운동에서 비롯되었다. 이것이 최근 술 소비량과 함께 부도덕한 행실이 정비례해 늘어나면서 남자들 뒷바라지에 지쳐버린 여자들을 중심으로 부활한 것이다. 특히 이런 경향은 중서부와 서부에서 두드러져, 캔자스의 금주당은 술집마다 도끼를 들고 쳐들어가서 "쳐라 쳐, 저 계집들(술집 종

업원), 쳐!" 하고 고함을 지르며 판매대와 술병, 술잔, 거울, 테이블을 닥치는 대로 박살내버리기까지 한다.

○…금주법을 환영하는 이들은 노동자들이 과음으로 일을 못하는 경우가 없기를 바라는 공장주들. 하지만 "노동자들의 평균 연수입인 768.54달러 가운데, 술값은 담배값과 거의 비슷한 12.44달러에 불과하다"며 금주법에 반대하는 목소리도 적지 않다. 아무튼 술 먹고 싸우고, 술 먹지 말자고 싸우고, 술이 문제인 것은 틀림없어 보인다.

세계사 신문

영화 '황금알 낳는 거위'로

관객 폭발적 증가에 제작사 등 설립붐…표현기법도 갈수록 세련

〈1909년 미국〉 19세기 말 뤼미에르 형제에 의해 처음 선보였던 영화가 새로운 산업으로 발돋움하고 있다. 최근 보도에 따르면 지난해 전세계 영화산업의 총규모는 4천만 달러에 달하는 것으로 나타났다. 제작, 보급, 상영으로 분업화된 영화산업에 종사하는 인원은 최소 10만 이상. 등장인물이 수백 명인 영화들도 선보이고 있다.

이같은 발전은 영화가 새 기법으로 많은 관객을 끌어들이고 있기 때문이다. 저고속 촬영, 만화적 기법, 미니어처 등을 이용해 흥미를 배가시킨 데 따른 것이다.

세계적으로 각광받고 있는 영화인은 프랑스의 멜리에스와 샤를 파테, 미국의 토머스 탤리, 독일계 유대인 카를 라에믈레 등이다.

멜리에스는 1897년 파리 근교 몽트뢰이유에 세계 최초의 영화 전문제작 스튜디오를 설립해 '달나라 여행'(사진) 등을 제작했다. 탤리는 1902년 미국 최초로 로스앤젤레스에 극장을 세웠으며, 라에믈레는 1906년 화이트프런트극장을 설립해 영화 대중화에 크게 기여하고 있다. 라에믈레는 1니켈(5센트)로 영화를 감상할 수 있는 체인 '니켈로디언'을 설립했는데 지난해 미국내 니켈로디언은 6천 군데에 이른 것으로 나타났다.

영화산업은 이제 중국 상해에 '아세아영희공사', 대한제국 서울에 '광무대'라는 영화사가 세워질 만큼 전세계적인 산업으로 발돋움하고 있다.

▶참조기사 26호 4면

화제 ■ 파블로프 '조건반사론'

〈1907년 러시아〉 "땡땡땡" 종소리가 울리자 개가 침을 흘린다. 앞에 음식이 전혀 없는데도.

"반복학습으로 반사작용을 일으킬 수 있다"는 실험결과다. 러시아의 생리학자 이반 파블로프(58세·사진)는 개에게 먹이를 주기 전에 종소리를 내는 과정을 반복하면 먹이가 없이 종소리만으로도 침을 흘린다는 것을 밝혀냈다. 뇌의 조건반사작용 때문이라는 것이다.

일반적으로 반사작용은 눈앞에 갑자기 무언가가 나타났을 때 눈을 감는 것이나 뜨거운 것을 만졌을 때 순간적으로 손을 빼는 것처럼 생리적이다. 하지만 파블로프의 실험처럼 학습을 통해 조건반사가 일어날 수 있다면 뜻하지 않은 많은 일이 이루어질 수도 있으리라 전망된다. 특히 사람에게도 이 같은 실험이 가능할까 궁금해지는 대목이다.

화단 동향 ■ 피카소 〈아비뇽의 아가씨들〉

헤비급 새 챔피언에 잭 존슨

〈1908년 12월 미국〉 흑인이 캐나다에게 빼앗겼던 헤비급 권투 챔피언 타이틀을 탈환, 그간 흑인을 천대하던 미국인들로부터 영웅 대접을 받게 됐다.

30세의 흑인 복서 잭 존슨은 지난 4일 시드니에서 벌어진 토미 번즈와의 타이틀전에서 경찰이 중지시킬 만큼 번즈를 '두들겨 팬' 끝에 14회 KO로 승리했다. 존슨은 그간 백인 중심의 복싱단체들로부터 '왕따' 당해 왔으나 이번 승리로 이 같은 분위기를 일거에 쇄신했다.

〈1907년 프랑스〉 스페인 화가 파블로 피카소(26세)의 최신작 〈아비뇽의 아가씨들〉. 벌거벗은 채 도발적인 이 아가씨들은 얼굴과 목과 몸이 분해됐다 다시 조립된 듯한 모습이다. 자연을 그대로 모방하는 기존 2차원적 미술의 흐름을 거부, 대상을 분해하여 여러 측면에서 동시에 묘사하는 전혀 새로운 3차원적 화풍이다.

피카소가 아프리카 조각들을 보고 그 역동성에 감명받은 이후 그리기 시작한 이러한 그림들은 "입방체로 이루어진 그림 같다"는 앙리 마티스의 말을 따서 '입체파' 작품으로 불린다. 가로 2.5미터, 세로 2.3미터의 대형 캔버스에 유채.

internet 세계사 여행

▶페미니즘과 여성문제 링크 http://eserver.org/feminism/ ▶AP통신 http://www.ap.org/ AP통신의 역사, 뉴스 보기, 출판물 등
▶피카소 가상미술관 http://www.tamu.edu/mocl/picasso/ 피카소 후손들의 지원을 받는 사이트
▶잭 런던 선집 http://sunsite.berkeley.edu/London/Writings/ 잭 런던의 작품 텍스트를 검색해 읽을 수 있다.

3권 31호 1910-1912

[신해혁명]

세계사 신문

지금 한반도에선

1910년/ 한일합병, 총독부 설치
1911년/ 105인 사건
전국에 아카시아 심기 시작

세계 최고 제국에 마침내 공화제 깃발

무창봉기 이어 '신해혁명' 성공
2천년 왕조체제 종말 초읽기

〈1912년 1월 1일 중국〉 중국정세가 급박하게 돌아가고 있다. 작년(신해년)에 청조 타도와 공화제 수립을 외치며 '신해혁명'을 일으킨 혁명군이 중국의 남쪽 절반을 장악하고 남경에서 중화민국 임시정부를 출범시켰다. 6일 전 귀국해 임시대총통으로 선출된 손문(46세)은 새 국기인 오색기가 물결치는 가운데 "혁명시대의 정부"를 선언하고 민족과 영토의 통일, 열강의 중립을 대내외에 호소했다.

다급해진 청제국의 실권자 원세개(53세)는 손문의 대총통 취임을 "중국분열 음모"로 몰아붙이며 즉각적인 통일정부의 실현을 촉구하고 나섰다.

원세개는 신해혁명 직후 북양군벌의 힘을 앞세워 북경에서 쿠데타를 일으키고 실권을 잡은 인물이다. 그는 청 황제를 퇴위시키고 한족의 통일국가를 세우는 대신, 새 정부의 수반은 자신이 맡는다는 조건으로 혁명군과 협상을 진행해왔다.

취임식을 마친 손문은 일단 원세개와의 통일협상에는 응할 뜻을 밝혔다. 그러나 통일국체는 공화국임을 못박아 일각의 '입헌군주국' 안을 일축하고, 남경을 수도로 지목해 당분간 힘겨루기가 계속될 것으로 보인다.

이번 신해혁명의 봉화가 오른 곳은 지난해 10월 10일 무창에서였다. 청제

신해혁명 성공 후 혁명군 장군들과 기념촬영을 한 손문 부부.

국이 열강에 철도들을 사실상 팔아넘기자 사천에서 폭동이 일어났고, 정부의 진압에 동원된 신군(新軍)이 혁명조직인 문학사·공진회와 합세해 무창에서 봉기한 것이다.

손문·황흥 등 지도자들이 없는 상

황에서도 한 달 만에 전국 모든 성(省)에서 합세한 수백만의 혁명군중은 청제국뿐 아니라 2천년 왕조체제의 운명을 초읽기에 몰아넣어왔다.

▶참조기사 29호 2면

오스만 투르크 최대 위기

신생독립국들에 패배…강대국들도 속속 개입

〈1912년 12월 발칸〉 발칸의 신생독립국들과 오스만 투르크 사이에 벌어진 발칸전쟁이 개전 두 달 만에 오스만 투르크의 패배로 마무리됐다. 최근 독립국 연합대표인 불가리아와 투르크는 콘스탄티노플에서 만나 휴전협정에 조인했으며, 발칸에서 투르크의 영향력을 완전히 제거하고 새로운 질서를 구축하기 위한 강화회의를 런던에서 여는 데 합의했다.

세르비아와 그리스, 몬테네그로와

불가리아로 구성된 발칸 동맹국은 지난 10월 8일 전쟁이 시작된 후, 마케도니아의 카일러에 주둔하고 있는 투르크군 2천 명을 궤멸시킨 데 이어, 파죽지세로 콘스탄티노플 방어선을 무너뜨렸다. 게다가 세르비아군은 마케도니아의 디브라에서 투르크군을 몰아냈고, 몬테네그로군 3만 6천 명은

현재 투르크 영토인 스쿠터리에 집결해 있는 상황이다.

이들 발칸의 소국들은 4년 전 투르크가 보스니아와 헤르체고비나를 오스트리아에게 빼앗기는 등, 급격히 힘을 잃어감에 따라 투르크로부터 발칸의 영토를 빼앗을 수 있는 기회라며 전쟁을 일으켰었다.

현재 발칸의 정세는 휴전상태로 접어들었지만, 국제적으로는 러시아가 동맹국편을, 반면 오스트리아와 독일이 투르크편을 들고 있어 평화 무드와는 거리가 멀어 보인다.

게다가 영국과 프랑스도 발칸이 어느 강대국의 소유가 되도록 내버려두지 않겠다는 입장이어서 발칸의 불씨는 여전히 살아 있다는 것이 전문가들의 평이다.

대한제국, 일본 식민지로 전락 ▶관련기사 2면

세계의 표정 ■ 한일합병조약에 대한 각국 반응
미 "합병은 좋은 의도"…청만 동정적 분위기

대한제국이 결국 일본의 식민지로 전락하고 말았다. 이로써 일본은 서양 제국주의에게 개항을 강요당한 처지에서 일약 그들과 같은 침략국 대열에 올라섰다. 이에 대한 세계 각국의 표정을 살펴본다.

영 국
"러시아 남하 막아 다행"

〈타임스〉, 〈모닝 포스트〉 등 유력 일간지들은 대체로 일본에 호의적인 논조를 보이고 있다. 이는 영국이 러시아의 남하에 부쩍 신경을 써온 것에 비추어 일본의 한국병합이 러시아 남하 저지에 도움이 될 것으로 판단했기 때문으로 풀이된다. 이와 함께 외무대신의 "대한제국에서의 외국인의 권리가 보장돼야 할 것"이라는 논

평을 비중있게 다루는 등 국익을 우선시하는 태도를 드러냈다.

미 국
"필리핀은 우리 것" 안도

미국정부는 한일합병이 좋은 의도를 가진 것이며 대한제국국민의 행복을 위한 것이라고 지지를 표명했다. 언론들은 이 참에 대한제국의 경제도 개발해야 한다고 권고하는 한편 한일합병이 일본의 필리핀에 대한 관심을 대륙 쪽으로 향하게 하는 계기가 될 것이라며 환영하는 분위기다.

청
유일하게 동정적 분위기

특히 대한제국과 국경문제가 있던 청정부는 강국이 된 일본과 새로이 국경분쟁이 발생할까 우려를 나타내고 있다. 언론들도 대한제국의 병합에 동정을 나타내며 청이 대한제국의 전철을 밟아서는 안 된다며 다짐하는 모습이다. 특히 만주와 몽골이 대한제국의 뒤를 따르지 않도록 유의할 필요가 있음을 강조하고 있다.

러시아
"이미 러일전쟁 때 승인"

러시아언론들은 "이미 러일전쟁에서 결정된 것이 실행된 것뿐"이라는 논조다. 포츠머스조약에서 열강들이 일본의 대한제국 병합을 사실상 승인했으므로 러시아로서는 따를 수밖에 없다는 것이다.

"혁명훼손 땐 언제든 투쟁"

〈1912년 4월 중국〉 남북협상 끝에 원세개를 대총통으로 한 중화민국이 북경에서 정식 출범했다. 쓸쓸히 임시대총통직을 사임한 손문을 남경에서 만났다.

— 봉건군벌인 원세개에게 총통자리를 양보하지 말았어야 했다는 지적도 있는데….

"그들(군벌)이 청제국 지배의 종식과 공화제 수립이라는 혁명의 대의에 동의하는 터에 힘에 벅찬 군사대결을 벌일 순 없었소. 어쨌든 우리 지도이념인 삼민주의 가운데 '민족'과 '민권'은 달성된 거 아니오? 나는 이제 남은 '민생' 과제에 주력할 셈이오."

— 열강 침략은 민족에, 군벌 원세개는 민권에 장애 아닌가요?

"열강에게 '중립을 지켜달라, 안 그러면 적대하겠다'고 경고했소. 어쨌든 그들은 공화국 수립을 방해하진 않았소. 군벌도 어디까지나 공화국의 틀 안에 있고. 만약 이들이 혁명의 성과를 해친다면 그냥 있지 않을 것이오."

— 혁명진영도 이제 의회정당으로 탈바꿈해야 한다는 주장이 나오는 걸로 압니다만….

"송교인이 동맹회를 공개적인 대중정당(국민당)으로 만들자고 합디다. 공화국이 됐으니 선거에 참여하고 의회에도 진출해야죠. 그렇다고 안심할 단계는 아니오. 민주주의가 정착될 때까진 경계를 늦추지 않을 것이오."

손문이 어떤 난관에도 굴하지 않고 '중국혁명'을 안전궤도에 올려놓을 수 있을지 내외의 관심이 모아지고 있다.

영국 vs 독일 해군 군비경쟁 가속화

〈1912년 영국〉 '아무것도 두렵지 않다'는 뜻의 드레드노트(Dreadnought) 호 수백 척이 영국 앞바다를 가득 메우고 있다. 영국이 개발한 이 전함이 소름끼치게도 독일제국 함대의 기를 달고 함포를 영국으로 겨누고 있다. 영국인들은 일제히 비명을 질렀다.

물론 이것은 현실이 아니다. 최근 영국-독일간의 4년에 걸친 해군 군축교섭이 결렬되고 독일이 독자적으로 해군력 강화에 나서자 〈런던뉴스〉 지가 '가까운 미래의 독일함대'란 제목으로 내보낸 기사의 삽화다.

독일해군이 이처럼 영국인의 공포심을 자극하고 있는 것은 해군이야말로 영국의 생존과 번영을 지키는 최후의 보루이기 때문. 16세기 스페인 무적함대와 19세기 나폴레옹군의 도전을 격퇴한 해군이 있었기에 영국은

영토를 수호하고 일등 산업국으로 앞서갈 수 있었다. 이 점을 잘 알고 있던 독일은 영국을 제치려면 해군력 증강에 나서지 않을 수 없었던 것.

문제의 〈런던뉴스〉 지 삽화. 1906년에 개발된 드레드노트 호는 사정거리 12킬로미터 이상인 12인치 대포를 10문이나 갖춘 전대미문의 대함정으로 현재 여덟 척이 추가 건조중이다.

전문가들은 독일의 해군력 증강이 아무리 신속해도 가까운 시일내에 세계 최강 영국해군에 대적할 수준에는 이르지 못하리라는 데 동의한다. 문제는 오히려 두 강국 국민의 심리적 압박감이며, 현재와 같은 '인화성' 정국에서 그것은 자칫 돌이킬 수 없는 폭발력으로 작용할 수도 있다는 것이다.

▶참조기사 30호 2면

"비바 멕시코"

판초 빌랴 등 봉기…미국은 사태 예의주시

〈1911년 5월 25일〉 디아즈 대통령의 30년 독재를 끝장내기 위해 일어난 멕시코 혁명이 6개월간의 치열한 전투 끝에 디아즈를 몰아내고 새로운 대통령 선거계획을 발표하는 것으로 한 고비를 넘겼다. 디아즈 전 대통령은 5월 21일 밤, 접근이 통제된 후아레스 세관의 계단 위에서 혁명군 지도자인 프란시스코 마데로와 만나 자동차 헤드라이트 불빛을 조명삼아 평화협정에 조인하고는 황망히 달아났다.

디아즈는 지난 1877년 대통령에 당선된 후부터 여섯 번의 대통령 선거에서 계속 재선된 인물. 81세의 고령이 된 지난해에도 대선에 나서 부정선거로 당선됐다. 디아즈는 30년간의 통치를 통해 멕시코를 근대화시키는 데는 성공했지만, 자본가에 대한 편파적인 우대정책으로 극심한 빈부격차를 만들어냈다.

반면 마데로는 지난해 디아즈의 재선에 반대하는 재선반대당 후보로 대선에 나섰던 인물. 하지만 디아즈가 선거 직전 그를 전격적으로 체포함으로써 정작 선거에는 참여하지 못했다. 그는 선거가 끝나고야 석방됐다.

멕시코 혁명은 이렇게 석방된 마데로가 미국의 샌안토니오로 옮겨가 스스로를 혁명정부의 대통령으로 선언하고 봉기를 호소하면서 시작됐다. 여기에 판초 빌랴와 같은 무장봉기군이 가세하면서 혁명이 본격화됐다.

한편 이번 혁명이 진행되는 동안 미국은 2만 명의 육군과 군함 두 척을 동원해 비상대기하고 있는 것으로 알려졌다. 이를 두고 미국이 남아메리카의 혼란한 정국을 틈타 세력을 뻗어오려고 하는 것이 아니냐는 의혹이 일고 있다.

초점 ■ 라틴아메리카의 기묘한 독재

군대 이용 쿠데타로 집권…자본가와 결탁 철권통치

"0퍼센트의 정치와 100퍼센트의 통치." 지난 30년간의 디아즈 통치를 평가하는 말이다. 협상이나 설득의 과정은 없고 오로지 상명하복식의 독재만 존재했다는 뜻이다.

그러나 이상하다. 멕시코는 선거와 의회가 존재하는 공화제 국가다. 어떻게 공화국에서 30년 독재가 가능했을까? 여기에는 라틴아메리카의 특수한 사정이 존재한다.

라틴아메리카 국가들은 대부분 1800년대 초 스페인으로부터 독립했다. 이 식민지 독립운동을 전개한 주역은 군대를 장악하고 있는 크리오요들이었다. 독립 이후 이들은 각 지역의 군벌로 성장해갔다.

이들은 집권자와 결탁, 경제적 특혜를 누리는 대신 독재정치를 떠받쳐주는 토대가 됐다. 결국 멕시코의 근대화는 소수의 특권계급과 다수의 빈곤층을 양산하는 기형적인 모습이 돼버리고 말았다.

이런 상태에서 정상적인 선거를 통해 장기 집권하기란 쉽지 않은 노릇. 선거 때마다 온갖 부정과 부패가 극성을 부리는 독재가 탄생하는 것이다.

초호화 유람선 타이타닉 침몰

〈1912년 4월 15일 영국〉 상상조차 힘든 해상사고가 발생했다. 세계 최대의 호화 여객선으로 '절대 침몰하지 않는다'던 타이타닉 호가 뉴욕으로 가는 도중, 어제 북대서양 뉴펀들랜드 근해에서 빙산과 충돌, 침몰했다. 배에 타고 있던 승객과 승무원 2340명 가운데 1595명이 사망하고, 부녀자와 어린이 등 745명만이 간신히 구조됐다.

생존자의 증언에 따르면 구명시설이 부족해 1등실 승객들부터 구명정에 타는 바람에 3등실에 탄 저소득층에 사상자가 많이 발생했다고 한다.

휴지통 ■ 잘 만든 무선통신, 열 경찰 안 부럽다

〈1910년 7월 31일 영국〉○…아내 토막살인범이 해외로 탈출하려다 선상에서 극적으로 검거됐다. 범인 체포의 1등공신은 사람이 아니라 무선통신.

○…크리펜은 정부(情婦) 르 네브와 눈이 맞아 놀아나다 아내에게 들키자 아내를 살해해 시체를 토막내 내다버렸다. 그러나 시신이 발견됨에 따라 검거령이 내려졌고, 크리펜과 정부는 부자(父子)로 위장, 캐나다행 여객선 몬트로즈 호를 탔다.

○…신문보도를 통해 사건을 알고 있었던 캔들 선장은 선상에서 행동거지가 수상쩍은 그들을 발견했다. 숙소

에 여자 속옷이 걸려 있는 것을 본 캔들은 그들이 범인임을 확신했다. 그러나 배는 이미 캐나다 영내로 들어갈 무렵. 다급해진 캔들 선장은 무선통신을 통해 영국 경시청에 신고했다.

○…결국 크리펜 일행은 급히 배를 타고 뒤따라온 경찰에 잡혀 쇠고랑 신세가 됐다. 무선통신의 위력이 실감나는 세상이다.

충격증언 ■

영국 여권운동가의 옥중 투쟁기

〈1910년 1월 영국〉 감옥에서 단식투쟁을 하고 있는 여권운동가들에게 강제급식이 실시돼 파문이 일고 있다. 다음은 왈튼 감옥에서 단식 나흘 만에 강제급식을 당한 콘스탄트 라이튼의 진술.

"저녁 6시쯤, 수석 의무관이 교도관 다섯 명과 함께 음식물 주입기구를 가지고 왔다. 그는 내게 음식을 먹으라고 했다. 나는 의회가 참정권을 주기만 하면 당장 단식을 중단하겠다고 말했다. 교도관 넷이 침대에 누운 내 팔과 머리, 발을 붙들고, 다른 한 명이 음식물을 내 입에 넣으려고 했

다. 나는 입을 꽉 다물었다.

그러자 입 벌리는 개구기(開口機)가 등장했다. 의무관은 입 안에 철제기구를 들이밀었다. 입을 약간 벌린 그는 의치를 발견하고는 의치가 있으면 뽑아야 한다고 했다. 의치 밑으로 기구가 파고드는 고통이 끔찍하게 계속됐다.

기구가 일단 벌어진 입 안으로 들어오면 다시 입을 다물 수 없다. 이렇게 되자 길이 1.2미터나 되는 굵은 호스가 목구멍으로 들어왔고 음식물이 주입됐다. 몸을 움츠리자 교도관들이 내 머리를 뒤로 젖히고 무릎을 눌렀다. 공포가 밀려왔다. 내 급식이 끝나고 나서, 동료 엘지 하우이가 갇혀 있는 옆방에서 강제 급식으로 끔찍한 비명이 들려왔다. 사방이 조용해졌을 때 나는 감방 벽을 두드리며 소리질렀다.

'무릎꿇고 살기보다…' 내 말이 끝나기도 전에 엘지의 목소리가 뒤를 받았다. '…서서 죽기를 원한다. 투쟁!'"

그림, 더이상 보이는 세계를 그리지 않는다

재현기능 외면 '추상화' 속속 등장…"대중과의 괴리" 비판도

〈1910년대 유럽〉 20세기 화가들은 더이상 있는 그대로의 사물을 그리지 않지만 그럼에도 칸딘스키가 최초로 선보인 추상화는 감상자들을 어리둥절하게 만든다. 최근 그가 발표한 이 그림을 보라. 마치 어린아이의 낙서 같다. 도대체 무엇을 그린 것일까.

프랑스 대혁명 이후 사회의 격변에 맞춰 그림도 그 기법과 표현양식에서 엄청난 변화를 보여왔다. 그러나 그 어느 유파도 칸딘스키처럼 사물의 형태를 완전히 무시하지는 않았다.

붓 가는 대로 막 그린 것일까. 물론 아니다. 칸딘스키가 보기에 사물의 재현을 통해 주제를 전달하는 것은 이미 낡은 기법. 이제는 그 누구도 시도해보지 않은 새로운 경지로 나가야 한다.

여기서 그는 음악적 감동을 화폭에서 재현하는 기법에 착안했다. 음악적 규칙 아래 화폭을 구성하는 것이다. 이를테면 수평선은 정적·고요함, 수직선은 정열·힘이다. 가운데 동심원 중 빨간색은 트럼펫의 세속적 소리를, 파란색은 파이프 오르간의 성스러운 소리를 나타내는 '음악적 기호'들이다.

자, 이제 이 그림의 제목이 〈코사

크인들〉인 이유를 알 것이다. 코사크 민속음악의 애닲으면서도 장중한 연주가 들려오는 듯하지 않은가.

대문호 톨스토이 사망

〈1910년 11월 7일 러시아〉〈전쟁과 평화〉〈안나 카레리나〉〈부활〉 등 세기적 걸작을 창출해냈으며 가난한 농민의 삶을 자신의 삶처럼 아파했던 작가 톨스토이가 오늘 아침, 아스타포보역의 역장 관사에서 영면(永眠)했습니다. 사인은 심장마비. 향년 82세. 지난달 29일 큰딸 알렉산드라와 주치의를 데리고 방랑의 여행길에 나선 지 8일 만의 일입니다.

러더퍼드, 원자모형 제시

〈1911년 영국〉 사물의 최소 원소로 알려져온 원자가 더 작은 물질들로 이루어져 있다는 주장이 나왔다. 물리학자 러더퍼드(40세)는 "방사선 연구를 하던 중 원자(atom)가 더 작은 알갱이로 이루어져 있다는 사실을 발견했다"며 원자의 모형을 제시했다.

러더퍼드에 따르면, 원자의 중심에는 양의 전기를 띠는 핵이 있고 그 주위를 음의 전기를 띠는 전자가 돌고 있다.

아르 누보 — 불꽃처럼 전통에 도전 20세기 '전위'

〈20세기 초 유럽·미국〉 최근 유럽과 미국을 휩쓴 신경향 예술 '아르 누보(art nouveau)'는 불꽃무늬를 좋아한다. 그래서 그런지 전통예술에 도전하며 불꽃처럼 타오르더니 불꽃처럼 빠르게 사그라지고 있다.

유겐트 양식(독일), 리버티 양식(이탈리아) 등으로 불리는 아르 누보는 회화와 조각뿐 아니라 건축·그래픽디자인 등 실용분야에서 독일화가 클림트, 미국공예가 매킨토시, 스페인 건축가 가우디 등 거장들을 배출해왔

구스타브 클림트, 〈베토벤 프리체〉(부분).

다. 지난 세기말부터 전통예술과 분리한다는 의미에서 '분리파(Sezession)'로 자칭해온 그들은 고급 화랑이나 왕궁 등에서나 만날 수 있던 미술을 일상적인 물건이나 장소로 끌어내렸다는 평가를 받아왔다.

그러나 이들의 장식예술은 자연에서 얻고자 노력해왔다. 불꽃·덩굴풀·담쟁이 등의 곡선과 물결무늬를 좋아하고, 고전적인 대칭보다 유기적이고 동적인 미를 선호한다.

평론가들은 아르 누보가 20세기적인 미술의 단초를 연 업적은 높이 평가받아야 한다고 입을 모은다.

휴지통 ■ 신성한 올림픽에 프로선수라니!

○…1913년의 썰렁한 1월, 스위스. 올림픽에서 프로선수에 대한 철퇴가 내려졌다. IOC가 지난해 스톡홀름 올림픽에서 10종경기와 5종경기를 석권한 미국 짐 도프 선수로부터 금메달을 모두 박탈하고 관련기록도 삭제한다고 발표한 것.

○…이유는 도프가 미국 노스캐롤라이나 마이너리그에서 주급 25달러를 받으며 프로야구선수 생활을 했다는 것. "순수한 아마추어 정신의 올림픽에서 프로란 있을 수 없다"는 게 올림픽 규정이란다.

○…IOC는 각 종목 2위 선수에게 금메달을 주겠단다. 2위 선수들은 그러나 "도프는 세계 최고의 선수다"라며 "그를 존중하는 만큼, 대신 금메달을 받을 수는 없다"고 거부했다.

---

internet 세계사 여행

▶사파티스타 홈페이지 http://www.zapatistarevolution.com/ 멕시코 인디언 출신 혁명가 사파타와 그를 계승한 사파티스타 혁명군에 관한 사이트 ▶칸딘스키 http://www.ibiblio.org/wm/paint/auth/kandinsky/ 칸딘스키 그림들과 약전 ▶세계의 잠수함 http://www.ussnautilus.org/ 역사상 존재한 모든 잠수함을 찾아볼 수 있다. 또한 전쟁관련 사이트들과 연계돼 있다. ▶타이타닉과 브리태닉 http://www.pbs.org/wgbh/nova/titanic/ 침몰의 원인과 발굴자들 이야기

세계사 신문

"오 하느님 이 전쟁을 거두소서"

인류 사상 최대 다국간 전면전 발발

〈1914년 8월 유럽〉 세계 각 대륙을 휩쓸던 유럽 각국의 군대들이 이제 자기 대륙을 누비고 있다. 뻘난 철모·암회색 군복에 무표정한 독일군, 푸른 상의·붉은 바지의 코디네이션에 '라 마르세예즈'를 목청껏 불러대는 프랑스군, 카키색 군복에 쌀쌀맞은 영국군이 뒤엉켜 기껏 일군 첨단 문명지대를 쑥대밭으로 만들고 있다.

지난 3일 독일군이 국경을 넘어 벨기에로 진격하면서 발발한 유럽 대전의 풍경이다. 파리를 향해 떠나는 이 군대에게 빌헬름 2세는 자신만만하게 연설했다. "낙엽이 지기 전에 돌아올 수 있을 것이다." 그러나 8월 말 현재 오히려 프랑스군이 독일로 진격하고 있다. 독일군은 파리 근교에서 발이 묶여 있고 동부전선에서는 러시아가 으르렁대고 있다.

지난 7월 한 달 전 유럽을 뒤흔든 끝에 터진 이 전쟁은 6월 28일 보스니아의 사라예보에서 일어난 오스트리아 황태자 페르디난트 부부 암살사건

독일군의 포격을 피해 참호를 파고 이동중인 영국군대.

에서 발단했다. 범인인 슬라브 청년 프린치프가 오스트리아의 보스니아-헤르체고비나 점령에 항의하는 세르비아 정보부원으로 밝혀지자 오스트리아는 세르비아에 선전포고를 했다.

그러자 세르비아의 슬라브 형제국인 러시아가 대 오스트리아 총동원령을 내렸고, 오스트리아의 동맹국인 독일과 러시아의 협상국인 프랑스·영국이 줄줄이 전쟁에 뛰어들었다.

참전 직후 영국의 키치너 원수가 "이 전쟁은 수백만 명을 죽이고 10년을 끌고서야 끝날 것이다"라고 한 말이 사실로 드러나고 있다.

▶참조기사 30호 2면

일본 "전쟁아 너 반갑다"

국제정세 혼란 틈타
중국 독차지 야욕
21개조 요구

〈1915년 1월 18일 중국〉 일본이 산동반도를 거점삼아 중국을 독차지하려 하고 있다. 유럽 열강이 전쟁에 휩싸인 데다 산동반도는 영국, 프랑스의 교전상대국 독일의 이권지역인 만큼 영국, 프랑스 등의 간섭 없이 중국에 진출할 호기라는 계산에서다.

일본공사 히오키에키는 오늘, 중국 총통 원세개에게 21개조 요구사항을 제시, 이를 받아들이라 으름장을 놓았다. "독일의 산동지역 이권 모두를 일본이 승계한다" "복건성 일대의 철도 부설, 광산개발 우선권을 일본인에게

달라"는 등의 요구다. 한편 황제가 되려는 원세개의 야욕을 이용, "21개조를 받아들이면 꿈을 이루게 해주겠다"고 제시한 것으로 알려졌다.

이는 세계대전이 발발한 틈에 중국을 집어삼키겠다는 야욕을 드러낸 것이다. 양계초 등 중국의 지도자들과 민중들은 "명백한 주권침해"라며 분노하고 있다.

파나마 운하 개통

〈1914년 8월 23일〉 대서양과 태평양을 잇는 파나마 운하가 열렸다. 지난해 10월 미국 윌슨 대통령이 직접 다이너마이트를 폭파시켜 수로의 마지막 격문을 연 파나마 운하에 오늘 첫 증기선이 출항했다. 총연장 81.6킬로미터의 파나마 운하는 남아메리카 남단을 돌아가는 비용이 절약돼 특히 미국의 동서부 교역에 상당한 도움이 될 것으로 기대된다.

시사 시트콤 ▌'1차 대전 그 게임의 법칙'

"에라 죽기 아니면 까무러치기" 핏빛 난투극

유럽 동네에서 땅따먹기 하면 영국이 단연 으뜸이었다. 유난히 조숙했던 영국이는 일찍 힘을 길러 북아메리카, 인도, 남아메리카 등을 닥치는 대로 따먹었다. 프랑스란 친구도 못지않았지만 영국이만 만나면 쪽을 못 쓰는 바람에 항상 2인자로 만족해야 했다.

두 친구가 '자본주의'식 체력단련법으로 힘을 키운 걸 안 독일이와 러시아도 뒤늦게 몸만들기에 나섰다. 매끈한 영국이랑 프랑스와 달리 속성으로 우람한 근육질을 키운 두 녀석은 남은 땅 몇 조각을 자기가 먹고, 이미 갈라놓은 땅도 다시 먹겠다고 으르렁거리며 덤볐다.

먼저 러시아는 중국과 대한제국에서 영국이한테 덤볐다. 영국이는 '급'이 다르다며 그 지역에 사는 일본이란 똘마니한테 대신 싸움을 맡겼다. 러시아는 칼부림에 능한 이 똘마니한테 난자당하고 동아시아를 포기한 채 발칸 반도·중근동 등 옛 오스만 투르크 지역으로 눈을 돌렸다. 여기선 러시아보다 훨씬 사나운 독일이가 영국이와 프랑스한테 쌍칼을 들이대고 있었다. 독일이의 서슬에 놀란 러시아는 안전빵으로 가자는 생각에 영국이한테 붙었다.

왕따당한 독일이는 악착같이 무술훈련을 하고 흉기를 끌어모았다. 독일이의 동생인 오스트리아가 발칸 반도에서 러시아와 서로 멱살을 잡자 독일이는 "러시아 네 이놈!" 하고 소리지르면서 주먹은 옆에 서 있던 프랑스에게 날렸다. 그러자 영국이와 러시아가 뛰어들었고 땅따먹기 싸움은 이제 유럽 동네 아이들의 막가는 패싸움으로 변질되고 말았다.

20세기 초의 우울한 '우화'다. 다만 이번 전쟁이 자본주의 이전의 세계 최강국 오스만 투르크와 중국을 매개로 일어났다는 점에 주목해야 한다. '썩어도 준치'란 말처럼 두 나라의 동향은 서구 제국주의가 판치는 세계의 앞날을 가늠하는 데 중요한 방향타가 될 것이다.

중국에 반혁명 충격

국민당 당수 송교인 피살

《1913년 3월 중국》 갓 태어난 중화민국에서 손문이 이끄는 혁명세력이 우려하던 최악의 상황이 벌어졌다. 중국혁명동맹회를 대중정당으로 개편한 국민당 당수 송교인이 지난 22일 상해에서 암살당했다.

이번 사건은 국민당이 중화민국 최초의 선거에서 과반수 의석을 차지, 제1당으로 부상한 직후 벌어져 그 파장이 더욱 크다. 북경정가에서는 국민당 내각의 출범을 저지하려는 대총통 원세개 등 집권군벌들의 음모라는 주장이 의심없이 받아들여지고 있다. 이에 대해 국민당은 법률적 해결파와 무력 해결파로 분열된 가운데 원세개 대총통측의 탄압회유 공작이 집요하게 벌어지고 있다.

혁명동지를 잃고 충격을 받은 손문은 "청제국은 갔어도 봉건군벌이 있는 한 혁명완결은 요원하다"며 그간의 민생치중 방침을 수정, 전면적인 투쟁의지를 밝힌 것으로 알려졌다.

"만국의 노동자여 분열하라"

유럽 각국 사회민주주의자, 자국 정부에 전쟁협조 잇단 선언

《1914년 8월 독일》 "만국의 노동자여 단결하라"고 외치며 국제주의를 과시하던 사회주의자들이 나라별로 갈라져 서로에게 총부리를 겨눌 위기를 맞고 있다. 베른슈타인·샤이데만 등 독일 사민당 지도자들이 독일정부와 소위 '성내(城內) 평화'를 맺고 전쟁수행에 협조하겠다고 선언했다.

샤이데만은 "가장 선진적인 사회민주주의 나라가 러시아의 노예가 되지 않도록 지켜야 할 의무"를 노동자들에게 호소했다. 그는 "인터내셔널에 참가한다고 독일인이 아닌가"라고 반문하며 "민족이 위기에 처했을 때 나가 싸우는 건 당연하다"고 주장했다.

그러자 영국·프랑스의 사회주의자들도 독일이 조국을 위협하고 있다

동서고금 이은홍

"친구여, 잘 지내는가?"

며 자국 정부의 편을 들고 나서, 제2 인터내셔널은 사실상 공중분해됐다.

러시아의 레닌은 이를 "제국주의가 육성한 노동귀족들이 만들어낸 사회의적 색채를 강하게 띠고 있다.

쇼비니즘"이라고 질타했다. 독일 사민당에서도 카우츠키·룩셈부르크 등은 반전을 고수하며 탈당 움직임을 보이고 있다.

청년투르크당 집권

《1913년 오스만 투르크》 수상 카밀 파샤가 이끄는 정부가 붕괴되는 정변이 발생했다. 정부를 접수한 반군은 국내 청년 장교들이 주축을 이룬 '통일진보위원회'와 파리에서 활동하고 있는 청년투르크당의 연합세력으로 민족주의적 색채를 강하게 띠고 있다.

투르크는 지난 1876년 근대적인 입헌군주제 헌법을 채택했으나 정국불안이 계속돼왔다.

"이게 바로 자본주의의 진풍경"

헨리 포드, 이동식 조립라인으로 대량생산방식 개발

〈1913년 10월 7일 미국〉 '모델 T' 자동차로 선풍적인 인기를 모으고 있는 포드 자동차 회사가 이번에는 생산방식의 혁신으로 관심을 끌고 있다.

미시간 주 하이랜드파크에 위치한 포드 자동차 공장은 자동차 한 대에 여러 명이 달려들어 조립하는 기존의 방식을 버리고, 일괄생산 공정을 도입했다. 자동차를 벨트 위에 올려놓고 벨트를 움직이면서 차례차례 조립해가는 방식이다. 노동자들은 7.5미터의 조립라인에 서서 규격화된 동작으로 자기가 맡은 부품만을 조립한다.

이런 생산방식은 1911년 테일러가 이론적으로 발표한 바 있다. 노동자를 일일이 감독, 조업시간과 동작의 낭비를 줄여야 한다는 것이다.

포드는 테일러의 이론을 채택한 것에 대해 "작업시간을 단축하고 업무의 효율성을 높여 대량생산을 가능하게 하려는 것"이라고 설명했다. 전에는 자동차 한 대를 조립하는 데 한 사람이 꼬박 14시간을 일해야 했지만, 컨베이어 벨트가 도입된 후에는 자동차 한 대당 세 시간이면 족하다. 이렇게 대량생산이 이뤄짐으로써 자동차 가격도 낮아질 것으로 기대되고 있다. 포드 사의 한 관계자는 "현재 다른 차보다 비교적 싸다는 T모델이 웬만한 노동자의 연봉보다 비싼 850달러"라면서 "이젠 300달러 이하로 값을 내릴 수 있을 것"이라고 귀띔했다.

하지만 노동자들의 반응은 냉담하다. "우린 단순노동 하는 기계 신세"라며 "노동조건이 더 악화됐다"고 불만스러워한다.

포드 자동차 공장 내부 전경.

현장보고 ■ 갈수록 파괴력 더하는 세계대전

하늘엔 전투기, 땅엔 독가스, 물속엔 잠수함

〈1915년 유럽〉 파괴력이 배가된 무기, 바닷속과 하늘로 번진 전투. 대량살상의 잔인함 면에서 이번 세계대전은 이전의 전쟁과 질적으로 차원을 달리하고 있다.

○…1915년 4월 프랑스 이프르 전투. 독일군은 사상 최초로 맹독성 염소가스를 이용, 참호 속에 있던 프랑스군을 몰살시켰다. 1차 대전은 참호전이라는 독특한 전술이 선보인 전쟁이기도 했다. 독일은 참호 속에 틀어박혀 있는 적군을 섬멸할 방법을 숙고하다 공기보다 무거운 독가스를 흘려보내 참호로 스며들게 하는 전술을 개발했던 것.

○…1914년 10월 스코틀랜드 앞바다에 정박중이던 영국 순양함 호크 호가 난데없이 날아온 어뢰를 맞고 500명의 승무원과 함께 수장됐다. 조사 결과 독일 잠수정 U-9의 소행으로 밝혀졌다. U-9는 일반 잠수함에 공격용 미사일을 장치한 것. 이제 자기 바다 밑도 안심할 수 없게 됐다.

○…1914년 12월 크리스마스 만찬을 준비하던 영국 해안지방의 주민들은 갑작스런 폭음을 듣고 놀라 뛰어 나왔다. 두 대의 독일 비행기가 템스강을 거슬러 올라가고 있었다. 그 뒤를 영국 비행기가 쫓아가며 총을 쏘고 있었다. 벌판에서 말타고 벌이던 기마전술이 어느덧 공중으로 옮겨져 전개되고 있었다.

화제 ■ 발목 드러나는 쇼트 스커트 선보여

〈1916년 영국〉 "Oh my God!" 세계대전에 참전하고 돌아온 병사들이 기겁하고 있다. 전장으로 출발할 때는 땅바닥에 끌리는 긴 치마에 단정한 차림으로 눈물을 닦아내던 아내가, 몇 년만에 돌아와 보니 발목이 훤히 드러나는 짧은 치마 차림으로 거리를 활보하고 있기 때문이다.

몇 년 전 파리의 패션가에 처음 등장한 이 짧은 스커트가 유행하게 된 것은 다름아닌 전쟁 덕분. 왜냐하면 남자들이 모두 전쟁터로 나가자, 여자들이 직접 돈을 벌러 공장에 나가거나 사회활동을 해야 했기 때문이다. 치렁치렁한 치마가 불편해서 잘라내기 시작한 것이, 이제는 패션으로 여겨지면서 무릎 부근까지 짧게 자른 치마도 등장했다.

"떴다 할리우드"

촬영조건 등 적합 영화산업 중심지로 각광

〈1910년대 중반 미국〉 미국 캘리포니아 주(州) 남부의 조용하던 마을 할리우드에 영화인들이 몰려들고 있다. 산, 초원, 숲, 늪지, 사막 등 다양한 자연 풍광과 사시사철 화사한 햇빛이 내리쬐어 영화촬영에 최적지라는 이유에서다. 극작가 출신 세실 드 밀이 영화감독으로 데뷔키 위해 촬영지를 물색하던 중 이곳을 발견했다.

이곳 할리우드에는 현재 수많은 독립제작자, 감독, 촬영기사, 배우 등이 영화제작에 참여하며 영화산업의 중흥을 꿈꾸고 있다. 1908년에는 셀리그사가 뒤마의 소설 〈몽테크리스토 백작〉을 영화화했고 1909년에는 이곳에 대형 스튜디오를 설립했다. 1915년에는 또 영화감독 토머스 인스, 데이비드 그리피스 등이 모여 트라이앵글 영화사를 설립했다.

이곳은 특히 영화제작 분위기가 자유롭다. 뉴욕 등 동부에서 대형 영화사의 횡포에 심한 제약을 받던 소규모 제작자들이 대거 몰려든 덕이다. 에디슨 사와 바이오그래프 사 등이 연합해 1908년 설립한 영화특허회사(MPPC)가 필름생산에서부터 영화의 제작과 보급까지 독점하고 있는 동부와는 분위기가 사뭇 다르다.

이 같은 자연조건과 자유분위기에 힘입어 할리우드는 이제 세계 영화산업의 한 메카로 떠오를 조짐이다. 1914년에 시작된 세계적 규모의 전쟁으로 영화산업의 중심은 이미 유럽에서 미국으로 이동했다. 아직 참전치 않은 미국이 유럽 영화시장을 겨냥, 1915년에는 3600만 릴, 1916년에는 1억 6천만 릴의 영화수출 실적을 올리고 있다.

할리우드에서 화려하게 출발한 유니버설 영화사.

타고르, 노벨 문학상 수상

〈1913년〉 비유럽권에서 첫 노벨 문학상 수상자가 나왔다. 주인공은 인도 시인 타고르(52세). 1909년 출간된 〈기탄잘리〉가 영예를 안겨준 작품질. 노벨상위원회는 "인도인의 내면세계를 전통언어로 훌륭하게 표현했다"고 수상 이유를 밝혔다.

타고르는 〈기탄잘리〉를 1912년 영국서 영역 출간, 서방세계에 널리 알린 바 있다. 그는 최근 스와데시 운동과 민족교육 운동에 헌신하고 있다.

초점 ■ 그리피스 작 〈국가의 탄생〉 논란

영화기법 혁신 불구 인종차별 노골적

〈1915년 3월 3일 미국〉 그리피스 감독이 제작, 오늘 개봉한 영화 〈국가의 탄생〉이 "훌륭한 영화"라는 칭송을 받는 한편으로 "반사회적 영화"라는 비난과 함께 상영반대 데모까지 유발하고 있다.

〈국가의 탄생〉은 10만 달러가 훨씬 넘는 제작비를 들여 남북전쟁과 그 이후 미국의 국가 건설과정을 그린 세 시간짜리 영화다. 흑인과 자유주의자들이 현재 〈국가의 탄생〉 상영중지를 요구하며 극장에 돌을 던지는 등 격렬시위를 벌이고 있는 이유는 인종차별적인 내용 때문이다. 영화에서 흑인들을 어리석고 사악하게 묘사했다는 것이다. 뜻있는 사람들은 "특히 흑인으로부터 위협을 받는 여인을 KKK 단원이 구출하는 장면이 선전용 포스터에까지 등장하고 있다"며 "흑인들의 분노는 당연하다"고 한마디씩 하고 있다.

그러나 백인 영화매니아들은 그리피스를 '미국 영화의 아버지'라고 추켜세우고 있다. 〈국가의 탄생〉에서 새로운 기법을 도입, 영화에 혁신을 가져왔기 때문이다. 사물이나 사람의 얼굴을 스크린 가득 채우는 '클로즈업', 전체 광경을 파노라마식으로 보여주는 '롱쇼트', 특히 도망치는 자와 추적하는 자의 모습을 번갈아 보여줘 긴박감을 자아내는 '교차편집기법' 등이 그것이다.

'빈민의 사진작가' 제이콥 리스 사망

〈1914년 5월 26일 미국〉 혜택받지 못한 불행한 사람들의 생활상을 필름에 담아오던 사진작가 제이콥 리스가 오늘 유명을 달리했다. 사진으로 피착취 민중의 삶을 고발할 수 있다고 믿었던 리스는 자신의 사진과 생각을 담아 1890년 〈빈민들은 어떻게 살고 있는가〉를 저술하기도 했다. 그의 사진은 단순한 정보가 아니라 감동이며 단순한 기록이 아니라 해석이라는 평을 받고 있다. 사진은 1888년도 작품인 〈이탈리아 이주민 넝마주이의 집〉.

internet 세계사 여행

▶제1차 세계대전 http://www.worldwar1.com/ 1차 대전 관련인물, 나라, 사건 일체
▶샤넬 http://www.firstview.com/designerlist/Chanel.html 샤넬 패션쇼 제공
▶할리우드 온라인 http://www.hollywood.com/ 할리우드 연예가 소식, 영화 및 비디오 정보 등

세계사 신문

지금 한반도에선

1916년/ 박중빈, 익산에서 원불교 창건
1918년/ 이동휘, 러시아 한인사회당 조직
여운형, 상해에서 신한청년당 조직

러시아에 세계 최초 사회주의 혁명

볼셰비키, 부르주아 임시정부 타도하고 노동자·농민 정권 세워

세계 각국 사태추이 예의주시

〈1917년 11월 8일 페트로그라드=속보〉 오늘 새벽 2시 트로츠키(38세)가 이끄는 러시아의 사회민주노동당(볼셰비키) 소속 적위군이 러시아 임시정부 청사인 동궁(冬宮)을 함락시켰다. 어젯밤 네바 강에 정박한 아우로라 호의 함포사격을 신호로 공격을 개시한 지 네 시간여 만이다.

수상 케렌스키(36세)는 함락 직전 여장을 하고 탈출한 것으로 확인됐으나, 정부 각료들과 지난 3월 폐위된 뒤 유폐생활을 해온 니콜라이 2세 가족들은 대부분 체포됐다.

동궁 공격과 거의 동시에 스몰니 궁전에서 시작된 제2차 전국 소비에트 대회는 철야회의 끝에 레닌(47세)을 위원장으로 하는 인민위원회를 출범시키고 세계 최초의 사회주의 권력

을 선언했다. 레닌은 취임 일성으로 세계대전 참전국들의 즉각 평화교섭을 촉구하는 '평화에 관한 포고령'과 토지의 무상몰수·무상분배를 약속한 '토지에 관한 포고령'을 발표했다.

이번 '사회주의 혁명'은 지난 3월 제정을 종식시킨 현정부가 채 자리도 잡기 전에 터져나온 것으로 전세계에 벼락 같은 충격을 던지고 있다. 특히 독일·오스트리아는 자국의 혁명 격화에, 영국·프랑스는 러시아 이탈에 따른 대 독일전선의 악화에 신경을 쓰고 있다.

대다수 관측통은 임시정부가 자신을 집권시켜준 민중의 반전 여론을 무시하고 전쟁특수, 영국·프랑스와의 밀약에 이끌려 전쟁을 강행하다 이번 혁명을 맞은 것으로 풀이하고

"모든 권력은 소비에트로!" 동궁 앞에서 시위중인 시위군이 진압군의 총격에 흩어지고 있다.

있다. 서유럽에 비해 강한 노동자·농민의 혁명성과 볼셰비키의 지도력도 주효했다는 평이다. 1905년 혁명 이래 노·농·병 소비에트를 장악해온 볼셰비키는 임시정부가 전선에서 잇따

라 패하고 경제가 파탄에 이르자 7월부터 "모든 권력은 소비에트로"란 구호를 내걸고 무장봉기, 코르닐로프(47세) 장군이 이끄는 반혁명군을 격퇴한 이래 승승장구해왔다.

세계대전 막내리다

독일 등 동맹국 항복…평화정착은 아직 미지수

〈1918년 11월 11일〉 36개국에서 총 4500만 병력이 동원돼 5년 넘게 유라시아를 불바다로 만들어온 세계대전이 막을 내렸다. 불가리아·오스만투르크 등 동맹국들이 잇따라 항복한 데 이어 오늘 독일의 임시정부 수반 에베르트가 연합국과의 휴전조약에 서명한 것이다.

작년 4월 미국의 참전 이래 내리막길을 걸어오던 독일은 금년 3월 러시

아와의 휴전조약으로 동부전선이 안정되자 서부전선에서 마지막 공세를 개시했다. 그러나 7월까지 반복된 공세가 실패로 끝나면서 독일은 모든 힘을 상실했고, 7월부터 연합군의 반격에 속수무책으로 밀려왔다.

이후 독일내에서 반전 평화를 외치는 혁명이 일어나 제정이 폐지됐으며, 새로 들어선 사회민주당 주도의 임시정부는 적극적으로 종전을 모색해왔다.

850여 만 전사자와 2천만 이상의 부상자를 낳고 수천만 민중을 고역과 굶주림으로 몰아간 사상 최대의 비극은 끝났다. 그러나 이를 계기로 평화가 정착될 수 있을지는 아직 미지수

다. 전쟁의 갈등이 씻기지 않은 채 도사리고 있을 뿐 아니라 전후처리의 칼자루를 쥔 전승국들도 전쟁의 책임과 이해관계로부터 자유롭지 않기 때문이다.

세계는 희망과 경계를 함께 품고 미국·영국·프랑스 등의 일거수일투족을 지켜보고 있다.

▶참조기사 32호 1면

전망 ■ 세계대전 이후

근본적 대책보다는 봉합에만 치중

획기적 전후처리 미흡
독일 등 불씨 여전…
사회주의 확산될 듯

지난 5년간의 세계대전은 제국주의 국가들끼리 식민지 재분할을 놓고 벌인 싸움이었다. 그러나 그 파장은 이들뿐 아니라 식민지 각국에도 미쳤고, 전쟁 와중에 사회주의 국가도 탄생해 상황은 한층 복잡해졌다.

전쟁이 참전국들의 공멸 대신 동맹국의 일방적인 패배로 끝남에 따라 일단 전쟁 전의 제국주의 체제는 온존할 것으로 보인다. 그러나 영국·미국·일본 등이 주도하는 제국주의 체제가 안정된 세계지배를 이룩할 것으

로 예단하기는 어렵다.

영토상실과 배상금 지불 등 가혹한 대가를 치르게 될 동맹국들은 한결같이 심각한 정치적 격변에 직면하고 있다. 독일·오스트리아에서는 이미 혁명이 일어났고 오스만 투르크의 입헌군주 체제도 위기에 봉착했다. 가장

우려되는 것은 이 나라들의 정국이 안정되지 못할 경우 복수전을 꾀하는 세력이 언제든지 부활할 수 있다는 점이다. 사회주의 소비에트의 도전과 각국 사회주의 운동, 소비에트와 제휴한 식민지들의 민족해방투쟁도 가속화될 것이 틀림없다.

결국 세계대전을 낳은 제국주의의 세계지배가 미봉책으로 유지되는 한 영구적인 평화와 안정은 기대할 수 없다는 것이 전문가들의 한결같은 지적이다.

초점 ■ 세계대전의 특징

군인-민간인, 전-후방 따로 없는 '총력전'

얼마 전 물러난 독일군 참모차장 루덴도르프는 이렇게 말했다. "클라우제비츠는 '전쟁은 정치의 연장'이라고 했지만, 지금 전쟁에선 오히려 '정치가 전쟁의 연장'이야."

사실 이번 세계대전의 참전국들은 군사력뿐 아니라 정치·경제·군사·사회·심리 등 각 분야의 힘을 전쟁에 집중해야만 했다. '국가 총동원'이

라는 무시무시한 구호 아래 노인과 부녀자까지 생산이나 수송·간호 등 군사업무에 동원될 정도였다.

그 원인은 무엇보다 대량살상무기의 발달에 있다. 장거리포와 전폭기들은 군인과 민간인을 구별하지 않고 폭탄을 퍼붓고, 적의 요새뿐 아니라 대도시·산업시설·교통시설 등이 모두 파괴대상이다. 이에 따라 일반시민

이 군인보다 더 많이 죽는 사태가 발생, 전쟁은 그야말로 국민 대 국민의 사활을 건 싸움으로 증폭됐다.

국력을 전쟁에 집중하기 위해 군사독재를 강행했던 루덴도르프는 대전 경험을 종합, '총력전(der totale Kriege)'이란 이름의 현대전 이론을 다듬고 있는 것으로 알려졌다.

제1차 세계 대전의 피해

	전사자 (만인)		전비 (억달러)	
	50 100 150		50 100 150 200 250	
독 일	180.0		194	
러시아	170.0		106	
프랑스	138.5		134	
오스트리아벨기에	120.0		99	
영 국	94.7		265	
이탈리아	46.0		63	
미 국	11.5		129	

제1차 세계 대전의 총결산

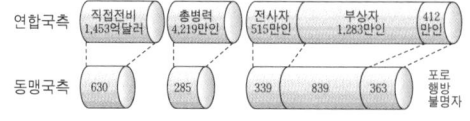

	직접전비	총병력	전사자	부상자	
연합국측	1,453억달러	4,219만인	515만인	1,283만인	412만인
동맹국측	630	285	339	839	363

포로 행방불명자

평화 포고령 VS 평화 구상

미-소 전후처리 놓고 대조적 입장 보여

〈1918년 1월〉 소비에트의 '평화에 관한 포고령'에 이어 미국의 윌슨 대통령도 '14개조 평화원칙'을 발표했다. 둘 다 즉각 종전을 주장하지만, 영토문제에서는 동맹국 식민지의 자결만 거론한 미국측에 비해 소비에트측이 포괄적이고 진전된 입장을 보이고 있다. 다음은 그 요지.

▶소비에트 교전 당사국들은 어떤 영토도 병합하지 않고 상호 간에 어떤 배상도 하지 않는 무조건 강화를 즉각 체결할 것을 촉구한다.

영국·프랑스·러시아 등은 남메소포타미아·시리아·흑해 동남 연안을 나눠 갖기로 약속하는 등 수차례에 걸쳐 벌여온 세계분할 밀거래를 즉각 중단하라.

▶미국. 교전 당사국들 사이의 강화조약은 공개리에 이루어져야 하며 비밀외교는 폐지돼야 한다. 식민지 문제는 공평하게 해결돼야 하며 발칸 반도·알자스·로렌 등(동맹국 식민지)의 각 민족은 자신의 문제를 스스로 결정할 수 있어야 한다.

"사회주의 눈 뜨고는 못본다"

〈1918년 4월 소비에트〉 소비에트 사회주의 정권을 타도하려는 영국·일본 연합군이 블라디보스토크에 상륙, 현지에서 기다리던 체코슬로바키아군과 함께 내륙진공을 시작했다. 특히 아시아 각국은 일본군의 출병을 우려

영국·일본, 소비에트 간섭전쟁 개시…미국·프랑스도 곧 가세

의 눈초리로 쳐다보고 있다.

영국·일본 두 나라는 소비에트가 독일과의 관계강화로 협상국 진영에 타격을 안긴 데다 제정 러시아의 대외채무까지 파기하자 이를 응징하기 위해 체코슬로바키아군 구출을 구실로 간섭전쟁을 개시한 것이다.

현재 미국·프랑스·이탈리아 등

많은 나라들이 잇따라 소비에트 침공을 계획하고 있어, 사상 최초의 사회주의 혁명은 제국주의의 간섭전쟁을 물리쳐야 하는 가혹한 생존의 시험대에 오르게 됐다.

긴급조명 ■ 세계 최초의 사회주의 혁명, 왜 러시아에서인가

강퍅한 민중현실이 도화선…자본주의 체제 맞수로

그것은 러시아였다. 세계 최초의 사회주의 혁명이 일어난 곳은 자본주의 발전도 뒤떨어지고 노동자가 전 인구의 10퍼센트에 불과한 나라 러시아였다. 지난 세기말 사회주의 운동이 본격화됐을 때만 해도 누구나 최초의 사회주의 국가는 영국이나 프랑스 또는 독일이 될 것으로 예상했다. 그런데 러시아였던 것이다.

비판적인 사람들은 이것을 '변칙'으로 규정하고 있다. 생산력이나 노동자들의 수권능력이 무르익지 않은 나라에서 직업혁명가들이 폭력에 의존해 무리한 혁명을 일으켰다는 것이다. 볼셰비키의 프롤레타리아 '독재'는 정상적으로는 정권을 유지할 수 없는 협소한 기반 때문이라는 비판도 뒤따른다.

그러나 상당수 러시아국민과 독일 공산당 등은 생각이 다르다. 현재 전 세계적으로 하나의 체계를 이룬 제국주의는 사회주의의 직전 단계이며 그 일원인 러시아가 사회주의로 나아가는 건 조금도 무리가 아니라는 것이다. 프랑스 혁명이 그랬듯 러시아 혁명에서 나타난 폭력과 독재도 기득권층의 저항 때문이지 그 무슨 특수한 혁명이기 때문은 아니라고 덧붙인다.

변칙이든 정상이든 사회주의 권력은 현실로 나타났다. 다만 그들도 인정하듯 제국주의 체제의 일부가 떨어져나간 것이므로 모든 면에서 불완전한 것도 사실이다. 소비에트가 이 같은 핸디캡 속에서 자본주의보다 한 차원 높은 문명으로의 진전을 이루어낼 수 있을지 귀추가 주목된다.

독일에 혁명

사회민주당, 민주공화국 선포

〈1918년 11월 12일〉 거대한 몸을 뒤채며 어두운 심연 속으로 사라져가던 세계대전의 뒤꼬리가 독일제국을 모질게 후려갈겼다. 지난 9일 베를린에서 혁명을 일으킨 사회민주당은 공화제를 선포하고 빌헬름 2세를 퇴위시킨 데 이어 민주주의 입법 작업을 신속히 마무리지었다.

이번 혁명의 시발점은 지난 3일 킬 군항에서 수병과 노동자들이 전쟁과 제정에 반대해 일으킨 봉기였다. 전쟁에서의 패배가 분명해지면서 약화된 제정은 불과 일주일 만에 붕괴하고 루덴도르프를 중심으로 한 군부독재도 따라서 퇴진했다.

집권 사회민주당은 이번 혁명을 언론자유·보통선거 등 시민민주주의 단계에서 마무리지으려 하고 있으나, 리프크네히트·로자 룩셈부르크(사진)가 이끄는 좌익 스파르타쿠스단은 노동자 권력과 사회혁명을 요구하고 있어 독일 전역에는 아직 팽팽한 긴장감이 감돌고 있다.

인터뷰 ■ 사회주의 건설 진두지휘 레닌

"중요한 건 언제나 이론이 아니라 실천"

〈1918년 1월 페트로그라드〉 토지국유화·노동자 자주관리 등 사회주의 건설을 총지휘하고 있는 레닌(48세)을 데카브리스트 광장에서 만났다.

—독일 사회민주당은 선생의 프롤레타리아 독재론을 비판하는데….

"프롤레타리아 독재는 마르크시즘의 핵심이요 사회주의의 근본원리입니다. 자본주의를 보세요. 그게 프롤레타리아트와 인민대중에 대한 부르주아지의 독재가 아니고 뭡니까?"

—그러면 독일의 수정주의는 마르크시즘에서 벗어난 거라고 보시겠군요?

"예. 독일의 배신자들은 개량 운운하며 자본주의와 사회주의 사이의 적대적 차이를 허물고 양자의 화해를 주선했습니다. 위기에 빠진 마르크시즘을 구한 것이 러시아 혁명입니다."

—러시아 혁명은 세계대전중에 일어났습니다. 전후에는 시련이 올 텐데….

"맞소. 자본주의 국가들이 단결하고 있다면 어려웠을 텐데, 전쟁으로 그들간에 틈새가 생긴 사이에 우리가 사회주의로 이탈할 수 있었죠. 그들이 재정비하기 전에 사력을 다해 우리 힘을 키우겠소. 그리고 독일 혁명이 사회주의로 나아가길 간절히 바라고 있소."

중국은 지금 '군벌 춘추전국' 시대

중앙권력 약화 틈타 '치외법권'적 지위…패권 노린 정치투쟁 치열

〈1918년 중국〉 중국이 2500년 전 춘추전국시대를 방불케 하는 대혼란 속에 빠져들고 있다.

지난 16년 중화민국 원세개 총통이 사망한 뒤 중국은 명목상 국호만 유지될 뿐 사실상 군벌들이 각성을 장악, 중앙집권적 통치력은 거의 소멸된 상태다. 현재 대총통은 서세창, 국무총리는 단기서지만 그들의 통치지역은 북경 일원으로 제한돼 있다. 원세개 사후 북양군벌들 사이에 서로 패권을 차지하기 위해 밀고 밀리는 정치투쟁에 골몰해오고 있다.

이러한 난맥상을 보다못해 지난해 손문이 광동에서 임시정부를 수립하고 신해혁명의 법통을 지킨다는 "호법(護法)"의 깃발을 내건 바 있다. 그러나 손문은 북양군벌에 대항하기 위해 류영정, 당계요 등 남부의 군벌들과 손을 잡았다. 이 군벌들은 사실상 '호법'에는 관심이 없었고 결국 올 5월 손문을 광동에서 쫓아내버렸다.

현재 북양군벌과 남부군벌 사이에 일대 회전이 일어날 분위기다.

군벌이란?

원세개가 자신의 권력기반으로 키운 각성(省)의 군정장관인 '독군(督軍)'. 중앙권력이 약화되자 사실상 성을 지배하고 있다. 징세를 포함 군사권까지 모든 행정권을 행사. 주민을 수탈하는 것은 물론 아편이나 무기를 밀거래하는 일도 흔하다. 북양군벌은 양무운동 당시 이홍장이 세운 근대적 사관학교 '북양무비학당(北洋武備學堂)' 출신을 가리킨다.

세계사신문

"서양은 지금 무덤 앞의 노인"

슈펭글러 〈서양의 몰락〉에서 서양문명 몰락 경고

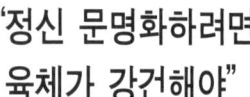

〈1918년 독일〉 "문화는 하나의 생물체처럼 태어나 성장하고 노화하며 결국 소멸된다." 슈펭글러의 역사철학서인 〈서양의 몰락〉은 발간되자마자 논란 속에 베스트셀러로 떠올랐다.

그는 "문명은 일련의 주기를 거치기 때문에 역사가는 과거를 재구성할 수 있을 뿐만 아니라 미래도 예측할 수 있다"고 말한다. 충격적인 것은 그

런 주기에서 볼 때 "서양은 이미 문명 창조의 단계를 지나 물질적 안락의 단계에 들어섰기 때문에 남은 것은 몰락뿐"이라는 대목. 세계대전으로 1천만 명의 사상자가 발생한 가운데, 이 책은 마치 하나의 예언서 같은 비장함마저 준다.

하지만 정작 학계의 반응은 냉담한 편. 슈펭글러가 몰락의 징조로 제시

한 것이 하필이면 '대중사회'와 '민주주의'이기 때문. 한 학자는 "대중을 경멸하고, 강자를 흠모하는 것이 독일 패권주의와 꼭 닮았다"면서 그가 독일인이라는 데 의혹의 눈초리를 보냈다. 사실 슈펭글러는 독일 민족주의자로서 보수성향의 인물.

하지만 서양이 몰락하는데 독일만 쏙 빠질 수 있을까? 슈펭글러는 서양의 몰락을 완성하는 것, 즉 죽음에 이르는 길을 감히 나아가는 것이 독일 국민에게 주어진 사명이란다. 좀 으스스해지는 대목이다.

그는 서양의 몰락을 정당화하기 위해서인지 모처럼 이슬람권과 아시아를 비중있게 다뤘다. 하지만 민주주의에 대한 왜곡된 시각으로 인해, 이런 장점은 논란 속에 묻히고 말았다.

"정신 문명화하려면 육체가 강건해야"

〈1917년 상하이〉 "육체는 지식을 싣는 차이자, 도덕이 묵는 여관이다. 정신을 문명화하려면 육체가 강건해야 한다. 육체가 강건해지면 정신의 문명화는 저절로 이뤄진다."

상해에서 발행되는 월간지 〈신청년〉에 실린 글이다. '체육의 연구'라는 이 글은 육체의 강건함이 정신적 고양의 기반이라고 주장하고 있다. 육체노동을 안 한다는 것을 과시하려고 손톱을 기르고 다니는 유학자들에게는 충격적인 주장.

특히 필자는 오늘날 중국의 약체화가 바로 육체노동을 천시한 결과라면서, 서양과 일본의 힘은 직접 몸을 움직여 만든 과학기술과 군대에서 나온다는 점을 환기시키고 있다.

이 글의 필자는 '이십팔획생(二十八劃生)'으로 돼 있는데 실명은 호남성 제일사범학교 학생인 모택동으로 알려졌다. 그의 이름이 총 28획이다. 모군은 그 자신이 매일 냉수욕과 등산, 수영 등으로 체력단련에 열심인 것으로 알려졌다.

"우리는 왜 전쟁을 해야만 하는가"
바르뷔스, 참전일기 〈포화〉 통화 전쟁실상 고발

〈1916년 프랑스〉 "오늘도 총소리가 귀를 울리고 있다." 프랑스 작가 앙리 바르뷔스의 소설 〈포화〉가 전쟁의 비인간적 상황을 고발하며 반전문학의 효시로 떠올랐다.

시인이기도 한 바르뷔스의 이번 작품은 그 자신이 1차 대전에 보병으로 참전, 몸소 겪은 전쟁의 참화를 소재

로 한 것이다. 부제인 〈분대일지〉가 의미하는 것처럼 얼굴도 모르는 적군과 목숨을 걸고 싸워야 하는 매일매일의 전황을 일기체로 담았다.

〈포화〉는 전쟁에 대해 털끝만치의 미화도 허용하지 않았다. 노골적으로 묘사된 전쟁의 참상은 독자들에게 '왜 전쟁을 해야 하는가' 하는 질문을

끝없이 던질 뿐이다. 그를 통해 작가가 노리는 것은 '부르주아 사회와 군국적 민족주의자들'을 전쟁의 책임자로 고발하는 것.

바르뷔스의 〈포화〉에 콩쿠르상을 줘야 한다는 여론이 높아지면서 "나라를 위해 전쟁터로 가자"는 호전적 문구들은 빛을 바래고 있다.

'마음에 뜨는 별' 스타들 대행진

〈1918년 미국〉 '그가 여기 있다'는 문구와 함께 사진을 붙여놓기만 하면 표가 매진된다. '그 사람'이 나온다는 이유만으로, 사람들은 기꺼이 금요일 저녁을 영화관에서 보낼 준비가 되어 있다. 스타 열풍이다.

할리우드가 흥행의 보증수표로 꼽고 있는 이들은 찰리 채플린, 메리 픽포드, 더글러스 페어뱅크스. 이들이 출연한 〈전당포〉(채플린 주연) 〈가엾은 부자 소녀〉(픽포드 주연)는 모두

히트됐다. 스물여섯의 젊은 배우 찰리 채플린은 4년 전 주당 175달러를 받는 단역 배우에서, 지난해에는 퍼스트 내셔널 영화사로부터 단 8편 출연에 100만 달러를 받을 정도의 대배우로 성장했다.

한편 이들은 인기상승과 함께 활용도도 높아졌다. 미국정부는 채플린과 페어뱅크스를 앞세워 전국을 돌며 국채를 사달라고 호소했고, 그들을 보기 위해 몰려든 청중들은 아낌없이 주머니를 열어 공채를 사들였다.

---

internet 세계사 여행

- ▶제1차 대전과 20세기의 형성 http://www.pbs.org/greatwar/ 전쟁과 그 영향, 인터뷰, 지도 등 일체
- ▶윌슨의 14개 평화구상 http://www.loc.gov/exhibits/treasures/trm053.html
- ▶중국국민당 http://www.kmt.org.tw/index3.html ▶윌슨의 1차 대전 중립선언 http://www.lib.byu.edu/~rdh/wwi/1914/wilsonneut.html

3권 34호 1919—1921

세 계 사 신문

지금 한반도에선

1919년／ 3·1 독립운동, 임시정부 수립
1920년／ 김좌진, 이범석 청산리대첩
홍범도, 봉오동대첩

[중국 5·4운동]

세계대전 공식 마무리

베르사유조약 체결…
독일에 지나친 보복
또 다른 불씨 될 듯

〈1919년 6월 28일 프랑스〉 인류 최대의 참변을 불러온 지난 5년 동안의 세계대전을 공식적으로 마무리하는 다자간 조약이 체결됐다.

회담을 끝내고 수천 명의 군중이 몰려든 베르사유 궁전 앞에 모습을 드러낸 미국 대통령 윌슨, 프랑스 수상 클레망소, 영국 수상 로이드 조지는 열렬한 환호에 파묻혔다. 반면 패전국인 독일 대표들은 조약이 자신들에게 지나치게 가혹한 부담을 지웠다며 시무룩한 표정이었다.

독일은 엄청난 영토를 잃게 됐다. 알자스와 로렌은 프랑스로 넘어간다. 북부지방은 벨기에와 덴마크로, 동부 회랑지대와 슐레지엔은 폴란드에 할양된다. 식민지도 몰수된다. 중국과 적도 이북 태평양 지역 식민지는 일본이, 남태평양과 아프리카 동부 및 남부의 식민지는 영국이, 콩고 이북 아프리카 식민지는 프랑스가 차지한다.

배상금도 엄청나 대략 330억 달러라는 천문학적 액수에 달할 것으로 예측된다. 영국대표로 참석한 저명한 경제학자 케인스조차 "이는 독일경제를 붕괴시킬 정도로 가혹한 것"이라고 경고했을 정도다. 아울러 군사력은 병력 10만 이하에 탱크, 잠수함, 항공기 등 장비의 생산이 금지된다.

한편 미국 윌슨 대통령이 국가간 분쟁을 조정할 기구로 제안한 '국제연맹' 창설안도 가결됐다. 하지만 정작 미국의회에서 이 조항의 비준을 거부하고 있어 앞날이 밝지만은 않다.

"학생운동이 중국을 깨운다"

전후처리 등 각종 모순에 학생들 5·4봉기…민중들도 대거 합세

〈1919년 여름 중국〉 중국은 지금 혁명 중. 반제(反帝), 반봉건(反封建) 운동이다. 북경, 상해, 남경, 광주 등 전국서 학생, 노동자, 상인 심지어 홍등가 여성들까지 '밖으로 국권을 회복하고 안으로 국적(國賊)을 처단하자'고 부르짖고 있다. 5월 4일의 학생운동이 전국으로 확산되고 있는 것이다.

'5·4운동'으로 알려진 이 운동은 최근 개최된 파리평화회의의 결과와 현 정치권에 대한 불만에서 비롯됐다. 중국은 1917년 독일에 선전포고를 하고 유럽에 파병까지 한 만큼 승전국임에도 회의결과, 일본의 '21개조 요구'대로 산동반도 등지를 내줄 형편이 됐

다. 이 같은 사태는 또 나라가 북경의 군벌정부와 광주의 군정부로 분열된 데다 북경정부가 1억 5천만 엔에 달하는 차관을 도입하는 등 대일(對日) 예속화의 길을 걷고 있기 때문이라는 분석이다.

5월 4일, 북경의 13개 대학교 3천여 학생은 천안문 광장에 집결, "'21개조 요구' 취소하라" "주권이양, 인정할 수 없다"며 시위를 시작했다. 이들은 일본 요구 수용에 앞장섰던 재정총장 조여림의 집을 불태우고 주일공사 장종상을 흠씬 두들겨 패 병원에 실려가게 만들었다. 경찰은 이에 "심각한 공권력 도전"이라며 학생대표 32명을

구속, 수감했다. 그러나 이것이 오히려 운동을 더욱 확산시켰다. 6월 들어 노동자들은 총파업을 벌이고 상인과 부두노동자들은 일본상품 취급을 거부하는 등 학생들에게 동조하고 있다.

이 운동은 러시아 혁명, 미국 대통령 윌슨의 '민족자결주의', 대한제국의 3·1운동 등의 영향을 받은 것으로 분석된다. 경찰은 그러나 운동의 배후를 "서구의 침략을 받지 않으려면 봉건체제를 탈각하고 과학과 민주주의를 받아들여야 한다"며 신문화 운동을 펼쳐온 북경대 총장 채원배, 문과대학장 진독수, 이대조 교수 등으로 지목하고 있다.

러시아 주도로 코민테른 출범

〈1919년 3월 6일 모스크바〉 세계대전이 터지자 각국의 애국주의 바람에 붕괴됐던 제2인터내셔널이 재건됐다. 레닌은 세계 각 지역에서 온 19개 사회주의 정당이 참여한 가운데 제3 인터내셔널, 즉 코민테른을 출범시켰다.

대회는 "자본주의가 내부로부터 해체되고 프롤레타리아 혁명의 새로운 시대가 도래하고 있다"고 선언했다. 아울러 당면강령으로 "자본주의 체제로부터 가능한 모든 양보를 쟁취할 것"을 결의하고 최고 강령으로 "자본

주의 체제를 끝장내고 프롤레타리아 독재에 기초한 새로운 사회주의 사회를 건설할 것"을 다짐했다.

세계 사회주의 운동은 이제 코민테른을 중심으로 전개될 전망이다.

세계사신문

정세동향 ■ 식민지 민족해방 운동의 새로운 전개

민족해방은 '필수' 사회주의는 '선택'

전쟁이 끝나고 전승국들은 파리평화회의라는 이름으로 전리품인 패전국 독일의 과거 식민지를 나누어 먹느라 아귀다툼이면서도 즐거운 비명이다. 독일 식민지의 앞날은 어찌 될 것인가? 전승국들이 보유하고 있는 광대한 식민지의 앞날은 또 어찌 될 것인가?

패전국, 전승국 할 것 없이 세계 각 식민지는 최근 민족해방 운동을 활발히 전개하며 미래를 개척하고 있다. 1917년 러시아 혁명과 1918년 말

발표된 미국 대통령 윌슨의 '민족자결주의'가 큰 자극이 됐다.

'민족자결주의'의 내용에는 "오스트리아-헝가리 인민의 자결권을 인정할 것" "폴란드의 독립을 인정할 것" 등이 들어 있다. 독일의 식민지를 둘러싼 전승국간 싸움을 피하기 위한 고육책이다. 그런데 이것이 전승국의 식민지에서도 민족해방 운동을 북돋우고 있는 것이다.

그러나 민족해방 운동에 가장 큰 힘이 된 것은 러시아 혁명이다. 우선

민중이 성공시킨 혁명인 만큼 식민지 주민들은 자신들의 힘을 자각하는 계기가 됐다. 혁명으로 세워진 소비에트 연방은 또 1919년 "중국과의 모든 불평등조약을 철폐한다"는 카라한선언을 발표한 데 이어 "연방내 모든 민족뿐 아니라 국제사회의 모든 민족은 평등해야 한다"고 주장하고 나섰다. 제국주의 국가가 외친 '민족자결주의'에 견줄 수 없는 매력이 되고 있는 것이다.

민족해방 운동의 대세가 반제(反

帝)를 외치며 사회주의의 길로 접어드는 것은 이 때문이 아닌가 싶다. 중국에서 1919년 반제, 반봉건의 5·4 운동이 일고 1921년 7월에 이대조, 진독수, 모택동 등이 중국 공산당을 창당한 것이 대표적인 예다. 인도에서는 마하트마 간디 주도로 영국 제국주의를 배척하는 무저항의 '사티아그라하' 운동이 일고 있으며, 1919년 시작된 이집트의 반영(反英) 자주운동과 역시 1919년 시작한 터키의 독립전쟁도 같은 맥락이다.

바이마르공화국 역사적 출범

〈1919년 독일〉 헌법제정 국민의회가 지난 6개월 동안의 논의를 종결하고 새 헌법을 통과시켰다. 이로써 독일은 제정을 청산하고 명실상부한 공화국으로 거듭나게 됐다.

바이마르 헌법은 독일의 특수한 상황을 반영하고 있다. 작년의 패전과 혁명을 거치면서 사회민주당이 정권을 장악한 결과 헌법에는 사회주의 색채가 강하게 가미됐다. 자본주의 체제를 인정하지만 소유권의 사회적 의무를 강조하고 있고, 인간으로서의 생존권도 특별히 명기하고 있다.

정치체제도 내각책임제를 채택하지만 국민직선으로 선출되는 대통령도 조약체결권, 군통수권, 의회해산권, 비상시 국민의 자유를 일시 제한할 수 있는 비상대권을 갖는 등 상당한 권한을 갖는다.

이는 독일이 아직 민족국가를 이루기 위한 역사적 토대가 부족하기 때문에 의도적으로 중앙집권적 요소를 도입한 것으로 풀이된다.

하지만 바이마르공화국 앞날엔 먹구름이 가득하다. 전쟁배상금이 엄청나 국가경제가 파탄지경에 이를 것으로 예측되고, 국내적으로도 소수의 자본가 그룹과 극좌적 사회주의 그룹이 극과 극의 대립상을 노정하고 있다.

"2보 전진을 위한 1보 후퇴" 소비에트, 신경제정책 채택

〈1921년 3월 소련〉 소비에트가 "2보 전진을 위한 1보 후퇴"를 선언했다. 최근 열린 제10차 당대회는 레닌의 〈공산주의에서의 좌익소아병〉에서 제안하는 신경제정책(NEP)을 채택, "공산주의 건설을 무리없이 추진키 위해 당분간 자본주의를 부분수용할 것"을 공표했다. "전시 식량징발제를 중지, 식량세 제도로 전환한다" "잉여농산물의 자유판매, 소경영의 영리활동을 허용한다" "외국자본의 도입을 추진한다"는 내용이다.

혁명 이후 중요 기간산업을 국유화하는 등 사회주의 경제체제를 추진해온 소비에트는 지난 1918년 옛

신경제정책 홍보 포스터.

러시아의 군인, 자본가, 지주 등을 중심으로 내전이 발발하자 사회주의 경제체제를 강화해왔다. 소기업을 국유화하고 식량을 비롯한 모든 자원을 국가가 관리하는 전시체제였다. 신경제정책 채택은 내전이 종식, 전시체제의 명분이 없어진 데에다 농민들이 식량징발에 크게 반발하면서 취해진 조치다.

정부 대변인은 그러나 "사회주의 경제체제를 포기하는 것은 아니다"라고 주장한다. 농업과 소규모 산업을 활성화시켜 사회주의 건설의 토대를 만들겠다는 것이다.

히틀러, 나치스 당수로 선출

〈1921년 독일〉 독일 바이마르공화국의 국가사회주의독일노동자당(나치스)이 최근 열린 전당대회에서 당 선전부장으로 활약하던 한 달변가, 아돌프 히틀러(32세·사진)를 당수로 선출했다. 나치스는 현재 군소 정당에 불과하지만 곧 크게 두각을 나타낼 것으

로 점쳐진다. 히틀러가 "베르사유조약 파기" "독일은 강력한 지도력을 필요로 한다"고 주장, 대중적 인기가 날로 상승하는 추세기 때문이다.

바이마르는 현재 중앙당, 민주당, 사회민주당의 연립내각이 이끌고 있다. 그러나 독일의 모든 해외 식민지와 이권을 박탈하고 막대한 전쟁배상금을 강요하는 '조약'에 대한 반감이 나치스 등 극우 보수파의 득세를 예상케 하는 것이다.

"굿바이 구텐베르크" 라디오 대중화 잰걸음

뉴스에서 음악까지 아이템도 점차 다양화

<1920년 11월 2일 미국> "국민 여러분, 안녕하십니까? KDKA 저녁 뉴스를 말씀드리겠습니다. 어제까지 치러진 29대 대통령 선거의 개표결과, 공화당의 워렌 하딩 후보가 민주당의 제임스 콕스 후보를 누르고 60퍼센트의 지지로 당선이 확정됐습니다."

카페에 모인 마을 주민들은 탄성을 질렀다. 하딩이 대통령이 돼서가 아니라 '라디오'로 불리는 자그마한 수

신장치 속에서 사람 목소리가 들려서였다. 세계대전 기간 해군의 정보통신 업무에 참여했던 웨스팅하우스 사가 최근 피츠버그에 KDKA 방송국을 설립, 미국 최초로 대중적인 방송을 시작한 것이다.

19세기 말 마르코니가 발명한 무선통신은 세계대전을 겪으며 진가를 발휘했다. 그리고 전쟁이 끝나 군대의 보안상 제약이 풀리자 대중적인 인기

를 획득하기 시작한 것이다. 이미 1906년에 미국인 레지널드 퍼센든이 처음 사람 목소리로 소식을 전한 바 있고 1916년에는 데이비드 사노프가 타이타닉 호의 침몰소식을 전해 유명

해지기도 했지만 대중적 방송이 이루어지기는 KDKA가 처음이다. 영국에서는 BBC 방송사가 내년 개국을 앞두고 한창 준비중이라는 소식이다.

"방송이 있으리라는 소식을 듣고 며칠 전 거금으로 라디오를 샀다"는 카페 주인 로버트 씨는 "라디오 때문에 손님이 부쩍 늘 것으로 예상된다"며 즐거운 표정이다. 신문보다 빠르게 소식을 접할 수 있고 비싼 음악회에 가지 않고도 음악을 즐길 수 있어 라디오 보급은 폭증할 전망이다.

로자 의문사

독일공산당 주역 카를도

<1919년 여름 독일> 독일 공산주의 운동의 탁월한 이론가로 평받던 로자 룩셈부르크가 최근 베를린 서부의 한 수로(水路)에서 익사체로 발견됐다. 지난 1월 15일 카를 리프크네히트와 함께 체포된 지 6개월이나 지나서다. 로자는 부검결과, 뒷머리와 가슴에 타박상과 총상을 입은 것으로 드러났다. 하지만 누가 그녀에게 치명상을 입혔는지는 밝혀지지 않고 있다. 리프크네히트는 체포된 후 뒷머리에 총상을 입고 곧바로 시신보관소에 넘겨졌다.

그녀를 살해한 책임은 군부 지도자 G. 노스케에게 돌아가야 한다는 게 중론이다. 그는 치안 담당관으로서 "1월 5일 베를린 봉기의 주동자는 평소 공산당 기관지 <적기(赤旗)>를 통해 혁명을 선전하던 로자와 리프크네히트"라 지목, 두 사람을 체포했기 때문이다. 지난해 12월 독일공산당을 창당한 바 있는 두 사람은 "혁명은 자연발생적인 것"이라며 인위적 폭력혁명이 필요하다는 레닌과 견해차이를 보여왔다. 이런 만큼 두 사람의 피살은 독일 공산당이 소련 공산당에 가까이 다가갈 계기가 될 것으로 보인다.

<1919년 중국> 학생들이 발행한 벽신문을 노동자들이 읽고 있다. 학생들은 '대자보(大字報)'로 불리는 이 벽신문을 대거 발행, 전국 곳곳에 게재함으로써 5·4운동이 노동자, 농민 등 계층을 넘어 전국적 반제, 반봉건 운동으로 확산되는 계기를 마련하고 있다.

"검은 것은 아름답다"

흑인 국제회의 인종차별 적극 대항 모색

흑인들이 개최한 국제회의가 1927년의 미국에 긴장감을 조성하고 있다. 1900년 트리니다드토바고의 H.S. 윌리엄스가 주도, 런던서 처음 열린 이후 네 번째 개최되는 범아프리카회의다. 서인도 제도, 아프리카 등 세계 각지 흑인들의 참여 열기가 후끈하다.

왜? "아프리카 모든 식민지의 해방"을 위해서다. 이들은 "이를 위해 전세계 모든 흑인들은 단결해 함께 투쟁할 것"을 요구한다. 엄청난 인종차별의 백인사회에 사는 흑인이든, 유럽의 가혹한 식민지 압제에 시달리는 아프리카 본토의 흑인이든 공동운명이기 때문이다. 이들은 또 "검은 것이

아름답다"며 흑인문화를 살릴 것과, 생산자협동조합 등을 통한 경제력향상도 함께 도모하고 있다.

최근 이 회의를 이끄는 사람은 하버드 대 출신 부르가르트 두보이스(59세)다. 그는 "선동과 저항만이 적대적인 인종차별을 깨뜨릴 수 있다"며 "당분간 차별을 받아들이고 경제력향상과 교육보급을 통해 지위를 높이자"는 온건한 흑인 지도자 B. 워싱턴을 격렬 비난한다. 두보이스는 1905년에는 흑인차별 철폐를 위한 '나이아가라 운동'을, 1909년에는 전국유색인종지위향상협회(NAACP)를 창설한 바 있다.

일본 살판났다

세계대전 특수로 활황

<1920년 일본> 세계대전이 일본을 벼락부자로 만들어줬다. 대전이 개시되던 1914년만 해도 일본은 무려 11억 엔의 대외채무를 지고 있는 등 서구 열강과의 경쟁에서 열세를 면치 못했다. 하지만 전쟁이 끝난 1920년, 일본은 27억 엔의 채권을 보유한 경제강국으로 변모했다.

비결은 전시 특수(特需)로 인한 수출증대. 유럽 국가들이 전쟁에 돌입하면서 그동안 아시아시장에 공급되던 유럽산 면직물이 뚝 끊겼다. 이 틈에 일본산 면직물이 아시아시장을 거의 독점하다시피 했다. 여기에 경제호황을 구가하고 있던 미국의 생사 수입이 급격히 늘어 일본은 '없어서 못 팔' 지경이 됐다. 1905년의 수출액이 7억 엔이었던 데 반해 1919년의 수출액은 800퍼센트나 늘어난 54억 엔.

특히 수출업자들이 돈벼락을 맞고 있다. 이들은 후나나리킨(船成金)으로 불린다. 물건이 달리다 보니 통조림에 자갈을 넣어 수출해 돈 버는 이들까지 있다. 금융계와 산업계에서는 미쓰이와 미쓰비시가 초대형 기업군으로 성장, 재벌로 불리고 있다.

"1917년 혁명은 나의 혁명"

마야코프스키, '혁명예술' 전위로 맹활약

〈1920년대 러시아〉 1917년 러시아를 휩쓸고 간 혁명은 문학의 지형까지도 바꿔놓았다. 러시아는 이제 톨스토이와 도스토예프스키, 푸슈킨과 같은 19세기의 작가들과 결별하고, 대신 혁명성과 역동성을 강조하는 미래파의 작가들에게 매혹되고 있다.

"우리의 첫번째 과제는 군중들의 관심을 붙잡아 그들을 우리가 원하는 슬로건 앞에 멈춰서도록 만드는 것이다." 시인 블라디미르 마야코프스키의 이 말처럼 미래파는 혁명의 선전부대를 자청한다. 문어체 대신 민중들이 쓰는 거리의 언어로 작품을 창작하며, 지금은 러시아의 문학계를 지도하는 집단으로서 프롤레타리아 문학을 창조하는 데 전력하고 있다.

본래 유럽에서 미래파는 현실을 부정하고 미래예술에 대한 새로운 발상을 시도하는 유파였다. 이들의 현실 부정적인 성격이 혁명기의 러시아에 수용되면서 보다 사회적이고 정치적인 것으로 거듭났다.

이들은 민중과 함께하기 위해서라면 굳이 활자매체를 고집하지도 않는다. 거리로 달려나가 집회에서 작품을 낭독하며, 정치 선전시와 연극 대본을 창작한다. 특히 마야코프스키는 러시아 전신국에서 포스터와 만화를 그리는 화가로 일하면서 그림에다 선전문구를 집어넣고, 순회 시낭송회로 혁명정신을 전파한다.

한편 혁명정부 교육부에서 활동하는 보리스 파스테르나크는 시집 〈장벽을 넘어서〉로 미래파 시단의 수준을 한 단계 높였다는 평가를 받았다.

맨 왼쪽이 마야코프스키. 그 오른쪽으로 시인 파스테르나크와 영화감독 에이젠슈테인.

"우리도 스포츠맨"

국제여성스포츠대회 열려

〈1921년 3월 10일 모나코〉 금녀의 영역이 깨지고 있다. 몬테카를로에서 프랑스, 영국, 노르웨이, 이탈리아, 스위스의 5개국 여성들이 참가한 가운데, 국제여성스포츠대회가 열렸다. 여성 선수들은 블루머(풍성한 바지)나 반바지 차림으로 나와 60미터 달리기, 74미터 허들, 넓이뛰기, 투창, 농구 등 11종목에서 실력을 겨뤘다.

지금까지 체육대회란 남성만의 영역. 여자들이 감히 허벅지를 드러내고 사람들 앞에서 경주를 한다는 것은 상상도 할 수 없는 일이었다. 하지만 주최측은 "미국에서는 여성 참정권도 허용되고 있는데, 체육대회만 남자들에게 독점될 이유가 뭐냐"고 대회의 의미를 설명했다.

내친 김에 내년에 제1회 여자올림픽대회를 열자는 주장도 나왔다. 그러나 국제올림픽위원회는 "여성들의 대회에 감히 올림픽이라는 말을 붙일 수는 없다"며 펄쩍 뛰는 모습.

혁명보다 매서운 붓꽃이 피었다

노신, 〈아큐정전〉 통해 중국현실 통렬히 풍자

〈1921년 12월 중국〉 누구나 아큐를 조롱했지만, 누구도 아큐를 진짜 굴복시키지는 못했다. 그렇다고 그가 의연하고 꿋꿋했다는 말은 아니다. 그는 상상 속에서 상대방을 패배시킨 다음, 진짜 이긴 것처럼 희희낙락했다.

최근 베이징에서 신문 〈신보(晨報)〉의 부록판에 매주마다 연재되고 있는 소설 〈아큐정전〉의 이야기다. 아큐는 이름도, 출생도 불분명한 날품팔이 농민이다. 하지만 속으로는 자기가 최고라고 뻐기는 인물이다. 그래서 자기보다 약한 사람은 박대하고, 굳이 현실을 바꾸기 위해 애쓰지도 않는다.

이런 아큐가 화제가 되는 것은, 아큐가 중국의 모습과 너무나 흡사하다

는 점 때문이다. 서양과 일본 앞에 어이없이 무너지고도, 자기만의 중화(中華)를 주장하며 개혁을 거부하는 중국은 아큐와 별반 다를 바가 없다. 작가 노신이 〈아큐정전〉을 쓴 목적은 바로 이 점인 것으로 읽힌다.

"중산층이 간다" 뛰뛰빵빵

자동차산업 대호황···할부 등 판촉전도 치열

〈1921년 미국〉 "사람들에게 왜 일을 하냐고 물어보면, 생활고를 해결하려고 한다는 게 25퍼센트랍니다. 집을 마련하려는 건 10퍼센트지요. 그런데 자동차를 사려고 한다는 사람은 무려 65퍼센트라우." 한 노동조합 간부의 말처럼, 요즘 미국사람들은 자동차와 사랑에 빠졌다고 해도 과언이 아니다.

"값을 1달러 낮출 때마다 1천 대를 더 팔 수 있다"는 포드의 말대로, 자동차값이 10년 전의 1/4 수준인 200달러대로 떨어지면서, 미국은 자동차천국이 됐다. 펑크(blowout), 교통경찰(traffic cop), 주차장(parking lot) 같은 신조어까지 생겼다. .

가장 인기있는 차종은 포드. 하지만 시보레, 다지 같은 차의 인기도 만만찮다. 여기에 최근 시작된 자동차 할부판매도 매출을 늘리는 요인이 되고 있다.

internet 세계사 여행

▶베르사유조약 http://ac.acusd.edu/History/text/versaillestreaty/vercontents.html 조약 전문, 지도, 사진 등 ▶히틀러의 등장 http://www.historyplace.com/worldwar2/riseofhitler/index.htm 탄생에서 정권 장악까지 ▶BBC 온라인 http://www.bbc.co.uk/home/today/ 텔레비전, 라디오, 위성방송 등 일체 ▶마르크스주의자 문헌 http://www.marxists.org/ 마르크스, 로자 룩셈부르크, 레닌, 트로츠키 등 걸출한 마르크스주의자들의 논문, 이미지 등을 모아놓은 사이트

세계사신문

지금 한반도에선

1922년/ 이광수, 《민족개조론》 발표
1925년/ 조선공산당 창립
조선프롤레타리아예술가동맹(카프) 결성

볼셰비즘 NO 노조 NO 위대한 이탈리아 YES
파시스트 무솔리니 권좌에

극단적 정치성향에 주변국들 예의주시

〈1922년 10월 30일 로마〉 이탈리아 파시스트당의 행동대원인 '검은 셔츠단' 4만 명이 검은 철모, 검은 셔츠에 총을 비껴메고 핀키아나문·포폴로문 등 네 방향에서 로마로 진입했다. "볼셰비키 분쇄" "위대한 이탈리아" 등을 외치며 퀴리날 궁을 향해 행진하는 이들을 제지하는 군경은 보이지 않았다. 3일 전 이들의 로마 진군을 명령한 지도자 베니토 무솔리니(42세)가 이미 비토리오 에마누엘레 국왕에 의해 수상으로 임명됐기 때문이다.

무솔리니는 어제 밀라노에서 국왕의 초청장을 받아들고 무개차편으로 여유롭게 로마에 도착했다. 그는 퀴리날 궁에서 열렬한 환호를 보내는 군중 앞에 국왕과 함께 모습을 내밀

고 "사회당과 노동조합에 반대하는 모든 이탈리아인의 단결"을 촉구했다.

오랜 분열 끝에 지난 1871년 통일된 이탈리아는 유약한 정부와 비능률적인 의회가 뿌리깊은 사회혼란을 극복하지 못하는 가운데 사회주의와 노조의 세력이 급신장하고 있었다. 이를 틈타 진군을 시작한 '검은 셔츠단'에 대해 정부는 무력진압을 결의했으나, 국왕 에마누엘레는 허약한 민주주의 정부 대신 '볼셰비즘으로부터 이탈리아를 구원'하기 위해선 어떤 짓도 할 것 같은 무솔리니를 선택하고 말았다.

열성 사회당원이었던 무솔리니는 지난 세계대전에서 참전론을 주장하

로마로 입성하는 이탈리아 파시스트 당. 왼쪽에서 세 번째가 무솔리니.

다 제명된 후 극우 민족주의의 길을 걸어왔다. 파시스트당은 무솔리니·비앙키 등이 대전중 돌격대로 유명했던 '검은 셔츠단'을 모체로 작년에 창설했으며, 그해 총선에서 원내 진출에 성공했다. 전후 격렬한 계급투쟁

과정에서 반노동운동 테러로 일관해 온 파시스트당은 자신들에 동조하지 않는 세력은 모두 사회주의자로 간주할 만큼 극단적인 성향을 가져 이들의 집권은 전후 세계정세에 상당한 파장을 일으킬 것으로 보인다.

히틀러의 '이상한' 혁명
맥주홀 폭동 실패 불구 대중적 인기
"위대한 독일 건설" 탁월한 선동 먹혀

〈1924년 4월 1일 독일〉 나치의 당수 히틀러가 '반역죄'로 5년형을 선고받았다. 바이에른 주지사 구스타브 폰 카를 등을 협박, "혁명을 일으키겠다"는 해프닝을 벌인 죄다.

지난해 11월 8일, 히틀러는 당 소속 SA 대원 300여 명을 동원, 뮌헨 교외의 한 대규모 맥주홀을 포위했다. 히틀러는 뮌헨 경제단체 초청으로 대중연설을 하던 카를을 납치, "혁명이 일어났다"는 거짓말로 협박했다. "바

이마르는 무너졌고 내 부하들이 베를린을 점령하고 있으니 나에게 협조, 새 정부를 조직하자." 정부를 전복, 정권을 틀어쥐려던 히틀러는 그러나 소홀한 감시를 틈타 용케 도주한 카를의 반격으로 이틀 뒤 사로잡혀 법정에 넘겨졌다.

히틀러는 그러나 이후 4~5개월의 재판기간을 오히려 자신의 입지를 넓히는 연설대로 활용했다. "독일을 위대하고 영광스런 국가로 재건할 수

있는 것은 허약한 바이마르가 아닌 강고한 나치뿐이다"는 등의 연설로 대중적 인기를 얻고 있는 것이다.

한 지지자는 "작금의 독일실정을 볼 때 그의 인기는 당연하다"는 주장이다. 독일은 전쟁 배상금 지불에 따른 자금난과 물가상승 등의 경제난을 겪고 있으며, 프랑스가 '배상금이 늦어진다'는 이유로 루르 지방을 점령하는 등 국제적 지위도 땅에 떨어진 상태다.

소련 출범
최고 지도자에 스탈린

〈1922년 12월 30일〉 모스크바에서 열리고 있는 제1차 전러시아 소비에트 대회는 오늘 러시아공화국을 포함해 4개 소비에트 공화국으로 구성된 소비에트사회주의연방공화국(U.S.S.R, 소련)의 수립을 선포했다.

소비에트는 지난 1917년 10월 혁명 이후 러시아 각지에서 수립된 인민권력체다. 러시아, 우크라이나, 벨로루시, 자카프카지예에서 수립된 소비에트가 연방의 형태로 결합한 것이다. 최고 지도자는 러시아 공산당 서기장 스탈린이 맡는다.

긴급진단 ■ 파시즘의 병리학

위기의 자본주의가 개발한 반공 '세균폭탄'

'20-80이론'이란 게 있다. 어떤 회의든 참석자의 20퍼센트가 주도하고 나머지 80퍼센트는 수동적이라는 것이다. 파시즘은 국가에서도 20의 엘리트가 대중을 강력하게 이끌어야 한다고 주장한다. 따라서 민주주의를 무질서의 온상·비효율의 산실로 간주하고, 국민들간의 여러 차이를 무시한 채 하나로 묶어 세우는 전체주의를 지향한다. '파시즘' 자체가 '묶음'을 뜻하는 파쇼(fascio)에서 온 말이다.

서구 자유주의의 전통에서 보면 이것은 병리적인 현상이다. 그러나 전후 이탈리아의 사회정치 상황은 그런 병균이 싹트기에 훌륭한 환경을 제공하고 있었다. 비스마르크의 말처럼 이탈리아는 "영토에 대한 식욕은 왕성한데 씹어먹을 이빨은 시원치 않은" 나라다. 전후에 얻은 영토가 적어 불만이다. 빈번한 내각교체로 상징되는 정치불안과 경제공황 등으로 영토

확장은커녕 나라 안의 분열도 감당하지 못해왔다.

이런 상황에서 공산주의와 노동운동이 급성장했다. 1920년 노동자들이 공장들을 점령해 자주관리를 선언했을 때 그것은 최고조에 이르렀다. 이 봉기는 실패로 돌아갔지만, 계급투쟁과 사회불안을 두려워하는 공장 소유주들과 중간층, 일부 농민을 떨게 했다. 바로 이때 "민주주의, 민주주의 하면서 나라를 방치하니까 빨갱이놈

들만 설치는 것 아니냐"며 강력한 반공독재를 부르짖은 파시스트당이 급격히 세를 얻은 것이다.

파시즘과 유사한 독일의 나치즘은 반유대주의를 포함한 맹목적인 인종주의로 치닫고 있다. 이들 전체주의는 궁지에 몰린 일부 국가의 자본주의가 사회주의의 '위협'에 대처하기 위해 개발한 반민주적·반인륜적 '생화학무기'라는 일부의 지적은 확실히 일리가 있어 보인다.

오스만 투르크 공화국 변신

초대 대통령에 케말 파샤

〈1923년 10월 터키〉 600년 이상 이슬람권의 종주국으로 군림해왔던 오스만 투르크 제국이 공화국으로 변신했다. 세계대전의 전쟁영웅 무스타파 케말 장군(42세)은 작년 11월 술탄제도를 폐지한 데 이어 최근 공화제를 선포하고 초대 대통령에 취임했다.

케말은 젊은 시절 청년투르크당에 참여했으며 서구적 근대화와 민주공화제의 신봉자로 알려져 있다. 세계대전에서 패전국이 된 조국이 영토몰수의 위기에 처하자 1919년부터 민족전쟁을 전개, 2년 전 그리스를 격파하고 독립을 확보한 바 있다.

앙카라로 수도를 옮긴 케말은 현재 서구적 정당인 인민공화당의 창설을 추진하고 있다.

코민테른, 일국사회주의론 승인

트로츠키 '영구혁명론'은 폐기…스탈린 입지강화

〈1924년 7월 소련〉 레닌 사망과 독일 사회주의 혁명 실패 후 벌어져온 스탈린(45세·서기장)과 트로츠키(45·정치국원)의 세계혁명 논쟁이 스탈린의 승리로 일단락됐다.

모스크바에서 49개국 504명의 대표가 참석한 가운데 열린 코민테른 제5차 대회는 트로츠크의 영구혁명론을 '극좌 모험주의'로 규정하고 스탈린이 제기한 일국사회주의론을 승인했다.

일국사회주의론은 지난 4월 스탈린이 〈레닌주의의 기초〉란 논문에서

제기한 것으로, 유럽 혁명의 지체로 소련이 '제국주의 대양 속의 섬'이 됐지만 혼자 힘으로 사회주의를 건설할 수 있다는 주장이다. 반면 트로츠키는 유럽 혁명 없이 소련만의 사회주의 건설은 불가능하므로 끊임없이 세계

혁명을 추진해야 한다고 주장해왔다.

한 나라에서 사회주의 '혁명'이 일어날 가능성은 이미 러시아 스스로 증명했다. 그러나 문제는 혁명 후의 사회주의 '건설'도 소련 혼자서 할 수 있느냐는 것. 이에 대해 세계 공산주의자 다수가 스탈린에게 손을 들어준 것은 현실적인 선택으로 보인다.

트로츠키의 입장에 대해 한 참석자는 "자칫 타국 혁명이 지체될 경우 소련도 사회주의를 포기할 수밖에 없다는 패배주의 아니냐"고 되물었다.

"국가위기엔 좌·우가 따로 없다"

중국, 국민당-공산당 합작…군관학교 개설 등 북벌 준비

〈1924년 중국〉 "뭐, 이대교가 국민당 중앙집행위원이라고?" "어랍쇼, 모택동이 국민당원일세!"

지난 1월의 국민당 전국대표대회 소식을 접한 중국인들이 눈을 희번덕거리며 하는 말들이다. 골수 공산당원인 이대교, 모택동이 버젓이 국민당 간부명단에 올라 있는 것이다.

이는 안으로는 북방군벌, 밖으로는 제국주의 열강이 민중과 대립하고 있

는 특수상황이 만들어낸 일종의 기적이다. 자산계급의 국민당과 노동계급의 공산당이 공동의 반제·반봉건 과제를 해결하기 위해 협력하기로 한 것이다. 협력방식도 독특해 공산주의자들이 공산당원 자격을 유지하면서 개인적으로 국민당에 입당하는 형식을 취했다.

유럽에선 상상도 할 수 없는 이번 '국공합작'에는 코민테른의 중재와

공산당의 유연한 노선도 한몫 했지만, 국민당 총리 손문의 배포도 빼놓을 수 없다. 그는 당내 우파의 반발을 물리치고 '연소·용공·부조농공(소련과 연대하고 공산주의를 용납하고 노동자·농민을 돕는다)'라는 혁신적 정강을 채택해 합작을 성공시켰다.

현재 양당은 드높은 사기 아래 공동으로 황포군관학교를 개설하고 북벌을 준비하고 있다.

혁명영웅 레닌 사망

러시아 혁명의 영웅 블라디미르 일리치 레닌이 사망했습니다. 향년 54세. 사인은 뇌출혈. 소련정부는 그가 이끈 1917년 10월 혁명의 도시 페테르부르크를 앞으로 레닌그라드로 부르기로 했으며 시신을 방부처리해 영구 보존키로 했습니다. 1924년 1월 21일 소련

관동 대지진, 한국인 수천 명 무차별 학살

"조선인이 식수에 독약 풀었다" 유언비어에 폭도들 광분

대지진보다 더 무서운 것은 인간. 일본인에게 학살당한 수많은 한국인 시체가 나뒹굴고 있다.

〈1923년 9월 5일 일본〉 간토 지방을 덮친 대지진으로 13만 명이 죽고, 100억 엔 이상의 재산피해가 발생한 가운데, 광포해진 일본인들에 의해 한국인들이 무차별하게 학살당하고 있다. 한국의 상해 임시정부가 발행하는 〈독립신문〉에 따르면, 도쿄와 가나가와 현, 사이타마 현, 지바 현에서만 이미 6천 명 이상이 학살당했다.

이번 사태는 지진이 난 직후, "조선인들이 일본인을 습격하고 있다" "조선인이 식수원에 독약을 풀었다"는 유언비어가 퍼지면서 시작됐다. 흥분한 일부 일본인들이 사실 확인도 하지 않고 자경단을 조직해 폭력행사에 나서면서 사태가 순식간에 악화됐다.

하지만 이에 대해 일본경찰과 관청은 오히려 비호하는 분위기다. 오히려 관이 나서서 유언비어를 퍼뜨리고 있다는 의혹까지 제기되고 있다. 실제로, 내무대신 미즈노와 경시총감 아카이케는 지진 발생 다음 날로 각 경찰서와 지방 장관에게 "조선인이 각지에 방화하고 불령(不逞)의 목적을 수행하려 한다. 조선인을 단속하라"는 전문을 보내 테러를 조장한 것으로 알려졌다.

뜻있는 일부 일본인들은 "민중 소요를 막기 위해 조선인을 희생양으로 삼은 것"이라고 지적했다. "불황으로 민심이 동요하고 있는 판에 대지진이 화약고에 불을 붙일지도 모른다"는 우려에서 사건을 조작했다는 것이다.

곳곳에서 댄스파티…흥청대는 미국

전후 정치·경제 강국 발돋움…낙관적 분위기 팽배

파리에 '갈색 에로티시즘' 열풍

〈1923년 4월 14일 미국〉 미국 볼티모어에서 16명의 남녀가 춤추기 시작한 지 53시간 만에 경찰진압으로 춤을 중단했다. 그런가 하면 이 시각 현재 휴스턴과 클리블랜드에서 여러 명이 45시간째 춤추고 있으며, 이 중 한 소녀는 몸무게가 51킬로그램에서 40킬로그램으로 줄어들었다는 소식이 들어와 있다.

바로 미국 젊은이들 사이에 선풍적으로 유행하고 있는 '댄스 마라톤대회'의 풍경이다. "어떤 유인원도 자기 후손이 이런 어리석은 짓을 하리라고는 상상하지 못했을 것"(뉴욕아메리칸 지(紙))이라는 비아냥에도 불구하고, 젊은이들은 "관객들 앞에서 최고가 되겠다"며 대회장으로 몰려들고 있다. 졸고, 뛰고, 서로 할퀴며(잠에 빠지지 않기 위해서) 악착같이 무대에서 버티는 이 젊은이들이 어쨌거나 '떠들썩한 20년대'를 만들어가는 주인공임에는 틀림없다.

하지만 뉴저지 주 동물학대금지협회는 최근 한 댄스대회를 고발하면서 요즘 세태에 대해 이렇게 비아냥거리기도 했다. "우리는 동물은 물론이고 인간에게 가해지는 가혹행위에도 똑같은 관심을 갖고 있다." 아마 많은 부모들이 그들의 고발문에 고개를 끄덕였을 것이다.

〈1925년 파리〉 최근 미국서 온 조세핀 베이커가 대단한 선풍을 불러일으키고 있다. 거의 누드인 그녀의 독특한 무대 매너가 인기 비결. 스페인인 아버지와 흑인 어머니 사이에 태어난 그녀의 갈색 피부는 야성적 탄력을 뿜어낸다.

휴지통 ■ 금주법과 이상한 책 〈네 개의 술병〉

〈1920년대 미국〉 O…뉴욕의 작은 시골 가게. "〈네 개의 술병〉 주세요." 주인이 두꺼운 책을 내준다. 뒤에 있던 청년이 주인에게 다가간다. "저도 그 책 주세요." 청년의 얼굴에는 초조함이 가득하다. "〈네 개의 술병〉, 다 떨어지진 않았겠죠?" 갑자기 웬 독서열풍? 아니다. 책 표지를 열어도 안에 글자 같은 건 없다. 대신 말 그대로 네 개의 술병이 가지런히 누워 있을 뿐.

O…1920년 미국 전역에 금주법이 발효되었지만, 금주법 때문에 술을 못 먹는 사람은 없다. 밀주가 있기 때문이다. 문샤인(moonshine, 밀주), 부틀래거(bootlegger, 밀조자), 럼 러너(rum runner, 주류 밀수업자)와 같은 은어들이 생겼고, 부자들의 비밀술집인 스피키지(speakeasy)는 경찰과 연결되어 있다. 빈혈증에 '버지니아 데어'라는 22도짜리 술이 약용으로 허락되자, 갑자기 빈혈 환자가 수백만 명으로 늘어나기도 했다. 밀주시장이 연 20억 달러 규모가 되면서, 시카고에서는 밀주업으로 성장한 알 카포네와 같은 기업형 갱단도 생겼다.

O…금주법으로 인해 전국민이 범법자가 된 셈이다. 그뿐만이 아니다. 제대로 만들지 못한 술의 뒤끝인지, 금주법 시행 5, 6년 만에 알코올 중독으로 인한 정신이상자의 수가 1천 퍼센트 이상 증가했다.

세계사신문

"소설을 끝내준 소설" 〈율리시스〉 출간

제임스 조이스 화제작… '의식의 흐름'으로 20세기 유럽인 내면 담아내

최근 출간된 아일랜드 작가 제임스 조이스(40세)의 장편소설 〈율리시스〉는 호메로스의 동명 서사시와 닮았다. 주인공 레오폴드 블룸은 서사시의 율리시스(그리스명 오디세우스), 아내 몰리는 페넬로페, 정신적 아들 스티븐 디달러스는 텔레마코스와 닮았다. 주인공이 방황과 모험끝에 집으로 돌아오는 과정을 담은 18편 하나하나가 서사시의 18편에 대응한다.

물론 트로이전쟁의 영웅 율리시스에 비하면 더블린의 신문사 외관원

블룸은 초라하기 그지없는 존재다. 서사시 〈율리시스〉가 전우주를 무대로 펼쳐지는 10년간의 장대한 모험극인 반면, 소설 〈율리시스〉는 1904년 어느 날 하루도 안 되는 시간에 더블린 골목들에서 벌어지는 소시민 이야기에 불과하다.

그러나, 이 작품이 서사시 〈율리시스〉에 비해 문학성이 뒤진다거나 스케일이 작다고 말하는 사람은 없다. 735페이지에 이르는 이 소설 속에는 어떤 대우주보다도 광활하고 복잡한 인간의 내면세계가 펼쳐져 있기 때문이다. 영어를 비롯한 10개 국어와 온갖 문장기법, 학문적 지식을 총동원해 달성한 이 위업은 문학의 지평을 전례없이 넓혀놓고 진정한 20세기 문학을 출범시켰다는 평을 듣는다.

작가는 정치사회 현실을 초월하는 "예술을 위한 예술"을 위해 인간의 마음속으로 파고들었다고 말한다. 그러나 일각에서는 인간의 마음이야말로 세계와 우주의 축소판이므로 작가가 현실에 충실할 때 내면세계도 올바로 형상화된다는 반론을 편다. 〈율리시스〉의 난해함과 추상성은 작가의 현실도피에 기인한다는 지적을 덧붙이면서.

〈율리시스〉는 인간내면의 외설적이고 폭력적인 생각들을 드러내는 표현 때문에 〈리틀 리뷰〉지에의 연재를 중단당한 뒤 프랑스 셰익스피어 출판사에서 단행본으로 출간됐다.

'영화' 혁명 〈전함 포템킨〉개봉

에이젠슈테인 감독
몽타주 수법 선봬

〈1925년 소련〉 영화매니아들에게 새 영화기법을 맛볼 기회가 생겼다. 소련 영화감독 에이젠슈테인이 '몽타주' 기법을 도입, 영화 〈전함 포템킨〉을 찍어냈다. 러시아 혁명에 동참한 수병들의 활약을 그린 영화다. "앞으로 수십년 동안 보기 힘들 수작(秀作)"이라는 평. '몽타주'는 따로 촬영된 필름을 편집, 새 현실을 창조하거나 감동을 자아내는 기법이다. 함선의 거대한 기관이 작동되는 모습과 사람들이 행진하는 모습을 교차편집, 민중의 힘찬 혁명역량을 묘사한 것이 그 예다.

"와우 바우하우스"

디자인 전시회 개최

〈1923년 독일〉 전혀 새로운 양식을 선보인 디자인 전시회가 열렸다. 건축설계, 도기, 의자 등 출품작들은 한결같이 사각형과 원형을 응용, 간결한 형태다. 꽃무늬 등으로 화려한 19세기 가구들과는 다른 모습이다. 주최측은 그러나 "생활에 편리한 기능성을 눈여겨봐달라"는 주문이다.

독일 바이마르 지방의 바우하우스(교장 발터 그로피우스)에서 개최한 건축·가구 전시회. 바우하우스는 건축, 미술, 공예 등의 전문디자이너를 길러내는 학교다. "예술과 기술과 산업을 하나로 묶는다"는 교육이념으로 20세기의 건축·가구문화를 이끌어나가겠다는 기염이다.

이번 전시회는 이 같은 교육이념을 객관적으로 검증받겠다는 취지로, 그로피우스를 비롯해 교수진인 클레(회화), 칸딘스키(벽화) 등이 출품했다.

문화흐름 ■ 20세기 건축의 특징

"집은 집다워야" 기능성 강조

장식미 배제…기술발전도 한몫

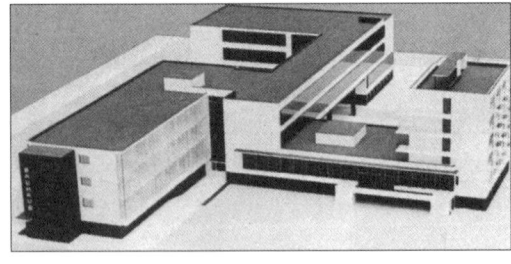

건축물의 기능성을 강조하는 바우하우스 건축학교 조감도.

19세기의 건축가나 미술가들이 독일 바이마르 지방의 바우하우스 학교 교사(校舍)를 보았다면 "밋밋하다" "멋이 없다" "벌거벗은 것같다"는 반응을 보일 공산이 높다. 아무 장식도 없는 딱딱한 느낌의 직육면체들이 조합된 형태에 불과하기 때문이다.

바우하우스의 교장 그로피우스는 그러나 "목적에 맞게 설계되어야 그에 따라 형태도 아름답게 보인다"는 주장이다. 이른바 기능주의다. 최근 건축들은 이처럼 건축물에서 장식적 요소, 조형미를 강조하는 이전 건축문화에서 과감히 벗어나 있다.

이 같은 양상은 18, 19세기를 거치면서 이룩된 산업혁명과 과학기술발전의 산물이다. 각종 산업용 기계와 자동차, 비행기 등에서 느낀 매력이 건축분야에서 기계적 아름다움, 단순화된 아름다움을 추구하게 만든 것이다. 새 건축양식은 또 요즘 산업사회에 적절하다는 평이다. 건축 표준화가 가능, 급증하는 건축수요에 대량공급으로 대응할 수 있다는 것.

---

internet 세계사 여행

▶무솔리니 어록 http://creativequotations.com/one/1323.htm "전쟁은 인간의 에너지를 증진시킨다"는 등 무솔리니의 '웃기는' 어록들
▶조이스 http://www.2street.com/joyce/ 제임스 조이스의 홈페이지. 조이스의 삶, 그의 소설과 에세이 등을 접할 수 있다.
▶바우하우스 http://www.bauhaus.de/ 바우하우스 디자인의 모든 것

3권 36호 1926—1928

[중국 상해 쿠데타]

세계사 신문

지금 한반도에선

1926년/ 6·10 만세 운동
나운규 감독, 〈아리랑〉 개봉
1927년/ 신간회 조직

장개석, 상해에서 반공 쿠데타
국공합작 완전파탄

"역사의 시계바퀴가 거꾸로 돌았다"

〈1927년 4월 중국〉 상해가 백색공포에 떨고 있다. 국민혁명군 총사령관 장개석(40세)이 반공 쿠데타를 일으켜 도시 일원이 총성과 비명과 피로 뒤엉켜 있다. 사흘 동안 상해 총공회(노동조합) 대표 왕수화를 포함, 300여 명의 공산당원과 일반인이 살해됐고 5천여 명이 실종됐으며 500여 명이 체포됐다.

장개석은 북벌군 내부에서 공산당계의 활약이 두드러지자 점차 우경화해온 인물이다. 그는 친미파 왕정정·친일파 황부·대부르주아 우흡경 등과 꾸준히 교류해오다 작년부터 노골적으로 반공노선을 걷기 시작했다. 그해 11월 국민당 좌파가 국민정부를 광주에서 무한으로 옮기기로 결정하자, 장개석은 공산당에게 주도권을 빼앗길 것을 우려해 이를 반대하고 남창을 대안으로 제시했다. 분파주의자로 낙인찍힌 장개석은 상임위 주석 등 주요직을 박탈당했으나 사령관직은 유지, 남창에서 제국주의·군벌의 정세를 주시하며 기회를 엿보고 있었다.

지난 3월, 남경을 점령한 북벌군을 향해 미국·영국·일본·프랑스의 연합함대가 함포사격을 퍼부어 2천 명의 사상자를 낸 것이 신호탄이었다. 상해에 도착한 장개석은 치밀한 작전에 들어가 총공회와 노동규찰대를 존중하는 신호를 보내면서 불안한 정세를 빌미로 상해 혁명정부를 봉쇄, 자신이 대권을 잡은 임시정치위원회를 출범시켰다.

4월 11일 밤 열강 군대가 공산당원과 노동자 1100여 명을 체포한 데 이어 12일 아침 은밀히 조직된 폭력조직들이 노동규찰대를 공격했다. 그러자 분규를 조정한다는 명분으로 개입한 장개석 군대가 노동자들을 난사, 순식간에 300여 명의 사상자를 냈다. 13일엔 20만 노동자가 파업에 들어간 가운데 시위를 벌인 6만여 군중에 발포, 100여 명이 즉사하기도 했다.

남경 쪽으로 확산되고 있는 이번 '공산당사냥'으로 국공합작은 끝났으며 중국 공산당은 심각한 위기 국면에 돌입하게 됐다. ▶참조기사 35호 2면

린드버그 대서양 단독비행

〈1927년 5월 21일〉 미국인 찰스 린드버그가 파리 르 부르게 공항에 도착했을 때 10만 명의 파리시민이 그를 보기 위해 몰려들었다. 린드버그는 5760킬로미터를 한 번도 착륙하지 않고 33시간 만에 비행함으로써 단독으로 대서양을 횡단한 최초의 기록을 세우게 됐다. 그는 2만 5천 달러의 경주 상금을 받게 된다.

"미국은 내정 간섭 말라" 산디노, 반미투쟁 선봉에

〈1927년 니카라과〉 중앙아메리카의 작은 나라 니카라과가 세계 최강의 미국에 맞서 힘겨운 투쟁을 전개하고 있다. 지도자는 34세의 산디노.

산디노 부대는 1만 2천의 미 해병대를 맞아 게릴라전으로 대응하고 있다. 땅을 빼앗긴 농민들이 주축을 이룬 산디노 부대는 누더기 차림에, 통조림 깡통에 자갈을 넣어 만든 수류탄과 나무칼로 최첨단 병기의 미 해병대에 맞서고 있다. 반면 미 해병대는 막강한 화력과 비행기를 동원하고서도 산악지형 때문에 산디노 부대를 쉽게 공략하지 못하고 있다.

미국은 19세기 중엽부터 니카라과에 개입하기 시작, 1909년에는 당시 대통령 호세 산토스 셀라야를 몰아내고 친미정권을 세우기도 했다. 니카라과는 1838년 스페인으로부터 독립했다.

긴급해부 ■ 장개석의 '권력사냥 드라마'

쿠데타 후 군벌-제국주의에 '러브콜'

공산당은 지하투쟁 돌입…중국정세 안개속

현재 중국의 5대 세력으로는 내부의 국민당·공산당·군벌과 외부의 제국주의 열강·코민테른을 들 수 있다. 이 가운데 초라한 국민당 우파에 불과하던 장개석이 상해 쿠데타 이후 파죽의 기세로 천하를 평정해가고 있다. 원세개 이후 그는 현란한 '권력사냥' 드라마를 펼쳐왔다.

1926년 3월 그는 혁명군 사령관의 지위를 이용해 공산당원에게 순양함 중산호의 이동명령을 내린 뒤 태도를 돌변, 이를 쿠데타 음모로 몰아붙여 대대적인 좌우대립을 일으킨다.

1927년 4월 제국주의·군벌의 묵인 아래 상해에서 쿠데타를 일으키고 남경에 정부를 세운다. 그의 뒤에 제국주의 열강이 있음을 목격한 무한의 국민정부는 이를 대세로 인식, 공산당 및 소련과 관계를 끊고 그해 9월 장개석에게 무조건 투항한다.

1928년 7월 자신에게 협조하던 풍옥상 등 영·미파 군벌과 제휴해 북경에 진을 치고 있던 일본파 장작림의 동북군벌을 몰아낸다. 일본은 장작림의 이용가치가 소멸했다고 판단, 봉천으로 후퇴하던 그를 기차에 태운 채 폭파시켜 장개석 정권을 돕는다.

이처럼 현재 거의 재통일을 이룬 중국의 권력자는 국민당의 장개석이지만, 그의 뒤에는 조금도 손상되지 않은 군벌과 제국주의의 이빨이 도사리고 있다. 따라서 손문이 내세웠던 국민혁명의 이념은 심각한 손상을 입은 상태이며, 국민정부의 앞날은 군벌·열강의 알력에 휘둘릴 가능성 때문에 불안하기 짝이 없어 보인다.

이 같은 상황에서 창당 이래 최악의 위기를 맞은 공산당은 지하투쟁으로 돌입해 혁명을 지속시킨다는 입장이지만, 내부불화와 코민테른의 미숙한 지원책으로 당분간 큰 어려움을 겪을 전망이다.

동서고금 이은흥

준비하시고 ~ 쏘세요!

장개석

제국주의

군벌

한국판 '국공합작' 신간회 탄생

〈1927년 2월 15일 한국〉 한국에서도 '민족협동전선'을 지향하는 단체가 탄생했다. 안재홍·신채호 등 민족주의 좌파와 김준연 등 공산주의자들은 "조선민족의 정치적·경제적 해방의 실현을 기한다"는 공동목표 아래 오늘 '신간회(新幹會)'를 출범시켰다(초대 회장 이상재 옹).

이번 '합작'은 좌우익 모두가 필요로 한 것으로 알려졌다. 민족주의 진영은 이광수 등이 민족개량주의로 대일 협조로 나가자 좌익과의 협조가 절실했고, 공산당은 일본의 가혹한 탄압으로 조직이 번번이 붕괴되자 역량 보존을 위한 명망가들의 그늘이 필요했던 것이다.

양측은 작년 순종 황제 장례식날 폭발한 6·10만세운동을 공동주도함으로써 상당한 접근을 이룬 바 있으며, 그동안 물 밑 노력에 의해 수십 개의 지회를 확보한 것으로 알려졌다.

초점 ■ 중국 공산당 어디로 가나

도시혁명(이입삼) "도시가 혁명의 근거지" 당 노선으로 채택
농촌투쟁(모택동) 정강산에 근거지 수립 장기전 돌입

〈1928년 6월 중국〉 도시에서의 조직활동과 봉기로 혁명의 확산을 꾀할 것인가, 농촌을 근거지로 장기적인 기반 확대를 꾀할 것인가?

합작파트너 국민당에게 배신당한 뒤 진독수 등 당내 우파를 청산한 중국 공산당이 혁명의 진로를 놓고 심각한 내홍을 겪고 있다. '도시혁명'의 선두주자는 프랑스 유학파 이입삼(32세), '농촌투쟁'의 지도자는 국내파 행동대원 모택동(35세).

이 두 사람은 상해 4·12쿠데타 직후 작년 8월, 3만 명이 참가한 남창봉기가 실패한 뒤 다른 길을 걸어왔다. 이입삼은 그해 12월 광주 근교의 해륙풍을 점거하고 유명한 '광동 코뮌'을 수립했다. 3일 만에 7천 명의 희생자를 내고 실패했으나 그는 "모든 권력을 소비에트로"라는 기치 아래 계속 도시혁명을 추진하고 있다. 반면 모택동은 3천 명의 군사를 이끌고 외딴 정강산으로 들어가 근거지를 수립하고 공농홍군을 결성했다.

최근 모스크바에서 열린 당 6차 전국대표대회는 중국에서 토지혁명이 매우 중요하다며 모택동 노선을 일부 인정했다. 그러나 "중국 혁명의 극도의 장기성과 농촌 근거지의 극도의 중요성"이란 모의 주장은 기각하고, 중심은 도시혁명임을 분명히 했다. 따라서 중국 공산당은 당분간 동요하면서 도시·농촌의 이중전선을 펼쳐 나갈 것으로 보인다.

터키, 알파벳 채택

〈1928년 터키〉 케말 파샤('파샤'는 군사령관 호칭)의 강력한 지도력 아래 서구적 근대화를 서두르고 있는 터키가 여성의 베일 착용 금지, 법률의 서구화, 이슬람교의 국교 지위 해제 등 일련의 충격적인 조치를 취한 데 이어 모국어의 표기수단으로 아랍문자

알파벳을 가르치고 있는 케말 파샤.

를 폐기하고 로마 알파벳을 채택했다.

알파벳이 터키어를 표현하는 데 적절하며 배우기 쉬워 국민의 문맹률을 낮추고 근대화를 촉진할 것이라는 게 당국의 설명이다. 개혁의 대세를 따르는 지식인과 다수 대중은 환영하는 분위기지만, 이슬람 성직자들은 "쿠란은 반드시 아랍문자로 읽어야 한다"는 율법을 내세워 시행중단을 청원하고 있다. ▶참조기사 35호 2면

"나는 소비한다 고로 존재한다"

대량소비사회 본격 진입…다양한 제품 잇단 출시로 생활방식 급변

〈1920년대 말 미국〉 스미스 씨(가명·30세) 집 거실. 한켠에선 딸이 피아노를 뚱땅거리고, 최근 들여놓은 가죽소파에서 그는 아들과 잡지를 뒤적인다. 아내는 오늘 새로 산 옷을 입고 카펫 위에서 한바퀴 횡 돌려 한껏 맵시를 뽐낸다. 요즘 미국 중산층의 전형적인 모습.

피아노, 세탁기, 고급 기성복에 카펫까지 이 많은 물건들을 장만하기 위해 돈 버느라고 얼마나 고생했을까. 아니다. 고생은 이제부터다. 모두 할부로 구입했기 때문. 최근 1천 개가 넘는 자동차판매 융자회사가 경쟁적으로 할부판매에 나서는 바람에 현재 미국인의 자동차 보유는 6명당 한 대 꼴로, 거의 가정 필수품이 됐다.

자동차를 필두로 모든 제품에 대해 할부판매가 일반화되면서 미국공장들은 무조건 만들어내기만 하면 파는 것은 문제가 아니다. 최근 제너럴 모터스에서 주식배당을 했는데 그 총액이 역사상 최고여서 화제가 됐다. 경제계에선 미국경제가 이미 영국을 추월했다는 것이 정설.

미국식 대량소비문화는 생활양식도 크게 바꿔놓고 있다. 집에서 만드는 수제품은 거의 자취를 감추고 공장에서 일률적으로 만든 기성품이 대종을 이룬다. 가사노동이 줄은 만큼 집 밖에서 보내는 시간이 늘고 있다.

오늘도 미국의 공장 노동자들은 정신없이 돌아가는 컨베이어 벨트 앞에서 열심히 일한다. 단지 컨베이어 벨트가 빨라서만이 아니라 밀린 할부금을 갚기 위해서. ▶참조기사 32호 3면

초점 ■ '레코드에서 세탁기까지' 미국을 변화시키고 있는 신제품

▶레코드 오케스트라 연주를 감상하러 정장 차려입고 시간 맞춰 극장에 가던 일은 이제 옛말. 이제는 집안에서 잠옷 바람으로 앉든 눕든 제멋대로 자세를 취하고도 최고급 클래식 음악을 감상할 수 있다. 도너츠 모양으로 생긴 최신 레코드판이 그 비결.

19세기 말 에디슨이 레코드를 발명했을 때만 해도 음질이 형편없어 수준있는 음악애호가들로부터는 외면당했다. 하지만 지난 24년 벨연구소가 전기녹음장치를 개발하면서 음질이 비약적으로 향상돼 이젠 일류 음악가도 레코드를 즐긴다. 현재 빅터 사와 콜럼비아 사가 양대 메이저.

▶라디오 이제는 스포츠경기도 안방에서 즐긴다. 라디오가 현장을 생생하게 전해주기 때문. 얼마 전 시카고에서 열린 뎀프시 대 타니의 헤비급 복싱경기는 4천만 명이 동시에 중계

를 청취한 것으로 조사됐다. 이러한 정보의 신속한 전파가 미국 사회를 어떤 모습으로 변화시킬지는 감히 가늠하기조차 어려운 엄청난 변화의 시대가 펼쳐지고 있다(사진 오른쪽).

▶세탁기 요즘 미국여성들은 자동화를 만끽한다. 그 총아는 단연 세탁기. 인류 역사상 여성을 가장 혹사시킨 가사노동이 아마 세탁일일 것이다.

세탁기가 여성들을 이 고역으로부터 해방시키고 있다. 심지어 요즘엔 세탁업이라는 새 업종이 생겨 이곳에 세탁물을 맡기기만 하면 다림질까지 산뜻하게 해서 가져다준다.

요즘 여성들이 신문기자, 출판사 편집자, 광고 프로듀서, 카페 경영자 등으로 대거 진출하고 있는 데는 바로 이러한 가전제품이 뒷받침돼 있다.

'미키마우스' 매진사례

징그럽기만 하던 생쥐가 갑자기 인기스타로 부상했다. 월트 디즈니가 최초의 유성 애니메이션 〈증기선 윌리(Steamboat Willie)〉의 주인공으로 발

탁했기 때문. 깜찍하고 목소리도 귀여운 이 주인공의 이름은 미키마우스(실제는 월트 디즈니의 목소리).

미키마우스가 나오는 애니메이션은 요즘 연일 매진사례를 기록할 만큼 인기가 좋아 그동안 파산을 거듭했던 디즈니 씨를 단번에 돈방석에 앉혀줄 전망이다. 하지만 일부에서는 때리고 부수는 장면이 너무 많아 폭력성을 부추긴다며 일침.

휴지통 ■ '위대한 연인' 발렌티노 요절

O… 미국과 유럽에 엄청난 팬을 가지고 있는 미국 영화배우 루돌프 발렌티노가 31세의 나이로 요절했다. 사인은 급성 위궤양.

O… 발렌티노는 이탈리아 출신 이민자로 한때 카페의 탱고 댄서로 전전했으나 지난 21년 〈묵시록의 네 기사〉에 배우로 발탁되면서 일약 스타로 떠올랐다. 이후 검은 머리에 갈색

눈동자를 가진 그는 미국인의 이상적인 남성상이 됐다. 이에 따라 여배우들과의 염문도 많이 뿌려 한때 여배우 폴라 니그리와 침대에 장미꽃을 가득 뿌리고 새벽까지 사랑을 나눴다는 일화는 유명하다.

O…그의 사망소식이 알려지자 미국 전역은 일시에 애도의 물결이 엄습한 상황. 시신이 안치된 동네에는

몰려드는 사람들로 무려 인근 11개 블록이 인파로 가득 차는 기현상이 벌어지고 있다. 심지어 그의 죽음에 대한 충격으로 자살하는 여성들이 속출하고 있다는 소식. 저세상까지 쫓아가겠다는 것을 말릴 수는 없겠지만 하늘나라에서 영화 속 발렌티노가 아닌 인간 발렌티노의 진면목을 보고는 혹시 후회하지는 않을런지….

알 카포네 피습

〈1926년 시카고〉 암흑가의 황제로 군림온 갱두목 알 카포네(37세)가 피습당했다. 카포네는 "삼엄한 경비를 뚫고 나를 습격할 자는 반대파인 벅스 모간 밖에 없다"며 "반드시 복수할 것"이라고 흥분. 칼에 긁힌 왼쪽 뺨 흉터로 스카페이스로 불리는 카포네는 주류금지법 시행의 틈을 타 주류밀매로 엄청난 돈을 벌면서 암흑가의 실력자로 부상했다. ▶참조기사 35호 3면

세계사신문

"지금 이곳은 미로…우리는 길을 잃었다"

헤밍웨이·피츠제럴드 등 전후 '잃어버린 세대' 불안의식 표출

〈1926년 미국〉 세계대전은 한 세대의 젊음을 송두리째 앗아갔다. 군복무를 마치고 고향으로 돌아온 미국청년들은 그 상실이 주는 간격에 당황스럽다. 전전(戰前) 세대인 '쉰'세대와 전후(戰後) 세대인 '신'세대 사이에서 참전(參戰) 세대가 '낀'세대로서 느끼는 좌절감은 자신들이 미국사회에서 완전히 잊혀져버렸다고 느끼는 데서 나오는 막막함이다. 최근 어니스트 헤밍웨이가 발표한 장편소설 〈해는 또다시 떠오른다〉는 이런 좌절에

대한 한 편의 보고서다.

이 소설은 "우리는 모두 길 잃은 세대다"라는 문장으로 시작한다. 주인공은 전쟁에 참전했다 돌아온 후, 현실에 적응하지 못하고 술에 의지해 방황하는 젊은이들이다. '길 잃은 세대'라는 말은 현재 파리에서 활동중인 미국작가 거트루드 스타인이 헤밍웨이에게 "당신들은 모두 길 잃은 세대요"라고 말한 것에서 인용한 것.

이들은 왜 길을 잃었을까. 전쟁의 위기를 느끼며 청소년 시절을 보내

고, 전쟁 속에서 성년기를 보내야 했던 참전세대는 열병처럼 전쟁을 앓고 난 후줄근한 몸으로 돌아왔다. 그런데 전장에서 한참 떨어져 있던 고향은 전쟁에는 도통 관심이 없는 것이었다. 이런 상황에서 자신이 무엇을 할 수 있으며, 무엇을 해야 하는지 온통 혼란스럽기만 하다. 찰스톤 춤을 추어대는 '떠들썩한 20년대' 속에서 초라한 자신의 모습을 발견할 뿐이다.

소설 〈낙원의 이쪽〉(1920)을 통해

세계대전을 겪은 미국 젊은이들의 환멸과 혼란을 다룬 스코트 피츠제럴드와, 1922년 5부작 연작시 〈황무지〉를 통해 도시의 감성과 타락을 다룬 시인 T.S.엘리엇, 그리고 비정상적인 인간본성이야말로 전쟁의 원인이라고 보는 극작가 유진 오닐은 이 '잃어버린 세대'의 대표적인 작가들이다. 이들의 작품에서 드러나는 철학과 종교에 대한 회의, 비관, 불신은 고스란히 참전세대의 자화상이다.

"울어라 색소폰아" 재즈열풍

흑인 전유물 탈피 시카고 등지로 급속 확산

〈1927년 미국〉 시카고 남부의 사교 클럽으로 유명한 링컨 가든. 킹올리버 밴드가 무대에서 연주하고 있다. 재즈의 고향 뉴올리언스에서 처음 연주되던 1800년대처럼 재즈다운 소박함이 물씬 풍겨난다.

루이 암스트롱의 트럼펫 솔로 연주가 시작되자 관객석에서 찬사와 박수

가 터져나왔다. 그의 연주에는 영혼을 울리는 비애가 있다. 집단농장에서 일하던 흑인 브라스밴드의 삶이 고스란히 농축되어 있는 음색, 가난한 하층 노동자로서 겪어온 고통이 만들어낸 음색이다.

현재의 재즈는 이 흑인 브라스밴드의 음악에 뿌리를 두고 있다. 뉴올리

오리지널 딕실랜드 재즈 밴드의 공연 포스터.

언스의 홍등가인 스토리빌에서 흑인 밴드는 트럼펫과 트럼본, 피아노를 기본으로 하는 래그타임이라는 양식을 만들어냈다. 이 래그타임은 흑인

들이 일자리를 찾아 대도시로 떠나면서 전국으로 전파되었고, 시카고의 블루스와 만나면서 오늘날의 재즈로 완성됐다. 전국적인 인기몰이가 시작된 것은 (뜻밖에도) 백인 밴드인 '오리지널 딕실랜드 재즈 밴드'가 재즈 음반을 취입하면서부터.

작가 피츠제럴드는 클럽마다 재즈 선율이 넘치고 있는 이 시대를 두고 '재즈시대'라는 이름을 지어주었다.

플레밍, 페니실린 발견

〈1928년 9월 15일 영국〉 세균과의 전쟁에서 인류에게 희망이 보이기 시작했다. 병을 일으키는 세균을 죽일 수 있는 화합물이 발견됐기 때문이다.

영국 왕립외과협회 플레밍 교수는 푸른 곰팡이에 의해 만들어지는 물질이 유해 세균을 죽인다는 사실을 발견했다고 발표했다. 플레밍은 화농균인 황색 포도상구균의 배양접시를 실

수로 뚜껑을 열어둔 채 방치해 두었는데, 며칠 후 푸른 곰팡이가 피어나더니 이 곰팡이가 핀 부분에서는 균이 죽어버렸다는 것이다.

플레밍은 살균력을 지닌 물질을 곰팡이로부터 추출하고 '페니실린'이라는 이름을 붙였다.

TELE VISION

지구촌을 닮을 또 하나의 문화혁명

소리를 전송하는 벨의 전화기에 이어 20세기 또 하나의 혁명 영상 전송시대가 열립니다. 이제 사각의 브라운관에서 새로운 세계를 만나보십시오.

발명가 존 베어드의 역작

이사도라 덩컨 사망

〈1927년 9월 14일 프랑스〉 미국의 대표적인 무용가 이사도라 덩컨이 오늘 니스에서 사망했다. 향년 47세. 차를 몰고 가다 뒷바퀴에 스카프가 감기면서 목이 졸려 사망한 것으로 밝혀졌다.

그녀는 춤을 자연스러운 몸의 움직임을 중요시하는 창조적 예술의 수준으로 끌어올린 이 시대의 춤꾼. 춤을 출 때 맨발을 고집, '맨발의 이사도라'라는 애칭으로 불렸다.

---

internet 세계사 여행

▶ 디즈니 http://disney.go.com/home/homepage/index.html 세계 만화영화의 대부(?) 디즈니 사(社)의 홈페이지
▶ 로스트 제너레이션 http://www.hawken.edu/class/e3losf/ 조이스, 엘리엇, 헤밍웨이 등 작가들과 입체파, 다다이즘 등 '잃어버린 세대'를 찾자.
▶ 재즈의 모든 것 http://www.allaboutjazz.com/ 최근 재즈의 동향, 재즈에 관한 퀴즈 등 재즈를 알려면 이 사이트를 보라.

3권 37호 1929−1933

[대공황]

세계사 신문

지금 한반도에선

1930년/ 광주학생운동
1931년/ 동아일보, 브 나로드 운동 전개
1932년/ 이봉창, 윤봉길 의거

뉴욕 증시폭락 '검은 목요일'

미국 경제공황…유럽 등에도 급속 여파

〈1929년 11월 14일 뉴욕〉 뉴욕경찰은 오늘, "산더미 같은 빚을 감당할 재간이 없다"는 유서와 함께 또 한 사람이 자살했다고 발표했다. 지난 10월 24일 하루만 해도 11명, 벌써 수십 명째다. 주가폭락으로 '쫄딱 망한' 사람들이 속출하고 있다.

'검은 목요일'로 불리게 된 10월 24일, 뉴욕증권거래소에서는 주가가 일제히 폭락, 주식시장이 마비되는 경악스런 사태가 발생했다. 하락폭이 무려 75포인트나 된 주식도 있으며, '팔자' 주문이 대거 쏟아져 하루 매물이 총 1300만 주나 됐다. 10월 28일에는 튼튼하기로 소문난 퍼스트내셔널 뱅크, 웨스팅하우스 등의 주가조차 500달러, 194달러씩 떨어졌으며, 어제는 공업부문 전체 주가지수가 496포인트에서 220포인트로 떨어지는 대폭락을 기록했다.

그런 결과 미국경제가 급속히 붕괴되고 있다. 사람들은 더이상 투자하지 않고 소비를 줄이고 있다. 수만 개 회사가 자금부족과 판매부진으로 파산을 선고했다. 대출금은 회수되지 않고 예금은 대거 인출됨에 따라 5천에 달하는 은행 또한 파산했다. 실업자는 150만으로 급증, 이런 상황을 더욱 악화시키고 있다.

이 공황은 다시 '물귀신처럼' 세계경제 또한 공황 속에 빠뜨리고 있다. 그간 미국의 원조와 차관에 의존해 전후 경제건설을 추진해왔던 동유럽, 주로 미국시장을 겨냥해 공산품을 수출해왔던 서유럽, 역시 미국시장에 농산물을 수출해왔던 중남미와 아시아 등 전세계 경제가 무너지고 있는 것이다. 더구나 미국이 전쟁기간 유럽 각국에 공여했던 100억 달러의 차관마저 갚으라 요구, 재정이 고갈된 유럽의 경제는 더욱 위태롭다.

전문가들은 "이번 공황은 지역적으로도 광범위하지만 앞으로 장기간 지속되는 대공황(great panic)이 될 것"으로 전망하고 있다.

주가 폭락, 주식시장 마비의 소식을 들은 주주들이 뉴욕 증권거래소 앞에 몰려들고 있다.

일본, 만주에 괴뢰국 수립

한중 항일세력에 큰 타격…동아시아에 전운

〈1932년 3월 만주〉 일본이 중국 동북지방(만주)을 전격적으로 침략, 이곳에 '만주국'이라는 괴뢰국을 세우고 중국으로부터 분리했다. 신경(장춘)을 수도로 정한 일본 관동군은 천진의 일본 조계에 억류돼 있던 청제국 마지막 황제 선통제를 불러와 집정(執政)을 맡겼다.

관동군이 전면적인 군사행동을 개시한 것은 지난해 9월 봉천(심양) 외곽 유조구에서 만주철도 폭발사고가 일어나면서부터였다. 이를 중국측 소행으로 규정한 관동군은 공습과 포격을 퍼붓고 철도 연변을 따라 이타가키 대좌 등이 이끄는 1개 사단을 투입했다. 그러나 장개석 정부는 이런 일련의 사태가 일본의 자작극이란 점을 국제여론에 호소했고, 국제연맹은 이를 받아들여 영국의 리턴 경을 위원장으로 하는 진상조사위원회를 현지에 파견했다.

만주국은 형식상으로는 독립국이지만 실권은 관동군이 장악하고 있으며 경제권도 일본 만철(滿鐵)·닛산 콘체른 등이 독점하고 있다. 이에 따라 만주를 무대로 활동하던 한국·중국의 항일운동 세력은 심각한 타격을 입을 것으로 전망된다. 또 만주국을 거점으로 일본의 중국 침략도 가속화될 것으로 보여 중원을 중심으로 동아시아 전체에 거대한 전운이 감돌고 있다. ▶참조기사 35호 3면

히틀러, 수상에 임명
유럽정가 '초비상'

〈1933년 1월 30일 독일〉 독일이 또다시 위험하다.

나치스 당수 히틀러가 이번에는 수상자리까지 차지했다. 히틀러는 지난해 4월 대통령 선거에서 1300만 표, 37퍼센트를 얻어 힌덴부르크에 이어 2위를 차지했다. 대통령에 재선된 힌덴부르크는 히틀러에게 "연립내각에 들어오라"고 요구했으나 거절당하자 오늘, "자본가와 농민 대다수의 지지를 받는 히틀러에게 정치적·경제적 혼란의 수습을 맡긴다"며 히틀러를 수상에 임명했다.

히틀러의 집권에 유럽정가는 긴장하는 표정이다. "베르사유조약 파기" 등을 주장해온 히틀러는 '재군비'를 국민투표에 부쳐 공개적으로 추진할 것이 눈에 보이기 때문이다. ▶참조기사 35호 1면

사회주의 경제 청신호?

소련, 중공업-농업 등 잇단 성장

〈1932년 소련〉소련이 신경제정책 (NEP) 졸업에 나섰다. 그 핵심은 시장요소를 퇴출시키고 완벽한 계획경제를 도입하는 것으로 드러났다.

공업부문에서는 지난 1928년부터 중공업 중심의 '5개년 국가경제계획'을 진행시키고 있고, 농업부문에서도 1929년부터 '콜호스'로 불리는 집단농장을 적극 육성하고 있다.

그 결과 미국, 영국 등 자본주의 국가들이 혹심한 경제공황을 겪고 있는 것과 대조적으로 소련은 지난 5년간 중공업분야가 네 배의 성장을 보이고 실업률이 0으로 떨어지는 성과를 이룩했다. 농업부문에서도 5년 전의 곡물파동을 진정시키고 부의 평등화를 이룩했다고 당국은 주장하고 있다.

현재 소련은 자신감을 바탕으로 제2차 경제계획을 추진하고 있다.

▶참조기사 34호 2면

▶참조기사 34호 2면

해설 ■ 공황의 배경과 그 여파

세계경제 뿌리부터 흔들…해결도 난망

공황의 끝은 어디일까. 일자리를 구하려는 실직자들의 행렬.

터널끝이 보이지 않는다. 3년 전 전세계를 강타한 공황이 사람들을 계속 궁지로 몰아넣고 있다. 왜 이 지경이 되었으며, 해결방도는 대체 무엇인가?

파급범위, 심도, 지속기간에서 미증유의 것이어서 전문가들은 이번 공황을 대공황이라 부른다. 선·후진국을 막론해 소련 이외의 모든 국가가 공황에 빠져들었고, 공업생산액은 1929년의 40퍼센트 수준으로 떨어지고 실업자는 3천만으로 증가하는 등 파괴력이 심대하다.

이번 공황은 월스트리트의 '검은 목요일' 주식시장 붕괴로 불과 몇 주 만에 300억 달러의 주식이 휴지조각이 돼버리면서 모든 경제부문을 마비시켰다. 사실 몇 년 전부터 실물경제는 뚜렷한 하향조짐을 보여왔다. 그럼에도 주식시장만은 불황을 모르고 호황을 만끽하고 있었다. 바로 이러한 실물경제와 주식가격 사이의 너무도 큰 괴리 때문에 공황의 파급력이 엄청났던 것이다.

이전의 공황은 시간이 지나면 주기에 따라 회복기로 들어섰으나 이번 대공황은 그럴 기미조차 보이지 않고 있다. 따라서 이제 미국을 비롯한 각국 정부는 특단의 조치를 모색하고 있다. 개별 기업가들에게 경제를 맡긴 결과가 이 모양인 만큼, 국가의 개입이 강력 요청된다는 것이다. 실제, 미국·영국·프랑스 등이 구체적인 국가개입 프로그램 마련에 착수했고, 독일·이탈리아 등은 주변국과의 블록경제를 통해 이를 해결코자 하려는 움직임이다.

영국 경제학자 케인스가 〈고용·이자 및 화폐에 관한 일반이론〉에서 주장했듯, 자유방임은 더이상 만병통치약이 아니라는 점을 이제 피부로 깨닫고 있는 것이다.

중화소비에트공화국 출범…주석에 모택동

〈1931년 11월 중국 서금〉흐린 밤하늘의 별처럼 중국 대륙 곳곳에 희미하게 박혀 있던 중국 공산세력이 장개석 정권의 대대적인 소탕작전을 이겨내고 한데 모여 중국 최초의 '노농정권' 수립을 선포했다. 중국 남부 강서성의 서금에서 제1차 노농병 대표대회를 연 600여 명은 중화소비에트공화국 임시정부(주석 모택동)의 출범을 선언했다.

5만 제곱킬로미터의 영역에 250만 명의 인구를 포괄한 임시정부에는 도시혁명 노선으로 모택동의 농촌 근거지 노선과 대립했던 주은래도 참여해 혁명세력의 단결을 획기적으로 높였다. 한편, 이번 정부수립은 지난 24년 외몽골이 세계에서 두 번째로 사회주의 국가를 수립한 데 이어 동아시아 혁명운동의 저력을 과시한 쾌거로 평가된다.

▶참조기사 36호 2면

▶참조기사 36호 2면

인터뷰 ■ 중화소비에트공화국 주석 모택동

"한 점의 불씨가 들판을 불사를 수 있다"

모택동(38세) 중화소비에트 주석은 누구보다 중국현실에 정통한 국내파 마르크스주의자다. 중국 노농병의 희망으로 떠오른 그를 정강산 요새에서 만났다.

—많은 당원들이 주석의 '농촌 근거지 전략'을 쉽게 받아들이지 못하고 있는데….

"나는 항상 '조사 없이는 발언권도 없다'며 대중 속에 들어가 현실을 조사할 것을 요구해왔소. 마르크스주의는 구체적인 상황과 결합될 때 빛나는 법인데 외국에서 배운 이론을 억지로 중국현실에 꿰어맞추려는 동지들이 있지만 곧 (내 생각을) 이해하게 될 거요."

— '농촌 근거지 전략'이야말로 최적의 중국 혁명전략이란 말씀인데 설명을 좀….

"한마디로 말해 '한 점의 불씨가 들판을 불사를 수 있다'는 겁니다. 농촌에 흩어져 있는 우리가 초라해 보이지만, 토지혁명으로 농민들과 함께 근거지를 확대해 나가면 언젠가는 농촌으로 도시를 포위해 전국 혁명으로 나아갈 수 있소."

—러시아 혁명과 어떻게 다릅니까?

"레닌이 제국주의가 약한 지역에서 혁명을 전개한 것과 우리가 중국의 약한 지역에서 혁명을 전개하는 것은 같지만, 우리는 도시가 아닌 농촌에서 먼저 시작하는 것입니다. 둘 다 마르크스주의의 원칙을 자기 나라에 창조적으로 적용한 거죠."

현장보고 ■ 공황 맞은 세계의 표정

공업생산량 2/3 감소…실업자 3천만 육박

대공황이 선후발 자본주의 국가와 식민지를 막론, 세계 모든 나라의 경제기반에 KO 펀치를 날리고 있다. 소련만 재난을 겨우 모면하고 있다. 공황발생 3년 만에 세계 공업생산량은 3분의 2로, 무역고는 3분의 1로 줄었으며 실업자수는 총 3천만에 이르는 것으로 추산된다.

각국은 현재 고립적인 보호무역정책과 계획경제를 도입, 공황 극복에 노력하고 있다. 한편 독일, 일본 등은 군수산업 확대와 대외침략을 공황의 해결책으로 삼으려는 움직임이다. 공황을 맞은 각국의 표정을 살펴본다.

▶유럽 은행마다 예금인출 고객들로 장사진이다. 오스트리아 최고의 빈신용은행 등 수많은 은행이 파산을 선언했다. 영국의 경우, 10억 달러가 넘는 대(對) 독일채권이 회수되지 않아 금융시장의 동요가 심각하다. 또 수많은 실업자에게 실업보험료를 지불, 정부는 매주 100만 파운드씩 적자다. 프랑스도 비슷한 상황.

▶독일 6만 8천의 기업이 파산한 가운데 600만에 달하는 실업자가 길거리를 배회하고 있다. 라이히스은행을 제외한 모든 은행이 휴업을 선언했으며, 베를린증권거래소가 폐쇄됐다. 불가리아, 헝가리, 루마니아 등 동유럽권과 협정, 이 지역의 농산물과 자국의 공업생산물을 교환하는 지역적 자급자족 구조를 모색하고 있다.

▶일본 미국에 90퍼센트 수출하던 견직물시장이 사라지면서 총수출이 3분의 2로 감소했다. 만주를 점령, 이 지역의 석탄, 석유, 콩, 밀 등을 자국에 공급하고 자국의 공업제품을 내다 판다는 구상을 하고 있다. 농산물가격의 급등을 막기 위해 한국으로부터 쌀을 강제 공출, 한국의 백성들은 초근목피(草根木皮)로 끼니를 때우는 최악의 상황이다.

▶기타 브라질의 경우, 커피가격이 파운드당 23센트에서 8센트로 하락했다. 그밖에 중앙아메리카 지역의 사탕, 인도네시아의 고무, 이집트의 면화, 오스트레일리아의 양모 등도 모두 가격폭락 상황에 처해 있다.

<서부전선 이상없다> 상영에 이상있다

"독일 위신 모독"
나치 돌격대 영화관 난입

<1930년 12월 베를린> 지난 4일 베를린의 모차르트 극장에서 막이 오른 영화 <서부전선 1918>이 상영 일주일 만에 막을 내렸다. 극장 관계자는 나치정부가 이 영화를 "독일의 위신을 떨어뜨린다"며 비난함에 따라 상영을 중단했다고 밝혔다.

<서부전선…>은 개봉 첫날부터 나치 돌격대원들이 극장에 난입해 스크린에 수류탄을 던지는 등, 나치의 거센 반발을 받아왔다. 미국의 루이스 마일스턴 감독이 만든 이 영화는 독일작가 레마르크의 <서부전선 이상없다>를 원작으로 한 것. 주인공이 보기

에 전쟁은 애국적 미사여구로 치장된 무의미한 살인일 뿐이다. 그와 전우들이 전멸한 날에도 사령부의 전황보고는 "'서부전선 이상없음'이었다.

이런 내용이, 세계대전에서의 패배로 안 그래도 자존심이 잔뜩 상해 죽을 지경인 독일에서 '반동'으로 찍힌 것은 어쩌면 당연한 일.

미니해설 ■ 나치 돌격대

히틀러 친위조직
정규군 능가

<1933년 독일> 갈색 셔츠의 사나이들이 거리를 휩쓸고 있다. 곤봉과 채찍, 단검, 권총으로 무장하고 유대인, 반나치주의자들을 처단하자며 열을 올리고 다닌다.

하지만 경찰도 이들을 건드릴 엄두를 못낸다. 이들은 바로 나치 돌격대(SA). 당 대회를 보호하고 정적을 공격하기 위한 목적으로 히틀러가 직접 조직한 나치 행동부대다.

에른스트 룀이 대장으로 부임한 2년 전부터 실직한 노동자들과 학생들을 끌어들이면서 규모가 대폭 확장되어 지금은 정규군의 20배가 넘는 200만 명의 조직원을 자랑하고 있다.

'통곡의 벽'에 통곡소리 제국주의 동방정책 종교갈등 외피 쓰고 폭발

<1929년 팔레스타인> 제국주의의 동방정책이 예루살렘에서마저 파열음을 내고 있다. 아랍인들이 예루살렘으로 모여드는 유대인들을 무차별 공격, 수백 명의 사상자가 발생하고 유대인 주거지에 불을 질러 초토화시키는 불상사가 발생했다.

영국 공군전투기가 긴급출동해 예루살렘 상공을 선회하면서 가까스로 폭동이 진정된 상태지만 예루살렘의 전통적인 유대인 성지인 '통곡의 벽'에는 여전히 긴장감이 감돌고 있다. 이번 사태는 영국이 지난 20년 팔레스타인 지방을 신탁통치령으로 삼은 이래 유대인 이주를 암암리에 조장해 온 데 대한 아랍인들의 반발로 해석된다. 특히 얼마 전 카임 와이즈만이 비엔나에서 '팔레스타인 유대인협회'를 결성하고 본격적으로 유대인 이주를 개시할 조짐을 보이면서 긴장이 고조돼왔다.

영국은 1차 대전에서 오스만 투르크의 지배 아래 있던 아랍 소국들을 오스만으로부터 분리시키기 위해 독립이라는 미끼를 던졌다. 한편, 유대인들로부터 군비를 조달하기 위해 그들에게 팔레스타인에 유대인 국가를 건설해주겠다고 약속했다.

이번 사태는 이러한 이중 플레이에 대한 아랍인들의 분노가 폭발한 것이라는 게 현지의 여론이다.

▶참조기사 31호 1면

세계사신문

브레히트 '연극'혁명
감정이입 배제-소외효과 구사 비판무기로 활용

브레히트(왼쪽)와 〈서푼짜리 오페라〉 공연 장면.

〈1928년 베를린〉아리스토텔레스 이래 서양연극 최고의 가치는 '감정이입'이었다. 어떻게든 관객을 극중 행동이나 인물에 동화시켜 극의 진행과 함께 웃고 울게 함으로써 이른바 '카타르시스'를 제공하는 것이 연출의 지상과제였다.

그러나 마르크스주의 극작가 베르톨트 브레히트(30)가 최근 무대에 올린 〈서푼짜리 오페라〉는 이 전통을 통째로 뒤엎고 있다. 거지왕 피첨의 딸 폴리와 조직폭력배 두목 '칼잡이 맥'이 극적인 사랑을 나누지만, 관객들은 다른 연애극에서처럼 극에 몰입

하지 못한다. 단순해빠진 무대장치도 몰입을 방해한다. 노래까지 끼어들어 상황을 설명해대는 바람에 관객은 연극을 객관적(?)으로 보게 된다.

'칼잡이 맥'은 피첨의 고발에도 불구하고 경찰서장과의 친분관계 때문에 체포되지 않는다. 거지들이 들고일어난 끝에 맥을 투옥하고 사형을 언도받게 하지만, 여왕의 사면이 이를 무산시키면서 연극은 '흐지부지'형 해피엔딩으로 막을 내린다. 이 과정에서 설명조의 춤과 노래, 스크린, 플래카드 등이 계속 삽입된다. 마치 "이 연극이 뭘 의미하는지 생각해가

면서 보세요!"라고 외치는 것처럼.

브레히트는 이처럼 관객과 극 사이의 '거리두기'를 통해 관객이 이성적으로 판단하게끔 하는 연극을 '서사극'이라고 부른다. 겉은 부르주아 신사지만 뒤에선 구걸과 폭력으로 돈을 번 주인공들, 부패 경찰관, 공정하지

못한 여왕 등은 확실히 관객들에게 생각할 거리를 제공하면서 그들의 사회 비판의식을 고취시킨다.

맹목적인 국가주의를 내세우는 나치스당이 브레히트를 곱지 않은 시선으로 바라보는 것도 무리는 아닌 듯싶다.

알고 계십니까?
하켄크로이츠

나치의 상징 하켄크로이츠(갈고리 십자)는 고대부터 각 문명권에서 종교적 의미로 사용돼왔다. 고대 인도어로는 '스바스티카'로 부와 행운을 의미한다고 여겼다. 힌두교에서는 위대한 인물의 표식이었고, 고대 기독교에서도 이런 모양의 십자가가 발견된다.

독일의 나치 인류학자들은 이 십자가 고대 아리안족의 상징이며, 아리안족이 세계를 제패할 때 각 지역으로 퍼져나간 것이라고 주장한다.

문화광장 ■ 헉슬리 미래소설 〈멋진 신세계〉
기계문명…전체주의…암울한 잿빛

〈1932년 미국〉"때는 25세기. 사람은 생식에 의해서가 아니라 배양병에서 사회가 필요로 하는 만큼 생산된다. 이 사회는 빅브라더가 지배한다. 우연히 외부의 야만인촌에서 이곳을 찾아온 존은 복종을 거부하고 쫓기다가 결국 자살한다."

올더스 헉슬리가 발표한 〈멋진 신세계〉의 줄거리다. 제목과는 달리 이 신세계는 전혀 '멋지지 않다.' 지난

세기의 미래소설들이 장밋빛으로 차 있던 것과는 정반대다.

미래에 인간은 과학과 기계의 노예일 뿐이다. 과학을 지배하는 것은 빅브라더다. 이탈리아와 독일의 파시스트들이 생각나는 대목이다. 그들 역시 전체주의 사회의

유지와 전쟁무기의 생산을 위해 과학을 이용해왔다. 그 증거는 이미 세계대전에서 드러났다. 인간을 우수한 종자와 열등한 종자로 나누어 생산하는 전체주의적 지도자 빅브라더는 나치의 히틀러를 닮았다.

이 소설은 과학소설(SF)이지만, 철저히 현실적이다. 세계대전을 겪고 나서 직시한 인류의 현실은 이렇게 어두운 것이다.

제1회 아카데미상 시상식

〈1928년 5월 16일 미국〉제1회 아카데미상 시상식이 할리우드의 루스벨트 호텔에서 영화관계자 200여 명이 참석한 가운데 거행됐다. 11개 수상분야 중 작품상으로는 윌리엄 웰맨 감독의 〈날개〉가 선정됐다.

아카데미상은 지난해 1월, 영화계의 거장 루이스 메이어와 더글러스 페어뱅크스 등의 제안으로 제정된 것으로 "영화의 문화적·교육적·과학적 수준을 끌어올리려는" 목적에서 만들어졌다.

나는 고발한다, 작가 로렌스와 '채털리 부인'을

남편이 성불구가 되자 간통을 범한 코니 채털리 부인을 고발합니다.
남편에게 헌신하던 그녀를 유혹한 성적 본능을 고발합니다.
그녀에게 충만한 애정과 삶의 기쁨을 가르쳐준 천한 산지기 멜라스를 고발합니다.
남녀의 자연스러운 사랑행위를 있는 그대로 묘사한 작가 로렌스를 고발합니다.
끝으로 이 불륜소설이 추구하는 '우리 시대의 잃어버린 사랑'을 고발합니다.
─1928년 〈채털리 부인의 연인〉 출간에 즈음한 〈세계사신문〉 무명 독자

---

internet 세계사 여행

▶아카데미상 홈페이지 http://www.oscar.com/ 아카데미 수상자 일람, 아카데미의 역사 등
▶국제 브레히트 학회 http://polyglot.lss.wisc.edu/german/brecht/announce.html 작품 링크, 문헌, 연감 등 브레히트와 관련된 모든 것
▶나치 선전 http://www.calvin.edu/academic/cas/gpa/ww2era.htm 1933년부터 1945년까지 나치가 동원한 선전술 망라

3권 38호 1934—1937

세계사신문

[중일전쟁]

지금 한반도에선

1935년/ 총독부 각 학교에 신사참배 강요
1936년/ 안익태, 애국가 작곡
1937년/ 보천보 전투

일본, 중국 전면공격…중국, 전격 2차 국공합작으로 항일전선

끝내 '핏빛' 아시아로

〈1937년 9월 23일 중국〉 장개석 총통이 오늘 아침 긴급담화를 발표, 제2차 국공합작이 성립했음을 확인하고 일본의 전면침략으로 초래된 민족존망의 위기를 다함께 헤쳐나가자고 중국국민 앞에 호소했다.

이를 위해 국민당 정부는 공산당을 합법화하고 공산군을 국민당 제8로군으로 편성, 전국적인 항일전쟁에 국민군과 함께 투입한다는 데 동의했다. 이에 따라 공산혁명군 4만 5천 명은 8로군으로 재편돼 주덕을 총사령관, 팽덕회를 부사령관으로 하는 자체 사령부의 지휘를 받으며 화북 항일전선에 배치될 예정이다.

이에 앞서 일본 관동군은 지난 7월 북경 근교 노구교에서 일어난 총격사건을 빌미로 중국 본토에 대한 전면침략을 단행했다. 당시 야간훈련중이던 일본군을 향해 10발의 총탄이 날아왔다는 것이 일본측 주장이었다. 이 총탄발사의 실체는 확인되지 않았고 일본군 사상자도 없었지만 일본은 북경과 천진에 전면공격을 개시, 무조건적인 침략의도를 드러냈다.

한편, 객관적 정세의 급변 때문이긴 해도 국민당과 공산당이 합작에 합의한 것은 지난 10년간 양측이 벌여온 사생결단의 싸움을 감안하면 파격적이란 평이다. 특히 공산당은 상해 쿠데타라는 배신을 이미 겪은 바 있고, 작년까지 장개석 정권의 대대적인 남벌을 피해 무려 1만 2천 킬로미터를 걸어서 이동한 후라 합작은 쉽지 않은 선택이었다. 그러나 일본군의 진공 직후 공산당 지도부는 "중화민족이 위급하다! 민족 총단결만이 중국생존의 길이다"라고 외치며 국민

침략군 일본에 맞서 싸우자는 항전의 구호가 나붙은 거리.

당에 즉각적인 항일 통일전선의 결성을 촉구해왔다.

현재 일본군은 정규전에서 승승장구하고 있으나 중국군의 치고 빠지는 유격전으로 인해 '점(도시)과 선(도로)'만을 유지할 뿐 각 지방에서 고전을 면치 못하고 있는 것으로 알려졌다.
▶참조기사 37호 1면

스페인 내전, 국제전 비화 조짐

〈1936년 10월 스페인〉 인민전선 정부가 우익 기득권 세력의 반란으로 내전을 벌이고 있는 가운데, 독일과 이탈리아가 스페인 우익세력에 대한 지지를 표명하면서 내전이 국제전으로 비화될 조짐을 보이고 있다.

최근 나치 독일은 프랑코 대장이 이끌고 있는 반란군에게 병력과 탱크, 비행기를 지원하겠다고 밝혔다. 파시스트 이탈리아의 개입 역시 확실해 국제적으로 우익 연대전선이 생길 가능성마저 점쳐지고 있다.

스페인 내전은 지난 7월, 카나리아섬 프랑코 수비대장이 일으킨 반란에 대해, 우익인 지주와 보수파 교회, 군대가 가세하면서 발발했다. 스페인은 1848년 유럽 혁명의 영향으로 공화제를 수립한 이후, 왕정으로 복귀하려는 보수 우익과 공화제를 고수하려는 좌익이 오랫동안 대립해왔다. 인민전선 정부는 올 1월 선거에서 압도적 표차로 수립된 좌파 연합정부다.

일본 우익 청년장교들 쿠데타 기도

〈1936년 일본〉 일단의 청년장교들이 내각을 습격하고 정권을 탈취하려는 쿠데타가 발생했다.

지난 2월 26일, 22명의 청년장교들이 1400여 하사관을 거느리고 내각을 습격, 대장상 다카하시, 내무대신 사이토, 교육총감 와타나베 등을 살해하고 수상관저, 의사당, 육군성을 포위하는 긴급사태가 발생했다. 그들의 요구는 "국가의 전면적 개조"와 "군사정부 수립". 내각과 군부는 저항할 의지를 보이지 않고 사태를 방관하다가 천황과 재계가 강력히 반발하자 마지못해 진압에 나서서 수습했다.

이번 사건은 만주사변 이후 끊임없이 발생해온 쿠데타 음모의 연장선상에 있는 것으로 일본을 확고한 군국주의 체제로 전환시키려는 우익 군부의 들끓는 여론이 표면화된 것이다. 비록 쿠데타가 진압되기는 했지만 일본정가는 앞으로 이들 군부의 입김에 의해 좌우될 것이 확실하다는 분석이다.

세계사신문

'자본주의에 메스' 루스벨트, 뉴딜정책 추진

대규모 공공사업 전개 등 공황극복에 비지땀

〈1933년 7월 미국〉 미국이 자본주의의 궤도수정을 모색하고 있다. 지난 3월 대통령에 취임한 프랭클린 루스벨트는 "공황을 극복하기 위해서는 자유방임보다 국가의 개입이 필요하다"며 100여 일에 걸쳐 공황극복 방안을 마련한 끝에 '뉴딜정책'을 내놨다.

뉴딜정책은 경기회복(recovery), 실업자구제(relief), 개혁(reform)의 3R 정책이다. 경기회복정책은 기본적으로 농민과 노동자의 구매력을 회복시키자는 정책이다. 농업부문에서는 농업생산을 제한해 농산물가격을 유지하는 한편 농민들의 손실을 국가가 보상, 농민의 구매력을 최소 전쟁 직전의 수준으로 끌어올린다는 것. 공업부문에서 역시 과잉생산을 억제하고 물가하락을 방지하는 한편 임금인상 등을 통해 노동자의 구매력을 높인다. 이를 위해 행정부는 농업조정법과 전국산업부흥법을 마련했다.

실업자구제정책은 대규모 공공사업을 벌이는 한편 노동자의 경제적 삶을 향상시키기 위해 보험제도를 대거 도입하고 노동조합을 대폭 인정하겠다는 정책이다. 구체적으로는 연금, 퇴직금, 실업보험을 도입하는 한편 주당 40시간의 노동시간 규정과 시간당 40센트의 규정을 마련해놓고 있다. 또 사업촉진국을 설치하고 테네시계곡개발계획(TVA)을 수립, 수많은 실업자들을 공공사업에 동원하고 있다. 개혁정책으로는 관리통화제를 도입하는 등 경제에 대한 국가의 개입을 확대시키고 있다.

루스벨트의 뉴딜정책에 대해 일부에서는 자본주의에 수정을 가하고 있다는 비판이 없지 않으나 공황을 극복하기 위한 적절한 조치라는 게 일반적인 반응이다. ▶참조기사 37호 1면

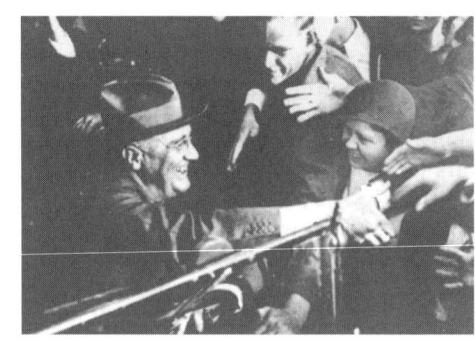

국가의 적극적 개입으로 공황을 극복하려는 루스벨트의 뉴딜 정책이 좋은 반응을 얻고 있다.

독일, 베르사유조약 전격 파기 재군비 선언

〈1935년 4월 독일〉 지난 1933년 독일 수상에 오른 뒤 나치스의 일당독재 체제를 굳혀온 히틀러가 최근 징병령을 공포했다. "국제평화를 위해" 독일의 군비를 제한했던 베르사유조약을 정식으로 거부하는 것이다.

히틀러는 최근 "모든 무장국가가 그들의 공격적 무기를 자진파기한다면, 독일 또한 모든 공격적 무기를 파기하는 데 기꺼이 동의한다"는 평화선언을 발표했다. 전승국들은 일단 "대환영"이라는 반응을 보였으나 군비축소에 8년의 유예기간을 두자고 주장했다. 히틀러는 "유예기간을 두는 것은 현재의 불평등한 군비상황을 인정하자는 수작(酬酌)"이라며 이를 빌미로 재군비를 선언한 것이다.

서방의 군사전문가들은 "히틀러의 평화선언이 실상은 재군비를 위한 술책이었음이 드러났다"며 전승국들에게 대책을 촉구하고 있으나 전승국들은 별다른 반응을 보이지 않고 있는 실정이다. ▶참조기사 37호 1면

시사초점 ■ 중국, 어떻게 돌아가나

공산당 탄압 내홍 접고 일본 격퇴에 초점

중일전쟁은 일본이 만주를 침략한 1931년에 시작됐지만, 장개석은 생각했다. '먼저 심장병(공산당)을 치유하고 피부병(일본)과 싸우겠다.'

40만 병력과 폭격기를 동원한 소탕작전에 직면한 공산당은 1934년부터 1만 2천 킬로미터를 걸어서 이동했다. 험한 대설산맥을 넘고 광활한 대운하를 건너 공산당의 운명을 구한 이 2년간의 '대장정'은 30만 명으로 시작해서 3만 명으로 끝났다. 공산당이 이처럼 끈질긴 생존력을 보이자 장개석의 '병'은 엉뚱한 곳으로 도졌다. 1936년 말, 국민당과 제휴해 공산당과 싸우던 동북군벌 장학량이 서안을 지나던 장개석을 덥석 잡아가둔 것이다. 그는 "내전을 즉각 중단하고 공산당과 협력해 일본을 무찌르자"고 요구했다. 장개석은 주은래의 중재로 국공합작에 원칙적으로 동의한 다음에야 풀려날 수 있었다.

대표적인 반동세력인 군벌이 어느 순간 진보의 첨병이라는 공산당에 접근할 만큼 지금 중국은 온갖 모순이 고밀도로 응집된 상태다. 그런 중국 속으로 겁도 없이 치고 들어간 일본의 운명이 도리어 걱정된다면 지나친 역설일까?

"세계의 양심으로 스페인을 지켜라" 스페인 내전에 각국 지식인 속속 참여

〈1937년 2월 스페인〉 스페인 내전이 유럽과 미국의 양심을 자극하고 있다. 국민의 정당한 선거에 의해 선출된 인민전선 정부를 뒤집으려는 우익세력의 도발에 함께 맞서야 한다는 움직임이 일어나고 있는 것이다.

지난해 10월 14일, 스페인의 알바세테에 최초의 지원병 500명이 도착한 이래, 각국에서 자유를 사랑하는 젊은이들이 "인민전선 정부를 사수하자"며 스페인으로 찾아오고 있다. 국제여단으로 불리는 이들은 지난해 11월의 마드리드 포위 공격에서 눈부신 활약을 거두었다.

특히 흥미로운 것은 국제여단에 참여하고 있는 낯익은 얼굴들. 세계적으로 이름을 떨치고 있는 지식인과 시인, 언론인도 적지 않다. 어니스트 헤밍웨이, 조지 오웰, 피터 켐프 등이 그들이다.

랜드 앤 프리덤

스페인 내전에 대한 우울한 서사시 ──

영국출신의 좌파 감독 켄 로치의 역작 ──

일본, 이번엔 남경 대학살

중국민간인 30여 만 명 집단학살…학살방법도 잔인

〈1938년 1월 중국〉 일본군 점령하의 중국 수도 남경을 가까스로 빠져나온 한 영국인의 목격담에 세계가 부르르 떨고 있다.

"연병장에 200여 명의 중국인 남자들이 늘어서 있었다. 그 앞에 역시 2열로 늘어선 일본군 소대원들이 소대장의 명령에 따라 착검을 실시하고 돌진했다. 일격에 목이 날아간 중국인은 운이 좋은 편이고, 대개는 몇 차례 찔리고 베인 끝에 고통스럽게 죽어갔다. 이 목베기 시합의 결과는 106대 105. 이긴 편에게는 푸짐한 회식과 포상금이 지급됐다."

이것은 지난 달 남경을 점령한 마쓰이 이와네 휘하 중지파견군이 벌인 집단학살극의 작은 일화에 불과하다. 잠정통계에 따르면 일본군은 남경으로 진격하는 과정에서 약 30만 명을 죽였고 점령 뒤에도 약 4만 명을 더 죽였다. 학살방법도 잔인해서 비행기를 동원한 무차별 기총소사·생매장은 물론이고 휘발유를 뿌려서 불태워 죽이는 짓까지 감행했다.

어린 여학생을 포함 8만여 명의 여성들이 강간당했고, 점령지역의 상당수 건물이 불에 타 사라졌다. 피해는 미국·영국·독일 등의 외교관 저택에까지 확대됐으며 중국인 피난민을 구조했다는 이유로 미국인이 경영하

▶참조기사 37호 3면

는 병원·학교·교회도 약탈당했다.

전쟁행위와 관계없이 자행된 이번 대학살은 일본의 전쟁목적을 분명히 보여줬다. 일본은 단지 중국을 정치적으로 굴복시키는 데서 그치지 않고 중국민족을 말살하는 '인종주의 섬멸전'을 펼치고 있는 것이다. 이는 전 중국인을 극심한 분노와 복수심으로 몰아가는 가운데, 유럽의 인종주의 집단인 나치스조차 "야수 행위"라고 분개할 만큼 세계에 엄청난 충격을 안겨주고 있다.

타임머신

"남경 대학살은 날조다" 일본 우익의 '오리발'

한 사무라이의 아들이 과일을 훔쳐 먹었다는 의심을 받았다. 사무라이는 과일가게주인이 보는 앞에서 아들의 배를 갈랐다. 그 속에서 과일이 나오지 않자 사무라이는 가게주인도 찔러 죽였다.

21세기를 눈앞에 둔 지금도 이런 사무라이극이 펼쳐지고 있다. 일본 우익이 '사무라이'로 나섰고 '아들'은 난징 학살·정신대 동원 등의 혐의를 받는 옛 일본 군부, '가게주인'은 주변 피해국들이다.

도쿄도지사 이시하라 신타로는 남경 대학살에 대해 "우리는 그렇게 비정한 민족이 아니다"며 펄쩍 뛴다. 오사미치 등 학자들도 정확한 통계의 곤란을 빌미로 '30만 명 학살' 날조설을 강변한다.〈요미우리〉〈산케이〉 같은 언론, 사이토 주미 일본대사도 이 칼부림 공갈단의 일원이다.

'사무라이의 아들'과 달리 마쓰이 등 옛 군부는 이미 세계가 공인하고 자국 정부까지 인정한 전범으로 처형됐다. 일본 우익의 양탈은 조상들을 두 번 죽이는 짓이다. 문제는 이들이 일방적 주장을 내세워 '가게주인'들에게 칼을 휘두를지도 모른다는 점이다. 따라서 이 무뢰한들로부터 칼을 빼앗는 일은 현재 동아시아 최대의 현안 가운데 하나임이 분명하다.

일본군은 중국인의 머리를 잘라 전시하는 만행을 저질렀다.

독일공군, 스페인 게르니카 시 폭격

〈1937년 4월 26일 스페인 게르니카〉 오늘 오후 4시, 스페인 북부 바스크 지방의 게르니카에 독일공군기 100여 대가 기습공격을 감행했다.

콘도르 부대 소속의 하인켈 비행기와 융커 폭격기들의 기총소사와 폭탄 투하로 도시의 70퍼센트가 쑥대밭이 됐고, 1500여 명의 사망자가 발생했다. 현재 게르니카 곳곳은 시체 타는 냄새가 진동하는 가운데, 생존자들은 민간인 지역에 대한 무차별 폭격에

넋이 나간 표정이다.

독일은 바스크가 스페인 북부 국경선 지방이어서 공격이 쉬운 데다 인민전선측과 프랑코측 사이의 갈등이 첨예한 곳이어서 공격의 표적으로 삼은 것으로 보인다.

어쨌든 독일이 이렇게 직접 폭격에 나선 것으로 보아 아예 전쟁의 주체로 나서려는 게 아니냐는 추측이 나오고 있다.

피카소 작 〈게르니카〉. 〈1937년 파리〉 죽은 아이를 안고 울부짖는 여인, 창에 찔린 말, 부러진 칼과 같은 폭력적인 장면을 검은색, 회색, 백색의 세 가지 톤으로만 표현, 게르니카를 폭격한 파시스트에 대한 증오심을 드러내고 있다.

파시스트는 팔방미인?

자신들 반대하면 예술에도 '퇴폐' 딱지 마구잡이

〈1937년 뮌헨〉 뮌헨에서 나란히 열리고 있는 정반대 성향의 두 전시회가 이 시대 미술의 흐름을 한눈에 보여주고 있다. 두 전시회 모두 나치 정권의 선전용 전시회라는 점을 감안해야 하지만 그 자체가 이 시대의 자화상이기도 하다.

그 하나는 '대독일 미술전'이고, 다른 하나는 '퇴폐 미술전'이다. 한쪽은 정치적 목적에 들어맞도록 '격려'된 작품들이고, 또 한쪽은 의도적으로 '퇴폐'로 낙인찍은 작품들이다.

물론 나치가 두 전시회를 동시에 개최했을 때 그 목적은 분명한 것이다. 국수주의적 영웅을 예찬하고 대중에게 사회적 의무를 주입하는 것이다. 이에 비해, 20세기 각 유파의 전위적 그림들을 정신병자의 그림과 함께 전시하고 있는 '퇴폐 미술전'은 "와서 한번 이 추한 꼴을 보라"는 식이다. 전시관도 '대독일' 쪽은 새로 지어 으리으리한 것에 비해 '퇴폐' 쪽의 전시관은 조잡하고 비좁다.

나치가 일반 미술관에서 퇴출시킨 '퇴폐'의 첫번째 기준은 "유대인과 볼셰비키가 만든 것"이다. 여기에는 반전, 자유, 평등을 옹호하는 사상도 포함된다. 예술적 의미는 중요하지 않으며, 나치에 대한 반대는 '퇴폐'이고, 나치를 찬양하면 훌륭한 작품으로 인정받는다. 20세기 미술의 주역으로 손꼽히고 있는 피카소와 칸딘스키, 카르히닌과 놀데 등의 그림이 모조리 퇴폐 미술전에 전시되고 있는 것도 무리가 아니다.

하지만 관객들의 발길은 오히려 이 '비틀어지고 혼란스러우며 형체를 왜곡시키고 있는' 퇴폐 미술전에 더 몰리고 있다. 실상 이런 전시회가 열리고 있는 현실이야말로 퇴폐 그 자체라는 점을 관객들은 느끼고 있을지도 모른다.

독일 지식인들 망명 러시

아인슈타인, 만 등 망명

〈1930년대 중반 독일〉 독일의 두뇌가 밖으로 새고 있다. 히틀러 집권 이후 1700명의 학자와 과학자가 해고됐으며 이들 대부분이 미국, 영국, 프랑스 등지로 떠나고 있다. 이 가운데 3분의 2는 유대계지만 비유대계 또한 적지 않다. 극도의 공포정치 때문이다.

지난 1933년 '상대성이론'의 아인슈타인, 〈마의 산〉을 쓴 소설가 토마스 만, 사회학자 카를 만하임, 신학자 폴 틸리히 등이 망명한 데 이어 최근에는 독일에 병합된 오스트리아의 소설가 스테판 츠바이크 등이 망명했다. 정신분석학자 지그문트 프로이트도 망명할 계획이라는 소식.

학계에서는 "이들의 망명이 각국의 과학, 철학, 사회학 등을 더욱 꽃피우는 계기가 될 것"이라면서 "히틀러는 이것이 얼마나 큰 손해인가를 깨달아야 할 것"이라고 지적하고 있다.

올림픽도 체제-인종 우월 홍보마당으로 활용

활짝 꽃핀 올림픽, 일그러진 파시즘

〈1936년 8월〉 제11회 베를린 올림픽에서 주최국 독일은 사상 최대규모(49개국 4308명 참가)의 대회를 화려하기 치러 국위를 과시했다. 차기 개최국 일본도 '올림픽의 꽃' 마라톤에서 우승했다. 그러나 두 파시스트 국가는 그 이면에 일그러진 얼굴을 숨기고 있었다.

히틀러를 무찌른 오언스

100미터 결승전에서 독일선수가 독일인의 위대성을 증명해주길 바라던 히틀러 코앞에서 미국인, 그것도 '검둥이'인 제시 오언스가 세계기록(10초 02)으로 우승했다. 그는 대회 4관왕까지 차지, 백인에 대한 '흑인의 인종적 우월성'을 여실히 증명했다.

일장기를 떼어낸 손기정

세계기록(2시간 26분 19초)으로 마라톤을 제패한 선수는 일본인이 아니었다.

일본이 자국선수로 바꿔 출전시킨

한국인 손기정(사진 오른쪽)이었다. 그의 가슴에서 일장기를 떼어버린 〈조선중앙일보〉(사장 여운형) 8월 13일자 사진은 일본의 비겁한 사기행각을 만천하에 폭로하고 있다.

오늘의 영화 〈모던타임스〉

〈1936년 미국〉 세계에서 가장 잘 나가는 미국의 자본주의와 그 미국에서 가장 잘 나가는 영화배우 찰리 채플린이 한판 붙었다. 하루종일 컨베이어 벨트로 운반되어오는 상품의 나사를 되풀이해서 죄는 노동자. 그는 기계 앞을 떠나도 같은 동작을 반복한다. 이 '비정상'은 정신병원에서 정상적인 생활 리듬을 찾으면 낫는다. 말없고 색깔없는 무성 흑백영화지만 자본주의의 비인간성을 이처럼 웅변조로, 화려하게 드러내는 영화도 없다.

채플린이 제작·각본·감독·주연·음악을 모두 맡았다.

internet 세계사 여행

▶스페인 혁명 http://www.english.upenn.edu/~afilreis/88/spain-overview.html 1936년 스페인 내전 개관. 관련사이트도 찾아볼 수 있다.
▶남경 대학살 http://www.arts.cuhk.edu.hk/NanjingMassacre/NM.html 남경 대학살에 관한 국제 자료 망라
▶찰리 채플린 http://www.cs.monash.edu.au/~pringle/silent/chaplin/chaplin.html 전기, 작품, 기타 링크
▶토머스 만 페이지 http://www.nobel.se/literature/laureates/1929/mann-autobio.html 전기, 작품, 기타 링크(독일어)

3권 39호 1938—1941

[2차 세계대전]

세계사 신문

지금 한반도에선

1939년/ 이광수·최재서 내선일체 주장
1940년/ 창씨개명 실시, 황국신민화운동 본격화
1941년/ 총독부, 조선어학습 금지

21년 만에 또 세계대전

인류에게 정녕 미래는 있는가

독일, 폴란드 침공…영·프 이어 소련도 개입

〈1939년 9월〉 독일의 2인자 헤르만 괴링(46세)이 지휘하는 수백 대의 독일 전폭기와 가공할 만한 파괴력과 속력을 자랑하는 독일 전차부대가 전격적으로 폴란드를 침공하기 시작했다. 이에 영국과 프랑스가 즉각 대 독일 선전포고를 하고 나서면서 유럽 대륙은 21년 만에 다시 국제전의 수렁으로 급속히 빠져들어가고 있다.

독일은 1차 대전 패전으로 폴란드에 내준 단치히를 돌려달라는 요구가 거부당하자 지난 7일 선전포고도 없이 전격침공을 단행했다. 독일의 세력 확대를 우려해 폴란드편을 들어온 영국과 프랑스는 사태가 급박해지자 즉

각 개입했다. 폴란드와 국경을 맞대고 있는 소련 역시 긴장하고 있다.

독일이 국제적 약속을 깨고 4년 전 재군비를 선언할 때부터 이번 전쟁은 예고돼왔지만, 그 방향은 처음 예상과는 어긋나버렸다. 독일·일본·이탈리아 등 파시스트 국가들은 1937년 반공협정을 맺으면서 사회주의 소련을 적으로 지명, 서유럽은 다가올 전쟁이 이들과 소련 사이에 벌어질 것으로 봐왔다. 그러나 지난 달 23일 소련이 독일과 전격적으로 불가침조약을 맺고 독일의 사정권에서 벗어나자 분위기는 급반전, 독일과 영국·프랑스 사이에 긴장이 고조돼왔다.

폴란드 시가지를 행진하고 있는 독일군.

독일의 다음 목표는 북유럽이 될 것이 분명해 이곳에서 서유럽 세력과의 충돌이 예상되고 있다. 이미 아시아에서는 중일전쟁이 한창이고, 중립선언을 한 미국도 서유럽이 밀릴 경우엔 개입을 피할 수 없을 것으로 보여 두 번째 세계대전은 이미 시작됐다는 평이다. ▶참조기사 38호 2면

스페인 내전 파시스트 승리로 종결

〈1939년 3월 28일 스페인〉 3년 동안 스페인 전역을 피로 물들여온 공화파 대 파시스트의 내전이 공화파의 궤멸로 막을 내리고 있다. 이날 프랑코가 이끄는 반란군은 그를 지지하는 일부 국민의 환호 속에 수도 마드리드에 입성했고, 마드리드를 지키던 공화파 군대는 투항하거나 자진해산했다.

프랑코 쪽은 독일과 이탈리아 등으로부터 강력한 군사적 지원을 받았던 반면 공화파는 지원해주던 소련이 최근 발을 빼면서 급격하게 균형이 무너졌다. 전세계에서 4만여 명이 참가한 국제여단은 '인류의 양심'으로 주목받았지만 큰 위력을 발휘하지 못했다.

이번 내전으로 양측에서 총 50만 명이 희생된 것으로 추정되고 있다. ▶참조기사 38호 1면

일본, 세계대전 '뇌관' 터뜨렸다

진주만 함대 무차별 기습공격에 미국, '중립' 입장 바꿔 참전키로

〈1941년 12월 8일 하와이〉 오늘 새벽 굉음의 폭발음과 함께 호놀룰루 남부 진주만 미 태평양함대 기지가 아수라장으로 변했다. 먼동이 터오는 수평선에 일본전투기 360여 대가 새까맣게 몰려와 기지를 맹폭했다. 불과 두 시간 만에 전함 여덟 척과 선박 14척, 전투기 200여 대가 완전히 파괴됐다.

아울러 2천여 병사와 민간인 400여 명이 사망한 것으로 집계됐다.

미국은 일본과 통상조약 문제로 협상을 진행중이어서 뒤통수를 얻어맞았다는 표정이다. 일본이 지난 4월, 전격적으로 인도차이나를 침공하자 미국은 이에 석유수출을 봉쇄하며 강력하게 항의했다. 따라서 이번 공격은

일본이 미국을 태평양에서 몰아내고 동지나해의 유전지대를 직접 점령하겠다는 의도를 드러낸 것으로 보인다. 미국은 유럽 전쟁에 불개입 쪽이었으나, 이번 사태를 계기로 전쟁에 돌입할 경우, 사상 초유의 세계대전이 벌어지게 된다. ▶참조기사 38호 1면

세계사 신문

해설 ■ 제2차 세계대전의 경제학

세계대전은 대공황의 자식이다

전쟁은 괴물이다. 특히 이번 세계대전에 비유될 만한 괴물을 인류는 상상해본 적이 없다. 그러나 이 거대한 괴물의 파괴력도 그를 낳은 어미 괴물 앞에서는 미약해 보인다.

그 어미 괴물의 이름은 대공황(great panic)이다. 1929년 미국에서 태어나 전세계를 휩쓴 이 괴물은 자본주의 사회가 주기적으로 맞아왔던 불황과는 근본적으로 다르다. 1930년대에 영국·독일·일본 등에서 잇따라 실물경제와 금융을 파괴한 대공황은 삽시간에 자본주의 경제를 1차 대전 이전의 수준으로 되돌려놓았다.

대공황이 준 가장 큰 공포는 이전의 공황과 달리 자동적인 경기회복으로 나가지 않았다는 점이다. 몇 년만 버티면 경기순환으로 호경기가 오겠거니 믿었던 사람들은 당황하며 대책 마련에 나섰다. 미국은 자유시장원리를 버리고 국가가 개입하는 뉴딜을 통해 이를 돌파했다. 자본주의 세계 체제는 자유무역을 버리고 지역별로 폐쇄적인 시장을 형성하는 블록경제로 나아갔다.

블록경제 체제에서 가장 불리한 것은 보유 식민지가 별로 없는 독일·일본·이탈리아 같은 후발 자본주의 국가들이었다. 이들 나라가 전체주의적인 파시즘으로 치닫고 세력을 확장하기 위해 전쟁으로 돌진한 것은 어찌 보면 정해진 수순이었다.

세계대전은 대공황을 닮은 대공황의 자식이었다.

▶참조기사 37호 3면

독일군 소련 침공

영·미, 소련 지원 선언

〈1941년 6월 22일 소련=속보〉 120만 독일군이 독소 불가침조약을 깨고 발트 해에서 흑해에 이르는 모든 전선에서 소련 침공에 나섰다. 영국과 미국은 즉각 소련 지원을 선언했다.

태평양에서 일본과 미국이 맞붙은 가운데 벌어진 금번 사태로 이번 세계대전은 독일·일본·이탈리아 파시즘 대 영국·미국·소련 등 반파시즘 연합국의 전쟁으로 전선이 형성되고 있다.

2차 세계대전의 우화

파씨 형제들 이야기

땅따먹기 전문가들의 조직인 '제국주의 클럽'은 얼마 전 내부 패싸움으로 큰 손실을 입었다. 특히 싸움 와중에 소련이(러시아)가 클럽을 탈퇴, 내부비밀을 세상에 폭로하고 땅따먹기·아편장사 등 범죄에서 손을 씻겠다고 선언한 것은 큰 타격이었다.

클럽은 패싸움을 일으켰던 독일이를 철저하게 짓밟았다. 흠씬 두들겨 맞고 가진 돈마저 다 털리게 된 독일이는 급기야 머리가 좀 이상해졌다. 이성을 잃고 쉽게 격정과 광기에 휩싸였으며 늘 자기가 최고라고 떠벌렸다. '먼저 치지 않으면 맞는다'는 폭력 중독증세까지 보였다.

독일이는 클럽에서 소외돼 있던 이탈리아, 영국이의 똘마니 노릇에 진저리를 치던 일본이랑 의기투합해 클럽 내 분파를 만들었다. 의형제 맹세까지 한 이들을 사람들은 '파씨(fascio) 형제들'이라 불렀다. 클럽 왕초들은 이들을 경계하면서도 내버려뒀는데, 이 유인즉 이들이 "클럽을 배반한 소련이 놈을 꼭 혼내주겠다"는 말을 입에 달고 다녔기 때문이다.

그러나 파씨 형제들은 소련이도 소련이지만 신사인 체하는 영국이랑 미국이에 대한 억하심정도 보통이 넘었다. 그들은 속으로 별렀다. '네놈들 땅을 빼앗고 클럽 청소부로 부려주마.'

지옥훈련을 마친 이들이 마침내 행동을 개시했을 때 그 칼끝은 소련이나 클럽 왕초들 어느 한쪽만 겨냥하고 있지 않았다. 배신자 제거는커녕 클럽 와해의 위기에 직면한 영국이와 미국이는 급한 대로 소련이와 손을 잡을 수밖에 없었다. 역사적인 '파씨 형제 협공작전'은 그렇게 시작됐다.

통서고금 이은홍

1939 ~ ?
Happy war year!!

베트남, 통일전선 '베트민' 결성

〈1941년 9월 베트남〉 일본의 '남진' 방침에 따라 일본군이 인도차이나 반도로 밀려내려오자 이에 저항하기 위한 베트남의 민족통일전선이 결성됐다.

호치민이 이끄는 인도차이나 공산당과 우익 베트남 국민당 일부, 그리고 베트남 민족주의자들은 최근 회합을 갖고 '베트남독립연맹(약칭 베트민)'을 조직, "모든 계급의 혁명세력을 총집결해 프랑스 식민주의자 및 일본 파시스트들과 투쟁"하기로 결의했다. ▶참조기사 22호 1면

공산당과 국민당은 앞으로 모든 정치활동을 베트민의 이름으로 행하며 베트민 자체의 무장조직도 곧 구성한다는 데 합의한 것으로 알려졌다.

베트남 인민들은 프랑스의 식민통치 아래 가난한 하층계급으로 전락했다.

"사고 싶다, 걷고 싶다, 뽐내고 싶다"

신소재 '나일론' 스타킹 불티…타분야로도 급속확산 '섬유혁명'

〈1940년 미국〉 섬유혁명이 일어나고 있다. 요즘 뉴욕의 백화점에서 최고 인기상품으로 떠오른 나일론 스타킹이 그 혁명의 뚜렷한 징조다.

나일론이 세상에 첫선을 보인 것은 지난 1938년의 뉴욕 세계박람회장이었다. 개발자인 미국의 듀폰 사(社)는 당시 "물과 공기와 석탄으로 만들었으며 강철보다 강하고 거미줄보다 가는 섬유"라고 선전했었다.

이미 합성수지나 인조고무와 같이 천연물질을 대체할 인조물질이 합성된 적은 있지만, 부드러운 실을 석탄에서 뽑아낸다는 것은 상상하기 힘든 일이었다.

나일론은 전쟁으로 인해 수요가 부쩍 늘어난 각종 섬유제품의 원료로서 이미 한몫을 담당하고 있다. 낙하산도 전에는 실크나 범포로 만들었지만 지금은 나일론으로 대체됐다. 게다가 캠과 베어링, 벨트 같은 산업기계의 부품에도 나일론이 쓰이고, 하다못해 칫솔에도 나일론이 들어간다. 현재 나일론 스타킹의 가격은 1달러 20센트 정도로 66센트인 실크 스타킹보다 두 배나 비싸지만 훨씬 인기가 좋다.

나일론이 '꿈의 섬유'로서 찬사를 받고 있는 이유는 뛰어난 내구성과 대량생산이 가능하다는 점 때문이다. "비단이 중국문명을 열고, 면이 산업혁명을 열었다면, 20세기 문명은 나일론이 연다"고 이야기하는 것은 바로 그 때문이다.

소련 대숙청 피바람 스탈린 '1인 천하'

〈1938년 봄 모스크바〉 스탈린과 그 정적들 사이에 벌어져온 소련내의 권력투쟁이 지난 2년간의 '반혁명재판'과 함께 일단락됐다. 공개재판 결과 138명의 당 중앙위원·후보위원 가운데 지노비예프·부하린 등 100여 명이 반혁명죄로 처형됐다. 또 수백만 명의 군인·지식인·일반대중에까지 숙청의 손길이 뻗친 것으로 알려졌다.

재판부는 스탈린 반대파들이 추방된 트로츠키 및 외국 첩보기관과 연계, 34년 키로프를 암살하는 등 지하 테러활동을 벌여왔다고 결론짓고 속기록을 공개했다.

이번 재판으로 스탈린은 확고한 권력기반을 다지게 됐으나 정치투쟁의 상대들을 처형 일변도로 처리함에 따라 수많은 혁명인재를 상실, 사회주의 건설의 기반은 오히려 축소됐다는 비판을 받고 있다.

모택동, 신민주주의론 발표

〈1940년 1월 중국〉 대장정 이후 중국 공산당 지도권을 장악한 모택동이 중국혁명의 과제를 논한 '신민주주의론'을 발표했다.

"중국 혁명은 자산계급 민주주의 혁명의 1단계와 무산계급 사회주의 혁명의 2단계로 나뉜다"며 "당면과제는 1단계 혁명을 완수하는 것"이라는 내용이다. 1단계 혁명을 통해 무산계급은 민족자산계급과 통일전선을 형성해 제국주의와 군벌을 타도해야 한다는 주장이다. 모택동은 1단계 혁명이 서구처럼 자산계급의 집권을 돕는 혁명이 아니라 무산계급이 소자산계급과 연합, 사회주의 혁명을 준비하는 민주주의 즉 신민주주의라는 것이다.

"국민당이 반공으로 돌아섰다"며 "국공합작을 유지할 수 없다"는 당내 분위기에 일침을 가하기 위해 모택동은 "제국주의 타도가 우선"이라며 이 글을 발표한 것으로 알려졌다. 중국 공산당은 모택동의 '신민주주의론'을 당 강령으로 채택할 예정이다.

▶참조기사 38호 2면

티토, '빨치산' 투쟁

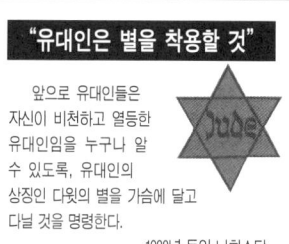

〈1941년 9월 유고슬라비아〉 지난 4월 유고슬라비아를 침공한 독일군이 의외의 복병으로 고전하고 있다. 공산당원을 중심으로 조직된 유격대가 산악지형을 이용해 게릴라전을 펼치고 있기 때문이다. 파르티잔(빨치산)으로 불리는 이 유격대의 지도자는 티토.

노동자 출신으로 유고슬라비아 공산당의 주역 가운데 한 명인 티토는, 지난 6월 유고민중의 대 독일궐기를 호소하며 저항운동의 기수로 떠올랐다. 그는 독일군의 잔인한 만행에 분노하고 있던 민중의 가슴에 불을 질렀고, 파르티잔의 세력은 급속도로 확대됐다.

파르티잔은 익숙한 지형을 이용하고 있기 때문에 최신 무기로 무장한 독일군도 어떻게 손써볼 도리가 없다. 이미 세르비아와 몬테네그로 등 유고의 절반 가까운 지역이 해방을 눈앞에 두고 있다.

휴지통 ■ '세계의 전쟁' 방송 해프닝

〈1938년 10월 31일 미국〉 O…어제 저녁 8시, 라디오의 음악방송이 갑자기 중단되면서 아나운서가 떨리는 목소리로 말했다. "뉴저지 주 프린스톤이 화성인의 공격으로 쑥대밭이 됐습니다." 사람들은 가슴이 철렁했다.

O…수백 명의 뉴욕시민들이 화성인의 가스 공격을 피하기 위해 손수건으로 입을 가린 채 밖으로 뛰어나와 시내 교통이 마비됐다. 전화는 불통됐고, 병원은 쇼크 환자로 병상이 모자랄 지경. 신문사에는 "몇 시가 지구의 종말이냐"는 문의가 빗발쳤다.

O…화성인 뉴스가 실제 상황이 아니라, 가상 라디오 드라마였다는 사실이 밝혀진 것은 한참 후였다. 방송인 오손 웰스가 H.G 웰스의 공상과학소설 〈우주전쟁〉(1898)을 각색해 방송하면서 뉴스 형식을 취한 것이다. 웰스는 "미리 안내방송도 내보내고, 신문광고도 했다"고 변명.

O…하지만 사실이 밝혀지고 나자 오히려 사람들은 "라디오도 거짓말을 하느냐"며 어리둥절한 표정. 신문이나 라디오에서 나오는 얘기에 사실이 아닌 것이 있다는 점이 화성인 침공보다 더 놀랍다는 것이다.

"유대인은 별을 착용할 것"

앞으로 유대인들은 자신이 비천하고 열등한 유대인임을 누구나 알 수 있도록, 유대인의 상징인 다윗의 별을 가슴에 달고 다닐 것을 명령한다.

1938년 독일 나치스당

세계사 신문

'서정시가 불가능한 세상' 심층 비판

프랑크푸르트학파, 미국에 새 둥지 틀고 현대사회 각종 병폐 진단

〈1930년대 말 미국〉 독일 지식인들의 망명이 꼬리를 잇는 가운데 프랑크푸르트 시(市)의 한 연구소가 통째로 미국에 망명, 연구활동을 더욱 활발히 전개하고 있어 눈길을 끌고 있다. 철학자이자 사회학자 막스 호르크하이머가 이끌고 있는 프랑크푸르트 사회연구소, 통칭 프랑크푸르트학파가 그것이다. 대부분 유대계 학자로 구성된 이 학파는 1923년 창설됐다.

호르크하이머는 1933년 스위스로 망명했다가 이듬해 미국 뉴욕으로 이전, 연구활동을 재개하기 시작했다. 곧이어 사회심리학자 에리히 프롬, 문학평론가 발터 벤야민, 미학자 테오도르 아도르노 등도 속속 망명, 연구에 가담하고 있다. 이들의 연구재개는 그간 확보해 두었던 연구소 기금과 콜롬비아 대학의 지원으로 가능했던 것으로 알려지고 있다.

호르크하이머 등의 연구주제는 크게 두 가지다. 하나는 나치즘을 분석, 비판하는 것이며 다른 하나는 미국 등 서유럽의 산업사회가 지닌 병폐, 기계문명이 낳은 병리현상에 대한 비판적 연구다. 이들이 자신들의 연구를 '비판이론(critical theory)'으로 부르는

프랑크푸르트학파 사람들

프랑크푸르트학파 학자들의 망명으로 미국 사회학이 더욱 풍성해지고 있으며, 반면 논거(論據)를 중시하는 미국 연구풍토의 영향으로 다소 사변적이었던 이들 또한 실증주의를 받아들이기 시작했다. 이들의 면면을 알아본다.

▶호르크하이머 임마누엘 칸트를 연구해왔으며 최근에는 인종적 편견에 대한 연구에 몰두, 〈편견 연구〉라는 5권짜리 저술을 펴낼 계획.
▶아도르노 음악에 종사하다 1931년부터 철학을 연구하기 시작. 근대문명에 대한 비판적 연구와 함께 현대음악의 특성연구에도 정열을 쏟고 있다. 〈현대음악의 철학〉을 펴낼 예정.

▶프롬 파시즘 선풍에 대중이 휘말리는 것을 목격한 이후 '현대인에게 자유란 무엇인가'를 중점 연구. 현대인의 정신불안을 파헤친 〈자유로부터의 도피〉가 곧 나올 예정(사진 왼쪽).
▶벤야민 독일사회를 비판한 박사논문 〈독일 비극의 기원〉 이후 많은 평론서 간행. 좌익운동과 시오니즘 운동에 관여했던 그는 그러나 자살로 생을 마감(사진 오른쪽).

이유도 이 때문이다. 이들은 정통 마르크스주의의 교조주의에 반기를 들면서도 마르크스주의의 기본틀을 계승하는 한편, 현대사회의 병리현상을 캐기 위해 프로이트의 정신분석학과 미국 사회학을 이에 접목시키고 있다는 평이다.

▶참조기사 38호 4면

'슈퍼맨' 인기 고공비행

〈1938년 여름 미국〉 미국인들은 요즈음 어른 아이 할 것 없이 만화 〈슈퍼맨〉에 열광하고 있다. 지난 6월 선보인 〈슈퍼맨〉은 지구로부터 수억 광년 떨어진 크립톤별에서 온 클라크가 갖가지 초능력을 발휘, 악을 물리치고 지구를 구한다는 내용이다. 제리 시걸 구성, 조셉 셔스터 그림. '슈퍼맨'은 현재 만화뿐 아니라 라디오, 만평, 텔레비전, 영화 등에도 등장할 만큼 인기다.

하늘을 날고 투시능력이 있는 '슈퍼맨'이 인기가 있는 이유에 대해 외지인들은 "세계를 지배하고 싶어하는 미국인의 자만심 때문 아니겠느냐"며 비아냥.

갤러리 ■ 초현실주의 회화 달리의 〈기억의 영속성〉

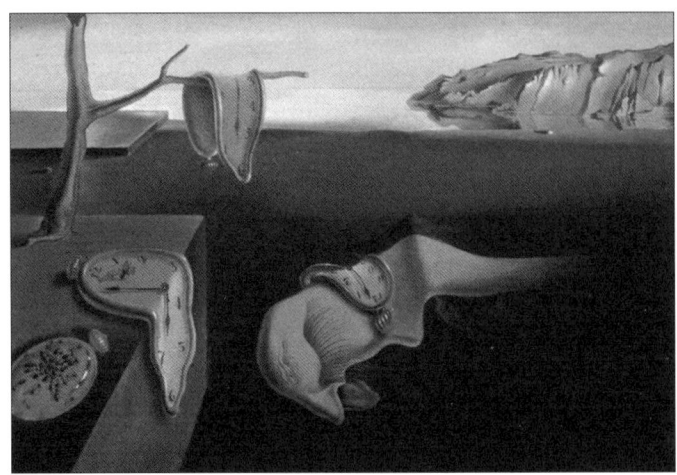

기상천외한 환상세계를 그려온 스페인 화가 살바도르 달리의 작품. 시계를 여름날의 치즈처럼 축 늘어진 형태로 그린 이 그림은 무의식, 꿈의 세계를 표현한 것이다. 이성(理性)이 지배하는 현실을 뛰어넘는다는 초현실주의다. 세계대전을 겪으면서 이성에 대해 회의를 느껴 기존 질서를 거부하는 운동이다. 하지만 묘사기법은 매우 사실적이다.

바람과 함께 사라지다

비비안 리와 클라크 케이블의 세기의 명연기! 놓치지 마세요

V. 프레밍 감독, 1939년 제작

---

internet 세계사 여행

▶제2차 세계대전 http://www.historyplace.com/worldwar2/ 유럽의 2차 대전 연표 및 상황 ▶태평양전쟁 http://www.historyplace.com/unitedstates/pacificwar/ 사진자료, 연표 등 ▶프랑크푸르트학파 http://pw2.netcom.com/~bcaterin/frankfur.htm 프랑크푸르트학파, 아도르노, 하버마스 등의 사이트에 링크 ▶달리 홈페이지 http://daliarchives.com/ 살바도르 달리 그림, 평 등 수록

3권 40호 1942—1946

[더 나은 세계를 향하여]

세계사 신문

지금 한반도에선

1942년/ 조선어학회 사건
1944년/ 정신대 강제동원 시작
1945년/ 8·15해방

이탈리아-독일 이어 일본 항복…2차 세계대전 종결

"우리는 다행히 살아 남았지만 이미 지구촌 어디에선가 3차 대전 총성은 울렸다"

〈1945년 8월 15일〉 지직거리는 소음과 함께 라디오에서 히로히토 일본 천황의 한 마디가 새어나왔다. "…조건없이 항복하기로 결정했다." 순간 일본을 제외한 한국, 만주 등 이른바 '대동아공영권'의 모든 지역이 환호성과 만세소리로 뒤덮였다.

6년간 전세계 57개국이 참가, 5천여 만 명의 희생자를 낸 '파멸의 드라마'가 막을 내렸다. 이탈리아는 2년 전에 이미 항복했고 독일도 지난 5월 7일 백기를 들었다.

전인류가 파시즘의 노예로 전락할 뻔했던 전쟁이 연합국의 승리로 기울기까지는 여러 번의 험난한 고비가 있었다. 특히 유럽에서는 영·미가 북아프리카를 우회해서 북상하는 동안 독일군 95퍼센트와 맞선 소련의 고군분투가 결정적이었다. 스탈린은 1942~43년 겨울 스탈린그라드 공방전에서 마침내 히틀러의 기를 꺾었다. 유럽의 전세는 여기서 사실상 판가름났고, 1944년 6월 미·영의 노르

망디 상륙작전은 그에 대한 '확인사살'이었다.

일본의 가미가제가 미국을 정신없이 몰아붙이던 태평양전쟁은 1942년 6월 미드웨이 해전과 이듬해 과달카날 전투에서 역전됐다. 미국은 1944년 11월부터 일본 본토에 공습을 퍼부었고 옥쇄작전으로 나오는 일본에 대해 원폭투하라는 최악의 시나리오를 실행에 옮겼다.

미국·소련 등 승전국들은 속속 패전국과 그 식민지로 진격해 전범들을 체포하고 얄타와 포츠담 등에서 합의한 전후처리방침의 실행에 들어갔다. 승전국들은 1차 대전의 경우와 달리 패전국의 민주화를 유도하고 상당수 피억압 민족들의 독립을 보장할 것으로 알려졌다. 그러나 상황이 워낙 복잡하고 미·소의 이해관계가 엇갈리는 부분이 많아 한국 등의 해방이 현실화되기까지는 적지않은 진통이 따를 것으로 보인다.

▶참조기사 39호 1면

히로시마와 나가사키에 투하된 가공할 원자폭탄의 위력은 일본을 무릎꿇게 만들었다.

원폭, 가공할 살상력 '전율'

히로시마 이어 나가사키에도 원폭투하

〈1945년 8월 9일 일본〉 지난 6일의 히로시마에 이어 오늘 나가사키에 두 번째로 원자폭탄이 떨어졌다. 섬광이 번쩍 하는 순간 4만 명이 형체도 없이 사라졌다. 히로시마의 6만 6천 명보다는 적은 숫자지만 이 희대의 가공할

만한 무기 앞에서 일본은 완전히 전의를 상실한 모습이다.

지난 6일 오전 8시 15분, 히로시마 시민들은 간밤을 방공호에서 가슴 졸이며 보낸 뒤 모처럼 맑게 갠 하늘을 보며 거리로 나섰다. 그들은 하늘 높

이 나는 미군 폭격기 B29 한 대에서 작은 낙하산 하나가 떨어지는 것을 봤다. 그것이 그들이 이 세상에서 본 마지막 물체였다.

원자폭탄이 폭발하자 순식간에 섭씨 수천만 도의 화염과 함께 모든 것이 녹아내렸다. 이어 불어닥친 후폭풍으로 히로시마 시가지는 황량한 벌판으로 변했다. 공중으로 7킬로미터까

지 솟아오른 버섯구름에서 떨어지는 방사능 낙진은 또 다른 재앙. 히로시마 인구 30만 명 가운데 대략 3분의 2가 사망한 것으로 집계됐다.

미국은 지난 41년부터 '맨해튼 계획'이라는 극비 프로젝트로 원폭을 개발해왔다. 독일을 겨냥한 것이었다. 하지만 독일이 항복해버리자 표적이 일본으로 바뀐 것이다.

세계사신문

파시즘 대 민주주의 한판 대결

사회주의-자본주의 체제경쟁 본격화…신생독립국 향배도 관심

1945년 4월 25일 독일 엘베 강 연안 토르고. 서쪽에서 진격하던 미군과 동쪽에서 진격하던 소련군이 이곳에서 만나 환호하며 '하이파이브'를 나눴다. 양군은 '엘베 강의 맹세'를 통해 세계평화와 민주주의를 위해 협력할 것을 굳게 다짐했다.

이 만남이 상징하듯 2차 대전은 파시즘 대 민주주의의 전쟁이었다. 이에 따라 독일 처리를 위한 1945년 2월의 얄타회담(미·영·소)과 일본 처리를 위한 7월의 포츠담회담(미·영·중·소)은 파시스트들의 재판 회부와 민주주의 확립에 합의했다.

그러나 또 한편으로 2차 대전은 민족해방 전쟁이었다. 중국은 항일전쟁에서 저력을 과시해 5대국 계열에 끼었으며, 유고도 파르티잔의 맹활약으로 자주적인 지위를 획득했다. 동유럽 각국과 한국도 각각 얄타와 포츠담에서 독립의 길이 열렸다. 이들뿐 아니라 영국·프랑스 등도 인도·베트남 등의 독립요구를 막을 명분을 잃어 향후 세계는 신생독립국의 홍수를 이룰 전망이다.

그러나 '엘베 강의 맹세'와는 달리 현재 이 모든 과정은 미·소의 경쟁이라는 예상밖의 그림 아래 펼쳐지고 있다. 이는 2차 대전이 다른 한편으로 사회주의 소련 대 제국주의 독일의 전쟁이었다는 데 기인한다. 여기서 소련의 승리가 연합국 승전에 결정적인 기여를 하고 세계 사회주의 운동을 고무시켰다. 동유럽의 '인민민주주의'가 사회주의로 기울고 있으며, 중국에서도 공산군이 장개석 정부에 맹공을 퍼붓고 있다.

전전에 '제국주의 대양에 둘러싸인 섬'에 불과했던 사회주의의 급성장과 더불어, 신생독립국을 자기편으로 끌어들이려는 시도를 포함한 미·소의 체제경쟁은 점차 전후 세계가 거의 모든 경우에 반드시 통과하는 프리즘이 돼가고 있다.

국제연합 출범

침략국은 응징
국제교류는 활성화
신생국은 원조

〈1945년 10월 24일 뉴욕〉 두 차례의 끔찍한 살육전쟁을 치른 세계가 '전쟁 없는 세상'을 바라는 50개국의 의지를 담은 국제기구를 출범시켰다.

1942년의 '(반파시스트)연합국 공동선언'을 모태로 하는 국제연합(United Nations)이 오늘부터 활동을 개시했다.

무력했던 국제연맹과 달리 국제연합은 안전보장이사회를 중심으로 "침략국에 대해서는 집단적 무력행사"도 불사한다는 강력한 전쟁억제책을 내놓고 있다. 그러나 미·영·소·프·중 등 5개 상임이사국의 권한이 막강해 국제연합의 성패는 이들의 세력다툼에 휘둘리지 않고 각 회원국의 의사를 고루 반영할 수 있는가에 달려 있다는 것이 중론이다.

한편 국제연합은 회원국들간의 분쟁을 해결하기 위한 국제사법재판소와 국제협력을 증진시키기 위한 산하기구들을 거느리고 있으며, 일부 신생국의 재활을 돕기 위한 신탁통치도 곧 실시할 예정이다.

"전쟁은 그 자체가 범죄다"

뉘른베르크·도쿄에서 전범처벌 위한 국제재판 열려

〈1946년 10월 2일 독일〉 전세계의 이목을 집중시킨 가운데 뉘른베르크에서 진행돼온 국제군사재판이 1년간의 대장정을 마쳤다.

영국·미국·프랑스·소련의 판사들로 구성된 재판부(재판장 로렌스·영국)는 3일째 계속된 선고심 공판에서 19명에게 교수형(12), 종신징역(3), 유기징역(4)을 선고했다. 죄목은 범죄적인 나치스 구성과 침략전쟁의 공동모의와 도발·전쟁범죄 및 반인도적 범죄행위 등으로 모두 기간과 관계없이 소급적용됐다.

일본에서도 같은 원칙 아래 도쿄 국제재판소에서 도조 히데키 등 전범

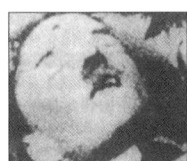

무솔리니는 애인과 함께 거꾸로 매달린 채 죽었고 히틀러는 스스로 권총으로 자살했다. 도조에 대한 재판은 현재 진행중이다.(사진 왼쪽부터)

에 대한 재판이 진행중이다.

전쟁에 대한 법적 책임을 개인에게 묻는 재판은 역사상 유례가 없었던 일로 이는 민간인 희생이 1차 대전의 50배에 달할 만큼 이번 전쟁이 극도의 대량학살로 치달은 데 대한 응징이다. 과거에도 '전쟁범죄'의 규정이 있었으나 전쟁중의 부당한 행동에 국한됐으며, 침략전쟁 자체가 범죄로 규정된 것은 이번이 처음이다.

영국 총선에서 보수당 패배

국민들 "이제는 재건에 힘쓸 때" 전쟁영웅 처칠 대신 노동당에 몰표

〈1945년 7월 영국〉 영국의 전쟁영웅으로 국제적 명성을 떨치던 처칠(사진)이 국내 총선거에서 충격적인 패배를 당했다. 영국국민은 처칠의 보수당이 내건 화려한 제국주의적 구호를 외면하고 주거와 보건·완전고용 등 실질적인 문제에 접근한 노동당에 표를 몰아주었다. 심지어는 군인들마저 노동당에 몰표를 던져 노동당 394석, 보수당 210석이란 대이변이 일어났다.

신임 수상 애틀리는 "대전중엔 처칠 같은 영웅이 필요했지만, 전후에는 건설의 역군이 필요하다는 것이 국민의 뜻"이라고 처칠을 위로하며 경제

재건에 주력할 뜻을 밝혔다. 많은 전문가들은 이번 선거에 대해 국제적 위상이 축소되고 있는 영국인이 국내 문제로 눈을 돌린 결과라고 입을 모으고 있다.

2차 대전의 결정적 순간들

▶미드웨이 해전

〈1942년 6월 7일 미드웨이〉 미드웨이 섬 근처에서 미군과 일본군이 벌인 5일간의 혈전끝에 일본해군이 치명적인 타격을 입고 후퇴했다. 이로써 일본은 태평양에서의 제해권에 결정적인 타격을 받게 됐다.

이번 전투는 6월 3일, 일본의 야마모토 제독이 항공모함 일곱 척을 이끌고 미드웨이를 침공하면서 시작됐다. 하지만 일본군의 암호를 미리 입수, 공습을 알고 있던 미군은 항공모함 세 척을 미드웨이 섬 북동쪽에 대기시켜 놓았다. 그리고 미드웨이와 하와이의 공군기지에서 115대의 전투기가 날아와 일본군을 맹폭했고 일본은 주력 항공모함 세 척과 해군의 최정예 조종사들을 잃었다.

▶스탈린그라드 공방전

〈1943년 1월 31일 스탈린그라드〉 독일군의 공격으로 위기에 처한 소련이 극적으로 조국을 구출했다. 스탈린그라드를 사수하는 일은 소련의 자존심 문제였을 뿐만 아니라 전략적으로도 중요한 사안이었다.

소련군은 우선 스탈린그라드와 다른 도시를 잇는 다리부터 폭파시켰다. 배수진을 친 것이다. 그리고 여섯 달 만인 오늘, 5천 대의 전투기와 3500대의 전차를 앞세워 스탈린그라드를 공격하던 독일군 주력부대 제6군이 마침내 항복했다. 다른 주력군인 제4기갑군도 초토화됐다.

▶노르망디 상륙작전

〈1944년 6월 6일 노르망디〉 서유럽에서 독일군을 몰아내려는 미국-유럽 연합군의 공격이 시작됐다. 아이젠하워 장군은 "육군 15만 6천 명, 비행기 2만 5천 대, 함선 약 4400여 척의 연합군이 프랑스 북부의 노르망디에 병력을 상륙시켰다"고 발표했다(사진). 독일군은 지난해부터 패색이 짙어진 반면, 연합군은 서유럽을 수복하겠다며 사기충천한 모습이다.

통계로 본 전쟁피해
전사자만 5천만 명…경제적 손실은 천문학적

2차 대전에 동원된 병력은 1억 1천만 명이 넘었고, 이 가운데 전사한 군인은 2700만 명, 민간인 희생자 2500만 명을 포함해 5천만 명의 애꿎은 목숨이 사라졌다. 전쟁을 일으켰던 독일은 350만 명의 군인과 78만 명의 민간인을 잃었고, 그들 손에 570만 명 이상의 유대인이 학살됐다.

경제적 손실도 엄청나다. 각국 정부가 전쟁에 쏟아부은 돈은 무려 1천조 달러가 넘는 데다, 전쟁으로 인해 멈춰지고 파괴된 산업시설, 그리고 파급효과까지 계산하면 경제적 손실은 숫자로 셈할 수 없을 지경이다.

유대인 아우슈비츠에서 대량학살

〈1945년 1월 27일 폴란드〉 아우슈비츠가 해방된 이날, 이곳은 무덤과 같았다. 7600명의 유대인들은 굶주림과 고문으로 시체처럼 쓰러져 있었다.

아우슈비츠는 1941년 반유대주의가 공식화되면서 유대인에 대한 생체실험과 학살이 벌어져온 집단수용소다. 2차 대전중 총 600만 명의 유대인이 살해됐는데, 그 중 200만 명 이상이 이곳에서 학살됐다.

흔히 쓰인 방법은 가스실 학살. 발가벗겨져 피부의 구멍이 열리도록 목욕을 시키고, 가스실에 몰아넣어 처형하는 것이다. 옷은 독일인의 의복으로 활용됐고, 금붙이가 붙은 치아는 뽑혔다. 시체는 태워서 그 재를 독일 농부들에게 비료로 팔았다.

"칼이 없다면 지팡이로라도 무장하라"
베트남, 프랑스에 결사항전

〈1946년 12월 28일 베트남〉 프랑스정부가 오늘밤을 기해 베트남 전역에 계엄령을 선포했다. 하지만 지난해 베트남의 독립을 주장하며 건설된 베트남민주공화국 대통령 호치민은 계엄령에 불복, 오히려 프랑스와 일대 결전을 벌이겠노라고 선언했다. 호치민은 국민에게 "칼이 없다면 도끼와 지팡이로라도 무장하라"고 독려했다.

1800년대 말 프랑스의 식민지가 된 베트남은 2차 세계대전에서는 일본에 점령당한 바 있다. 일본이 패망하자 중국군이 16도선 북쪽을, 영국군이 그 남쪽을 분할통치하다가, 올초 프랑스 지배로 복귀했다. 이에 호치민은 지난해 베트남민주공화국을 수립, 외세의 완전철수와 독립을 요구하며 프랑스와 협상을 벌여왔다.

하지만 프랑스는 지난 달 23일, 하이퐁 항구에서 일어난 사소한 사고를 빌미로 함포사격을 개시함으로써 전쟁을 선택했다. ▶참조기사 39호 2면

"일본군은 무찔렀는데…"
중국, 국민당-공산당 다시 분열

〈1946년 8월 19일 중국〉 일본이 물러가고 나자 2차 국공합작이 붕괴되고 다시 내전이 재발했다.

모택동은 오늘 라디오 방송을 통해 국민당 군대와 최후의 결전을 벌이자고 호소했다. 이는 두 달 전 국민당이 홍군본부를 공격한 데 따른 것이다.

국민당의 장개석은 중국에 대한 지배권을 공산당과 나누어 가질 의사는 추호도 없고 따라서 공산당을 눈엣가시로 여겨왔다. 이 때문에 국공합작이 진행되던 시절에도 국민당은 은근히 공산당을 공격하곤 했다.

현재 전력은 국민당이 우세한 편. 400만 정규군에 미국으로부터 엄청난 물량지원을 받고 있다. 반면 홍군병력은 고작 100만이다. 그러나 국민당군은 군사력에서는 우수하지만 부패해서 인민의 지탄을 받고 있다. 반면 공산당은 인민의 지지가 튼튼하다. 따라서 내전의 승패는 이미 결정됐다는 분석이 우세하다. ▶참조기사 39호 3면

20세기 전반기를 돌아본다

〈1946년〉 20세기는 지난 모든 시대와 근본적으로 다르다. 사상 처음으로 피억압계급이 혁명에 성공했고, 단 두 번의 전쟁이 지난 몇 세기의 모든 전쟁보다 더 많은 사람들을 죽였다. 그 폭발성은 경제와 생활, 문화 등 모든 분야에서 예외가 없었다. 〈세계사신문〉은 혁명과 전쟁의 20세기에 온몸을 던진 사람들을 초청, 우리의 좌표를 가늠해보는 방담을 마련했다.

사회: 조지 오웰(43·영국·작가) "과거의 모순들이 폭발시킨 전쟁을 겪으면서 인류는 착취 없는 세상을 평화롭게 꾸려야 한다는 과제를 안았습니다. 소련과 미국이 그 대안으로서의 장점을 반반씩 갖고 있다고 보는데, 어떻게들 생각하십니까?"

앤 루스벨트(62·미국·전 대통령 영부인) "제 남편 루스벨트의 뉴딜정책은 소련의 계획경제와 유사한 점이 많죠. (스탈린을 보며) 우리도 자본주의의 무정부성을 고쳤으니 그쪽도 전체주의를 고치세요."

스탈린(57·소련·대원수) "허허, 오해요. 소련은 계급 없는 사회가 됐고 모든 인민이 동지애로 결합돼 있소. 그걸 계급사회의 시각에서 보니까 전체주의로 보이는 거요. 소련보다 민주적인 헌법을 가진 나라 있으면 나와보라고 해요."

처칠(72·영국·전 수상) "그런 나라가 왜 동유럽에다 철의 장막은 쌓았소?"

김일성(34·조선·혁명가) "생뚱맞은 소리 마시구레! 당신네가 삼팔선에 친 분단벽의 범죄성이나 알고 기딴 말씀 하시라우요. 안 그렇소, 백범 선생!" (옆에 있던 김구(70·한국·독립운동가)에게 눈을 찡긋한다.)

장개석(57·중국·총통) "모택동이 스탈린 도움받아 북경으로 밀고 오는 판에 빨갱이들하고 대화는 무슨 대화? (트루먼(62·미국·대통령)에게) 전쟁 때 남은 무기 있으면 빨리 주시오." (맞은편에 있던 모택동(53·중국·혁명가), 호치민(54·베트남·혁명가)이 눈을 부라린다)

리프먼(57·미국·언론인) "모두 다 서슬이 푸르구먼. 이건 완전히 냉전(Cold War)이야!"

사회 "아, 이거 골치 아프군요. 핵무기까지 등장한 판에 또 새로운 싸움거리가 생겼으니…."

아인슈타인(57·독일·물리학자) "핵만 생각하면 가슴 아파요. 만약 3차대전이 일어나면 다음 4차대전의 무기는 돌멩이와 새총이 될 거요. 여러분, 좀 현명해집시다!"

만델라(28·남아프리카·ANC청년동맹의장) "사회자 양반! (책상을 쾅 치며) 왜 아프리카 문제는 쏙 빼고 넘어가요? 제국주의의 가장 큰 피해자인 아프리카는 대부분 아직도 식민지 상태요. 이런 문젤 놔두고 핵전쟁만 막으면 된다는 겁니까?"

나세르(28·이집트·군인) "지금까지 우리 아랍세계를 유린한 제국주의자들은 이젠 유대인을 이주시켜 우리랑 싸움붙이려 해요. 어디 두고봅시다." (허리에 찬 권총을 툭툭 친다)

간디(77·인도·독립운동가) "아서요. 폭력은 폭력을 낳으니까. 사실 폭력과 분열은 제국주의자들이 우리에게 심어준 병이오. 우리 인도도 지금 종교간, 인종간 폭력분규로 얼룩져 전인도인의 단결을 바라는 나를 괴롭게 하고 있소."

호메이니(46·이란·회교혁명가) "쯧쯧! 비폭력 무저항도 좋소만 나쁜 걸 보면 화도 내고 힘도 써야죠. 인도 이슬람교도들이 파키스탄으로 독립하는 건 순결성에서 비롯된 거니까 분열이라고 생각하지 말고 놔두시오."

사회 "이젠 먹고 사는 얘기 좀 해봅시다. 세계대전은 배타적인 블록경제에서 비롯돼 엄청난 파괴를 몰아왔습니다. 앞으로 어떻게 재건하고 또 다른 재앙을 방지할 건지…."

마셜(66·미국·국무장관) "미국은 대공황의 진원지면서도 전쟁특수로 많은 돈을 벌었기 때문에 책임감을 느낍니다. 파괴된 유럽경제의 부흥을 위해 지원하고 개방적인 세계경제를 유지하는 방안을 강구중입니다."

사회주의 혁명
두 차례 세계대전
핵전쟁…

착취없는
평화로운 세상
전인류의
과제로

네루(57·인도·독립운동가) "신흥 독립국들의 빈곤은 안중에도 없군요. 그런 식으로 나오니까 우리가 자꾸 사회주의에 관심을 갖는 겁니다. 고통스러운 자본주의의 발전과정을 어떻게든 덜 겪기 위해서 말이죠." (박수치는 스탈린)

케인스(63·영국·경제학자) "나는 세계경제가 일시적인 금융경색이나 일국의 불황으로 위협받는 걸 막기 위해 IMF(국제통화기금)와 세계은행을 설립하는 데 앞장서 왔어요. 자본주의의 폭발성을 제어할 수 있는 이런 기구 아래서는 개발도상국도 안전합니다."

사회 "분위기를 바꿔 문화생활 얘기 좀 해볼까요?"

로스토(30·미국·역사학자) "미국은 이미 대중소비사회로 진입했습니다. 점차 세계가 그렇게 될 겁니다. 문화예술도 고급 감상자 위주에서 대중을 대상으로 변모하고 있어요."

마사 그레이엄(62·미국·무용가) "동의해요. 이사도라 덩컨이 발레화를 벗어 던지고 무대 위를 자유롭게 누비는 현대무용을 시작한 건 혁명이죠. 예술이 대중의 감정을 자유롭게 표현하는 방향으로 가고 있죠."

그로피우스(62·미국·바우하우스 대표) "그와 더불어 실용성이 예술적 가치의 새로운 척도가 될 겁니다. 바우하우스의 건축디자인은 바로크적 장식미술의 관점에서 보면 천박하겠지만 '편한 것이 아름답다'는 인간중심의 디자인상을 이룩했어요."

엘리엇(58·영국·시인) "대중성도 좋지만 그게 현대예술의 전부여선 곤란하죠. 사실주의의 한계를 극복한 상징주의는 의식의 자유로운 발현을 중시하면서도 지성미를 잃지 않죠. 어떤 장르에서든 예술의 고전적인 품격은 유지돼야 합니다."

루카치(56·헝가리·문예비평가) "상징주의에서 비롯된 모더니즘 문예는 사실주의를 극복한 게 아니라 현실의 엄청난 복잡성과 폭발력에 놀라 비현실세계로 도피한 겁니다. 현실의 진보를 예술적으로 포착하는 건 이젠 진보적 계급인 노동자의 관점에서만 가능합니다. 에이젠슈테인의 영화나 스타니슬라프스키의 연극을 보세요."

사회 "저는 〈동물농장〉을 통해 인류의 미래를 솔직히 좀 비관적으로 그렸습니다. 하지만 오늘 토론을 하고 나니 반쯤의 희망은 남아 있다는 생각이 듭니다. 아직 갈라져 싸우긴 하지만, 세계는 점점 하나가 되고 있고 특히 이전엔 말없는 다수에 불과했던 대중의 힘이 날로 중요해지는 것 같아 고무적입니다.

인류 최악의 전쟁을 끝내고 난 요즘 황량한 벌판 위에 선 인류의 표정은 야릇하다. 한편으론 원폭투하로 상징되는 대량살상의 어두운 그림자가 드리워져 있다. 하지만 다른 한편으론 '신의 영역'을 거의 남겨놓지 않은 과학기술혁명이 가져다 준 자신감에 차 있다. 어떤 점에서 인류의 이런 양극의 표정은 다가올 세계를 암시한다. 무엇보다도 현실적으로 국제정치는 자본주의 진영 대 사회주의 진영의 양극으로 나뉠 것이다.

1848년 마르크스가 '공산당선언'을 발표할 때만 해도 사회주의는 그저 '유령'의 수준이었다. 하지만 이제 세계는 소련이라는 사회주의의 현실적 실체와 맞닥뜨리게 됐다. 사회주의는 자본주의의 타도를 전제로 성립한다. 아울러 자본주의 진영으로서는 자신을 타도하려는 사회주의를 역으로 타도하기 위해 첨예하게 맞설 것이다. 이 점에서 앞으로의 양극화된 세계는 이제까지 인류가 겪어보지 못한 미지의 세계일 것이다.

하지만 이러한 갈등구조는 인류 스스로 만들어낸 업보임에 틀림없다. 유럽의 산업혁명은 유럽인을 중세적 질곡으로부터 해방시켜줬지만 동시에 극심한 빈부격차와 노동착취, 그리고 비유럽인에 대한 식민지 침략을 드러냈다. 사회주의는 이러한 자기 모순의 질병 속에서 생겨난 항체라고 할 수 있지 않을까. 세계대전의 포화가 멈춘 시점에서 다가올 20세기 후반기를 조망해본다.

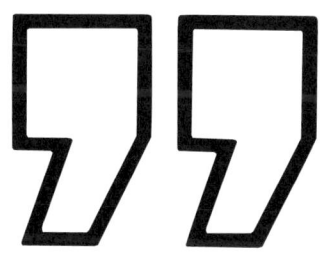

전망1 미국문화가 세계를 뒤덮는다

국제무대 주인공으로
스포츠-음악 등
문화 전반 석권
"천박" 비판도 팽팽

2차 대전이 가져온 중요한 결과 중 하나는 미국이 국제무대 주인공으로 떠올랐다는 점이다. 종전 시점에서 이미 미국의 공업생산 총액은 자본주의 세계의 3분의 1을 차지했고 전세계 금의 70퍼센트 이상이 미국에 있다.

이러한 경제력과 정치력에 걸맞게 미국문화가 세계를 주도할 것이다. 그런데 미국은 영국이나 프랑스와 달리 유럽 전통에서 자유로운 '신천지'라는 점에서 그 문화 또한 새롭기만 하다. 이미 미국에서 시작돼 전세계로 퍼진 재즈 음악에서 그 실체는 드러났다.

미국 청년들이 요즘 즐기는 음악은 로큰롤이라는 새로운 대중음악이다. TV 수상기는 호황을 틈타 날개 돋친 듯이 팔려나가고 있고, 프로야구, 프로권투 등 관람용 대중스포츠가 하나의 산업으로 급성장중이다. 영화도 이러한 대중문화 형성에 결정적인 역할을 하고 있다.

하지만 대중적 즐거움만 추구하다 보니 미국문화는 결과가 뻔한 선과 악의 대결이라든지 말초신경만 자극하는 연애 이야기가 홍수를 이루고 있다. 한마디로 톰 소여나 허클베리 핀 이상의 수준을 미국 대중문화에서 기대하기는 힘들 것이다.

전망2 사회주의는 자본주의를 이길 것인가

발빠른 경제성장으로
가능성 확인 불구
공포정치 등 폐해에
의구심 갈수록 증폭

소련이 1928년부터 1941년에 걸쳐 전개한 세 차례의 '5개년계획'은 소련을 단번에 세계 최강의 공업국으로 끌어올렸다. 이제 소련은 공업부문에서 유럽 1위, 세계 2위를 자랑한다. 이러한 성과는 철저하게 자본주의식 경영방식을 배제하고 사회주의적 계획경제를 통해 달성되었다.

자본주의 진영의 그 어디에서도 이처럼 빠른 경제성장의 예가 없다. 따라서 이 결과만 놓고 본다면 사회주의는 분명 자본주의를 대체할 차세대 생산양식으로 보인다. 2차 대전에서도 소련은 연합국의 일원으로 참전, 당당히 강대국의 역할을 수행했다.

하지만 소련이 보여주는 미래가 장밋빛이기만 한 것은 아니다. 스탈린 체제 아래서 수많은 정적들이 숙청당하는 공포정치가 횡행하고 있음은 더이상 소문만의 얘기가 아니다. 계획경제 과정에서 많은 농민들이 '강제'에 의해 집단농장으로 끌려들어간 것 또한 소련의 어두운 면이다. 그래서 어느덧 소련은 '자유 진영'의 반대편에 서 있는 것으로 취급받고 있다.

현재 많은 식민지 국가들이 민족해방 운동과정에서 소련에 기대고 있다. 그것은 사회주의가 자본주의적 착취를 반대한다는 도덕성에서 비롯된 것이다. 하지만 그 도덕성과 '자유'가 양립하지 못하는 한 소련이 미래사회의 대안이 되기는 힘들 것이다.

전망3 대량소비사회와 자연파괴

소비사회 본격진입
물신풍조 만연
식량-환경 등
근본대책 서둘러야

1929년 대공황 이후 요즘 세계를 풍미하는 경제이론은 케인스주의다. 케인스가 창시해 국력을 나타내는 지표로 사용되는 개념이 '국민총생산(GNP)'이다. 말하자면 최대한의 생산과 최대한의 소비가 미덕이라는 얘기.

하지만 여기엔 함정이 있다. 예를 들어 사람들은 자동차가 튼튼하고 고장이 안 나서 오래 쓸 수 있기를 바란다. 하지만 자동차가 쉽게 고장나서 수리를 자주 하고 생명이 짧아 새 차를 구입할수록 국민총생산이 늘어난다. 자원을 많이 소비할수록 선진국이 된다는 것. 그러나 자원이 한정돼 있다는 것은 자명한 사실이다.

이러한 우려를 더하게 하는 것이 인구폭발이다. 돌이켜보면 예수 탄생 시점의 지구인구는 대략 2억 5천만 명이었다. 이것이 두 배로 느는 데 무려 1600년이 걸렸다. 그러나 1860년 10억을 돌파한 이래 세계인구는 기하급수적으로 늘고 있다. 이로 인한 식량문제는 물론 환경이 문제되는 날이 반드시 올 것이다. 이에 대한 고려가 없다면 이 또한 미래는 어둡다고 말할 수밖에 없다.

세계사신문

부조리…허무…"그러나 살도록 애써야 한다"

사르트르, 실존주의 철학 전위로…개인의 능동적 사회참여 등 주장

19세기의 합리주의자들은 인간의 합리적 이성이 인간의 운명을 보장해 준다고 믿고 있었다. 그렇다면 어떻게 1914년 세계대전에 이어 최근 또 다시 세계적 규모의 전쟁이 발발하게 됐을까?

이제 프랑스의 장 폴 사르트르 같은 철학자들에게 '합리적 이성을 가진 보편적 인간, 헤겔적 인간'이란 없다. 사르트르는 그러나 1910년대 전

쟁 직후의 허무주의에서는 벗어나 있다. 수많은 철학자들이 규명하려 했던 인간의 본질에 앞서 현존하는 개개의 '사람'을 중시한다. '남'으로써 대신할 수 없는 '나', 생각하고 행동하는 근원이 되는 '나의 실존'이 바로 진리라는 이야기다.

사르트르는 무신론적이다. 인간의 운명을 규정하는 신은 없단다. 따라서 사람은 자유로운 존재다. 자신의

운명을 자신이 개척해야 하며, 자유는 오히려 무거운 짐이다. 하지만 사람은 고립된 존재가 아니다. 다른 사람 '너'와의 관계 속에서 산다. 이런 까닭에 '나'는 '너'와 같이 살아가는 삶, 사회에 참여한다. 사회적 책임이 있다. 특히 인간의 삶을 압박하는 제국주의, 전체주의, 대기업의 논리를 깨뜨릴 책임이 있는 것이다.

사르트르는 1938년의 소설 〈구토〉,

1943년의 〈존재와 무〉에 이어 최근 1946년에 〈실존주의는 휴머니즘이다〉라는 저작을 통해 자신의 실존주의 철학을 전개하고 있다. 실존주의 철학은 헤겔의 필연론을 비판하고 나선 키에르케고르, 인간의 소외를 밝혀낸 카를 마르크스, 인간의식의 분석을 통해 철학을 세운다는 현상학을 창시한 에드문트 후설 등의 영향 아래 형성된 철학이다.

전자계산기 첫선

〈1945년 미국〉 복잡한 수식을 자동으로 계산할 수 있는 기계가 개발돼 놀라움을 안겨주고 있다.

최근 미국 펜실베이니아 대학의 존 에커트 연구팀은 전자회로를 이용, 계산과 데이터 처리가 가능한 기계를 개발하는 데 성공했다. 전기가 들어오고 나감을 0과 1의 2진법 코드로 변환시켜 4칙연산 등을 계산하는 방식이다.

1만 9천 개의 진공관이 들어가 있는 이 전자계산기의 이름은 에니악(ENIAC). 기존 수동식 계산기보다 1천 배 빠른 속도지만 3층건물 크기에 무게도 30톤이나 된다. 대포의 탄도계산을 위해 개발되기 시작했다.

> **"이 세상이 그래도
> 살 만한 것은 당신과 내가
> 진정한 관계를 맺고 있기
> 때문이다"**
>
> **우울한 20세기 인류에 던지는
> 생텍쥐페리의 우화집 〈어린 왕자〉**
>
> *1943년도 최고의 화제작
> 지금 서점에서 절찬 판매중*

"원폭, 필요악인가 저주인가" 과학자들 우울한 논쟁

지금 유럽 과학계의 머리 위에는 거대한 버섯구름이 드리워져 있다. 원폭이 만들어낸 거대하고도 으스스한 괴물. 이 괴물에서 과학자들의 양심 위로 '살인마'라는 '낙진'이 떨어져내리고 있다.

과학자들은 대개 공부벌레들이다. 하지만 일본의 평범한 시민들은 그들이 '공부벌레'가 아니라 '징그러운 벌레'로 보일 터. 과학자들 자신도 이 점에서는 괴롭다.

그래서 루스벨트 대통령에게 원폭개발을 촉구하는 서신을 보낸 바 있는 아인슈타인은 한 신문과의 인터뷰에서 "히로시마에서의 예상치 못한 원폭사용에 반대한다"고 말했다. 그는 앞으로 평화운동에 앞장설 것으로 알려졌다. 원폭개발을 주장했던 자신의 주장을 우회적으로나마 반성하는 몸짓이다.

하지만 오늘도 '맨해튼 계획'은 계속 굴러가고 있다. 거기에 참여해

온 물리학자 와이스코프는 이렇게 말한다. "아무도 이루지 못한 것을 예측하고 계산하고 마침내 실험을 통해 검증하는 것, 이것은 과학자에게 최면과도 같은 매력이다."

바로 이 점에 20세기 과학자들의 고민이 응축돼 있다. 과학자가 그 연구결과의 정치적 이용에 대해서 어디까지 책임을 가져야 하는가. 원폭은 20세기 과학계에 가장 심각한 화두를 던져주고 있다.

나는 이렇게 본다

▶아인슈타인(사진 왼쪽) 37년에 루스벨트 대통령에게 원폭개발을 촉구하는 편지를 보냈습니다.

하지만 독일에는 원자핵분열을 발견한 오토 한을 비롯한 쟁쟁한 과학자들이 있었습니다. 그들이 먼저 핵폭탄을 개발할 경우 세계는 파멸의 구렁텅이로 빠져들었을 겁니다. 강도가 침입했을 때 경찰이 쓰는 폭력은 불가피한 것 아니겠습니까.

다만 국제정치에서는 모든 국가가 그 권위에 승복하는 '세계정부'가 있어 누가 강도고 누가 경찰인지 구별해줘야지요.

▶닐스 보어 원자폭탄이 파멸적인 미래를 가져온다고 연구 자체를 금

지시키는 것은 가능하지도 않고 바람직하지도 않습니다.

결국 해결책은 국제적인 협력입니다. 원폭에 관한 모든 정보를 강대국들, 특히 소련에게도 알려줄 것을 제안합니다. 정보를 공유하게 되면 그 파멸적 결과에 대해서도 공감하게 되고 협력 분위기가 도출될 것입니다. 얼마 전 루스벨트 대통령과 처칠 수상을 만나 이런 제안을 했지만 긍정적인 반응은커녕 감시를 받는 처지가 되고 말아 유감입니다.

---

internet 세계사 여행

▶냉전 핫페이지 http://www.stmartin.edu/~dprice/cold.war.html CIA, FBI 등 냉전 주도기관 등과 냉전 관련논문, 박물관 등에 링크 ▶둠스데이 클락 http://www.bullatomsci.org/clock.html 핵전쟁 위기에 따른 인류멸망의 급박도를 알리는 시계 ▶컴퓨터의 역사 http://irb.cs.tu-berlin.de/~zuse/history/ 컴퓨터 발전사를 다룬 사이트들 링크 ▶20세기 세계의 역사 http://www.erols.com/mwhite28/20centry.htm 역사지도, 중요한 인물, 중요한 사건 등

3권 : 프랑스 혁명에서 현대까지

1권 : 문명의 여명에서 십자군전쟁까지

2권 : 몽골제국에서 미국독립까지

1. 총류

참고자료

교과서 : 〈문학〉 I ~ Ⅱ, 〈사회문화〉, 〈정치〉, 〈경제〉, 〈국사〉, 〈세계사〉, 〈세계지리〉, 〈과학〉 I ~ Ⅱ, 〈역사부도〉 등
貴井高孝 외 編, 〈世界史年表·地圖〉, 吉川弘文館, 1968.
편집부 엮음, 〈세계의 국기〉, 신서출판사, 1998.

백과사전

● 〈두산세계백과사전〉, 주식회사 두산동아, 1996.
● 〈세계예술대백과〉, 문원출판사, 1974.
● Compton's Encyclopedia, F.E Compton Company, 1978.
● 〈브리태니커 세계대백과사전〉, 한국브리태니커회사, 1993.

통사류

● 〈라이프 人間世界史〉, (주)한국일보타임-라이프, 1979.
● A. 하우저 著, 〈문학과 예술의 사회사〉, 창작과비평사, 1981.
● 大崎平八郎 외 著/ 이내영 譯, 〈세계경제론〉, 백산서당, 1985.
● 〈週刊朝日百科 世界の歴史〉, 朝日新聞社, 1989~1991.
● 박은봉, 〈한권으로 보는 세계사 100장면〉, 가람기획, 1992.
● 김경묵 외 編著, 〈이야기 세계사〉 2, 청아출판사, 1994.
● 〈원시에서 현대까지 인류생활사〉, 웅진출판사, 1994.
● 〈시공 디스커버리 총서〉, 시공사, 1995.
● 양동주 編著, 〈20세기 세계와 한국〉, 크로니클 코리아, 1995.
● D. Mercer 외 編, Chronicle of the World, The Dorling Kingsley, London, 1996.
● C.A. 로넌 著/ 김동광 외 譯, 〈세계과학문명사〉 Ⅱ, 한길사, 1997.
● 히라타 유타카 著/ 이면우 譯, 〈과학문명의 역사〉 2, 서해문집, 1997.
● 정토웅, 〈한권으로 보는 전쟁사 101장면〉, · 가람기획, 1997.

● J. Marceau 외 編, Art - A World History, The Dorling Kingsley, London, 1997.
● M.C. 칸즈 외 著/ 손세호 외 譯, 〈영화로 본 새로운 역사〉, 소나무, 1998.

2. 동양

중 국

● 김희영 編著, 〈이야기 중국사〉 1~2, 청아출판사, 1986.
● 브루노 쇼 編/ 편집부 譯, 〈中國革命과 毛澤東思想〉 Ⅱ, 석탑, 1986.
● 徐連達 외 著/ 중국사연구회 譯, 〈중국통사〉, 청년사, 1989.
● 김영덕 외 編著, 〈중국문학사〉 下, 청년사, 1990.
● 윤내현 외 編著, 〈중국사〉 3, 민음사, 1991.
● 중국사연구실 編譯, 〈中國歷史〉 하, 신서원, 1993.
● 안정애 외 編, 〈중국사 100장면〉, 가람기획, 1993.
● 서울대학교 동양사학연구실 編, 〈강좌 중국사〉 Ⅳ~Ⅶ, 지식산업사, 1996.
● 傅樂成 著/ 신승하 譯, 〈중국통사〉, 지영사, 1998.

기 타

● J.W. 홀 著/ 박영재 譯, 〈日本史〉, 역민사, 1986.
● 정병조, 〈인도史〉, 대한교과서(주), 1992.
● 이희수, 〈터키史〉, 대한교과서(주), 1993.
● M. 사브르 編/ 최성은 외 譯, 〈동양미술사〉, 예경, 1993.
● 조길태, 〈인도사〉, 민음사, 1994.
● 이은구, 〈인도 문화의 이해〉, 세창출판사, 1995.
● 김희영 編著, 〈이야기 일본사〉, 청아출판사, 1995.
● 강창일 외, 〈한권으로 보는 일본사 101장면〉, 가람기획, 1998.

3. 서양

구 미

● A. 섯클리프 외 著/ 신효선 譯, 〈과학사의 뒷얘기〉 I ~ Ⅳ, 전파과학사, 1974.
● 최종식, 〈서양경제사론〉, 서문당, 1978.
● 김학준, 〈러시아革命史〉, 문학과지성사, 1979.
● 노명식, 〈프랑스혁명에서 빠리코뮨까지〉, 1980.
● G.D.H. 코울 著/ 김철수 외 譯,

● 〈영국노동운동사〉 상~하, 평민사, 1980.
● E.J. 홉스봄 著/ 박현채 외 譯, 〈革命의 時代〉, 한길사, 1984.
● E.H. 카, 〈볼셰비키혁명사〉, 화다, 1985.
● W.Z. 포스터 著/ 편집부 譯, 〈세계사회주의운동사〉 1, 동녘, 1987.
● W.Z. 포스터 著/ 정동철 譯, 〈세계노동운동사〉 I ~ Ⅱ, 백산서당, 1987.
● 조기준, 〈사회경제사〉, 일신사, 1987.
● E. 푹스 著/ 박종만 외 譯, 〈풍속의 역사〉 I ~ Ⅲ, 까치, 1988.
● A. 모로아 著/ 전영애 譯, 〈獨逸史〉, 홍성사, 1990.
● 이주영, 〈西洋의 歷史〉, 대한교과서(주), 1992.
● K..C. 데이비스 著/ 진병호 譯, 〈미국의 역사〉, 고려원미디어, 1992.
● 김계수, 〈歐美政治思想史〉, 일조각, 1993.
● E.M. 번즈 외 著/ 조세호 譯, 〈서양 문명의 역사〉 Ⅲ~Ⅳ, 소나무, 1996.
● 이민호, 〈독일사〉, 대한교과서(주), 1996.
● K.O. 모건 編/ 영국사학회 譯, 〈옥스퍼드영국사〉, 한울아카데미, 1997.
● E.H. 곰브리치 著/ 백승길 외 譯, 〈서양미술사〉, 예경, 1997.
● 변광수, 〈北유럽史〉, 대한교과서(주), 1998.
● 이정희, 〈東유럽史〉, 대한교과서(주), 1998.
● 권재일, 〈체코슬로바키아史〉, 대한교과서(주), 1998.

서아시아·기타

● 김정위, 〈中東史〉, 대한교과서(주), 1987.
● 최영길, 〈16억 이슬람인의 역사와 문화〉, 송산출판사, 1996.
● 공일주, 〈아랍 문화의 이해〉, 대한교과서(주), 1996.

지면관계상 참고했던 문헌들의 일부만을 목록에 올린 점 양해 바랍니다.

연 도	사 건	연 도	사 건
1785	카트라이트(영), 역직기 발명	1806	신성로마제국 소멸
1787	미국 필라델피아 헌법회의	1807	미국 · 영국 노예무역 금지
1788	기번(영), 〈로마제국 흥망사〉		풀턴(미), 증기선 개발
	중국 항조 운동		피히테(독), 〈독일국민에게 고함〉
	칸트(독), 〈실천이성비판〉 출간		헤겔(독), 〈정신현상학〉 출간
1789	라부아지에(프) 질량보존의 법칙 발표	1809	볼리비아, 독립운동 시작
	프랑스 대혁명	1810	듀런(영), 통조림 개발
1790	버크(영), 〈프랑스 혁명에 대한 고찰〉 발간		이달고, 멕시코 독립운동 시작
1791	산토도밍고 흑인 노예봉기	1811	영국, 자바 장악
	영국-프랑스, 캐나다 양분	1812	나폴레옹, 러시아 침공
	조선, 금난전권 폐지		영국, 러다이트 운동
	조선 윤지충, 제사 모독 사건	1814	무하마드 알리, 이집트 총독 취임
	청, 〈홍루몽〉 완간		빈 회의(~1815)
1792	기요탱(프), 기요틴 개발		스티븐슨(영), 증기기관차 제작
	러시아, 크림 반도 합병	1815	나폴레옹, 세인트헬레나 섬 유배
	메리 울스턴크래프트(영), 〈여성의 권리옹호〉		중남미 각국 독립 시작
	프랑스, 왕정폐지-공화제 실시	1818	드라이스(독), 자전거 발명
	프랑스 혁명전쟁 발발		메리 셸리(영), 〈프랑켄슈타인〉 발표
1793	다비드(프), 〈마라의 죽음〉		정약용, 〈목민심서〉 출간
	벤담(영), 〈파놉티콘(원형감옥)〉 출간	1819	영국, 싱가포르에 무역항 설치
	영국, 벵골 지세제도 개편		
	프랑스, 자코뱅 혁명독재 시작	1821	헤겔(독), 〈법철학〉 출간
	루이 16세(프) 처형	1823	미국, 먼로선언
	프랑스, 미터법 채택	1824	멕시코 공화국 수립
1794	테르미도르 쿠데타 : 공포정치 종식		오언(미), 공동체 운동 시작
	프랑스, 에콜 폴리테크니크 건립		해방노예, 라이베리아 건국
1796	청, 백련교의 난	1825	러시아, 데카브리스트 봉기
1798	제너(영), 종두법 발견		영국, 세계 최초로 철도 개통
	맬서스(영), 〈인구론〉 출간	1827	워커(영), 성냥 개발
1799	프랑스, 브뤼메르 18일 쿠데타	1829	영국, 경찰창설
	영국, 단결금지법	1830	그리스 독립
1800	볼타(이), 전지 발명		미국, '인디언이주법' 제정
			스탕달 〈적과 흑〉 발표
1801	영국, 아일랜드 병합		프랑스, 알제리 침공
1802	베트남, 구엔 왕조 창건		프랑스, 7월 혁명
	영국, 공장법 제정		유럽에 콜레라 창궐
1803	돌턴(영), 원자론		스미스(미), 모르몬교 교세 확장
	미국, 프런티어 열기	1831	마치니(이), 청년이탈리아당 결성
1804	나폴레옹(프), 황제 즉위		패러데이(영), 전자기 유도법칙 발견
	베토벤(독), 교향곡 〈영웅〉 작곡		흑인노예 내트 터너(미)의 반란
	세르비아 독립운동	1832	영국 1차 선거법 개정
	쉴러(독), 희곡 〈빌헬름 텔〉 발표	1833	배비지(영), 해석엔진 개발
	아이티공화국 수립		영국, 아동노동금지법 제정
	프랑스, 〈나폴레옹 법전〉 공포	1834	영국 식민지 노예해방 선언

1834	독일, 관세동맹 선포
	하우(미), 재봉틀 발명
1835	모스(미), 유선전신기 발명
	남아프리카 보어인 대이동
	안데르센(덴), 동화집 발간
1837	루이 다게르(프), 사진기 개발
1838	발자크(프), 〈고리오 영감〉
	영국 차티스트 운동
1839	탄지마트(오스만 투르크의 서구식 개혁)
1840	아편전쟁 (~1842)
	프루동(프), 〈재산이란 무엇인가〉

1841	포이어바흐(독), 〈기독교의 본질〉
	토머스 쿡(영), 여행업 시작
	에드거 앨런 포(미), 〈모르그 가의 살인사건〉 발표
1845	바그너(독), 〈탄호이저〉 발표
1846	영국 곡물법 폐지, 자유무역 확립
	매사추세츠 종합병원, 마취제 개발
1848	마르크스·엥겔스(독) 〈공산당선언〉
	유럽 전역에서 시민혁명
	존 스튜어트 밀(영), 〈경제학 원리〉
	제1차 여권회의 개최
1849	키에르케고르(덴), 〈죽음에 이르는 병〉
	캘리포니아 골드러시
	피조(프), 광속 측정
	톰슨(영), 열역학 제2법칙 발표
1850	호손(미), 〈주홍글씨〉 발표
1851	런던 만국박람회
	홍수전(중), 태평천국 운동 (~1864)
1852	프랑스 제2제정 출범
	스토(미), 〈톰아저씨의 오두막집〉 발표
1853	크림전쟁
	리바이 슈트라우스 진바지 등장
1854	〈데일리 텔레그래프〉(영) 지 창간
	일본 개국
1856	애로호 사건 (~1860)
	독일 네안데르탈 유골 발견
1857	인도, 세포이 봉기
	세계 공황 발생
	플로베르(프), 〈마담 보바리〉 출판
	무굴제국 멸망
1859	파스퇴르(프), 발효의 원리 발표
	다윈(영), 〈종의 기원〉 출간
1860	빅토르 위고(프), 〈레 미제라블〉 출판
	베서머 제강법 개발

1861	김정희 〈대동여지도〉 완성
	미국 남북전쟁 (~1865)
	러시아 농노해방령 선포
	영국, 일기예보 시작
1862	링컨(미), 노예해방 선언
	프랑스, 베트남 3주 병합
1864	국제노동자협회(제1인터내셔널) 창설
	뒤낭(스위스), 국제적십자사 창설
1865	멘델(오), 유전법칙 발표
1866	마르크스(독), 〈자본론〉 1권 완성
	이탈리아 통일
	프로이센 . 오스트리아 7주 전쟁
	노벨(스웨덴), 다이너마이트 발명
	도스토예프스키(러), 〈죄와 벌〉 발표
1867	청, 양무운동 활발
	영국, 2차 선거법 개정
1868	일본, 메이지 유신
1869	수에즈 운하 개통
1870	보불전쟁
1871	프랑스 제3공화정 수립
	독일 통일
	파리 코뮌
	맥스웰(영), 빛의 전자설 발표
	에밀 졸라(프) 〈루공 마카르 총서〉
1873	허버트 스펜서(미), 〈사회학 원리〉 출판
	러시아, 브 나로드 운동 시작
1874	만국우편연합 결성
	인상파, 파리 전시회 개최
	미 레밍턴 사, 타자기 출시
1876	조선 개국
	오스만 투르크, 아시아 최초의 성문헌법 제정
	오토(독), 4사이클 내연기관 개발
	벨(미), 전화기 발명
1877	로댕(프), 파리 전시회
	에디슨(미), 축음기 특허
	영국, 인도제국 창건
1878	세르비아·몬테네그로·루마니아 독립
	독일, 사회주의자탄압법 제정
1879	에디슨(미), 백열등 발명
	입센(노르웨이), 〈인형의 집〉
1880	도스토예프스키(러), 〈카라마조프 형제〉

1881	랑케(독), 〈세계사〉 1권 발행
	러시아 황제 알렉산드르 2세 암살
	이집트 우라비 혁명
	수단 마흐디 운동(~1898)

1882	다임러(독), 자동차 발명
	코흐(독), 결핵균 분리 성공
	미국, 중국인 이민금지법
1883	니체(독), 〈차라투스트라는 이렇게 말했다〉
	독·오·이 3국동맹
	프랑스, 베트남 합병
1884	갑신정변
	아프가니(이집트), 〈끊을 수 없는 끈〉 창간
	영국, 3차 선거법 개정
1885	벤츠(독), 가솔린자동차 개발
	베를린 회의, 아프리카 분할 논의
1886	미국, 메이데이 행진
	요하네스버그 금광 발견
1887	자멘호프(폴), 에스페란토 고안
	프랑스령 인도차이나 연방 성립
1888	중국, 변법자강 운동
	헤르츠(독), 전자파 실증
1889	프랑스, 에펠탑 완성
	제2인터내셔널(~1914)
1890	미국, 운디드니 대학살
	비스마르크 실각
1891	독일 사회민주당 에르푸르트강령 채택
	네이스미스(미), 농구 창안
1893	뉴질랜드, 세계 최초 여성 선거권 인정
	차이코프스키(러), 〈비창〉 교향곡
	릴리엔탈(독), 글라이더 비행 성공
	뭉크(노르웨이), 〈절규〉
1894	동학농민봉기
	청일전쟁(~1895)
	프랑스, 드레퓌스 사건
1895	뢴트겐(독일), X선 발견
	마르코니(이), 무선전신기 발명
	호세 마르티, 쿠바 독립전쟁 개시
	뤼미에르 형제(프), 영화 발명
1896	제1회 근대올림픽
1897	제1회 시오니스트 대회
	브라운(독), 브라운관 개발
1898	중국 무술정변
	퀴리 부부(프), 폴로늄·라듐 발견
	미국·스페인 전쟁
1899	남아프리카 보어전쟁
	중국 의화단 봉기(~1900)
	톨스토이(러), 〈부활〉 발표
1900	막스 플랑크(독), 양자론 발표
	프로이트(오스트리아), 〈꿈의 해석〉
1901	제1회 노벨상 시상
1903	라이트 형제(미), 비행기 실험 성공

1904	러일전쟁(~1905)
	시베리아 횡단철도 개통
	로댕(프), 〈생각하는 사람〉 발표
	모로코 사건
1905	손문, 중국혁명동맹회 결성
	이란, 입헌혁명
	1차 러시아 혁명
	아인슈타인(독), 특수상대성이론
1906	인도 국민회의, 스와라지 선언
	고리키(러), 〈어머니〉 발표
	미국 '청결식품의약법(FDA)' 제정
1907	피카소(스페인), 〈아비뇽의 처녀들〉
	파블로프(러), 조건반사 실험
1908	오스만 투르크, 청년투르크당 봉기
1909	안중근, 이토 히로부미 저격
1910	남아프리카 연방 탄생
	한일합방
	멕시코 혁명
1911	중국, 신해혁명
	러더퍼드(영), 원자모형 제시
1912	발칸전쟁 (~1913)
1913	포드 시스템, 대량생산혁명
	타고르, 노벨 문학상 수상
1914	제1차 세계대전(~1918)
	파나마 운하 개통
1915	일본, 중국에 21개조 요구
1916	그리피스(미), 영화 〈국가의 탄생〉
1917	러시아 사회주의 혁명
1918	슈펭글러(독), 〈서양의 몰락〉
	영국·일본, 소련 간섭 전쟁
	미국 윌슨 대통령, 민족자결주의 발표
	독일 공화제 혁명
1919	제3인터내셔널(코민테른) 창설
	베르사유조약
	국제연맹 성립
	중국, 5·4운동
1920	미국, 라디오 방송 시작
1921	중국 공산당 창당
	러시아, 신경제정책(NEP) 실시
	노신(중), 〈아큐정전〉 발표
	제1회 국제여성스포츠대회 개최
	미국, 자동차 할부판매 개시
1922	무솔리니(이), 로마 입성
	스탈린, 러시아 공산당 서기장 취임
	소비에트사회주의연방공화국(소련) 수립
	코코 샤넬(프), 향수 '샤넬 No 5' 출시
	조이스(아일랜드), 〈율리시스〉 출간

1923	일본, 관동 대지진 발생
	독일, 바우하우스 전시회
	오스만 투르크, 터키공화국으로 변신
1924	중국, 1차 국공합작
1925	에이젠슈테인(러), 영화 〈전함 포템킨〉 발표
1927	베어드(영), TV 개발
	장개석(중), 상해 쿠데타
	니카라과, 산디노 게릴라 투쟁
	린드버그(미), 대서양 횡단 비행에 성공
1928	하이젠베르크(독), 불확정성의 원리 발표
	플레밍(영), 페니실린 발명
	월트 디즈니, 미키마우스 인기
	브레히트(독), 연극 〈서푼짜리 오페라〉
	제1회 아카데미상 시상식
1929	세계 대공황
	예루살렘, 통곡의 벽 사건
	헤밍웨이(미), 〈무기여 잘있거라〉 발표
1931	만주사변
1932	헉슬리(미), 〈멋진 신세계〉
1933	미국, 뉴딜정책 실시
	히틀러, 독일 수상 취임, 나치스 집권
1934	토인비(영), 〈역사의 연구〉 출간
1935	야스퍼스(독), 〈이성과 실존〉 출간
	독일, 재군비 선언
1936	일본, 2·26 쿠데타
	스페인 내전(~1939)
	찰리 채플린(미), 영화 〈모던타임스〉
	중국 대장정과 서안사건
	케인스(영), 〈고용·이자 및 화폐에 관한 일반이론〉
1937	독일 〈퇴폐 미술전〉 개최
	중일전쟁 발발 / 제2차 국공합작
	일본, 남경 대학살 자행
1938	소련, 트로츠키스트 재판
1939	제2차 세계대전 (~1945)
1940	독·이·일 3국 군사동맹

1941	티토(유고슬라비아), 파르티잔 투쟁
	일본, 미국 진주만 기습, 태평양전쟁 시작
1943	사르트르(프), 〈존재와 무〉 출간
	카이로선언
1944	노르망디 상륙작전
1945	히로시마 원폭투하
	포츠담회담
	국제연합 창립
	미국, 최초의 전자계산기 개발
1946	뉘른베르크·도쿄 국제군사재판
	1차 인도차이나 전쟁 발발

세계사신문 3권

1999년 8월 20일 1판 1쇄
2024년 10월 25일 1판 21쇄

지은이 | 세계사신문편찬위원회

편집 관리 | 인문팀
제작 | 박흥기
마케팅 | 김수진 · 강효원
홍보 | 조민희

출력 | (주)블루엔
인쇄 | 천일문화사
제책 | J&D바인텍

펴낸이 | 강맑실
펴낸곳 | (주)사계절출판사
등록 | 제406-2003-034호
주소 | (우)10881 경기도 파주시 회동길 252
전화 | 031) 955-8588, 8558
전송 | 마케팅부 031) 955-8595 편집부 031) 955-8596
홈페이지 | www.sakyejul.net   전자우편 | skj@sakyejul.com
페이스북 | facebook.com/sakyejul 블로그 | blog.naver.com/skjmail
트위터 | twitter.com/sakyejul 인스타그램 | instagram.com/sakyejul

ⓒ (주)사계절출판사 · 세계사신문편찬위원회, 1999

ISBN 978-89-7196-606-8 04900